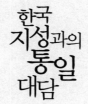

한국
지성과의
통일
대담

한국지성과의 통일대담

초판 1쇄 인쇄 2018년 5월 3일
초판 2쇄 발행 2019년 4월 25일

엮 은 이 건국대학교 통일인문학연구단
지 은 이 임동원, 정세현, 이종석, 박노자, 후지이 다케시, 서재정, 박명림, 정경모,
　　　　　박문일, 박한식, 강만길, 백낙청, 송두율, 정진아, 김성민, 전영선, 조배준,
　　　　　박민철, 김종곤, 김명희, 김종군, 허명철, 박재인, 박영균(게재순)
펴 낸 이 박찬익
편 집 장 황인옥
책임편집 강지영

펴 낸 곳 패러다임북
주　　소 서울시 동대문구 천호대로 16가길 4
전　　화 (02)922-1192~3
팩　　스 (02)928-4683
홈페이지 www.pjbook.com
이 메 일 pijbook@naver.com
등　　록 2015년 2월 2일 제305-2015-000007호

I S B N 979-11-963465-1-5 (93340)

* 패러다임북은 ㈜박이정출판사의 사회과학분야 임프린트입니다.
* 책값은 뒤표지에 있습니다.

이 책은 2009년 정부(교육부)의 재원으로 한국연구재단의 지원을 받아 제작되었습니다.
(NRF-2009-361-A00008)

한국 지성과의 통일 대담

건국대학교 통일인문학연구단 엮음

패러다임북

서문

'未來'와 '美來', 다시 통일을 묻는다

김성민(건국대 통일인문학연구단장)

1. 2018년의 '한국', 우리가 해야만 하는 질문들

2018년의 한국. 2018년은 1948년의 분단 이후 꼬박 70년이 지난 오늘이다. 한반도가 경험한 분단과 전쟁은 여전히 종식되지 못한 채, 종전(終戰)이 아닌 정전(停戰)이라는 규정과 함께 그 긴장감과 공포심을 70년 동안 지속시켜 왔다. 이러한 정전은 한반도 분단체제를 탄생시킨 조건이 되었으며, 이 속에서 남과 북은 상호 적대심을 기반으로 이른바 '적대적인 공생관계'를 유지시켜 왔다. 더군다나 최근 영화에서도 분명하게 천명되어 많은 이들에게 회자되었듯, 이러한 분단체제 아래 국민들은 분단 그 자체보다 분단을 이용하는 자들에 의해 더 큰 고통을 경험해왔다. 한국 현대사의 지평 속에서 우리가 너무나도 많이 경험하고 목격한 무수한 폭력들은 실상 분단이라는 기이한 구조가 만들어 낸 '분단폭력'이기도 했다.

하지만 70년이란 시간은 분명 '망각의 시간'이기도 했다. 그래서 한편으로 역사적 망각이 갖는 비운의 힘이 한국사회를 지배해왔다는 점 역시 분명한 사실이었다. 전쟁의 참상과 고통은 한국사회의 급격한 산업화의 성과 속에서 빠르게 잊혀 졌으며, 분단폭력이 부가한 다양한 피해들은 한국 민주화의 단계적 발전과 함께 상대적으로 외면되었다. 그런데 분단이 망각되었듯, 통일 역시 마찬가지였다. 통일은 한국사회에서 가장 중요한 의제였지만, 오늘날의 현실은 통일에 대한 거부감과 무관심을 쉽게 확인할 수 있다.

통일과 관련된 질문을 묻기에 그 당위성과 필요성이 은연중 전제되어 있는 설문조사에서도, '평화공존이 가능하다면 통일이 필요없다'는 답변이 절반 이상을 차지하고 있는 요즘이다. 분단과 통일은 내 생활에 결코 영향을 미치지 않는다는 관점이 여기에 깔려 있다. 구체적으로 '통일이 내 세대의 일이 아니거나' 또는 '나와 밀접하게 관련되지 못한 일'로 규정되었기 때문이다. 이러한 상황에서 우리에게 필요한 것은 기성세대와 젊은 세대 모두 한반도의 분단상황이 주는 고통과 아픔을 직시하고, 통일에 대한 미래적 비전을 풍부하게 공유하고 체감할 수 있는 경험들이지도 모른다.

물론 돌이켜보면 직접적인 경험은 아닐지언정 그러한 경험들이 우리에게 전무했던 것은 아니었다. 분단과 전쟁을 지나 '4.19'과 '5.18', '6.10'과 근래의 '촛불혁명'이 70년 동안 켜켜이 쌓여 2018년의 한국을 만들었다. 1960년의 4.19혁명, 1980년 5.18광주민주화운동, 1987년 민주화항쟁과 2017년 촛불혁명이 만들어낸 경험들은 오늘날 한국을 만들어낸 역사적 유산이 되었고, 우리가 직면한 분단극복과 통일의 자산이 된다. 민주화의 단계적 실현과 역사적 주체로서 우리들 자신의 등장은 이와 동시에 분단과 통일에 대한 감수성을 촉진시키기 때문이다. 하지만 그러한 역사적 자산은 여전히 한반도의 분단극복과 통일이라는 가치와 쉽게 통합되지 못했다. 민주화의 진척 정도만큼 그것의 구조적 제한 조건인 분단이 점차 극복되어야 함에도 불구하고, 여전히 우리들은 '빨갱이와 반북의식' 그 어딘가에서 배회하고 있다.

그래서일까. 최근 급작스럽게 변하고 있는 남북관계, 이전까지 볼 수 없었던 북미관계의 새로운 모습들이 무척이나 생경하다. '봄이 온다'를 남이 얘기하고, '가을이 왔다'를 북이 화답하는 모습은 분명 이전까지 볼 수 없었던 기이한 체험이기도 하다. 그런데 이 기이함이라는 느낌에는 통일이 여전히 우리들에게 멀리 떨어져 있다는 사실이 전제되어 있다. 한국사회에서 통일에 대한 강한 회의와 의심이 강한 규정력을 상실치 않고 있다는 것 역시 부인할 수 없다. 통일의 필요성과 정당성이 외쳐지는 그 반대쪽에서 통일비용론과 통일회의론, 위장평화론 등이 강하게 제기되고 있는 것이다. 이런 까닭에 요즘과 같은 시기에 한반도의 통일보다 평화로운 분단이 훨씬 선호되고 있다는 점을 발견하기는 어렵지 않다. 하지만 '통일 없는 평화'는 공허할 뿐이고, '평화 없는 통일'은 맹목적일 뿐이다. 통일과 평화는 둘 중 하나를 선택할 수 있는 문제가 아니라 언제나 상호 보완되어 동시에 추구되어야 할 가치인 것이다. 결국 중요한 것은 그동안 우리들과 멀어져갔던 한반도의 평화와 통일을 우리의 실존적이고 일상적 삶과 결합시키는 것이다.

통일은 특정 정치적 집단들이 독점하고 다루어야 할 문제가 아니다. 그것은 한반도에 살고 있는 사람들의 삶 그 자체와 관련된 문제이자 그들이 해결해야 가야 하는 문제로서, 한반도 구성원들의 삶과 직간접적으로 연계되어 문제이다. 하지만 수십 년 동안 끊이지 않고 발생한 남북의 군사적 충돌이 무감각해지는 것처럼 익숙해져버린 한반도의 분단은 가슴 아픈 고통을 고통처럼, 치명적인 상처를 상처처럼 느껴지지 않게 만들었다. 통일을 우리들이 다루어야 할 직접적인 문제로서 인식하지 못하는 것이다. 그럼에도 불구하고 누구나 통일을 말해왔던 시간이 우리들에겐 분명 있었고, 여전히 과거의 그 숫자만큼은 아닐지라도 통일을 말하는 몇 몇의 이들이 존재하는 한 우리는 다시 물어야 한다. '통일은 무엇인가?', 2018년의 한국은 이 질문이 여전히 필요한 시대이다.

2. '한국 지성' 그리고 '통일'

사전적 의미에서 '지성(知性)'은 '높은 지식과 지능을 갖춘 사람'으로 규정된다. 하지만 우리는 단순히 이러한 이들을 '지성'으로 일컫지 않는다. 우리가 이해하는 지성 내지 지성인은 특정한 역사적 환경과 사회적 조건이 발생시킨 시대적 과제에 적극적으로 대응하면서 지성적 분투를 수행한 이들을 의미한다. '사상(思想)'은 바로 이렇게 탄생한다. 정신의 고립된 산물이 아닌, 시대적 과제에 대응했던 지성적 응전의 산물이 바로 사상인 것이다. 그래서 지성들의 사상엔 그 시대를 관통하고 후대에 이어질 수 있는 힘이 존재한다.

일일이 열거할 수 없을 만큼 수많은 '한국 지성'들이 있었다. 그들은 한국(사회)가 직면한 시대적 과제에 적극적으로 개입해왔다. 특히 무엇보다 분단극복과 통일 문제는 피할 수 없는 시대적 과제라는 점을 그들은 인식해왔다. 이때 분단의 질곡을 극복하려는 이 땅의 지성들이 보여준 사상적 분투는 우리에게 새로운 이론적, 실천적 전망을 자극한다. 물론 이 말은 모든 한국 지성들이 분단극복과 통일을 이야기해왔고 해야만 한다는 것을 뜻하진 않는다. 그럼에도 불구하고 한국 지성들에게 주어진 공통된 책무가 있다면, 인간다움의 조건이 상실되고 보편가치들이 거부되며 사회구성원들의 고통이 여전히 유지되고 있는, '바로 지금' 그리고 '이곳'이 요구하는 문제들에 대한 절실한 고민일 것이다.

한반도의 분단극복과 통일문제에 있어서 한국 지성들이 보여준 사상적 분투와 응전은 그 내용과 방법, 강조점은 다를지언정 '통일론'이라는 이론적 체계화와 맞물려 전개되었다. 여기서 한 가지 분명히 주지해야 할 점이 있다고 한다면, 이러한 통일론의 흐름들이 당시 국내외 정치적 현실과 깊이 연관되어 주창되었던 정부 차원의 통일론에 이론적 토대를 제공하거나 또는 반대로 그것에 대한 적절한 안티테제의 역할을 수행해왔다는 점이다. 따라서 한국 지성들의 통일론은 역대 정권이 내세웠던 '북진통일론', '선 발전 후 통일론', '한민족공동체통일론' 등과 냉철히 구별하여 인식할 필요가 있다.

그런데 돌이켜 꼼꼼히 살펴보자. 냉전과 분단의 시간은 곧 통일론이 등장하고 발전하고 계승되어 온 시간과 동일했다. 하지만 '이론'의 활발한 발전과 전개가 있었음에도 '현실'의 상황은 여전히 별반 달라진 게 없다. 남북 사이의 교류와 협력이 진행되면서 평화로운 분위기가 형성되다가도, 어떤 특정한 상황의 우발적인 조건들이 발생할 때 상대에 대한 증오와 복수심과 같은 부정적인 집단감정들이 사회전체에 급속하게 확산된다. 이는 더 이상 부연하지 않아도 우리가 지나왔던 역사를 돌이켜보더라도 항상 반복되었던 경향이다.

문제는 그간 우리들에게 공식화되어 전파되었던 통일론이 민족 내지 국가(이념)의 차원에서 통일을 담론화하였다는 점이다. 그 결과 통일에 대한 이론은 현재의 분단체제 또는 분단구조를 다시 하나의 민족국가로 합치는, 다시 말해 통일을 정치경제적인 통합의 문제로서만 사고하는 '단편적인 이해', 그리고 남북의 상호 적대성에 근거한 국가폭력과 자기검열과 같은 분단적 사유방식을 철저히 대상화하지 못하는 '무반성적 이해', 마지막으로 민족적 동질성에 근거하여 단일민족 국가의 건설이라는 당위성을 전제하는 '당위적 또는 낭만적 이해'로부터 자유로울 수 없었다. 이러한 이해들에서는 체제의 구성원이자 제도의 행위자인 '사람', 그러한 사람들이 삶을 살아가는 구체적인 '일상' 등이 외면되어져 왔다. 따라서 중요한 것은 기존 통일론에 문제의식을 명료하게 분석하며 대안창출의 가능성을 새롭게 모색할 수 있는 새로운 문제설정이라고 할 수 있다.

통일론의 출발점은 분단의 고통과 그것의 극복으로 수렴되어져야만 한다. 즉 통일의 필요성은 달리 말해 전쟁과 분단이 낳은 우리들의 고통과 아픔, 상처와 적대심의 극복이다. 서로에 대한 미움과 적대심, 전쟁의 고통과 이산가족의 아픔, 자유와 인권의 제약, 한반도 구성원들의 자존감의 훼손, 천문학적 분단비용에 의한 제약과 우리들의 상상력의 제한 등은 남북주민의 현재보다 편안하고 행복한 인간다운 삶을 가로막았던 결정적인 요인들이었다. 바로 이것은 분단극복과 통일에 대한 한국 지성들의 문제의식과 처방을 다시금 생생히 환기시켜야 할 이유가 된다. 나아가 새로운 통일론이 만약 가능할 수 있다면, 그 시작점은 그간 외면되었던 '사람의 통일'. 일회적인 사건으로서 규정되는 것이 아닌 '과정으로서의 통일', 통일 이후의 남북의 충돌을 예비할 수 있는 '사회문화적 통합'에 대한 관심과 연구이다. 그러한 문제의식은 한반도의 분단극복과 통일을 위해 이 땅의 한국 지성들이 수행해왔던 사상적 분투와 응전을 초점화하여 곱씹어야봐야 할 또 다른 이유가 된다.

3. '한국지성과의 통일대담'

이것이 이 책, 『한국지성과의 통일대담』을 기획한 근본적인 이유이다. 『한국지성과의 통일대담』은 가장 직접적으로 남북교류와 협력의 경험들을 축적하고 재임 이후에도 통일을 위한 사회실천적 노력들을 했던 역대 통일부장관, 한반도의 평화로운 미래를 위해 한국사회에 대한 냉철하고 깊이 있는 사유와 성찰을 보여주셨던 국내외 지성들, 나아가 한반도의 분단극복이라는 핵심 주제에 평생 천착하면서 인문학적인 통일담론의 초석을 닦은 석학들 등 총 13명과의 대담을 모은 것이다. 이러한 기획의도에 따라 『한국지성과의 통일대담』은 총 4부(部)로 구성된다.

제1부 〈역대 통일부 장관에게 듣는 통일의 지혜〉는 제25대 통일부장관을 역임한 임동원, 제29-30대 통일부장관을 역임한 정세현, 제32대 통일부장관을 역임한 이종석 등 전 통일부장관들과의 대담을 엮은 부분이다. 그리고 이 대담은 각각 건국대 통일인문학연구단의 정진아 HK

교수, 김성민 단장, 전영선 HK연구교수가 맡았다. 제1부의 핵심은 역대 통일부장관이 기획하고 수행해왔던 남북교류와 협력의 경험들을 청취하는 한편, 이론과 실무를 넘나들어 과정 속에서 그들이 고심하여 마련했던 생생한 통일방안을 재탐색하는 것이었다. 이를 통해 한반도 분단극복의 대안들을 모색해보고자 했다.

제1부 1장 〈평화와 통일의 길〉에서는 임동원 전 장관의 생애를 '피스키퍼(Peacekeeper)'에서 '피스메이커(Peacemaker)'로의 이행으로 압축하면서 강경한 반공주의자에서 합리적인 실용주의자로 변신하게 된 계기 및 피스메이커로서의 통일 사유를 살펴보고자 했다. 여기서 임동원은 동서 냉전구도의 해체와 독일통일이라는 세계사적 전환, 1990년 남북고위급회담의 경험이 자신을 피스메이커로 전환할 수 있었던 두 가지 이유로 설명한다. 이와 함께 그는 탈냉전을 지향한 새로운 대북정책을 추진했던 주요 인물들이 누구였으며, 당시 그들의 대북정책의 구상은 어떤 것이었는지를 상세하게 밝히고 있다. 특히 그는 1991년 〈남북기본합의서〉의 '민족과 민족 내부의 특수관계'라는 조항에 담긴 진정한 의미와 실천적인 효과를 다시 한번 강조하면서 향후 이를 계승한 김대중 정부의 통일정책을 '화해', '협력', '선평화', '사실상의 통일'로 정의한다.

제1부 2장 〈한반도 통일과 국제정세〉에서는 한반도 통일문제에 천착해왔던 전문연구자이자 동시에 대북 및 통일정책을 담당했던 행정관료로서 정세현 장관의 통일 사유를 포괄적으로 접근하여 이해해보고자 했다. 역대 통일부장관들 중 2년 5개월이라는 매우 긴 재임기간을 가지고 있는 정세현은 자신의 삶을 학문적 연구, 국가 간의 외교, 대북전문가 및 통일정책의 입안에 이르기까지 남북통일에 대한 문제를 평생의 실천과 사유 속에서 간직해 왔던 과정으로 설명한다. 특히 그는 통일정책이나 대북정책에서 고려해야 할 세 가지 필수요소를 '국민적 지지', '북한의 동의', '국제적 지지'로 규정하면서 분단극복의 해법은 이 세 가지 필수요소들 중 '국민적 지지'로부터 출발해야 할 것을 요구한다. 끝으로 정세현은 2018년 급격하게 변화하고 있는 남북관계와 북미관계를 긍정적으로 전망하면서 '군사회담', '이산가족 상봉', '경제협력'이라는 단계적 과제가 순차적으로 진행되어야 할 것을 제시한다.

제1부 3장 〈한반도 통일의 비전과 가치〉에서는 그동안 한반도 통일에 대한 철학과 비전 제시

가 필요함을 역설해왔던 이종석 전 장관의 견해를 섬세하게 탐색해보고자 했다. 여기서 그는 통일 문제는 단순히 두 국가의 통합이 아닌, 우리의 보다 나은 삶을 영위할 수 있는 미래의 건설이라는 측면에서 접근해야 할 필요성이 있다고 역설한다. 이를 위해 필요한 것은 '어떤 국가와 어떤 국제 사회를 만들 것이냐'라는 보다 근본적인 질문 또는 철학적 차원의 접근이라는 것이다. 결국 이종석은 한반도 통일의 비전 제시는 분단으로 인해서 우리가 받고 있는 다양한 영역의 상처들을 치유하는 것이 그 핵심에 위치해야 한다고 주장한다.

제2부 〈밖에서 본 분단, 안에서 본 통일〉은 박노자 교수, 후지이 다케시 교수, 서재정 교수, 박명림 교수와의 대담을 엮은 부분이다. 이들과의 대담은 각각 건국대 통일인문학연구단의 조배준 HK연구원, 박민철 HK교수 및 대학원 통일인문학과 교수, 김종곤 HK연구교수, 그리고 김명희 경상대 사회학과 교수가 맡았다. 제2부의 핵심은 한반도의 근현대 역사와 사회문제를 깊이 있게 천착하고 있다는 공통점을 지니면서도, 서로 다른 국가와 공간에서 태어나 활동하고 있는 지식인들의 통일 사유를 교차시켜 그들의 통일 사유 속에서 엿볼 수 있는 차이와 공통점을 살펴보고자 했다.

제2부 1장 〈분단국가를 넘어선 '코리아학'의 가능성〉에서는 한국 근현대사와 근대화 문제를 거쳐 최근 들어 코리아 디아스포라로까지 자신의 연구주제를 확장시키고 있는 박노자의 통일 사유를 자세하게 들여다보고자 했다. 박노자는 분단국가 내부의 핵심적인 문제로서 민주주의의 기반이라고 할 수 있는 '근대적 공공성'이 없다는 사실을 지적한다. 박근혜 정권의 국정농단과 정경유착은 미시적 관점에서 볼 때 바로 이러한 사실을 확연하게 방증한다는 것이다. 그런데 이러한 근대적 공공성이 자리잡지 못하게 된 것은 식민과 분단, 분단체제의 존속이라는 조건이 만들어낸 결과이기도 하다. 이제 그는 '이념의 시대'가 종언되었다는 점을 분명히 하면서도 분단체제의 극복을 위한 열린 상상력, 나아가 대한민국중심주의를 넘어 서로 다른 근대화의 성찰이 필요함을 역설한다.

제2부 2장 〈한국 현대사, 사상의 소용돌이 속에서〉는 한국 근현대사를 전공하면서 한국사회에 대한 냉철하고 진지한 견해를 지속적으로 표출해온 후지이 다케시와의 대담이다. 특히 분단

국가의 핵심 이데올로기인 반공주의와 국가주의 형성의 역사를 연구해 온 그의 대담을 통해 분단체제 극복의 이론적이고 실천적 토대를 확인하고자 했다. 여기서 후지이 다케시는 역사와 역사의식을 끊임없이 강조한다. 역사주체의 형성, 민족주의, 역사교육과 역사교과서 문제를 거쳐 그가 제시하고 있는 결론은 '국민만들기'라는 동질성에 대한 강박으로부터 벗어나기이다. 냉전 이데올로기이자 분단국가의 굳건한 이념형이었던 국가주의의 해체를 주장하고 있는 것이다. 이를 위해 후지이 다케시는 이질적인 것들과의 소통과 공존을 위한 출발점으로서 자기 자신을 낯설게 할 수 있는 일종의 '긴장감'을 삶과 학문의 모토로 삼을 것을 주장한다.

제2부 3장 〈안보를 위협하는 안보〉에서는 한반도의 통일문제와 관련하여 특히 '안보 문제'에 관심을 가지고 연구해 온 서재정의 사유를 입체적으로 조망해보고자 했다. 여기서 서재정은 한미의 군사경제적인 상호의존성과 정체성 효과가 불러온 딜레마를 역설한다. 전통적인 한미동맹은 강력한 군사경제적인 상호의존성 강화와 더불어 미국에 대한 강한 일체화를 가져오게 되었지만, 이러한 의존성과 정체성 효과는 남북관계 내 주체적인 활동 여지를 축소시켰다는 것이다. 특히 그는 이러한 딜레마가 종종 분단의 재생산 구조와 연결되어 '남남갈등'의 모습으로 재현된다는 점을 지적한다. 결국 서재정의 결론은 상대의 위협으로부터 자신을 지키기 위해 군사력을 강화할수록 군비경쟁의 악순환에 빠지게 되어 역설적이게도 평화가 위협받는 불안정한 상황이 연출되는 안보의 딜레마를 어떻게 극복할 것인가에 맞춰져 있다.

제2부 4장 〈분단국가체제와 한국의 사회학〉에서는 '한국전쟁'이라는 연구주제에 오랜 기간 천착해온 박명림의 사유를 그 시작, 전개, 발전이라는 단계적 과정 속에서 이해해보고자 했다. 특히 그의 사유를 전쟁과 통일, 평화라는 키워드와 함께 새롭게 구성해보고자 했다. 박명림은 서로 적대하면서도 그 적대를 근거로 해서 내부의 단결과 통합을 추구하는 복합적인 메커니즘의 남북관계를 '대쌍관계동학'과 '적대적 의존관계'로 포착하게 된 과정을 섬세하게 설명한다. 결국 그의 학문적 관심사는 이른바 '한국문제'로 수렴된다. 그가 말하는 한국문제는 체제와 체제, 문명과 문명, 제국과 제국, 이념과 이념의 경계지대이자 교량지대로서 한국적인 문제의식은 곧 문명사적인 의미를 담고 있다는 것이다.

　제3부 〈분단을 넘는 해외 지식인들의 통일 사유〉는 한반도 분단 및 통일문제와 연관되어 가장 직접적인 영향력을 행사 중인 일본, 중국, 미국에서 활동해왔던 정경모 선생님, 박문일 중국 연변대 전 총장, 박한식 미국 조지아대학교 명예교수와의 대담을 엮은 부분이다. 해외에 거주 중인 코리언 지식인들의 통일 사유와 시각을 교차시켜 한반도 분단극복의 실마리를 찾아보고자 한 것이다. 특히 이들의 사유는 향후 통일한반도에 새로운 구성원들이 될 코리언 디아스포라와의 통합을 예비적으로 탐색해 보고자하는 의도에서도 중요한 것이었다. 이들과의 대담은 각각 김종군 건국대 통일인문학연구단 HK교수, 허명철 중국 연변대 사회학과 교수, 박재인 건국대 통일인문학연구단 HK연구교수가 맡았다.

　제3부 1장 〈진정한 통일운동의 길〉에서는 재야 통일운동가인 정경모의 삶과 실천들을 추적해보고자 했다. 특히 통일운동가로서 고단한 삶의 여정을 살펴보는 동시에 그의 눈에 비친 한국 현대사의 굴곡과 좌절을 생생하게 들여다보고자 했다. 결국 그는 한국 현대사의 비극을 냉철히 인식하고 반성함으로써 통일시대에 맞는 역사의식을 가질 것을 역설한다.

　제3부 2장 〈한반도 분단에 대한 디아스포라 지식인의 사유〉는 조선족 역사학자이자 중국 내 민족교육의 근거지인 연변대 총장을 역임한 박문일 전 총장의 사유를 살펴보고자 했다. 박문일은 중국 조선족의 시각 속에서 분단의 비극을 설명한다. 특히 그는 남북 분단이 '민족의 비극과 아픔'의 차원을 넘어서, 동아시아의 평화와 세계사적 전환의 의미를 갖는 역사적 과제로 이해한다. 따라서 그는 현재 우리들이 비극의 역사를 연장하는가, 아니면 분단의 역사에서 통일의 역사로 일대 전환을 이루어내는가라는 그 갈림길에 서 있음을 자각해야 할 것을 역설한다.

　제3부 3장 〈한반도 평화와 통일을 위한 재미 지식인의 제언〉에서는 미국에서 한반도 평화와 통일을 위해 일생동안 헌신해 온 재미학자 박한식 조지아대학교 명예교수의 통일사유와 실천을 조망해보고자 했다. 특히 그가 전하고 있는 핵심은 북한사회와 체제에 대한 정밀한 인식을 촉구한다는 점이다. 북한을 공화국이나 혹은 단순한 세습국가, 독재국가로, 군사 국가로 보는 것은 북을 포괄적으로 이해하지 못하는 단편적인 인식이며, 오히려 북을 이해하기 위한 핵심 키워드는 '가장으로서 김일성을 중심으로 한 가족국가'라는 것이다. 그러한 국가시스템이 북한에 왜 필

13

요했으며, 어떻게 형성되었는지를 살펴봐야 비로소 남북 통일의 실마리를 얻을 수 있다는 것이 그의 주장이다. 결국 그가 제시하는 통일사유의 결론은 남북이 평화를 거쳐 더 높은 차원에서 만나는, 이른바 '변증법적 통일론'이다. 이 변증법적 통일론은 서로 다른 차이들이 인정되고 수용되는 상생의 지혜를 바탕으로 할 때에만 가능하다.

제4부 〈석학들의 통일철학, 통일의 인문적 비전〉은 한반도 분단극복과 연관된 인문학적 통일론의 토대를 제시해 왔던 강만길 고려대 명예교수, 백낙청 서울대 명예교수, 송두율 전 독일 뮌스터대 교수와의 대담을 엮은 부분이다. 이들과의 대담은 각각 건국대 통일인문학연구단의 박민철 HK교수 및 대학원 통일인문학과 교수, 김성민 단장, 박영균 HK교수가 맡았다. 제4부는 무엇보다 통일을 인문학적으로 성찰해야 할 이유와 분단극복을 위해 요구되는 인문적 사유의 지형도를 다양한 방식으로 모색해보자 하는 의도가 담겨 있다. 주어진 현실을 넘어서 생성되어야 할 인간다움, 인간적 가치를 추구하는 인문학자로서 '지금 여기'의 분단현실을 정면으로 직시하는 비판적 성찰이 다시 한번 주목되어야 했기 때문이다.

특히 강만길, 백낙청, 송두율은 남북의 분단국가체제가 강제하는 분단시대의 인문학을 넘어서 분단과 통일의 문제를 인문학적으로 사유한 통일인문학의 '선구자들'이다. 강만길, 백낙청, 송두율의 인문학적 통일론은 분단과 통일문제를 인문학의 학적 대상으로 초점화한 점, 한반도 분단의 특수성을 역사와 철학 등 인문학적 틀과 방법론으로 접근했다는 점에서 선행적 의의를 갖고 있다. 나아가 인문학의 적용범위를 사회적 실천과도 연결시킴으로써 분단극복의 방식을 폭넓게 제시하고 있다는 점에서도 큰 시사점을 제공한다.

제4부 1장 〈한반도 통일을 위한 역사학의 임무〉에서는 한국 역사학의 진정한 의미가 당대의 현실을 '분단시대'로 파악하는 '분단극복사학'으로 변모할 때 비로소 가능하다고 역설했던 강만길의 인문학적 통일사유를 살펴보고자 했다. 구체적으로 이를 통해 그가 말하는 구체적인 통일사유로서 통일민족주의와 대등통일론의 진정한 의미를 밝혀보고자 했다. 특히 이 대담을 통해 강만길은 식민지 이래의 좌우 협상을 통해 계승되어왔던 민족통일전선운동을 우리 민족사의 주류로 인식해야 하며, 한반도 지역 전체를 하나의 민족 단위로 인식하는 한편 한반도 전체 주민

을 역사 발전의 주체로 설정해야 할 것을 역설한다.

　제4부 2장 〈민족문학론, 분단체제론, 변혁적 중도론〉에서는 한반도 분단을 이해하는 핵심 개념으로서 민족문학론과 분단체제론을 설파한 백낙청 통일 사유의 정립과정을 추적해보고자 했다. 분단체제라는 개념이 제시된 배경과 이유, 그것이 가져올 수 있는 실천적 효과를 백낙청의 대담을 통해 밝혀보고자 했으며, 그가 말하는 구체적인 통일론으로서 복합국가 개념, 변혁적 중도론, 시민참여형 통일의 실천적 의미를 보다 쉽게 접근해보고자 했다. 결국 백낙청은 분단 시대 안에 통일시대를 예고하는 성취하는 현실들이 자라나고 있다는 것을 중요하게 인식해야 하며, 통일의 구체적인 실현과정들에 맞는 고민과 선택들이 현재 우리들에게 요구되고 있다는 점을 역설한다.

　제4부 3장 〈경계인의 통일철학〉에서는 대족 철학자 송두율의 통일 사유를 '경계'라는 개념으로 해석하는 한편, 그가 제시하고 있는 통일담론의 핵심적 명제들이 갖는 현재적 의미를 다시 한번 음미해보고자 했다. 이를 위해 그의 학문적 문제의식을 촉발시킨 역사적 과정들과 유학생활, 사유의 축적과 새로운 사상 탄생의 과정을 섬세하게 추적한다. 이 속에서 송두율은 통일을 '남과 북이 각각 자신들의 경계를 넓혀서 남북이 공유하는 공통적 공간을 만들어 내는 것'으로 규정한다. 남 또는 북이라는 양자택일적 이분법을 벗어나 남과 북 사이의 경계를 넓혀 그것을 통해 서로 호흡할 수 있는 공간을 넓혀야 한다는 것이다.

4. '未來'와 '美來' 사이에서 다시 통일을 묻는다.

　이 책 『한국지성과의 통일대담』에서는 이렇듯 13명의 지성들이 등장한다. 그들 각각은 일생동안 자신들만의 연구주제와 방법론을 가지고 한반도 분단극복과 통일문제에 천착해왔다. 이 속에서 각각의 차이들이 노출되기도 하였고 공통된 견해가 도출되기도 하였다. 이때 13명의 통일 사유를 관통하는 핵심 키워드를 용기를 내어 규정한다고 한다면, 그것은 바로 '사람의 통일', '과정으로서의 통일', '사회문화적 통합'일 것이다. 우리들에게 요구하고 있는 한국지성들의 통일

15

사유는 바로 그곳을 향해 있었다.

그런데 이 책 『한국지성과의 통일대담』은 자신들의 통일사유를 넉넉히 들려줬던 13명의 지성뿐만 아니라, 13명의 인터뷰어들이 등장한다. 그들 대다수는 건국대 통일인문학연구단에서 연구를 수행하고 있는 전문연구자들이다. 이들 모두는 통일에 대한 인문학적 성찰을 통해 새로운 통일 패러다임을 정립함으로써 통일의 인문적 비전을 제시하고자 한다는 학문적 문제의식을 공유한다. 구체적으로 우리들은 한반도 통일의 의미는 서로 이질적인 체제, 제도, 이념 속에서 살아온 두 집단이 서로 '소통'함으로써, 분단의 아픔과 상처를 '치유'하고, 인간다운 삶이 가능한 새로운 민족공동체로의 '통합'을 만드는 것으로 새롭게 규정되어야 한다고 생각한다.

통일과 인문학의 결합이 만들어 낸 새로운 통일론의 문제의식은 다음과 같이 정리할 수 있을 것이다. 첫 번째는 체제와 민족이 아닌 '사람 중심', '일상생활 중심'의 통일론이 필요하다는 인식이다. 이것은 통일 이후 남북 주민의 삶, 우리의 일상과 밀접한 연관을 맺는 생생한 통일론이 필요하다는 것을 의미한다. 두 번째는 '차이'에 바탕을 두고 지속적인 남북소통을 고민하는 통일론이 필요하다는 것이다. 분단과 전쟁이 남긴 오랜 기간의 상호적대는 무엇보다 남북의 적극적인 이해와 교류를 통해 만들어가는 개방적인 상호작용을 통해서만 해소될 수 있기 때문이다. 세 번째는 분단의 상처와 적대를 극복할 수 있는 통일론이 필요하다는 것이다. 이것은 분단 상황에서 발생한 개개인의 상처, 적대, 증오를 고민하고 반성하는 과정을 의미한다.

이런 점에서 한반도의 통일은 곧 '未來'가 아닌 '美來'를 의미한다. 물론 이 책 『한국지성과의 통일대담』이 아름다운 미래를 단순히 희망적으로 전망하는 것은 아니다. 오히려 이 책은 아름다운 미래를 위해 우리들이 추구해야 할 냉철한 인식과 전망, 끊임없는 실천과 노력, 구체적인 방안의 모색을 강하게 촉구하고 있다. 끝으로 이 책에 소중한 말씀들을 채워준 13명의 대담자, 그리고 오랜 시간을 두고 그들의 사유를 촘촘히 이해하고 질문을 작성함으로써 대담자들과의 대담을 성실히 준비해준 13명의 인터뷰어들에게도 감사의 인사를 전하고 싶다. 이 책 『한국지성과의 통일대담』이 역사적 전환기를 맞이하고 있는 이곳, 지금의 한반도에 조금이나마 도움이 되었으면 좋겠다.

차례

1부

역대 통일부 장관에게 듣는 통일의 지혜

인터뷰이 : 임동원

육군사관학교 교수를 역임했고, 육군소장으로 예편했다. 주 나이지리아대사, 주 호주대사, 외교안보연구원장, 통일원차관, 남북고위급회담 대표, 남북교류 협력위원회 남측 위원장, 대통령 외교안보수석비서관, 통일부장관, 국가정보 원장, 대통령 통일외교안보 특보를 지냈다. 현재 한반도평화포럼 명예이사장 으로서, 서울특별시 남북교류협력위원장을 맡고 있다. 저서로는 임동원 회고 록 『피스메이커 : 남북관계와 북핵문제 25년』(2015, 창비)가 있다.

인터뷰어 : 정진아

건국대 통일인문학연구단 HK교수 및 대학원 통일인문학과 교수로서 역사문 제연구소 연구위원, 『역사와 현실』 편집위원으로 활동하고 있다. 저서로는 『문 화분단』(공저), 『역사가 우리에게 남긴 9가지 트라우마』(공저), 『분단생태계와 통일의 교량자들』(공저) 등이 있다.

평화와 통일의 길

일시 : 2016년 11월 15일
장소 : 서울특별시 영등포구 문래동 조은문화재단사무실

피스키퍼(peace keeper)에서 피스메이커(peace maker)로

정진아 피스키퍼에서 피스메이커로 전환하시게 된 과정에 대해서 질문을 드리겠습니다. 장관님께서는 1990년 시작된 남북고위급 전 과정을 통해서 새로운 사고를 하시게 됐다고 회고 하셨는데요. 강경한 반공주의자에서 합리적인 실용주의자로 변신하시게 된 과정이 궁금합니다.

임동원 저는 동서냉전시대에는 군인으로서 그리고 외교관으로서 피스키퍼의 길을 걸어왔어요. 냉전이 끝난 후에는 통일 일꾼으로 부름을 받고 통일 분야에서 일하게 됐는데 이 과정에서 어떻게 피스키퍼에서 피스메이커로 전환했는가 하는 질문이지요?

정진아 그렇습니다.

임동원 두 가지 이유가 있었습니다. 하나는 세상이 변했다는 사실입니다. 동서 냉전이 끝나고 독일이 통일하고 국제정세에 지각변동이 일어났습니다. 공산주의는 이미 이데올로기로나 체제로서의 존립가치를 잃어버렸고, 전 세계적으로 민주주의와 시장경제가 확산되는 새로운 세상이 되었어요. 계속 그전처럼 반공만 부르짖고 있을 때가 아니고 이제는 한반도에서도 냉전을 끝내고 평화를 만들어 통일을 이룩해야 할 새 시대가 도래한 것입니다. 따라서 새 시대가 요청하는 새로운 사명을 수행해야 하겠다는 생각을 하게 된 것입니다.

다른 하나는 남북고위급회담 과정을 거치면서 북한에 대한 인식이 달라지게 되었다는 것입니다. 사실 제가 군대 생활을 하던 70년대까지만 해도 북한의 군사력이 남한에 비해 훨씬 우세했습니다. 그래서 우리가 피해의식을 갖고 위기감을 갖고 있었습니다. 하지만 남북고위급회담 대표로 참여하면서 3년 동안 여러번 평양을 오가며 북한의 낙후한 현실을 직접 목격하고 북측 사람들과 자주 대화를 나누면서, 특히 북측 회담대표인 군 장성들과 대화를 나누면서 우리가 북한을 너무 과대평가했다고 판단하게 되었어요. 오히려 북한은 남한에 흡수통일 당할까봐 떨고 있고 열등의식을 갖고 있는데 우리는 잘못된 정보판단으로 북한을 과대평가하며 피해의식을 갖고 있었던 것입니다. 북한을 과소평가해서도 안 되겠지만 올바로 알아야 하겠다. 자신감을 갖고 북한을 상대하고, 북한을 잘 관리해 나가야 하겠다는 생각을 갖게 된 것이지요. 이렇게 되면서 피스키핑 할뿐만 아니라 피스메이킹을 병행해 나가야 하겠다는 생각을 갖게 된 것입니다.

탈냉전을 지향한 새로운 대북정책과 남북고위급회담

정진아 남북고위급회담은 군사정권인 노태우정부때부터 시작되었습니다. 노태우 정부의 전향적인 북방정책과 대북정책은 그 이전의 적대적인 대북정책과는 이례적으로 다른 정책이라는 생각을 하게 됩니다. 그런 정책을 추진했던 인물들과 그 분들의 구상이 어떤 것이었는지 알고 싶습니다. 그 분들의 전향적인 대북정책의 철학적인 바탕과 남북관계에 대한 전망도 잘 알려져 있지 않아서 장관님께 여쭤보고 싶습니다. 그리고 한가지 더 여쭤보자면 이러한 노태우 정부의 전향적인 대북정책이나 북방정책이 미국과 조율 없이 이뤄질 수는 없었을 것이라고 예측을 하는데요. 미국정부와 사전 어떤 과정까지 조율을 거쳤는지도 알고 싶습니다.

임동원 1987년에 6월 민주항쟁이 일어났지 않습니까? 이를 배경으로 개헌을 하고 대통령 직접선거를 통해 노태우 정부가 출범하게 됩니다. 노태우 정부는 88 서울올림픽을 성공적으로 개최해야 할 중요한 과제를 안고 있었지요. 당시의 국제정세는 동서냉전이 종언을 고하는 격변기였습니다. 소련에서는 새 지도자 고르바초프(Mikhail Gorbachev)가 개혁 개방정책을 추진하면서 동구권에 변화의 싹이 트고 있었고, 유럽에서는 군비감축협상이 진행되고 미·소간에는 핵무력 감축협상이 진행되는 등 국제정세가 지각변동을 예고하고 있었습니다.

이러한 전환기적 상황을 맞은 노태우 정부는 이 기회를 호기(好機)로 포착하여, 지난 40년간 유지해 온 반공정책을 넘어 새 시대에 맞는 탈냉전의 새로운 정책을 추진하게 됩니다. 새 정책을 발표한 것이 88년 7월 '7·7 대통령 특별선언'인데, 소련과 중국 등 공산권에 문호를 개방하고, 지금까지 우리의 적이요 타도해야할 대상으로 적대시해온 북한을 이제는 평화와 통일의 동반자로 인정하고 교류 협력해 나가겠다는 것이었습니다. 심화된 남북간 국력 격차를 바탕으로 자신감을 갖고 선언한 탈냉전의 새로운 포용정책이었습니다. '북방정책'이라 불렀지요. 그리고 또한 새 시대에 부응하는 새로운 통일방안을 마련했어요. '민족공동체 통일방안'입니다. 이 통일방안이 바로 오늘날까지 유지되어 온 대한민국의 통일방안입니다. 이런 상황을 배경으로 북한과 남북고위급회담을 개최하는 등 남북관계 개선 노력을 하게 된 것입니다.

당시 어떤 인물들이 주도적 역할을 수행했느냐고 질문하셨지요? 저는 회고록 『피스메이커』에서도 밝혔지만 세 사람을 기억해야 한다고 생각합니다. 대통령 외교안보수석비서관으로 노태우 대통령을 5년간 계속 보좌한 김종휘 전 국방대학원 교수를 첫 번째로 꼽고 싶습니다. 이 분이 '7·7 대통령 특별선언'과 '북방정책'을 주도한 사람이지요. 또 한 분은 이홍구 통일원 장관입니다. '민족공동체통일방안'을 주도하여 만든 분이에요. 다른 한 분은 서동권 안기부장입니다. 노태우 대통령의 고등학교 동창생이며 검사 출신인 그는 적극적으로 노 대통령의 대북정책을 뒷받침 해줬어요. 안기부가 반공 반북을 고수하며 방해했다면 전향적인 정책을 추진하기 어려웠을 텐데 전적으로 협조해줬지요. 이 세 분이 대단히 중요한 역할을 했다고 봅니다.

물론 이 모든 과정에서 미국측과 긴밀히 협조했다는 사실이 중요합니다.

　한미간 교량 역할을 한 분이 도널드 그레그(Donald Gregg) 주한 미국대사입니다. 그 분과 주로 김종휘 외교안보수석이 긴밀히 협조했습니다. 그레그 대사는 한국인에 대한 깊은 애정과 한반도 문제에 전향적인 사고방식을 가진 사람이에요. 그는 당시의 미국 대통령인 아버지 부시(George H. W. Bush)가 부통령 시절에 안보보좌관으로 근무했기 때문에 부시 대통령과는 직접 교신하는 친근한 관계를 갖고 있은 것으로 알려져 있었지요. 실질적으로 그레그 대사가 어떤 역할을 했느냐 하면, 한국에 배치되어 있는 미군 전술핵무기 철수와 또한 팀스피리트 한미연합훈련 중단을 본국정부에 적극적으로 건의한 것입니다. 이 두 가지가 이루어지게 되면서 남북고위급회담에서 〈남북기본합의서〉와 〈한반도비핵화공동선언〉을 채택할 수 있게 된 것입니다. 그리고 또한 북한의 핵의혹을 사찰하기 위한 국제사찰을 시작할 수 있게 된 것입니다.

정진아 잘 알겠습니다. 그러면 혹시 전향적인 대북정책이나 북방정책에 대해서 미국측이 선 제안을 했던 것인가요?

임동원 한국측 제의에 동의한 그레그 대사가 적극적으로 본국 정부를 설득했다는 것입니다. 당시 남북고위급회담 대표로 협상에 참여하여 직접 이 문제들에 관여했던 저는 그레그 대사의 역할이 대단히 컸다고 평가합니다. 그레그 대사는 자서전 『역사의 파편들』에서 이 과정에 대해 상세히 기록하고 있습니다.

정진아 예. 잘 알겠습니다. 노태우 정부는 남북관계를 개선했을 뿐만 아니라 한·러수교, 한·중수교를 연달아 맺으면서 동아시아에서 유지되어 왔던 한국, 미국, 일본을 한 축으로 하고 또 북한, 중국, 러시아를 한 축으로 하는 하는 강고한 삼각동맹의 틀을 깼다고 볼 수 있습니다. 북방정책이 과정적으로 그렇게 된 것인지 아니면 한국이 중국, 러시아와 수교할 뿐 만 아니라 북한 또한 미국, 일본과 수교해서 동아시아에 새로운 판도를 짜는 것까지 염두에 진행된 거대한 프로젝트였는지가 궁금합니다.

임동원 그렇다고 생각합니다. 저는 그때 외교안보연구원장으로 재직하면서 청와대 김종휘 수석과 긴밀한 협조를 유지하고 있었는데, 우리는 동서냉전 종언을 호기로 포착 활용하여 한반도에서도 냉전을 종식시켜야 한다고 생각했어요. 한반도 냉전을 종식시켜 동북아 평화질서 조성에 기여해야 한반도의 평화도 정착시킬 수 있다고 봤던 것이죠. 그래서 우리가 소련, 중국 등 공산권과 수교할 뿐만 아니라 북한도 우리의 우방인 미국, 일본과 수교하는 것을 적극 돕겠다는 것을 '7·7 대통령특별선언'에 포함하게 된 것이지요.

정진아 저희는 이런 의구심을 가졌습니다. 중국, 러시아와 한국이 수교하는 것은 분명한 한국 정부의 방침인 것 같다. 한국 정부가 북한도 일본, 미국과 수교하는 것을 돕겠다 라고는 하지만 사실 이것은 수사(修辭)에 그치는 이야기일 수도 있고, 북한에 대한 포위 정책일 수도 있다. 이런 의구심을 가졌거든요.

임동원 그런 것이 아니고 북한을 국제사회로 이끌어내어 변화시켜야 한다는 생각을 가진 것이지요. 북한을 계속 봉쇄하고 고립시켜서는 북한을 변화시킬 수가 없는 것이지요. 국제사회에 참여해야 북한이 변화할 수 있고 그래야만 남북관계가 개선 발전될 수 있으며 한반도의 평화를 만들어갈 수 있는 것이라고 생각한 것이지요. 당시에 우리의 정책 수립을 담당했던 사람들은 참으로 훌륭하고 전향적인 분들이었다고 생각됩니다. 요새는 좀? (다 같이 웃음)

정진아   그 당시에 UN 동시가입도 추진이 같이 되었는데요. 남북 UN 동시가입이라는 것은 한반도에 두 개의 분단국가가 있다 라는 것을 국제적으로 공포하고 인정받는 조치이기 때문에 통일운동하시는 분들 사이에서 논란이 있었던 것으로 알고 있습니다. 과연 남북이 UN에 동시가입하는 것이 평화공존에 도움이 되느냐, 아니면 국제적으로 분단국가라고 하는 것을 공식적으로 승인받는다는 사실이 오히려 반통일적 발상이 아니냐 이런 논란이 있었는데요.

　　장관님께서는 남북 UN 동시가입이 이뤄진 다음에 남과 북은 〈남북기본합의서〉를 통해서 '남북사이의 관계는 나라와 나라사이에 관계가 아닌 통일을 지향하는 과정에서 잠정적으로 형성되는 특수관계가 되었다'라고 규정을 하셨거든요. 그런데 '한반도에 두 개의 국가가 있다'라고 하는 것을 국제적으로 인정받는 것과 그 다음에 남북 사이의 관계는 국가 간의 관계가 아닌 특수관계라고 규정하는 〈남북기본합의서〉의 조항이 어떻게 보면 충돌하는 것이 아닌가 하는 생각을 갖게 됩니다.

임동원   당시까지는 남과 북이 서로 상대방을 인정하지 않았죠. 북한은 남한을 미제국주의의 식민지요 한국정부를 괴뢰정부라고 했지요. 우리는 북한정권을 대한민국 영토 안 미수복지구에 있는 불법교전단체로서 타도해야할 대상으로 생각했죠. 그런데 UN 동시가입을 통해 남과 북은 한반도에 두 개의 정치적 실체가 존재한다는 엄연한 현실을 국제사회와 함께 인정하게 된 것입니다.

　　제가 UN 동시가입을 위한 남북회담 대표로 협상을 했어요. 북한은 UN 동시가입에 반대했지요. 두 개의 코리아를 인정하고 분단을 고착화하는 것이기 때문에 반대한다며 통일 후에 하나의 의석으로 가입하자고 주장했습니다. 우리측은 하나가 되기 위해서는 우선 둘이 있다는 엄연한 현실을 받아들이고, 하나가 되기 위해 노력하자는 것이었습니다. 결국 합의를 보지 못했는데 소련과 중국이 북한을 움직여 북한이 남한과 함께 유엔에 공동가입하게 된 것입니다.

유엔에 공동가입하고 난 다음 남과 북은 고위급회담에서 남북관계를 규정하는데 합의하게 됩니다. 남과 북은 유엔에 공동가입하여 대외적으로는 각각 주권국가지만 '남북 사이의 관계가 나라와 나라 사이의 관계가 아닌, 통일을 지향하는 과정에서 잠정적으로 형상되는 특수관계'로 규정하는데 합의한 것입니다. 동서독 관계를 벤치마킹한 겁니다. 이렇게 특수관계로 규정함으로서 남과 북은 각각 자기 헌법에 위배되지 않게 되고, 남북간 무역은 국내 교역으로 인정하여 이중과세가 불필요하게 된 겁니다. 그리고 분단 역사상 처음으로 대한민국과 조선민주주의인민공화국의 국호를 사용하여 남북관계 발전 방향을 제시하는 〈남북사이의 화해와 불가침 및 교류 협력에 관한 합의서〉(약칭 〈남북기본합의서〉)를 1991년 12월 13일에 채택합니다. 24개 조항으로 된 합의 내용을 여섯 가지로 요약할 수 있습니다.

남과 북은 첫째, 서로 상대방의 체제를 인정 존중하고 내정 간섭, 비방 중상, 파괴 전복 행위 등을 하지 않는다는 것입니다. 서로 상대방을 있는 그대로 인정 존중하는 것이 남북관계의 시작이라는 것이지요. 둘째, 화해하자는 것입니다. 남북이 동족상잔의 전쟁을 하고 서로 원수가 되었지만 이제는 화해해야 한다는 것입니다. 대단히 중요하고도 어려운 일이지요. 셋째로는, 경제·사회·문화·체육 등 여러 방면에 거쳐서 서로 교류 협력하자는 것입니다. 넷째, 침략하지 말자(불가침). 즉 전쟁하지 말자. 다섯째, 불가침을 보장하기 위해 군사적 신뢰구축 조치와 군비 감축을 실현하자는 것입니다. 여섯 번째로는 적대관계의 뿌리인 군사정전체제를 남북 사이의 공고한 평화체제로 전환해 나가자고 합의한 것입니다.

남과 북은 서로의 차이를 인정하는 바탕위에서 유무상통하며 공동의 이익을 추구하고 평화공존하는 관계로 개선 발전시키기 위한 훌륭한 기본장전을 마련한 것입니다. 남북이 이 합의를 제대로 이행하면 남북관계를 개선 발전시킬 수 있는 것이지요. 남북관계 개선 발전을 위한 이렇듯 훌륭한 기본장전을 마련했다는 것은 대단히 중요한 성과라 할 것입니다. 지금도 남북

관계를 개선하려면 이 합의를 준수 이행하면 되는 것이지요.

정진아 학교에서 강의하는 사람들은 매번 학생들에게 시험문제로 낼 정도로 굉장히 중요한 문구이자 남북관계의 특성을 반영한 아이디어라고 생각하고 있습니다.

임동원 그래요?

정진아 대단한 묘안이라고 생각했습니다. 남북 둘 사이에 국가적인 특수성이라고 할까요? 그에도 저촉되지 않으면서 민족과 민족 내부의 특수관계 라고 하는 조항으로 실존하는 남북 두 국가에 얽혀있는 수많은 문제를 해결할 수 있는 방안이었기 때문이죠. 저 문구가 도대체 어떻게 고안되고 어떻게 제안되었고 어떻게 합의된 것일까 굉장히 궁금했습니다.

임동원 남북의 대표들이 마주앉아 1년 이상 많은 논쟁을 하면서 소통하고 지혜를 모아서 합의에 이르게 된 것이지요. 때로는 고성이 오고가기도 하고 자리를 박차고 나가기도 하면서 엄청나게 논쟁했지요. 이 1년 동안(1991년)에 국제정세는 북한에 불리하게 격변하고 있었어요. 독일 통일에 이어 동서냉전이 종식을 고하고, 미국과 소련이 전략핵무기 감축에 합의한데 이어 미국이 전 세계에 배치된 전술핵무기를 철수 폐기하기로 선언하여 남한에 배치된 전술핵무기도 철수하게 됩니다. 개혁 개방정책을 추진한 소련의 고르바초프 대통령이 사임하고 소비에트연방이 해체 소멸되는 등 지각변동이 일어난 것이지요. 북한은 체제 붕괴의 위기에 봉착하게 된 겁니다. 북측이 점점 수세적 입장에서 남북관계 개선을 통한 생존책을 강구하지 않을 수 없게 된 것이지요.

여기서 한 가지 더 살펴볼 것은, 이렇게 훌륭한 〈남북기본합의서〉가 왜 곧바로 실천으로 이어지지 못했는가 하는 것입니다. 대외적 요인과 대내적 요인 두 가지를 지적하고 싶습니다.

남북관계가 진전되려면 한반도 문제에 깊이 개입해 있는 미국과 북한의 관계 개선도 병행되어야 하는데 그렇지 못했다는 사실입니다. 동서냉전이 끝나면서 소련과 중국은 대한민국과 수교하고 관계정상화 했고 남북이 유엔에 공동가입 했지요. 하지만 몇 년전 유엔에서 미·일·소·중 4개국의 남북한 교차승인을 주장했던 미국은 북한의 관계개선 요구를 거부하고 적대적 봉쇄정책을 지속합니다. 미국이 북한을 인정하고 관계개선을 추진했다면 남북관계 개선은 물론 북핵문제는 원천적으로 해소되고 한반도평화프로세스도 시작될 수 있었을 것입니다. 공산권 붕괴로 생존 위기에 처한 북한은 미국의 안보위협에 대처하여 핵개발에 기울어지게 됩니다. 다른 하나는, 북한 핵개발 의혹이 제기된 1993년 초 출범한 김영삼 정부는 "핵무기를 가진 자와는 결코 악수할 수 없다"며 〈남북기본합의서〉를 부정해 버렸어요. 북핵문제와 남북문제를 선후관계로 연계하는 연계전략을 채택한 것이지요. 북한이 핵무기를 가진 것이 아니라 핵 개발을 시도하던 초기였는데 과잉반응하고 오판하면서 남북관계가 잘못되기 시작한 것이지요.

정진아 이 남북고위급회담을 할 당시에는 북한도 노태우 정부의 정책이 이런 방향으로 움직이고 있고 실무진도 그런 기조 하에서 계속 협상을 하고 있기 때문에 조만간 일본과, 그리고 미국과의 수교도 멀지 않았다고 생각을 하고 있었던 건가요?

임동원 그렇죠. 크게 기대하고 있었죠. 그리고 일본과는 교류하면서 대화가 진행되고 있었어요. 그런데 패전국 일본은 미국의 생각과 다른 외교활동을 할 수 없는 나라니까 미국에 추종하면서 중단하게 된 것이죠.

정진아 어쩌면 그때가 남북관계를 풀 수 있는 매우 중요한 시점이었던 것 같군요.

임동원 굉장히 중요한 시점이었죠. 이때에 잘 풀렸으면 지금은 우리가 남북이 서로 오고가고 돕고 나누는 세상에서 살 수 있었을 거예요.

김대중과의 만남과 통일론의 정립

정진아 저희가 주목하는 부분 중 하나가 김대중 대통령과 임동원 장관님과의 만남입니다. 장관님 회고록에서 볼 수 있듯이 김대중 대통령 측에서 아태평화재단 사무총장직을 제안했을 때 많은 고민을 하셨던 걸로 알고 있습니다. 주변의 반대와 만류도 많았지만 장관님께서도 처음에는 이 제안을 수락하지 않으실 생각이었던 것으로 알고 있는데요. 김대중 대통령과의 만남 이후에 제안을 수락하셨고 대통령께서도 향후에 장관님에 대한 절대적인 신임과 지지가 있었습니다. 두 분이 만나셨을 때 통일문제를 둘러싸고 두 분이 어떤 부분을 교감하셨는지, 어떤 대화가 오갔는지 궁금합니다.

임동원 말씀하신대로인데 저는 김대중 씨를 좋아하지 않았습니다. 과거 박정희 전두환 정부 시절 "김대중은 빨갱이다. 과격분자다. 거짓말쟁이다"라는 선전을 귀가 따갑도록 많이 들어 왔지요. 정치에 무관심한 저도 그저 그런가보다고 생각했지요. 근데 그 분이 갑자기 나한테 같이 일하자고 요청해 왔어요. 놀라지 않을 수 없었지요. 'NO-NO- 아니요' 번지수가 틀린 얘기라며 단번에 거절했지요. 세 번이나 거절했습니다. 그러자 한번 만나나 보자는 것이에요. 비서실장이라는 분이 하도 하소연을 하기에…….

정진아 삼고초려 후의 마지막 제안이었네요.

임동원 그래서 한번 만나보기로 했지요. 만나보니 대단한 분이예요. 그 분 자택에서 만났는데 이야기가 길어지자 점심식사를 하면서 약 두 시간 얘기를 나눴어요. 주로 두 가지 문제인데, 하나는 통일문제고 다른 하나는 당시 국민적 관심사로 떠오른 북한 핵문제였습니다. 그 분은 오래전부터 통일문제에 대한 깊은 이론적 연구로 확고한 통일철학과 탁견을 가지고 계셨습니다. 저는 남북고위급회담 협상 경험을 통해 현실적인 구상을 갖고 있었는데 근본적으로 생각이 비슷하고 상당한 접점을 발견하였지요. 북핵 문제에 대해서도 언론이나 정계에서 말하는 그런 수준이 아니라 문제의 본질을 정확히 파악하고 계시고 현실적이고 합리적인 탁월한 해법을 제시하는 데 제가 놀랐어요. 결국 통일문제를 같이 연구하자고 요청하셔서 "알겠습니다, 같이 일하겠습니다."고 수락하게 되었어요. 김대중과 임동원의 결합은 이렇게 시작되었는데 이는 하나님의 섭리라고 밖에 달리 설명할 도리가 없네요.

정진아 당시 두 분이 나누셨던 북핵 문제에 대한 해법은 어떤 것이었나요?

임동원 북핵 문제는 근본적으로 미국과 북한의 적대관계의 산물이기 때문에 미국과 북한이 줄건 주고 받을 건 받으면서 기브 앤 테이크로 해결해야 한다는 것이 그 분의 주장이었어요. 미국은 북한에 대한 적대관계를 해소하고 관계 정상화에 나서야 한다는 거고 북한은 핵개발계획을 포기하도록 서로 맞바꿔야 한다는 것입니다. 지금은 북한이 핵개발을 시작하려는 초기단계이기 때문에 빨리 해결할수록 좋다는 것이 그 분의 주장이었습니다.

저도 그런 생각을 갖고 있었어요. 저는 북한과의 협상을 통해 '한반도비핵화공동선언'을 산출했고 그 후에는 남북핵통제공동위원회 남측 위원장으로 협상을 계속하면서 북핵문제는 남북간에 해결될 문제가 아니라 미국이 직접 나서서 해결해야할 문제라는 것을 잘 알고 있었지요. 당시 많은 사람들과는 달리 그 분은 북핵문제의 본질을 정확히 꿰뚫어 보고 있었다는 데저는 대단히 놀랐고 존경하게 된 겁니다.

정진아 통일문제를 오래 고민해오신 김대중 대통령과 또 군사·외교 분야의 전문가이신 장관님, 두 분의 만남을 통해서 단순히 통일문제만이 아니라 군사 안보적인 차원, 외교적인 차원까지 아우르는 통일 비전이 만들어질 수 있지 않았을까 하는 생각이 드는데요. 두 분이 마음이 잘 맞으셨다고는 하지만 두 분 사이에 의견 차이도 있었을 것 같습니다. 두 분 사이에 통일, 군사, 외교 문제에 있어서 이견은 없으셨는지 그리고 그렇게 만들어진 통일론이 노태우 정부에서부터 만들어지고 있던 통일론과는 어떠한 근본적인 차이가 있는지 궁금합니다.

임동원 김대중 대통령은 젊은 정치인 시절인 1970년대 초부터 평화통일을 주장했어요. 그땐 정부가 북진통일, 멸공통일을 주장하던 때인데 너무도 엉뚱한 주장을 한다고 몰린 셈이지요. 그래서 빨갱이로 몰리고 감옥에도 가고 그렇게 됐는데…….

정진아 반공 국시에 반한 주장을 하신 거지요.

임동원 그 분은 이미 그 때부터 평화통일에 대한 확고한 신념과 철학을 갖고 강연도 하고 책도 내고 그랬어요. 그런데 노태우 정부 초기 이홍구 통일원장관이 주도하여 탈냉전의 새 시대에 부응하는 새 통일방안을 만들었다고 하지 않았습니까? 통일은 평화적으로 이룩해야 하며 과도적 단계로 '남북연합'을 거쳐 점진적으로 추진해나가야 한다. '先민족사회통합 後국가통일'을 핵심으로 한 것이 '민족공동체통일방안'이지요. 처음에는 그냥 과도적 단계로 '남북연합'을 거쳐서 통일한다고만 명시되어 있었으나 나중에 3단계를 추가했지요. 당시 기성 정당들과 전문가들의 통일방안들을 모두 참고하고 공청회를 통해 의견을 수렴하고 여론을 조성하는 과정을 거쳐 마련한 것이지요. 이러한 과정에서 이홍구 장관이 국회 답변에서 '민족공동체통일방안'은 김대중의 통일방안을 토대로 해서 완성한 것이라고 밝혔어요.

　김대중 대통령은 3단계 통일방안을 제시했죠. 통일을 과정으로 보고 완전 국가통일에 이르는 긴 과정을 3단계로 단계화했습니다. '남북연합'단계를 강조한 것도 마찬가지라 할 것입니다. 김대중은 오랜 시간이 걸릴 법적, 정치적 완전통일을 달성하기 전에도, 정치적 통일은 안 되었을 지라도 평화공존하면서 남북이 서로 오고가고 돕고 나누는, 경제·사회·문화적으로 교류 협력하면서 통일된 것과 비슷한 '사실상의 통일(de facto unification)' 상황부터 실현할 것을 강조한 것입니다.

정진아　그럼 훨씬 실천성이 강화된 것인가요?

임동원　김대중 정부의 햇볕정책에는 4개의 키워드가 있어요. 화해, 협력, 변화, 평화입니다. 〈남북기본합의서〉 실천을 전제로 하고 있는 햇볕정책은 남북이 화해하고 교류협력을 통해 북한이 변화할 수 있는 여건과 환경을 조성하여, 물론 우리도 변해야 합니다만, 평화를 만들어 우선 남북이 서로 오고가고 돕고 나누는 '사실상의 통일'상황부터 실현하고 완전통일을 지향해 나간다는 것입니다. '先평화 後통일', '先 사실상의 통일 後 완전 통일'을 특징으로 하고 있지요. 그래서 '민족공동체통일방안'과 김대중의 3단계통일방안이 서로 다르지 않으며 궤를 같이하고 있는 것입니다. 그리고 2000년 6.15남북정상회담에서 남북의 두 정상이 "통일은 목표인 동시에 과정"으로 보고 점진적 단계적으로 추진해 나가야 한다고 인식을 같이한 통일모델도 '민족공동체통일방안'과 궤를 같이하고 있다고 할 수 있습니다.

정진아 '민족공동체통일방안'의 기조를 공통으로 가지고 가면서도 훨씬 실천적이고, 훨씬 더 환경조성과 같이 사실상의 통일을 만들어 나가는 방안이나 그 폭에 대한 고민이 훨씬 더 깊어지고 넓어졌다 그렇게 볼 수 있을까요?

임동원 그렇죠! 그렇게 볼 수 있죠! 서로 소통하고 평화를 만들어 상생하면서 통일을 만들어가야 한다는 것이지요.

정진아 연결된 질문을 드리겠습니다. 김대중 정부의 대북 정책 기조는 포용정책, 햇볕정책이라고 할 수 있고, 장관님께서는 그 기조를 화해, 협력, 선평화, 사실상의 통일로 정리해 주셨습니다. 이 정책 기조는 북한을 민족으로 포용하면서도 적극적인 변화를 유도하고 남한의 변화까지도 염두에 둔, 굉장히 공세적이면서도 대담한 통일에 대한 접근방식과 시각을 견지하고 있다는 생각이 듭니다. 이런 포용정책이 만들어지게 된 일련의 과정을 듣고 싶습니다. 노태우 정부 때는 기존의 통일론을 검토하고 간담회를 하고 여론을 수렴하고 이런 과정을 거쳤다면, 김대중 정부 때는 어떠한 로드맵을 가지고 움직였던 것인가요? 김대중 정부에서는 포용정책이 만들어지기까지 실무진의 논의과정이라든지, 시각과 방법의 정립 과정이라든지, 모델링을 해나갔던 과정을 구체적으로 말씀해주시면 감사하겠습니다.

임동원 김대중 정부도 노태우 정부 때 국민적 합의를 통해 마련된 '민족공동체통일방안'을 그대로 계승합니다. 이 통일방안에 기초하여 당장에 북한과의 관계를 어떻게 개선 발전시킬 것인가 하는 현실적인 대북정책을 마련하는 것이 중요했지요. 다행히 해방 50주년을 기념하여 출간한 『김대중의 3단계 통일론』이 그 해답을 제시했어요. 이 저서는 김 대통령이 70년대에 주장했던 평화통일론을 독일 통일과 동서냉전 종식 등 국제정세의 변화, 즉 탈냉전의 새로운 정세에 맞게끔 수정 보완하여 출간한 것입니다. 제가 편집 감수하는 일을 맡았습니다. 이 저서에는 1단계에서 실현해야할 대북정책을 상세히 제시하고 있습니다. 이 저서가 김대중 정부의 대북정책 기조를 마련하는데 결정적으로 기여하게 된 것입니다. 김대중 정부 출범과 함께 통일부는 이 저서에 기초하고 또한 전문가들의 의견을 수렴하여 대북정책을 마련 한 것이죠. 그리고 안보회의 상임위원회 심의를 거쳐 확정하게 된 것입니다. '화해 협력의 포용정책'이 공식명칭인데 햇볕정책이라는 이름으로 널리 알려지게 됩니다.

햇볕정책과 4강 외교

정진아 햇볕정책에서 돋보이는 부분 중의 하나는 남북관계와 더불어 국제관계 개선을 위한 고민을 많이 했다는 점입니다. 김대중 대통령께서 외국 정상들과 만났을 때, 국제회의에 참석하셨을 때 통일을 위한 국제환경 조성에 대한 문제를 강조하고 전향적으로 그 문제를 풀어나가기 위해 굉장히 적극적으로 노력하셨습니다. 햇볕정책을 입안할 당시부터 남북관계뿐 아니라 노태우 정부 때 해결되지 못했던 북일관계와 북미관계를 이번에는 해결해야겠다는 의지를 가지고 계셨던 것인지 알고 싶습니다. 또한 김대중 정부는 미 · 중 · 일 · 러 관계라고 할까요? 한반도를 둘러싼 동아시아 관계의 틀을 어떤 방식으로 만들어 나가려고 했는지, 통일을 위해 남북관계 뿐 아니라 동아시아 정세와 관련해서 어떤 구상을 가지고 계셨는지 궁금합니다.

임동원 김대중 대통령은 한반도 문제에 깊은 이해관계를 갖고 있는 이웃 네 나라 미국, 중국, 일본과 러시아가 한반도의 안전과 평화를 위해서는 물론 통일을 위해서도 대단히 중요한 나라라고 인식하고 있었지요. 소련, 중국과 외교관계가 없던 동서냉전시대인 70년대 초부터 이미 그는 이 네 나라가 한반도 안전을 보장해 줘야 한다는 '4개국 안전보장론'을 주장한 바 있습니다.

　김 대통령은 취임 후 서둘러 미국을 비롯한 이 네 나라를 국빈 방문하여 정상회담을 하고 각계 지도층 인사들과 회동했습니다. 한반도에서도 냉전을 끝내고 평화를 정착시켜야 하며 이를 통해 동북아 평화 질서를 형성해 나가야 한다며 한반도 평화체제 구축에 적극 나서주기를 요청하는 한편 햇볕정책을 설명하고 지지를 호소하는 외교적 노력을 경주했습니다. 미국 클린턴 대통령은 햇볕정책에 대한 자세한 설명을 듣고 난 후 대단히 훌륭한 정책이라며 "지금까지는 한반도 문제를 미국이 주도했는데 이제부터는 김 대통령이 주도해 주기 바랍니다. 김 대통령이 핸들을 잡아 운전하고 제가 옆자리에 옮겨 앉아 보조적 역할을 하겠습니다."라고 말했습니다. 이 말을 들으며 저는 너무도 감동적이고 고무적인 언약이라 기쁨을 감출 수가 없었어요. 클린턴 대통령은 임기 말까지 이 약속을 지켰습니다.

김 대통령은 훌륭한 〈남북기본합의서〉가 채택되었으나 한반도 문제에 깊이 개입해있는 미국이 한반도 냉전구조를 계속 유지하려 하고 북한과의 관계개선에 나서지 않는 한 남북관계 개선이 어렵다는 냉엄한 현실을 중시했지요. 따라서 무엇보다 먼저 미국이 한반도 냉전구조 해체에 나서도록 노력했습니다. 미국이 결정하면 이에 순종하던 타성에서 벗어나 이제는 한반도의 주인인 우리가 제 목소리를 내어 한반도 문제를 주도하고 미국의 지지와 협조를 이끌어내야 한다고 생각했습니다. 한반도 냉전구조 해체는 한반도는 물론 동북아 평화질서 조성의 핵심과제라 생각한 것이지요.

중국에서는 장쩌민(江澤民) 국가주석이 김 대통령의 정책에 전적으로 동의하고 지지한다며 적극적으로 돕겠다고 약속하고, 양국 관계를 '선린우호관계'에서 경제분야 만이 아니라 모든 분야에서의 협력으로 확대하기로 하는 '협력적 동반자관계'로 격상하기로 합의했습니다. 일본 오부치(小渕惠三) 총리는 25년전 도꾜 납치사건 때부터 김 대통령을 존경해 왔다며 '21세기의 새로운 한일 파트너쉽'을 발전시켜 나가기로 합의하고 5개 분야 43항으로 된 '행동계획'을 채택하는 한편 일본도 한국과 함께 대북 포용정책을 추진하겠다고 약속했습니다.

정진아 저도 참 의아했던 부분인데요. '미국 · 중국 · 소련 모두가 다 자국의 실질적인 이해관계를 가지고 동아시아 문제를 바라보고 있는데, 이 4개국의 동의와 협조를 얻어낸다는 것이 가능하기나 한일인가.', 저는 이런 의구심을 가지고 있었습니다. 그런데 김대중 대통령께서 그 문제의 키를 쥐고 선도해나가는 모습을 보여주셨습니다. 그러한 경험은 앞으로 한국이 남북문제와 동아시아문제를 풀어나가는데 있어서도 매우 중요한 시사점을 준다고 할 수

임동원 저는 미국 측과 자주 접촉하고 협상도 해봤습니다. 그리고 또한 김 대통령이 미국 지도자들을 만날 때마다 배석하여 대화의 현장을 목격하기도 했습니다. 미국 사람들은 미국이 하라는 대로만 순종한다고 좋게 평가하는 게 아닙니다. 오히려 경멸하는 경향도 있습니다. 우리가 정당한 논리를 갖고 솔직하고 당당하게 우리의 입장을 주장하고 설득하면 오히려 높이 평가하고 존중합니다. 김대중 대통령이 존경받게 된 이유입니다.

　예를 들면, 김 대통령은 미국이 공산침략으로부터 한국을 지켜주었고 경제건설에도 크게 도움을 준 사실을 높이 평가하고 감사하는 말을 빠트리지 않았습니다. 그리고 또한 동서냉전 종식 후에도 미군이 유럽에 주둔하고 있는 것처럼, 통일 후에도 한반도와 동북아의 안정과 평화를 위해 미군이 한국에 주둔해야 한다고 주장합니다. 동시에 미국의 책임과 역할을 강조하는 것입니다. 1905년 '가쯔라-태프트 밀약(The Katsura-Taft Agreement)'을 통해 조선에 대한 일본의 지배권을 인정하여 우리 민족을 일제 식민지로 전락케 하는데 동조했다든가, 제2차 세계대전 말에 아무 죄도 없는 한반도를 분단하여 결국 전쟁으로 이어지는 비극을 초래했다든가, 식민지 지배, 분단, 전쟁에 대한 미국의 책임을 상기시킵니다. 그리고 이제 미국은 한반도에 평화를 정착시켜 분단을 끝내고 통일을 이룩하는데 기여해야 할 책임이 있다는 것을 강조하며 우리와 함께 한반도 냉전을 끝내도록 하자. 북한과의 적대관계를 해소하고 북한의 변화를 유도하여 한반도 평화를 만들어 나가자는 식으로 솔직하게 설득하는 거예요. 그럼 잘 알겠다며 긍정적으로 호응해옵니다. 클린턴(Bill Clinton) 대통령과 그의 행정부 지도자들은 그러했어요. 부시(George W. Bush) 대통령과 네오콘(neo-conservatives, Neocon)들에게는 잘 통하지 않은 것도 사실이지만······.

정진아 지도자가 자신의 경륜과 안목을 가지고 주변국을 설득하고 그 주변국과의 협력을 통해서 남북관계를 이끌어 갈 수 있었던 아주 좋은 그 경험이었다고 생각하고 앞으로도 그런 방향에서 한국정부가 남북관계와 동아시아 관계를 이끌어 나가야하지 않을까 그런 생각을 해봅니다. 약간 방향을 달리한 질문을 하겠습니다. 장관님께서는 〈남북기본합의서〉, 남북정상회담, 6.15공동선언, 한반도평화프로세스의 주역이십니다. 그런데 이들 정책은 통일로드맵에 대한 남북정상의 합의, 남북의 경제 사회 문화적인 교류의 확대, 주민들과의 신뢰회복을 통한 민족공동체 의식의 함양 등 1972년 그리고 남북합의서 단계에서는 형식적으로만 해결되었던 자주 · 평화 · 민족대단결의 내용을 실제화하기 위한 노력에 굉장히 공력을 많이 기울였습니다. 모든 과정이 다 하나도 빠짐없이 중요하다고 할 수 있겠지만 특히 역점을 두셨던 사업이 있었을까요?

임동원 두 가지예요. 하나는 남북관계의 개선과 발전 문제입니다. 우선 남북이 평화공존하고, 경제 · 사회 · 문화적 교류 협력을 통해 서로 오고가고 돕고 나누며, 민족의 동질성을 유지하고 북한 주민들의 의식변화를 유도하는 것이 중요한 당면과제라 보고 남북관계 개선에 역점을 둔 것입니다. 국내외 정세가 정치적 통일을 허용하지 않는 상황에서는 우선 남북관계를 개선하여 '사실상의 통일'상황부터 실현하고자한 것입니다.

　역사적인 남북정상회담 후 6.15공동선언을 실천하기 위해 '5대 중점사업'을 추진하게 됩니다. 우선 민족의 대동맥인 끊어진 철도와 도로를 연결하고, 하늘길과 바다길도 열었습니다. 약 2만 명의 이산가족이 상봉하고, 분단 반세기만에 처음으로 사회 · 문화 · 경제 등 여러 분야에서 약 44만명의 남북 왕래와 만남이 이루어지고, 금강산 관광이 시작되어 약 195만 명이 다녀왔습니다. 교역과 물자의 흐름이 활기를 띠고 개성공단을 건설하여 120여 남측 기업에서 북측 노동자 5만여 명이 남측 기술자들과 함께 일했습니다. 이렇게 하여 남과 북이 서로 상대방을 조금씩 알 수 있게 되었지요. 적대의식이 수그러들고, 긴장이 완화되고, 상호신뢰가 싹트기 시작하면서 통일은 미래의 일이 아니라 접촉과 왕래, 교류와 협력을 통해 현재진행형으로 만들어가는 것이라는 의식이 확산되기 시작한 것입니다.

　다른 하나는 한반도 냉전구조 해체를 위해 한반도 문제에 깊이 개입해 있는 미국의 협조를 이끌어내는 문제입니다. 여기서 한반도 냉전구조란 미국과 북한의 적대관계, 남북 간 불신과 대결의 관계, 대량살상무기를 포한한 군비경쟁, 군사정전체제 등 여러 요소들이 서로 연관성과 상호의존성을 갖고 얽혀서 구조화된 것을 말합니다. 김대중 정부는 그 동안 우리가 구상해 온 '한반도 냉전구조 해체를 위한 포괄적 접근전략'을 미국측에 제시하고 적극 설득하고 협의했습니다. 그 요지는 이러합니다.

– 북한의 핵이나 미사일 문제는 미 · 북 적대관계의 산물이다. 대증요법(對症療法)으로는 해결될 수 없다. 한반도 냉전구조 해체를 위한 근본적이고도 포괄적인 접근으로 평화프로세스를 통해 해결해 나가야 한다.

– 미국이 북한을 적대시하고 북한이 위협을 느끼는 한 북한은 대량파괴무기 개발 유혹에서 헤어나기 어렵다.

– 미국 · 일본 · 한국이 북한과의 적대관계를 해소하고 관계를 정상화해야 한다. 또한 군사정전체제를 평화체제로 전환하여 한반도 평화를 보장하면서 핵 미사일 문제도 해결해 나가야 한다.

협상을 담당한 저는 미국의 대북정책조정관 페리 전 국방부장관과 여러 번 마주앉아 설득하고 진지하게 협의했습니다. 마침내 미국측이 우리의 제안을 수용하게 됩니다. 그리고 중국, 러시아와 유럽연합의 적극적인 지지 속에 한미일 3국 공조로 한반도 냉전구조 해체를 위한 근본적이고도 포괄적인 '한반도평화프로세스'를 추진하게 됩니다. 클린턴 행정부는 핵물질 생산 이전의 초기단계에서 북한 핵활동을 동결시킨 데 이어 미사일협상에서도 진전을 이룩합니다. 이러한 상황을 배경으로 역사적인 남북정상회담이 성사되어 화해와 교류 협력의 새 시대를 열어가게 된 것입니다. 미국도 특사 교환(페리(William James Perry)-조명록)을 통해 과거의 적대관계에서 벗어나 "양자관계를 근본적으로 개선하는 조치"를 취하기로 하는 '미-북공동코뮈니케'(2000.10)를 채택하고 올브라이트(Madeleine Albright) 국무장관이 미-북정상회담을 준비하기 위해 평양을 방문하게 됩니다. 또한 일본도 고이즈미(小泉純一郎) 총리가 평양을 방문하여 북-일 수교를 위한 '평양선언'을 채택합니다. 이렇게 한반도에서도 냉전을 끝내고 평화를 만들어 가는 '한반도평화프로세스'가 본격적으로 추진된 것입니다.

한국 학자들이 '한반도평화프로세스'를 '페리 프로세스'라고 부르고 있는데 바로 어제 연세대 특별강연에서 페리 장관은 그건 "잘못된 표현이다. '임동원-페리프로세스'다"라고 말하더군요. 하지만 저는 '김대중-클린턴프로세스'라고 해야 옳다고 생각합니다.

정진아 또 하나 아쉬운 제2의 장면이 노태우 정부 말기부터 김영삼 정권 초기에 대화와 화해에 대한 조건과 기운들이 무르익었는데 그 당시를 놓쳤다고 하더라도 지금 장관님께서 말씀하신 것처럼 다시 기운이 무르익어서 김대중 정부 하에서 '임동원-페리 프로세스'와 같은 한반도 평화프로세스가 거의 실현을 목전에 두고 있었음에도 불구하고 그것이 실현되지 못한 채 좌초되고만 것입니다. 그 상황을 조금 더 말씀해주실 수 있을까요?

임동원 '한반도평화프로세스'가 중단된 데는 여러 가지 요인이 있겠으나 그 중 가장 핵심적인 세 가지를 지적할 수 있을 것입니다. 첫째는 미국에 부시 행정부가 출범하면서 전임 클린턴 행정부의 포용정책과 '한반도평화프로세스'를 전면 부정하고, 대북 적대정책을 추진한데 기인합니다. 부시 대통령은 북한 정권을 이라크 이란과 함께 '악의 축(Axis of Evil)'이라며 '군사적 선제공격(Military Preemption)'으로 '제거해야 할 대상(Regime Change)'으로 선포했지요. 이것이 이른바 '부시독트린'이라는 것입니다. 부시의 적대정책으로 '한반도평화프로세스'는 중단됩니다.

둘째로는 북한의 핵개발이 '한반도평화프로세스'를 중단시키고 남북관계를 경색시키는 결과를 초래했습니다. 클린턴 행정부는 제네바 〈미−북기본합의1994〉로 핵물질 생산 이전의 초기단계에서 핵개발 활동을 동결시키는데 성공했으나 부시 행정부의 적대정책으로 8년간 준수된 이 합의는 파기됩니다. 북한은 이에 반발하여 2003년 초부터 본격적으로 핵개발을 추진하고, 미국은 군사적 압박과 경제적 제재로 핵 폐기를 강요하면서 긴장이 고조됩니다.

셋째, 이명박−박근혜 정부는 급변사태로 인해 북한의 붕괴가 임박한 것으로 오판하고 흡수통일을 위해 압박과 제재로 북한을 굴복시키려는 적대적 대결정책을 추진하며 역주행합니다. 노태우−김대중−노무현 정부가 추진한 포용정책과 그 성과는 모두 부정되고 화해 협력을 위한 남북합의들은 모두 묵살되었지요. 남북관계를 북핵문제에 종속시켜 '先핵문제해결 後남북관계개선'이라는 잘못된 정책을 고집하여 핵문제 해결에는 기여하지도 못하면서 남북관계만 악화시키는 결과를 초래한 것입니다. 남북은 사사건건 갈등 반목 대결하게 되고 긴장이 고조되면서 군사적 충돌로 이어졌고, 모든 교류 협력은 전면 중단되었지요. 남북관계는 파탄지경에 이르게 된 것입니다.

정진아 안타까울 따름입니다. 장관님 말씀대로 〈남북기본합의서〉로 남북관계 개선의 길이 마련되었지만 북한붕괴설에 입각해서 정책을 추진한 김영삼 정부의 오판으로 남북관계가 냉각되고 클린턴 행정부의 북한 연착륙정책도 보류됩니다. 그리고 김대중 정부가 들어서서 클린턴 행정부와 보조를 맞춰서 남북관계를 회복시켰지만 또 부시 행정부가 들어서면서 네오콘에 역풍을 맞게 되는데요. 부시 행정부가 또 기존정책을 검토하는 가운데 2006년 유화정책으로 돌아서지만 다시 한국에 이명박 박근혜 정부가 들어서면서 남북관계가 경색되어서 오늘에까지 이르고 있습니다. 한미관계 특성 상 미국정부와의 긴밀한 협조 없이는 남북관계에 대한 진전 역시 바랄 수 없는 게 아닌가 하는 그런 생각이 드는데요. 한국과 미국에 동시에 북미관계나 동아시아 정책에 대해 전향적인 정부가 들어서야만 한미공조나 남북관계의 진전도 바랄 수 있는 것이 아닌가 이런 얘기가 나오고 있습니다. 이에 대한 장관님의 의견을 듣고 싶습니다.

임동원 동의합니다. 그것이 가장 이상적이죠. 미국을 보면 같은 민주당 정부라도 클린턴 정부와 오바마 정부의 대북정책이 같지 않습니다. 미국 대통령의 한반도 문제 해결 의지, 한반도 냉전 종식 의지가 있는가 여부, 그리고 미국의 동북아전략에 따라 달라지는 것입니다. 그렇다하더라도 중요한 것은 우리가 미국을 어떻게 설득해서 우리 국가이익과 민족의 장래를 위해 유리한 정책을 펴도록 이끄느냐 하는 것이라고 생각합니다. 불가능한 일이 아니라고 봅니다. 앞에서 언급했습니다만, 실제로 김대중 정부때 우리는 클린턴 정부를 설득하여 '한반도평화프로세스'를 추진한 적이 있지 않습니까.

'한반도평화프로세스'는 민족의 운명이 외세에 의해 좌우되던 우리가 강대국을 설득하고 협력을 얻어, 우리가 주도하여 한반도 문제를 해결해나갈 수 있다는 자신감을 과시하고, 민족자존을 드높이는 역사적인 계기가 되었지요. 우리가 어떤 입장을 취하고 어떤 노력을 경주하느냐에 따라 한반도는 전쟁의 먹구름에 휩싸일 수도 있고 화해와 평화의 햇살 속으로 들어갈 수도 있다는 것을 보여준 것입니다. 특히 저는 트럼프(Donald John Trump)의 당선은 기회가 될 수 있다고 봅니다. 이 기회를 잘 포착, 활용하면 새로운 계기를 만들어 나갈 수 있지 않겠는가 하고 생각해봅니다. 요는 다음 우리 정부가 어떤 정부인가에 달려 있다 하겠지요.

정진아 미국 대통령 선거에서 트럼프가 당선되면서 트럼프 정부의 등장이라고 하는 것이 과연 한반도 정세에 이로울 것인지 그렇지 않을지에 대해서 논자들마다 설왕설래하는데요. 지금 장관님께서는 이것이 기회일수도 있다 이렇게 말씀하셨습니다. 그 이유에 대해 조금만 더 부연 설명을 해 주시지요.

임동원 미국 대통령 선거전에서 행한 트럼프의 연설과 뉴욕타임즈의 데이빗 생어((David E. Sanger) 대기자와 두 번에 거쳐 외교문제에 대한 인터뷰를 한 걸 읽어봤는데 트럼프의 생각은 이런 것 같아요. 미국이 쇠퇴하고 있다. 20년 30년 전의 미국이 아니다. 그 동안 미국이 '세계의 경찰'이라고 자처하며 해외문제에 지나치게 개입하고 여기저기서 전쟁을 하고 군사력을 사방에 배치해 놓고 이러다 보니 미국 경제가 어려워지고 빚쟁이가 되고 나라가 어려운 상황이 되었다. 이제 미국을 우선하고 미국민을 우선하는 '미국 우선주의(America First)'로 가야 한다. 세계경찰로서의 역할을 자제하고 해외개입도 축소해야 한다. 이런 생각을 기본으로 하고 있어요. 힐러리 클린턴(Hillary R. Clinton)이 현상을 유지하려는 입장이라면 트럼프는 현상변경, 현상타파의 입장인 것으로 보입니다. 주한미군이나 주일미군 유지를 원한다면 한국과 일본은 유지비용을 더 내라든가 하는 말이 다 그런 생각에서 기인하는 거예요. 앞으로 구성될 참모진과 각료들이 어떤 사람들인가 그리고 또한 군산복합체의 압력을 이겨낼 수 있겠는가 등에 따라 달라질 수도 있겠습니다. 하지만 냉전 대신 평화, 분단 대신 통일로의 변화를 원하는 우리에게는 기회가 될 수 있을 거라고 생각합니다. 이 기회를 포착하여 잘 활용해야 하지 않을까 하는 생각입니다. 우리에게는 이 기회를 포착 활용할 수 있는 탁월한 대통령과 정부가 필요합니다. 지금 같은 지도자로서는 기회가 와도 망쳐버리고 말 것이라는 걱정이 앞섭니다.

정진아 한국정부의 역할이 더더욱 중요해지는 시점이기 때문에 내년 대선에 저희가 굉장히 많은 기대를 걸 수밖에 없는 상황인 것 같습니다.

임동원 그렇습니다.

정진아　김대중 정부 시절 남북관계와 통일문제는 사실상 장관님을 빼놓고는 얘기할 수 없는 것 같습니다. 김대중 대통령 역시 장관님을 외교안보수석, 통일부장관, 국정원장, 다시 대통령 통일외교안보특별보좌역에 임명하면서 초지일관 장관님이 정책의 핵심 역할을 하실 수 있도록 하셨는데요. 그 이유는 남북관계와 통일문제를 접근하는데 있어서는 통일에 대한 소신도 중요하지만 군사 안보 및 외교문제에 대한 균형 감각과 전문성이 굉장히 중요하다고 판단하셨기 때문이라는 생각이 듭니다. 통일문제를 접근하는데 있어서 군사 안보 및 외교문제에 대한 균형 감각이 갖는 중요성은 어떤 것인지 그리고 정책의 일관성이 갖는 중요성이 무엇인지에 대해서 함께 말씀해 주시면 좋겠습니다.

임동원　한반도 문제는 민족 내부문제인 동시에 국제문제라는 이중적 성격을 갖고 있지요. 남북관계를 개선해 나가는 게 중요하지만 동시에 외교적 노력이 대단히 중요합니다. 그리고 또한 안보를 튼튼히 하여 평화를 지킬 뿐만 아니라 평화를 만들어가야 합니다. 이 말은 지난 60여년 간 유지해온, 적대관계의 지속을 의미하는 군사정전체제를 평화체제로 전환해야 한다는 것을 의미합니다. 외교 · 안보 · 통일 · 남북관계가 모두 긴밀한 연관성과 상호의존성을 갖고 있어서 어느 하나만 단독으로 해결할 수 있는 것이 아닙니다. 따라서 전략적 혜안을 갖고 근본적이고도 포괄적인 접근으로 풀어가야 한다는 것이죠.

정진아　그렇습니다. 그러나 지금 각 정부를 보면 외교라인, 국방라인, 통일라인이 이해관계에 따라 움직이면서 서로 조율이 안 되는 측면이 있는 것 같습니다.

임동원　그렇죠. 그건 당연하죠. 국방부는 국방부대로, 통일부는 통일부대로 서로 입장이 다를 수밖에 없어요. 그래서 이것을 조율하는 기구가 국가안보회의(NSC) 상임위원회입니다. 김대중 정부 때 법제화한 국가안보회의상임위원회는 대통령의 올바른 정책 결정을 보좌하는 공식기구로서 부처마다 상이할 수 있는 정책을 토론을 통해 조율하고 기록하고 대통령의 결재를 받아 그것에 기초하여 정책을 집행했던 것입니다. 통일부장관, 외무부장관, 국방부장관, 국정원장, 그리고 대통령외교안보수석비서관 등이 매주 한번씩 모여서 주요 정책을 의논하고 조정하여 한 목소리를 내게 되었지요. 그전에는 관계장관회의라는 이름으로 가끔 모여서 의논했는데 그것은 공식기구가 아니라 임의기구기 때문에 기록도 남기지 않고 구속력이 없었어요.

정진아 조율뿐만 아니라 그것을 주도해나가는 인물의 어떤 성향이나 리더십이 중요한가요?

임동원 물론이죠. 대통령이 올바른 결단을 하도록 보좌하는 것이 중요하고 각 부처가 일사분란하게 정책을 집행하는 것이 중요하지요. 장관이 자주 바뀌기 때문에 정책의 일관성 유지가 쉽지 않은 것이 사실입니다. 김 대통령은 정책의 일관성과 지속성 유지를 위해 직책과 관련 없이 저를 상임위원회 상임멤버 격으로 항상 참여하는 임무를 부여했지요. 김 대통령 재임 5년간 안보회의 상임위원회가 229회 열렸는데 저는 한번만 빠지고 모두 다 참석한 유일한 멤버였습니다.

정진아 그러면 이후의 정부도 그런 포스트 역할을 할 수 있는 조직을 중심으로 통일문제를 안정적으로 다룰 수 있는 체계적인 노력과 내용적인 노력을 같이 해나가야 한다는 점이 굉장히 중요하겠습니다.

임동원 물론이죠. 그것이 김대중 노무현 정부 때는 10년 동안 이어져 왔어요. 그 후에는 성격이 좀 변한 것 같습니다만.

북핵문제의 본질과 그 해법

정진아 북핵문제에 대해서 여쭙겠습니다. 통일문제를 얘기하면서는 북핵 문제를 얘기하지 않을 수 없는데요. 현재 핵개발 단계에서 멈추도록 할 수 있는 기회가 여러 번 있었음에도 불구하고 그러지 못한 채, 결국 북이 핵을 보유한

국가가 되어 버린 상황입니다. 장관님께서는 북핵문제란 북미 적대관계의 산물이기 때문에 북미관계가 악화되면 악화될수록 북한은 핵에 집착할 수밖에 없다 그렇게 보고 계십니다. 그런데 북한은 지금 핵보유국임을 선언했고 실제적으로 핵을 경량화하고 탑재하는 기술까지 발전시켜서 더 이상 북한이 핵보유국이 아니라는 얘기를 할 수는 없는 것 같습니다. 그런데 그렇게 될수록 국제사회의 여론은 악화되고 북핵문제는 더더욱 풀기 어려운 문제가 되어가고 있는 것 같은데요. 북한이 핵보유국이라고 하는 명실상부한 자격을 갖춘 지금 상황에서 핵문제를 풀기 위한 해법은 무엇이라고 보시는지 알고 싶습니다.

임동원 북핵문제는 미-북 적대관계의 산물입니다. 북핵문제는 미-북관계 정상화와 한반도평화체제가 구축될 때까지 장기적인 과제로서 단계적으로 해결해 나가야 하는 엄중한 프로세스라는 냉엄한 현실을 인정해야 할 것입니다. 문제는 현 상황에서 무엇을 어떻게 시작해야할 것인가 하는 것인데 지금처럼 강력한 군사적 압박과 경제적 제재만으로는 해결하기 어려울 것입니다. 미국은 비핵화를 달성해야 할 목표인 동시에 과정으로 인정하고, 북한의 핵 및 미사일 활동 동결을 일차적 목표로 하는 협상을 시작해야 할 것입니다. 핵 동결을 입구에, 비핵화를 출구에 놓고 협상을 통해 단계적으로 풀어나가야 한다는 것이지요. 한반도평화프로세스를 다시 추진해 나가야 하는 것입니다.

이러한 접근방법은 오래 동안 북핵문제를 직접 다루어온 미국의 윌리엄 페리 전 국방장관과 북핵문제 최고 권위자인 시그프리드 헤커(Siegfried S. Hecker) 박사 등 여러 전문가들이 수년 전부터 주장해온 것입니다. 페리 장관은 "압박과 제재로 일관한 지난 13년간의 부시와 오바마(Barack Obama)의 대북정책은 실패했다.", "지금 북한의 핵무기 프로그램을 포기시키기에는 너무 늦었다. 상황이 달라졌다. 현실적인 대응방안을 추구해야 한다."며 "단기적으로는 북핵 폐기가 아니라 핵 프로그램 동결 및 비확산을 목표로 협상을 해야 한다. 시그프리드 헤커 박사의 세 가지 No원칙이 협상 개시의 좋은 목표가 될 수 있을 것이다."라고 주장합니다. 세 가지 No원칙이란 No More=핵물질의 추가생산 금지, No Better=핵무기 성능 향상을 위한 핵실험 금지, No Export=핵무기와 기술 수출금지를 말합니다. 헤커 박사는 우선 북한 핵 활동을 동결시켜 국제기구 감시 하에 두고, 반대급부로 세 가지 Yes, 즉 미국은 북한의 안보 불안을 해소하는 조치로서 북한이 계속 요구하고 있는 한미연합군사훈련을 중단 또는 축소하고, 에너지 지원과 경제지원을 해야 한다는 것입니다. 이러한 주고받기 식 협상을 통해 핵 활동 동결로부터 시작해서 종국에는 비핵화와 관계정상화 및 평화체제 구축을 이룩해야 한다는 것입니다.

한마디 추가할 것은, 이명박-박근혜 정부는 북한의 핵공격 위협을 과장하여 국민을 불안에 떨게 하고 있는데 과연 핵공격이 가능한가 하는 것입니다. 핵무기는 공격용으로는 사용할 수 없는 무기입니다. 71년 전인 1945년 8월 일본 히로시마와 나가사키 원자폭탄 공격 이후 핵무기 보유국은 8개국으로 늘어났고, 그 동안 수많은 분쟁과 전쟁이 있었으나 핵무기가 사용된 적은 한 번도 없었습니다. 핵무기 사용은 공동 멸망을 초래하기 때문입니다. 북한이 아무리 미쳤다고 하더라도 자기 멸망을 각오하지 않는 한 핵무기를 공격용으로는 사용할 수 없을 것입니다.

그렇다면 북한은 왜 핵무장에 집착하는 것일까? 북한의 제5차 핵실험 직후 〈뉴욕타임스〉는 '북한은 미친 것이 아니라 너무도 합리적이다(North Korea, Far From Crazy, Is All Too Rational)'라는 제목의 칼럼을 실어 눈길을 끌었습니다. 이 칼럼을 통해 "북한은 사담 후세인(Saddam Hussein) 정권을 무너뜨린 미국의 이라크 침공과 카다피(Muammar Gaddafi) 정권을 몰락시킨 리비아 침공 등을 목격하면서 미국의 침공 공포증에 시달리고 있다." 그래서 "북한은 외부 침략 억제용으로, 그리고 체제 수호를 위한 생존용으로 반드시 핵무기를 가져야 한다고 확신하게 되었다. 국제사회에서 고립된 약소국 북한이 외부 침략이나 체제 붕괴를 모면하고 생존하기 위해서는 핵무장 이외 다른 방법이 없다고 판단하는 것은 너무도 합리적"인 것이라는 것입니다. 북핵문제는 미-북적대관계의 산물이므로 미국은 북한을 미쳤다고 몰아세우기보다는 핵무기가 필요 없는 여건과 환경을 조성해야 한다는 것이지요. 북한의 핵개발은 억제용이요, 생존용인 동시에 미국과의 관계정상화를 달성하기 위한 협상용이라 봐야할 것입니다.

정진아 예전에 두만강포럼에 참가했을 때 북한 학자의 발표를 들은 적이 있습니다. '선군정치와 핵개발'이라는 주제였는데요. 우리는 철저하게 자위의 개념으로 핵무기 보유를 생각하고 있다, 약소국이 세계 최강대국 미국을 이길 수 있는 방법이 무엇이겠는가, 우리는 핵밖에 없다고 판단한다. 이런 주장을 하더군요.

임동원 바로 그거예요.

정진아 우리에겐 핵밖에 없다. 핵은 우리에게는 최후의 수단이자 최후의 방어막이다. 지금 우리 보고 핵을 포기하고 나와서 협상하자고 하는데 강대국이 언제 무장 해제한 약소국과의 약속을 지킨 적이 있느냐, 그것은 고대부터 현대까지 조선의 역사가 말해주고 있다. 우리는 절대 핵을 포기할 수 없다. 일단 국제무대에 나와서 서로 주고받는 방식대로 한다면 우리는 언제든지 핵을 포기할 수 있다. 우리를 보위할 수 있는 조건만 제공해 달라 이런 내용이었습니다.

임동원 미국이 그걸 이해해 줘야 하는데요. 물론 모르는 바는 아니겠죠. 미국은 다른 전략적 목적이 있는 것이지요. 부시 대통령 때는 한반도에서 긴장이 유지되는 것이 미국의 동북아 전략에 유리하다고 네오콘이 공개적으로 주장하지 않았습니까? 그러나 클린턴 정부는 그러지 않았지요. 오바마 대통령은 2년 전(2014.12.17) "53년간 쿠바의 정권 붕괴를 목표로 한 미국의 봉쇄정책은 실패했다"고 인정하고 쿠바와의 관계정상화를 발표했습니다. 그는 "어떤 나라를 실패한 국가로 몰아붙이는 정책보다는 개혁을 지지하고 독려하는 것이 모두에게 이익이 된다는 교훈을 어렵게 얻었다"고 밝혔습니다. 중요한 것은 이러한 미국 대통령의 올바른 판단과 결단이라고 할 수 있습니다. 북한과 적대관계를 해소하고 관계정상화 할 미국의 의지와 결단에 달려 있다는 것이지요.

흡수통일이냐 평화통일이냐

정진아 최근 평화통일이 이상적이기는 하지만 평화통일이 가능할까 하는 회의론이 시민사회와 학계에서 대두되고 있습니다. 바람직한 통일은 평화통일이지만 흡수통일이 현실적인 방안이 아닐까 하는 의문도 끊임없이 제기되고 많은 국민들도 그렇게 생각하고 있고요. 그래서 북한의 입장에서는 흡수통일을 거부할 수밖에 없고 남한은 북한 군사화에 대해 위협을 느끼니 양자가 합의해서 평화공존 상태에 머무르는 것이 오히려 더 현실적이 아니냐 이런 의견이 제기되는 것입니다. 흡수통일 대세론, 그리고 통일회의론 및 현상 유지적인 평화공존론에 대한 장관님의 의견을 듣고 싶습니다.

임동원 분단 상태에서는 정통성 독점 경쟁이 불가피하고 승패의 게임 유혹에서 헤어나기 어렵습니다. 또한 민족의 이익에 반하여 강대국에 이용당하기 마련입니다. 따라서 항상 반목과 갈등, 긴장과 군비경쟁, 군사적 충돌과 전쟁의 위험이 도사리게 되며, 민족의 에너지를 낭비하지 않을 수 없게 됩니다. 따라서 군사정전체제 하에서의 깨지기 쉬운 소극적 평화에 안주하며 분단 현상을 유지한다는 것은 결코 바른 길이 아닙니다. 아무리 어렵더라도 통일을 이룩해야 공고한 한반도 평화와 민족의 번영을 이룰 수 있는 것입니다.

　문제는 어떻게 통일을 이룩할 것인가 하는 것인데, 무력통일이나 흡수통일은 바람직한 통일의 방도가 될 수 없습니다. 흡수통일은 북한이 급변사태로 조만간 붕괴될 것이며 이 때 군사개입을 통해 통일한다는 것인데 과연 실현 가능성이 있는 주장일까요? 그동안 북한 붕괴 임박론이 세 번 대두했습니다. 첫 번째는 1990년 동서냉전이 종식되고 독일이 통일하고 동구권의 체제가 붕괴될 때 북한도 곧 붕괴될 것이라고 했지요. 두 번째는 1994년 북한 지도자 김일성이 사망할 때였고, 세 번째는 2008년 북한 김정일의 건강 악화설이 나돌 때 이명박 정부는 북한이 급변사태로 곧 붕괴될 것이라 했지요. 그러나 모두 희망사항(wishful thinking)에 불과한 오판이었어요. 앞으로도 북한이 쉽게 붕괴될 것 같지 않습니다. 설사 정권이나 체제가 붕괴된다 하더라도 국가가 소멸되는 것이 아니지요. 더구나 군사개입 시에는 국제세력이 개입하는 전쟁으로 번질 위험을 배제할 수 없습니다. 결국 흡수통일은 전쟁으로 번질 가능성이 높은 것이지요. 흡수통일은 대박이 아니라 경제적으로나 사회적으로나 엄청난 부담이자 재앙이 될 수 있으므로 흡수통일론을 경계해야 합니다.

정진아   이제 흡수통일론에 대해 국민들이 미련을 버려야 되겠네요.

임동원   버려야죠. 북한을 과대평가해서는 안 되지만 그렇다고 과소평가해서도 안 되지요. 평화통일만이 한반도의 평화와 민족의 번영 발전을 보장할 수 있는 가장 바람직하고도 유일한 방도입니다. 하지만 국내외정세가 미−소 냉전시대에도 그러했지만 미−중 양강시대인 오늘날에도 한반도 통일에 부정적입니다. 이런 상황에서 어떻게 해야 우리 민족의 염원인 평화통일을 이룩할 수 있을까? 국내외정세가 정치적 통일을 허용하지 않는 상황에서 우리가 선택할 수 있는 슬기로운 평화통일의 길은, 북한의 붕괴와 흡수통일의 환상에 사로잡힐 것이 아니라, 동−서 독일이 그러했듯이, 우선 남과 북이 서로 오고 가고 돕고 나누며, 정치적으로는 통일되지 않았지만, 경제 · 사회 · 문화적으로는 통일된 것과 비슷한 '사실상의 통일'상황부터 실현하여 변화를 이끌 북한 동포들의 의식변화와 마음을 얻어가는 것입니다. 이 과정에서 주변세력의 지지와 협력을 확보하고 기회를 포착하여 통일을 이룩하는 것입니다. '사실상의 통일'상황부터 실현하는 것이 평화통일에 이르는 첩경인 것입니다.

정진아   예. 알겠습니다. 평화공존론이란 것도 굉장히 소극적이고 불안정한 평화를 얘기를 하는 것이기 때문에 보다 전향적이고 적극적인 평화로 한발 더 내딛어야 한다는 말씀인인 것 같습니다.

임동원   그렇죠.

정진아   조금 민감한 문제일 수도 있겠는데요. 현 정부(박근혜 정부)도 한반도신뢰프로세스와 통일대박론을 표방했습니다만 상호주의에 근거해서 북한이 핵을 폐기하기 전에 절대 교류협력은 없다고 선언하고 김대중 정부의 햇볕정책의 중요한 결과물이었던 개성공단까지 폐쇄해서 남북 관계를 최악의 상태로 몰아가고 있습니다. 현 정부가 남북관계를 풀어가는 관점과 방식에 대해서 하나씩 짚어가면서 평가해주시면 좋겠습니다.

임동원 이명박 박근혜 정부는 이전 정부들이 이룩한 남북합의와 화해 협력의 성과를 계승하지 않고 부정해 버렸어요. 얼마나 어렵게 남북이 지혜를 모아 합의하고 실천해온 것인데 말입니다. 북한이 조만간 급변사태로 붕괴될 것이라는 붕괴임박론을 신봉하면서 흡수통일을 위해서 압박과 재제를 가해 붕괴를 촉진시키려는 적대적 대결정책을 추진해 왔죠. 북한 핵문제에 대해서는 '先 핵문제 해결 後 남북관계 개선'이라는 잘못된 '핵 연계전략'을 고집하여 핵문제 해결에는 전혀 기여하지 못했고 남북관계만 파탄시키는 결과를 초래했지요. 노태우 김대중 노무현 정부는 남북관계 개선과 북핵문제 해결을 병행하는 '병행전략'을 취했어요. 북핵문제는 미-북관계 개선과 연관된 것이기 때문에 해결에는 장기간이 소요될 수밖에 없다고 판단하고, 남북관계 개선을 통해 미-북관계 개선을 견인하고 핵문제도 해결해 나가려 한 것이지요. 하지만 북핵문제의 본질을 제대로 이해하지 못한 이명박 박근혜 정부는 핵문제가 해결되기 전에는 남북관계를 개선할 수 없다는 입장을 고수하며 모든 교류협력을 중단해 버렸습니다. 심지어는 개성공단까지 폐쇄해 버리고 불신과 대결의 시대로 역행하는 결과를 초래한 겁니다. 이러다 보니 북한은 북한대로 핵개발에 박차를 가하고 남북관계에서는 사사건건 반목 갈등 대결하며 긴장이 고조되어 군사적 충돌로 이어진 지기도 한 것이지요.

정진아 그럼 과연 우리는 어떤 방법을 통해 통일로 나아가야할 것인가 이런 고민이 들지 않을 수 없습니다. 노태우 정부 때부터 시작이 되었지만, 노태우 정부, 김영삼 정부, 김대중 정부, 노무현 정부, 이명박 정부, 박근혜 정부에 이르기까지 공통점도 있었지만 각 정부마다 남북관계와 통일정책에 대한 접근방식과 정책내용이 상이했는데요. 장관님께선 앞선 정부의 정책내용을 점진적 변화론과 붕괴임박론, 평화통일론과 흡수통일론으로 대별해서 말씀해 주시기도 하셨는데요. 각 정부의 남북관계 및 통일문제를 보는 시각과 정책, 북핵전략에 대해서 평가를 해주시면 좋을 것 같습니다.

임동원 동서냉전 종식 후 지난 25년간 북한의 장래와 관련하여 두 가지의 시각이 대립해 왔고, 이에 따라 두 가지 서로 다른 통일정책과 대북정책이 추진되었습니다. 하나는 '점진적 변화론'이라는 대북시각입니다. 북한도 중국이나 베트남과 유사한 일당 독재체제 하에서의 개혁 개방을 추진하는 '아시아 모델'에 따라 점진적인 변화과정을 밟게 될 것으로 보는 것입니다. 미국의 봉쇄정책이 해제되면 변화의 속도가 빠를 수도 있다고 보는 것입니다. 북한은 동구권과는 사회경제적 발전단계가 다르고 시민사회를 경험한 바도 없고 또한 중국이 건재하는 한 동유럽과 같은 북한의 갑작스런 붕괴는 기대하기 어렵다고 보는 것입니다. 북한이 체제 유지를 위해서도 개방과 시장경제로의 변혁을 추진하지 않을 수 없을 것이며, 양적 변화가 축적되면서 질적 변화가 일어나게 될 것으로 상정하는 것입니다. 점진적 변화론을 수용하는 정부는 '점진적 평화통일'을 지향하며, 북한의 변화를 유도 촉진하기 위해 화해 협력의 '포용정책'을 추진하게 됩니다. 노태우, 김대중, 노무현 정부가 선택한 유형입니다.

다른 하나는 '붕괴임박론'이라는 대북시각입니다. 앞에서 이미 언급했습니다만, 북한이 조만간 급변사태로 체제붕괴에 직면하게 될 것이라며 '동유럽 모델'을 상정하는 것입니다. 붕괴임박론을 신봉하는 정부는 '흡수통일'을 지향하며 북한 붕괴를 촉진하기 위해 압박과 제재의 '적대시정책'을 추진하게 됩니다. 김영삼, 이명박, 박근혜 정부가 선호한 유형이지요.

'사실상의 통일' 상황부터 실현

정진아 그러면 통일을 위해서 우리는 무엇을 준비해야 할 것인가 하는 질문으로 나아가겠습니다. 장관님께서는 통일문제를 다루는 독일과 중국, 대만의 정책에서 배워야 된다고 말씀하셨습니다. 어찌 보면 중국, 대만 사례는 통일과는 거리가 먼 게 아닐까 하는 생각이 들고, 독일은 흡수통일의 대표적인 사례로 언급되고 있기 때문에 평화통일을 지향하는 우리와는 상황이 다르다는 생각이 들기도 합니다. 그럼에도 불구하고 우리가 독일이나 중국, 대만의 사례를 통해서 배워야 된다면 그것은 어떤 측면에서일까요?

임동원 독일통일은 흡수통일이 아닙니다. 6년 전, 저는 베를린자유대학에서 빌리 브란트(Willy Brandt) 수상의 동방정책을 설계하고 실행한 에곤 바(Egon Karl-Heinz Bahr) 박사와 마주 앉아 '동방정책과 햇볕정책'을 주제로 대담 형식의 공개토론을 한 적이 있습니다. 이 토론회에서 에곤 바 박사는 "독일통일은 흡수통일이 아니다. 흡수통일이라는 말은 동독시민들이 원하지도 않았는데 서독이 강요하고 끌어들여서 통일한 것처럼 오해될 소지가 있는 잘못된 표현"이라고 지적했습니다. 그는 "독일통일은 동독 시민들의 자유의사에 의한 선택이었고, 동독시민들이 그러한 결정을 할 수 있도록 한 것이 바로 서독의 '동방정책'이었다"고 강조했습니다.

그렇습니다. 동독시민들은 시민혁명을 통해 공산정권을 무너뜨리고 자유총선거를 실시하여 세 가지 통일방안 중 '병합에 의한 조기 통일'을 선택했습니다. 독일통일은 동독시민들이 통일방식을 선택하고 동-서독과 전승 4개국이 협상을 통해 이룩한 '합의에 의한 평화통일'인 것입니다. 물론 이러한 선택을 할 수 있도록 동독시민의 의식 변화와 마음을 움직인 것은 장기간 일관성 있게 꾸준히 추진한 서독의 '동방정책'이었음은 두말할 나위도 없습니다.

서독은 브란트 정권 집권(1969)이래 동독 고립화정책을 버리고 평화공존하며 '접촉을 통한 변화'를 추진했습니다. 서독은 20년 동안 매년 평균 32억 달러에 달하는 막대한 현금과 물자를 다양한 명목과 경로로 동독에 지원하고, 매년 수백 만 명이 동-서독을 서로 왕래하는 등 접촉과 교류 협력을 적극적으로 추진했습니다. 브란트 수상은 동독주민들의 생활수준을 향상시키고 '민족통합'을 유지하는 것이 통일의 기반을 마련하는 길이라 생각했습니다. 이렇게 하여 동독시민들이 아침에는 공산당 신문을 읽고, 저녁에는 서독 TV를 볼 수 있는 상황으로 발전하게 됩니다. 이런 과정을 통해 동독시민들의 의식 변화가 일어나게 되고 마음을 얻게 된 것입니다. 독일통일은 '사실상의 통일'상황부터 실현하고자 꾸준히 노력한 서독 동방정책의 산물입니다. 양적 변화가 축적되어 질적 변화를 초래한 것이지요. 양적 변화를 추동한 것은 서독의 동방정책이며 질적 변화를 주도한 것은 동독 시민이었다고 할 수 있을 것입니다.

동족상잔의 전쟁을 치른 우리의 사정은 독일과는 물론 다릅니다. 그럼에도 불구하고 우리도 동─서 독일이 그러했듯이, 우선 남과 북이 서로 오고가고 돕고 나누며, 경제·사회·문화적으로는 통일된 것과 비슷한 '사실상의 통일'상황부터 실현하여 변화를 이끌 주권자인 북한 동포들의 의식변화와 마음을 얻어가야 하는 것입니다. '사실상의 통일'상황부터 실현하는 것이 완전통일에 이르는 첩경이라 할 것입니다. 중국과 대만의 경우도 간단히 살펴볼까요. 중국과 대만은 장기간 전쟁도 하고 서로 다른 체제를 유지하며 정치 군사적으로 대치해 왔습니다. 남북한과 비슷한 상황이라 할 수 있겠지요. 하지만 중국과 대만은 서로의 차이점은 제쳐두고 공동이익을 추구하는 구동존이(求同存異)의 정신에 기초하여 정경분리 원칙과 경제우선 실용주의를 내세워 지난 8년간 양안관계가 눈부시게 발전하였습니다.

교역과 투자 등 경제협력 활성화로 인해 양안 간에는 주당 30편으로 시작한 정기항공노선이 지금은 840편이 이르러 중국 54개 도시와 대만 10개 도시 간에 연결 운항되고 있으며, 왕래 인원이 9백만 명을 넘고 있다고 합니다. 우편·전화·송금 등이 자유로우며, 8만개의 대만 기업이 중국에 진출해 있고, 중국에 상주하는 대만인이 2백만 명을 넘는다고 합니다. 유학생 수도 증가 추세이며 양안 간 결혼도 약 37만 건이나 된다고 합니다. 2014년 통계입니다. 장기간 적대관계를 유지해왔고 더구나 미국이 양안의 통일을 가로막고 있는 상황에서 중국과 대만은 정치보다는 경제를 우선하여, 민간을 앞세워 정경분리원칙을 유지하며 경제공동체를 형성하고 공동번영을 추구하고 있는 것이지요. 정치적 통일이 어려운 상황에서 우선 경제 사회 문화적으로는 서로 오고 가고 돕고 나누고 공동의 이익을 추구하며 통일된 것과 비슷한 '사실상의 통일'상황을 실현하고 있는 것입니다.

우리도 경제적 접근을 적극 추진해야 합니다. 통일 이전 단계에서 북한 인프라 개선과 풍부한 지하자원 공동개발 등 경제협력을 활성화하는 것이 남북 공동이익이 될 뿐 아니라 통일비용을 절감하는 길이기도 합니다. 저성장의 늪에 빠져있는 한국경제가 성장동력을 찾아야할 곳도 북녘 땅이지요.

정진아 한국도 정치적인 문제가 여간 풀기 어려운 것이 아닙니다.

임동원 그렇지요.

정진아 풀기 어렵다면 경제사회문화적인 교류의 폭을 대대적으로 확대해서 사실상의 통일에 단계에까지 이르고 그것을 통해서 정치적 통일을 압박하는 그런 상태로까지 가면 좋겠다는 그런 의견이신 거죠?

임동원 건국대학교 통일인문연구단이 추구하는 것이 바로 이와 비슷한 것이라고 이해하고 있습니다. 이 길 밖에 없다고 생각합니다.

정진아　건국대학교 통일인문학연구단에서도 가치, 정서, 문화의 통합을 통해서 실제적인 통일에 단계로 나아가는 것이 정치경제적인 통일만큼이나 중요한 문제라고 생각하고 있습니다. 정치제도적인 문제뿐만 아니라 정서적인 측면과 문화적인 측면의 공통성들이 많이 창출된다면 사실상의 통일에 더 가까워질 수 있을 것 같습니다. 남북관계에서 가장 아쉬웠던 장면을 것 같습니다. 장관님께서는 정책에 직접 참여하셨던 분이기 때문에 '아! 이 매듭만 풀면 다음 단계로 나아갈 수 있었을 텐데 그 순간을 놓쳤구나.'하는 아쉬운 장면과 순간이 있으실 텐데요. 그 장면을 세 가지 정도만 언급해주시고, 이 경험을 토대로 해서 우리가 반추하고 성찰해야 될 부분을 세 가지 정도만 말씀해 주시면 좋겠습니다.

임동원　제 경험을 통해서 세 가지를 말한다면, 첫째는 앞에서도 언급했습니다만, 김영삼 대통령이 "핵무기 가진 자와는 악수할 수 없다"고 선언하고 남북관계 개선의 호기를 박차버리고 역사적 조류에 역행한 것을 지적하고 싶습니다. 북핵문제가 해결되기 전에는 남북관계를 개선할 수 없다며 '핵연계전략'을 채택하고 남북대화를 중단해 버렸지요. 북한과의 직접대화에 나선 미국 클린턴 행정부에 대해서는 미국이 북한에 속고 있다고 비난하며 엇박자를 냈습니다. 만일 이 때에 이렇게 거꾸로 가지 않고 노태우 정부가 추진한 포용정책을 계승하고 〈남북기본합의서〉 이행을 위해 노력했다면 남북관계가 엄청나게 개선 발전될 수 있었을 것이고, 우리는 지금 딴 세상에 살고 있을지도 모릅니다.

　　두 번째로는 북한이 미국 대통령특사 페리 전 국방장관 방북에 대한 답방으로 조명록 특사를 워싱턴에 파견했는데 그 시기가 너무 늦어서 좋은 기회를 놓쳐 버리게 되었다는 사실입니다. 그 해 11월초에 미국 대통령 선거가 있었는데, 이에 기여할 수 있다고 오판하여 약 3주 전인 10월 중순에 보낸 것입니다. 이 보다 석달 전인 7월경이나 늦어도 8월에 보냈다면 클린턴 대통령이 평양을 방문하여 미-북정상회담을 통해 미-북관계를 근본적으로 개선하는 계기를 마련할 수 있었을 것입니다. 페리 장관도 자서전에서 미국 관계 정상화가 이뤄질 수 있었던 좋은 기회를 놓쳐서 아깝다고 말하고 있습니다. 퇴임 후 서울에 온 클린턴 대통령도 김대중 대통령에게 자기에게 "조금만 더 시간이 있었더라면 한반도의 운명이 달라질 수도 있었는데 정말로 아쉬웠다"고 실토하더군요.

　세 번째로는 노무현 대통령이 집권 초 북한이 비공개로 제의한 남북정상회담을 수용했어야 했다는 것입니다. 노 대통령은 보수적인 보좌관들의 반대를 받아들여 북측 제의를 묵살했다고 합니다. 이른바 '대북송금특검'을 할게 아니라 남북정상회담을 통해 남북관계를 계속 발전시켰어야 했습니다.

정진아　집권 초반에요?

임동원　예. 이건 이제 비밀이 아니라 공공연하게 알려진 것입니다. 이때 북한의 제의를 받았어야 하는데 아쉽습니다. 북핵문제를 둘러싼 부시 대통령의 대북 강경책에 말려들 것이 아니라 위기를 기회로 전환하기 위해 노력했어야 했다고 생각합니다.

정진아　그래서 더 강력하게 대북 평화정책을 추진해서 불가역적인 상황으로까지 만들었어야 했다는 말씀이죠?

임동원　그렇죠! 그랬어야 하는데 그때 노무현 대통령은 통일문제와 남북문제에 대한 확고한 철학과 비전이 부족했던 것으로 보입니다.

정진아　강만길 선생님께서도 그 부분을 가장 안타까워 하셨습니다. 대북송금 특검 얘기가 나오고 있는데 어떻게 하면 좋겠습니까? 하는 자문이 왔는데 절대로 안 된다, 있을 수 없는 일이다, 그것만은 절대로 막고 좀 더 전향적으로 대북정책을 추진했으면 좋겠다고 하셨다는데 안타깝게도 대북송금특검으로 정국이 전환되고 말았습니다.

임동원　이때 남북정상회담을 수용했다면 남북관계는 탄력을 받아 크게 발전할 수 있었을 겁니다. 노 대통령은 임기 말에야 평양을 방문하여 남북정상회담을 통해 〈10·4남북정상선언〉을 채택했는데 이때는 너무 늦었어요. 여야 정권교체로 그 좋은 합의를 이행할 수 없게 된 겁니다.

앞으로의 과제와 시민사회의 역할

정진아 이제 마지막 요청 드리겠습니다. 통일사업은 정부뿐만 아니라 민간도 함께 손잡고 추진해야 될 사업입니다. 그래서 김대중 정부 시절 민족화해협력범국민협의회도 만들어지고, 당시 정부 차원에서도 민간교류에 대한 부분까지 굉장히 많은 고려를 하셨던 걸로 아는데요. 정부와 민간통일운동단체 및 통일을 염원하는 분들께 통일을 위한 메시지를 전해주셨으면 좋겠습니다.

임동원 평화와 통일의 주인은 우리 국민입니다. 정권은 유한하지만 나라의 주인인 국민은 영원합니다. 평화와 통일은 정부의 독점물이 아닙니다. 정부가 마음대로 할 수 있는 것이 아니라고 생각합니다. 평화와 통일의 주역은 어디까지나 국민이라는 것을 강조하고 싶습니다. 정부와 국민이 같이 가야한다는 원칙을 처음으로 실천에 옮긴 것이 김대중 정부였습니다. 남북관계가 동결되어있던 집권 초기에는, 정부가 결정하면 민간은 따르라는 종래의 선관후민(先官後民)이 아니라 오히려 먼저 민간이 나서라는 선민후관(先民後官)을 내세웠지요. 정부와 국민이 힘을 합쳐서 함께 나가야 한다고 생각합니다.

　〈6.15남북공동선언〉 이후 시민참여의 공간이 넓어지고 남북접촉과 교류, 인도적 지원이 활기를 띠기 시작했지요. 이명박─박근혜 정부 들어 중단되었지만 다시 재개되어야 하고 그럴 날이 올 것으로 기대합니다. 이제 시민단체와 평화를 사랑하는 시민들은 모든 난관을 극복하고 분단과 냉전을 넘어 평화와 통일을 위해 행동으로 적극 나서야 할 것입니다.

　남북관계 개선을 위한 정부의 능동적이고 성실한 노력과 남북합의의 준수 이행을 촉구하는 운동, 6자회담에서 합의한 대로 군사정전체제를 평화체제로 전환하기 위한 관련당사국(4자) 평화회담 개최 촉구. 그리고 북핵문제 해결을 위해서도 미국의 대북 적대관계 해소와 관계 정상화 촉구 등 시민 차원에서 할 수 있는 활동을 다해야 할 것입니다.

그리고 정부는 근시안적으로 현안에만 매달릴 것이 아니라 장기적이고도 전략적 혜안을 갖고 민족의 장래를 개척해 나가야 할 것입니다. 한반도의 주인으로서 주체의식을 갖고 구조화된 냉전체제를 해체하여 평화체제를 구축하고 평화통일을 이룩하기 위해 노력해야 할 것입니다. 또한 정부는 평화와 통일문제를 독점하던 냉전시대의 잘못된 사고에서 벗어나 시민사회의 목소리를 듣고 힘을 합쳐 함께 나가는 자세로 돌아와야 할 것입니다. 좀 더 소통하고 '다양성 속의 일치'로 남남갈등을 최소화하는 노력도 경주해야 할 것입니다.

정진아 그럼 남북문제와 통일문제에 있어서 남남갈등의 해소방안에 대해 마지막으로 여쭙겠습니다. 특히 남남갈등에 있어서는 군사안보적인 측면에 대한 국민들의 입장 통일이 안 되어 있는 문제가 갈등의 근원으로 자리하고 있는데요. 그 부분을 풀기 위해서는 어떤 혜안이 필요할까요?

임동원 과거에 군사정부라든가 보수정부에서는 안보위협을 왜곡 과장하는 등 안보문제를 국내정치에 이용하는 경향이 있었지요. 물론 안보위협을 무시해서는 안 됩니다. 따라서 안보를 강조하고 평화를 지키면서, 즉 피스키핑(peace keeping)하면서, 여기에 머무는 것이 아니라 동시에 안보위협을 근원적으로 해소하기 위해 평화를 만들어가야 할 때라는 것입니다. 즉 피스메이킹(peace making)을 병행해 나가야 한다는 것입니다. 소극적으로 안보위주만 주장할 것이 아니라 안보를 위해서라도 안보위협을 근원적으로 해소할 수 있도록 적극적 평화를 만들어가야 한다는 것입니다.

정진아 적극적인 안보담론이야말로 적극적인 평화라는 말씀이시죠?

임동원 그렇죠. 수고했습니다. 감사합니다.

정진아 감사합니다, 오랜 시간 인터뷰에 응해주셔서 감사드립니다.

인터뷰이 : 정세현

1967년 서울대 외교학과에서 입학하였다. 이후 서울대학교 대학원 국제정치 석사 학위, 박사학위를 취득하였다. 국토통일원 연구원, 대통령비서실 통일비 서관, 민족통일연구원장, 통일부차관을 역임한 이후 2001년부터 제29, 30대 통일부장관을 역임했다. 장관 퇴직 이후에는 민화협 대표상임의장, 원광대 총 장 등을 역임하였으며, 현재 한반도평화포럼 상임공동대표, 한겨레통일문화재 단 및 평화협력원 이사장 직을 역임 중에 있다. 지은 책으로는 『광장에서 길을 묻다』(공저), 『정세현의 통일토크』, 『정세현의 외교토크』 등이 있다.

인터뷰어 : 김성민

현재 건국대 철학과 및 대학원 통일인문학과 교수로 재직 중이며, 건국대 통 일인문학연구단장과 (사) 한국철학사상연구회 회장을 역임하고 있다. 2009년 부터 인문한국(HK)지원사업에 선정된 통일인문학연구단을 이끌면서 한반도 의 통일문제를 '소통, 치유, 통합'이라는 이눈학적 관점에서 연구하고 있다.

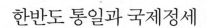

한반도 통일과 국제정세

일시 : 2018년 1월 23일
장소 : 서울 서초구 평화협력원 사무실

통일부장관으로서의 소회와 통일에 대한 문제의식

김성민 저희 통일인문연구단은 사람중심의, 인문학 중심의 통일연구를 수행하고 있습니다. 이번에 특별히 한국의 지성 및 석학들과 통일에 대한 대담을 기획하였습니다. 이제 첫 번째 질문을 드리고자 합니다. 역대 통일부장관의 재임기간을 살펴보니 흥미로운 점이 발견됩니다. 장관님께서는 제2대 김영선, 제6대 이용희, 제10대 손재식 장관님에 이어 재임기간이 약 2년 5개월로 매우 긴 편에 속하십니다. 더불어 김대중정부와 노무현정부에서 연달아 장관으로 재직하신, 다시 말해 역대 두 정부에서 연임을 하신 유일한 장관님이십니다. 이런 점에서 물론 몇 마디 말씀으로 다 정리할 순 없겠지만, 장관으로 재직하시면서 느끼신 소회를 간략하게 들려주시면 경청하겠습니다.

정세현 우선 '석학'이라고 하셨는데, 저는 석학은 못 됩니다. 왜냐하면 석학이라고 할 때 직업은 교수이어야죠. 솔직히 고백컨대, 제가 교수가 되고 싶어서 굉장히 애를 많이 썼습니다. 70년대 후반부터 어려운 조건 속에서도 여러 대학에 출강을 했는데 팔자에 없으니까 교수가 안 되더라고요. 교수 경력이 없기 때문에 나는 석학은 아닙니다.

김성민 아닙니다. 장관님께선 이론과 실무를 겸비하셨으니, 오히려 진정한 석학이시죠.

정세현 글쎄요. 현장에서 오랜 경험을 가지고 있기 때문에 '이론'보다는 '현장'의 중심으로 남북관계에 대해 이야기를 조금 할 수 있게 되었을 뿐입니다. 어찌됐건 두 정부에서 일한 소감을 말하라고 하셨죠. 우선 첫째, 지금까지 남북관계는 악화되어 완전히 경색된 시절도 있었고, 반대로 개선되어 조금은 진척된 시절도 있었어요. 그렇게 나눌 수가 있는데, 남북관계가 가장 빨리 개선되어나갔던 이른바 '골든타임'에 통일부장관으로 일했던 것이 어떤 점에선 대단한 축복이었다고 생각합니다.

대통령의 대북정책이 어떤 방향이냐, 그리고 어떤 식으로 관계를 개선해 나가려고 하느냐에 따라서 통일부 장관을 비롯해서 말단 직원에 이르기까지 할 수 있는 역할이라는 게 완전히 다르다고 생각합니다. 예를 들면 이명박 정부 시기 '박왕자 씨 피격사건'이 발생하자마자 그 이튿날 금강산 관광을 전면 중단시켜버리지 않았어요? 그리고 곧 이어 남북관계가 급격히 경색되기 시작했죠. 또 사실상 박근혜 정부의 정권 말인 2016년 1월 6일 핵실험과 2월 7일 장거리 로켓발사를 이유로 개성공단을 전면 폐쇄해버리지 않았어요? 그런데 생각해보면 그런 엄중한 시기에 장·차관으로 일한다는 건 고통스러운 일일 것 같아요..

대통령의 대북관이 굉장히 중요해요. 저는 김영삼 정부 시절에 청와대 통일비서관으로 3년 8개월 동안 근무를 했지만 솔직히 아무 일도 못했습니다. 왜? 김영삼 대통령 자신께선 북한 붕괴론을 내놓은 분이었어요. 이 때문에 통일부의 교류협력, 인도적 지원 등에 관해서 특별한 일을 할 수 없었고, 정책실과 통일교육도 제대로 역할을 찾기 힘들었죠. 그러다가 김대중 정부에 들어서 햇볕정책을 추진하기 시작하면서 통일부가 바빠지기 시작했죠. 그러니까 어떤 시기에 어떤 자리에서 일을 하느냐가 중요한 것 같습니다.

김성민 그럼 장관님, 김대중·노무현 대통령 때 장관하신 것은 그래도 복이시네요?

정세현 그렇죠. 그 때 이런 일이 있었어요. 노무현 대통령의 취임식 날인데, 전 정부의 각료들과 국무위원들이 뒤에 배석을 해야 하지 않습니까. 그때 대통령 취임사를 처음 듣게 되었어요. 인수위 사람들은 봤을지 모르지만, 우리는 이제 물러가는 사람들이기 때문에 취임사를 사전에 보지 못했죠. 그런데 취임사를 듣는데, 대북정책에 관해서는 이전 정부의 정책을 계승·발전 시키되, 추진하는 방법을 좀 새롭게 하겠다는 대목이 나와요. 그래서 나는 '노무현 정부의 초대 통일부 장관은 일하기가 수월하겠구나'라고 생각했어요. 왜냐하면 김대중 정부 5년 동안 닦아 놓은 것을 그대로 물려받아서, 동일한 경로와 같은 속도로 운전자만 교대하여몰고 가는 셈 아니에요? 그로부터 한 이틀 후인가? 그 때 많은 유명 정치인들이 물망에 올랐었는데. 막판으로 가면서 언론에서 제 이름을 거론해요. 그래서 처음에 좀 이상하다라고 생각했죠. 왜냐하면 저는 노무현 대통령 후보시절부터 일면식도 없었기 때문이죠.

김성민 전혀 관계 없으셨습니까?

정세현 그럼요. 그런데 사실은 그 전의 김대중 대통령하고도 일면식이 없었어요. 김대중 정부와 노무현 정부에서 정무직 공무원으로 일을 했지만, 일면식도 없던 분들한테 정부 고위직을 임명받았죠. 암튼 그 때 내가 노무현 대통령께 발령을 받고 '아— 이게 다른 부처는 다 바꾸는데 통일부만 그대로 놔두는 건, 확실하게 노무현 대통령이 전 정부의 대북정책을 계승발전 시키겠다는 그 약속을 지키는 것이구나.'라고 생각했죠. 그래서 제가 책임감을 느꼈는데, 단순히 개인적인 영광이나 명예라고만 생각할 것이 아니라 일을 더 확실하게 마무리하라는, 더 남북관계를 활성화시키라는 대통령의 뜻으로 받아들여야겠다고 생각을 하고 적극적으로 일을 했습니다.

적극적으로 일한 것 중에 가장 대표적인 것은 남북관계와 대북정책에 대한 대국민 설명을 제가 본격적으로 시작했다는 것입니다. 특히나 대북정책과 관련해선 그야말로 남남(南南)갈등이 일상화되지 않았습니까. 그때도 그랬었어요. '퍼주기다, 끌려 다니기다.' 등등의 말이 나왔죠. 남북관계를 발전시키기 위해선 대북 경제지원이나 교류협력이 불가피한데 그것을 '퍼주기'라고 딱지 붙이고, 또 유연하게 협상하면 '끌려 다니기'라고 하고, 그게 바로 남남갈등의 중심개념인데 그런 것을 극복해야겠다는 생각으로 적극적으로 국민들 속으로 들어가서 설명을 했죠. 그것을 '열린통일포럼'이라고 이름을 붙이고 장관급회담이건 차관급회담이건 남북대화가 끝나고 나면 지방에도 내려갔어요. '민주평통' 조직망을 통해서 지역의 오피니언 리더들 내지는 오피니언 메이커들을 만나 정부의 대북정책에 대한 설명을 했었습니다.

김성민 장관님이 직접 가서서 설명을 했나요?

정세현 예, 그랬죠. 그런데 혼자만 가는 것은 아니고, 남북대화 사무국장이나 정책실장, 또는 교류협력국장과 함께 다녔습니다. 저는 개괄적인 이야기를 하고, 구체적인 것은 실장이나 국장이 담당하고 그랬습니다. 예를 들어, '남북회담의 운영과 관련해서 궁금한 것이 있으면 대화 사무국장에게 직접 물어보시고, 대북정책에 대해서 궁금한 것이 있으면 정책실장에게 직접 물어보십시오.' 이런 식으로 진행했어요. 어떻게 보면 자신이 있었기 때문에 가능했던 겁니다. 그렇게 했더니 대북정책에 대한 지지율을 즉각적인 조사는 안 해봤지만, 여론 자체는 상당히 정부가 나가려고 하는 방향에 공감을 했던 것으로 이해하고 있습니다. 돌이켜 보면 좋은 방법이었었어요.

김성민 예. 맞습니다. 그런데 그렇게 국민들한테 대북정책에 대한 설명이 중요함을 강조하시는데요, 그렇게 생각하시는 이유를 좀 더 듣고 싶습니다. '북'이라는 주제는 말씀하셨듯이 남남갈등의 직접적인 요인이 되기도 하다는 점에서 어떻게 보면 이것과 관련된 정책입안자나 연구자들에게 스스로 위축을 가져오기도 하거든요.

정세현 교육정책이나 부동산정책을 예로 들면, 이런 것에 대해서 정부가 일단 제시를 하면 거기에 대한 비판이나 반론이 나오고 다시 정부는 공청회 방식으로 그것을 소화하거나 수렴하는 절차를 거칩니다. 그런데 대북정책이나 남북관계에 대한 의견은 유난히 반반이에요. 정책을 수립하는데 절대 다수의 사람들이 바라는 쪽으로 정하는 것이 기본 아니에요? 일종의 최대다수의 최대행복, 공리주의적 방식이 기본이죠. 하지만 대북정책은 절대다수가 없어요. 이념적으로 두 쪽이 나 있기 때문입니다. 냉철하게 분석하면 우리나라 국민들의 이념성향은 보수·중도·진보의 구분으로 볼 때 '2:6:2'정도로 봐요. 그럼 60%의 딱 절반인 30% 이상을 자신의 편으로 만드느냐 못 만드느냐가 정책의 승패를 가름한다고 볼 수 있죠. 그러니까 진보정권이 나서서 진보적인 정책을 추진하는 경우에 보수는 처음부터 반대고. 거꾸로 보수정권이 들어서서 정책을 추진하면 진보는 처음부터 반대고, 그러나 중간에 있는 60% 중에 30% 이상을 자기편으로 끌어들이느냐에 따라서 51:49 내지는 60:40으로 정책에 대한 지지율이 바뀐다고 볼 수 있어요. 그 얘기를 김영삼 정부 시절에 마지막 통일부 총리를 하셨던 권오기 전 동아일보 사장님이 해주셨어요.

김성민   예. 맞습니다.

정세현   그 분께서 이렇게 얘길했어요. "2:6:2인데, 김영삼 정부의 대북정책이 국민들한테 지지를 받으려면 60% 중에 30-40%를 우리 편으로 끌어들일 수 있어야 하는데, 그 전략 같은 것을 한번 짜보시오." 이때 '2:6:2'는 제가 상당히 의미 있게 들었는데, 그 당시에 북한 붕괴를 전제로 해서 대북압박과 봉쇄, 관계단절을 정당화하는 이론을 어떻게 개발합니까? 그래서 장관 지시를 제대로 이행하진 못했지만, 하여튼 2:6:2는 상당히 의의가 있다고 생각하고 바로 노무현 정권 들어서가지고 2:6:2의 이념지도에서 6을 차지하는 것에 있어서 어떻게 하면 전부 끌어오느냐. 그래서 80%를 어떻게 만드느냐를 고민했죠.

핵심은 직접 다가가는 방법 밖에 없었어요. 정책실장, 대화사무국장, 교류협력국장, 인도지원국장을 그 때 그 때 주제에 따라서 데리고 다니면서 직접 답변하게 했지요. 이런 식으로 자신 있게 직접적으로 다가가니까, '저렇게 아주 확 터놓고 이야기하는 것 보니까 진실이구나. 숨기는 것이 없겠네, 그럼 얘기하는 것은 다 믿어도 되겠네.' 그런 믿음이 먼저 생기는 거 같더군요. 결과적으로는 대북정책에 있어서 성공을 거둔 셈인데, 특히 언론기관에 대한 설명도 참 성실하게 했어요. 그것은 김대중 정부 때부터 했습니다. 제가 그 98년 4월 달에 통일부 차관으로서 베이징 남북 비료회담 수석대표로 나가는데, 70년대 남북대화에 많은 경험을 가지고 계시는 당시의 강인덕 장관께서 이런 말씀을 하시더라고요. "회담은 40%가 회담이고 60%가 공보야. 언론관리를 잘 하시오. 언론을 우리 편으로 만들어야 됩니다. 그러려면 진솔하게 설명하는 수밖에 없어요. 숨기고 말고 해서는 되지 않아요. 이게 결국 회담의 성패에 대한 국민적 평가를 좌우 하는 것이니까. 그것을 잘 하시오." 그래서 내가 그것을 실천에 옮겼어요. 그 때는 진짜 조선일보부터 시작해서 한겨레와 경향까지 똑같이 썼습니다. 뭔가 좀 숨기면 그 다음부터 추적이 되고, 상상력으로 그림을 그려가지고 실체적 진실과는 거리가 먼 그림을 그려놓고 정책이 잘 되었느니 못 되었느니 하는 식으로 이념성향에 따라서 그림을 그리거든요. 그리고 그런 방향으로 여론을 만들어 나가죠. 남북관계나 통일문제에 대해서 이념갈등이 심하죠. 그런 걸 극복하는 방법은 사실대로 털어 놓는 것이에요. 그러려면 복잡하게 이론적으로 이야기할 것이 아닙니다. 그냥 쉬운 말로 국민들이 알아듣기 쉽게, 언론도 기사 쓰기 쉽게 그렇게 털어놔 주는 것이 중요하죠.

통일문제를 다루는 데 있어서 고려해야 할 세 가지 요소

김성민 어떤 대통령을 만나느냐, 그러니까 대통령의 통일정책, 대북관이 어떤가에 따라서 장관으로서의 역할이 주어진다고 말씀하신 것에 동의합니다. 장관님께서 미리 말씀해주신 부분이 사실 자연스럽게 두 번째 질문과 연관됩니다. 돌이켜 보면 역대 통일부 장관들 중 장관님처럼 TV언론매체 뿐만 아니라 인터넷과 라디오 매체를 통해 가장 친숙하고 자주 등장하시는 장관님들은 없으실 듯 합니다. 그간의 모습과는 달리 남북관계라는 중요한 문제들이 실제 시민들에게 자주 소개될 뿐만 아니라, 전문가적 식견을 통한 관련 해석들이 저희들에게 제공되는 것은 정말 환영하고 고마운 일이라고 생각합니다. 남북관계, 다시 말해 한반도의 분단극복과 통일은 결국 한반도 구성원들이 직면한 실존적 문제들이라는 점에서, 남북관계의 다양한 정보들은 '가능한 범위에서' 많은 시민들에게 제공되어도 좋겠다는 생각이 들었습니다. 언론매체를 통해 친숙하게 뵐 수 있는 장관님이신데, 장관님 본인의 이러한 활동에 어떤 생각을 갖고 계신지 궁금합니다.

정세현 통일문제를 같이 공부하는 입장에서 말씀드리면 통일정책이나 대북정책은 고려해야 할 필수요소가 셋입니다. 첫째, '국민'이죠. 국민이 지지하지 않는, 결사반대하는 정책은 써먹을 수가 없어요. 둘째, '북한'입니다. 국민이 100% 지지해도 북한이 'NO'하면 안 돼요. 최소한 북한이 봤을 때 한 번 해볼만 한 가치가 있네라는 정도의 그런 동의를 얻어내야만 하죠. 셋째, 그렇게 되었을 때 '국제적 지지'를 이끌어낼 수 있게 되죠. 그런데 아까 제가 했던 활동은 제일 중요한 국민적 지지와 관련된 문제예요.

바로 '강철비'라는 영화에서 북 요원 엄철우가 남의 외교안보수석 곽철우에게 했던 이야기 중에 아주 그 핵심적인 것이 있어요. "분단국가의 인민들은 분단 그 자체보다는 분단을 정치적 이득을 위해 이용하는 자들에 의하여 더 고통 받는다." 바로 그거예요. 분단 상태의 지속 내지는 대북 적대 관계의 지속을 통해서 결과적으로 이득을 보는 사람들이 있습니다. 저는 분단으로 인해 이득을 보는 사람들을 아까 말한 그 20%에 속한다고 보고요. 그런 사람들 저항을 최소화시키기 위해서는 중간의 60%를 빨리 자기편으로 만드는 것이 중요하다는 거지요. 분단으로 인해서 이익을 보는 사람들의 목소리가 소용이 없어지게 만들어야 된다고 생각을 해서 열심히 뛰었죠. 그러나 20%는 지금도 있어요. 결국 통일부가 그 임무를 해야 되는데 지금 회담에 너무 치이다보니까, 아직 정신적인 여유가 없는 것 같아요.

조금 다른 얘기지만, 지금은 9년 동안 남북관계가 단절되었다가 다시 재개하려니 솔직히 회담 대처 능력이 현저하게 떨어져 있습니다. 경험자들이 얼마 없어요. 그전에 김대중 정부 시절만 해도 5년의 공백 밖에 없었어요. 노태우 정부 내내 총리회담해서 〈남북기본합의서〉를 만들었고, 〈한반도의 비핵화에 관한 공동선언〉을 만들고 92년도만 하더라도 남북대화가 40회 넘게 개최되었습니다. 총리회담에 각 산하에 군사회담, 장관회담, 차관회담이 줄줄이 있었어요. 그러나 지금 9년이라는 공백, 더구나 남북 간에 완전히 관계가 단절되고 거의 적대관계가 되어버렸던 9년의 공백이 크게 있는 거 같아요. 남북관계가 악화되는 과정을 거쳐 왔기 때문에 그것을 복원하는

데 시간이 다소 걸릴테고, 그 이후에야 비로소 대국민 설명을 할 수도 있는 정치적 여유가 있을 텐데, 걱정되는 것은 그 때까지 국민들이 기다려 주느냐죠. 그게 좀 걱정되는 대목이에요. 그럼에도 불구하고 조금만 궤도에 올라가면, 국민들 속으로 들어가는 홍보를 해야 되고 또 할 수 있다고 생각해요.

김성민 방금 말씀하신 것과 연관된 질문입니다. 최근이자 앞으로도 당분간은 계속 이어질 듯 하지만, 평창동계올림픽을 결정적인 계기로 해서 남북 고위급 회담이 개최되었습니다. 아마도 장관님이 모 언론사의 인터뷰에서 말씀하신 바대로 '남북 간 대화의 모멘텀이 확실하게 조성되었다'고 볼 수 있을 것 같습니다. 하지만 중요한 것은 당연하지만 그러한 모멘텀을 계기로 남북의 대화가 지속성있게, 책임감있게 진행되는 것이 더욱 중요하다고 생각합니다. 이런 부분과 관련되어 2018년 1월 9일 개최된 남북 고위급 회담의 향후 과제는 무엇이 있을까요? 혹 좀 더 구체적인 논의내용에 무엇이 추가되면 좋을는지 말씀해주시면 고맙겠습니다.

정세현 우선 군사회담을 반드시 해야 한다고 봅니다. 북쪽에서도 군사회담에 적극적으로 나올 겁니다. 북이 한미연합 훈련을 연기하는 조건으로 평창에 왔는데, 이것이 계속 연기되기를 바라지 않겠어요? 계속 연기되면 사실상 중단이 되는 셈이죠. 왜냐하면 전 세계 배치해 놓은 미군의 기동훈련은 1년 내내 돌아가요. 유랑극단의 공연 일정이 빽빽하게 채워져 있는 것과 비슷합니다. 때문에 그 틈새에 끼워 넣으려면 결과적으로 축소를 하든지 아니면 금년은 그냥 넘어가든지 하는 수밖에 없어요. 북은 바로 이 기회를 기화로 한미연합훈련에 대한 중대한 상황변화를 유도하려고 하기 때문에 군사회담에 상당히 적극적으로 나올 겁니다. 또 군사회담에서 어느 정도 성과가 나와야지만, 우리정부가 추진하려고 하는 나머지 남북화해협력 정책에 협조할 수 있게 되는 거지요. 북이 우리 정책에 대한 협조를 하게 되는 것은 결과적으로 북도 좋은 것이지만, 그러나 크게 볼 때, 남북 양측의 서로 'cost vs benefit', 다시 말해 '투자 대 효과'를 그걸 생각하면 우리가 거둬들이는 효과가 훨씬 크죠.

그런 의미 이상의 조치를 끌어내야 하는데, 그러기 위해서는 한미공조를 긴밀하게 해야 하고 미국이 우리에게 기꺼이 협조할 수 있도록 해야 합니다. 그러려면 우리도 미국에게 주는 것이 있어야 해요. 공짜는 없습니다. 그게 이제 'FTA'에서 시작될 지, 아니면 무기시장의 최소한의 유지에서 시작될지는 잘 모르겠습니다. 일단 미국에서 무기를 사들인다는 것은 북한에 대해서 경계심을 늦추지 않고 북한을 압박한다는 그런 의미가 있지만, 외형적으로는 그렇게 되지만, 실제로는 한미연합훈련 관련해서 미국의 이익을 챙겨주려면 그 정도 희생은 치러야 하는 거 아니냐고 북한한테 설명해야 되요. 이런 이야기들을 터놓고 이야기해야 되는데, 남북 간에 신뢰가 조금만 쌓이면 되요.

두 번째는 이산가족 문제죠. 이산가족은 역대 정부가 남북관계에서 가장 우선순위를 두던 사업들입니다. 70년대 군사정부도 이산가족 상봉사업을 위한 적십자회담을 개최해서 국민들로부터 정치적 지지를 끌어내려고 했었잖아요? 어떻게 보면 남북관계는 국내정치에 있어서 중요한 수단으로 활용되죠. 그런 측면에서 보면 남북관계가 정치적으로 악용될 여지가 크지만, 어쨌거나 이산가족 문제를 역대 정부가 가장 중시해왔고 이명박 정부와 박근혜 정부도 이산가족 상봉사업을 재개하려고 애를 많이 썼어요. 그런데 그 사람들이 이산가족 상봉 사업을 하는 데 필요한 경비 문제를 생각하지 않았던 거죠. 경비라는 것은 돈만을 의미하는 것이 아닙니다. 북한 입장에서 봤을 때 이산가족 상봉사업이라는 것은 체제에 대한 위험도를 굉장히 높이는 사업입니다. 남북 체제가 극명하게 비교되는 현장이에요. 입는 옷, 얼굴에서 드러나는 영향상태 등 이런 것이 극명하게 드러나는 현장이 아닙니까. 그 다음에 우리 쪽에서는 무슨 수를 써서라도 북의 가족 손에다 돈을 쥐어준다는 말이에요. 500불 이상 주지 못하는 것으로 하자 해서 2000년에 약 500불 이상 못 주게 약속을 했는데, 가족이 가난하고 힘든 게 눈에 보이는데 그게 되나요? 5000불, 10000불 만들어서 하여튼 몰래몰래 줍니다. 남쪽

이산가족 만나고 온 사람들이 달러를 가지고 있으니 시장에서 비싼 물건을 사서 쓸 수 있는 거 보고, '야, 남쪽에 가족이 있는 게 이렇게 좋은 것인가.' 라고 생각하겠죠. 그 얘기는 남쪽이라는 데는 우리보다 훨씬 잘 사는 구나 라는 것을 생각하게 되고, 결국 대남관을 바꾸게 되는 계기가 되는 것 아닙 니까. 그런 것 때문에 북쪽은 그걸 막기 위해서 이산가족을 선발할 때부터 굉장히 신경을 씁니다.

김성민 그렇겠죠. 성분조사하고, 특별교육도 할테구요.

정세현 만날 용의가 있는가를 먼저 묻고, '그렇다'고 답해도 만약 너무 볼품이 없다 고 여겨지면 안 됩니다. 이게 월남자 입장에서 볼 때는 '두고 온 북쪽 가족 이 이렇게 고생하고 있는가. 나쁜 놈들'이라는 생각이 들테고, 그 다음에 당 사자 입장에서 볼 때는 '아니 나는 여기서 헐벗고 굶주려가지고 외모가 초 라하게 되었는데, 내려간 형님은 나보다 훨씬 젊어 보여. 이게 어떻게 된 것 이냐'라고 생각할테죠. 그런 것이 주는 체제부담이 얼마나 큽니까. 따라서 그것을 상쇄할 수 있는 반대급부가 가야해요. 그게 그 동안은 쌀과 비료였 습니다. 이 원리를 모르고 '무슨 인도주의 사업에 뭐, 하라면 하지 무슨 놈 의 조건을 달고..' 등으로 비판을 받았죠. 하지만 이것은 상대방에 대해서 몰라도 너무 모르는 거예요. 그러니까 이산가족 상봉사업에 대해서 북쪽 사 람들이 두려워해요. 그러나 이게 국제적인 명분은 있습니다. 그걸 안한다고 그러면 욕을 먹기 때문에 이것은 해야 하는데 부담이 크겠죠. 그러면 그런 부담을 상쇄해줄 수 있는 반대급부가 'under the table'로 가야 합니다. 그 거 인정 안 하면 이산가족 상봉 사업 못해요.

예를 들어 이명박 정부 때 처음에 이산가족 상봉 회담을 하자고 했을 때, '과거처럼 해주겠지'하고 나왔어요. 그런데 없거든? 두 번째까지는 나왔어 요. 또 없거든? 그러니 세 번째는 'NO'. 박근혜 정부도 두 번 밖에 못했어 요. 그러니까 이것도 정부가 직접 나서서 그런 할 수는 없고, 통일관련 전문 가들이 사실은 이런 배경이 있다는 것을 국민들에게 적극적으로 말해줘서 보수적인 생각을 가지고 있는 사람들의 생각을 바꿔줄 필요가 있어요. '보수 쪽에서 말하는 퍼주기가 아니고는 이산가족 상봉이 안 된다.'는 비하인드 스토리를 이제 통일인문학연구단 같은 곳에서 말을 해 국민적 여론을 조성해 주어야 합니다. 정부가 직접 말 못합니다.

　세 번째는, 결국 경제협력 문제입니다. 군사회담에서 한미연합훈련에 대한 반대급부나 선물이 없으면 다른 회담도 영향을 받습니다. 북한이 소위 남북 대화를 통해서 얻을 것이 없다는 거죠. 자기들에게 가장 위험한 한미연합훈련을 가만히 손 놓고 있을 수가 없기 때문에 대응을 해야 되는데, 그것 자체가 북에서는 엄청난 예산 지출이에요. 그런 부분을 좀 면해주면서 이산가족 상봉행사도 규모를 키우고 남북의 평화체제로 나아가기 위해서는, 결국 쌀 비료 지원정도를 넘어서 경제협력의 규모를 키워야 되요. 그런데 지난 9년 동안 북이 어떻게 자생력을 갖추었는지 몰라도 이제는 단순 지원은 필요없다고 해요. 협력 사업, 즉 투자해 달라는 거예요. 가령 "SOC 항만 하역 시설을 현대화하는데 남북이 협조를 하면 좋겠다. 아니 철도를 현대화하는데 투자를 해주면 좋겠다."라고 치고 나왔을 때, 그 대응책도 고민해야죠. 김정은 시대 이후 20개 이상이 되는 경제특구를 지정해 놓고 있는데 투자가 못 들어가잖아요. 이런 것에 투자를 해달라고 할 때 어떻게 할 것인가. 그러면 다시 국면여론 형성의 문제로 넘어오는 것입니다. 어려운 문제죠.

김성민　동의합니다. 더군다나 정세현 장관님께서는 그 어려운 남북교류를, 또 어쩌면 가장 잘 수행하신 장관님이 아닐까 싶습니다. 그런데 이산가족 상봉도 그렇고 예전에 유니버시아드 대회 때도 그렇고 북쪽에서 한 두 명도 아니고 수 백 명을 내려 보낼 때는 가장 감수성이 예민한 20대의 젊은 청년들이 내려 왔을 때, 가시적으로 확인할 수 있는 남북의 차이에 대한 임팩트를 넘어서 쇼크도 있었을 것 같아요.

정세현　아, 그럼요.

평창올림픽 이후 남북관계와 국제정세에 대한 전망

김성민 그럼에도 불구하고 이번 북측에서 평창 동계올림픽에 응원단과 선수단을 파견하는 것에는 아까 말씀하셨듯이 숨겨진 의도 같은 것이 있을 텐데요. 어떤 사람은 '자신들의 염원인 평화조성해서, 북미수교로 이어져서, 자신들의 핵 보유국으로의 실질적인 인정을 받기위한 수순 아니냐'라고 말씀하기도 하구요. 이번 평창올림픽 참가와 관련된 북의 의도는 어떻게 보고 계십니까?

정세현 제가 볼 때, 그게 틀린 것은 아니에요. 작년 여름, 봄에 새 정부 들어서기 전에는 새 정부가 들어서면 남북관계가 잘되었으면 좋겠다는 기대도 있고 했습니다. 그런데 새 정부가 들어서서 현실적으로 한계가 있었습니다. 예를 들면 사드(THAAD). 전 정부가 거의 막판 대못박기 식으로 사드배치를 기정사실화하고, 추가배치도 불가피한 상황으로 만들어 놓고 떠나지 않았어요? 박근혜 정부가 떠난 뒤에 그것을 물려받은 문재인 정부가 완전히 뒤엎을 수가 없는 상황에서 한미 간에 협조를 할 수 밖에 없었는데, 그나마 앞으로 일을 생각해서 한미 간의 협조를 해야 하는데, 거기에 대해서 북한이 과연 기다리지 못하고 '문재인 정부는 김대중—노무현 정부를 계승한다고 해서 잘 할 줄 알았더니, 완전히 별것이 없구나. 그리고 미국한테 너무 뭐 북한식으로 찰싹 붙어가지고 미국이 하는 말을 그대로 복창하는 구나. 얘들은 필요 없다.'라는 이야기를 하기 시작했어요. 이런 식으로 협상의 전략을 마련해 왔죠.

그런데 북에서는 자신들이 판을 깐다고 생각하겠지만, 그것은 혼자되는 것이 아니에요. 손뼉도 서로 마주쳐야 되는 것 처럼요. 어쨌건 북한의 입장 에서는 핵과 미사일 능력을 완비해 놨기 때문에, 남북대화를 통해서 미국과 의 대화까지 끌어내고 그렇게 되면 핵 보유를 기정사실화하면서 핵보유국 의 자격으로 군축회담을 하겠다는 그림을 그리고 있을 거예요. 그러나 그것 은 그들만의 계획일 뿐이에요. 상대가 있는데 자기들 마음대로 되나요. 우 리는 우리대로 핵동결로 시작해서 북한이 핵을 포기할 수밖에 없는 반대급 부인 미북수교, 평화협정, 이런 것을 해주고 북한의 핵을 완전히 제거해야 한다는 쪽으로 회담을 해야 한다는 국가 전략을 수립해야 합니다. 이것은 문재인 정부가 아니라 다음 정부도 이렇게 가야되는 문제에요. 5년 안에 끝 날 문제가 아니에요.

그러니까 일단 북한이 남북대화에 호응해 나오고 그것을 통해 미북대화 로 넘어가고 싶어 하는 북한의 계획에 일정정도 협조해줄 필요가 있어요. 그러나 한미 간에 긴밀한 사전 협의를 통해서 협상에 들어가도 북한의 핵 보유를 우리는 절대 인정할 수 없다는 건 반드시 지켜야 할 조건입니다. 미 국은 북핵을 인정할 가능성이 있습니다. 북한이 핵을 20개 가지고 있는지 10개 가지고 있는지 사람마다 얘기가 달라요. 그런데 미국으로서는 7000— 8000개 핵탄두를 가지고 있기 때문에 북한이 100개를 가지고 있다 한들 겁 이 날 게 없어요. 만약 그것을 미국을 상대로 쓴다면 융단폭격을 받아서 북 한이 끝나는 거니까. 그러나 북한이 다섯 개를 가지고 있건 열 개를 가지고 있건, 북한이 핵을 가지고 있다는 사실을 국제적으로 인정하는 순간 우리 는 북한과의 협상에서 항상 칼끝을 쥐는 형국이 되고 말죠. 따라서 한미 간에 긴밀한 협력을 통해 핵동결로 협상을 시작해서 결국은 비핵화로 가야만 해요. 그리고 미국이 북한의 핵 보유를 인정하는 것을 막아야 해요. '우리가 그동안 충실히 존중한 한미동맹을 미국 역시 존중한다면, 우리 정부가 바라고 있는 북한의 핵 보유 불인정과 최종적으로는 비핵화를 미국 역시 추진해 달라. 또한 그러기 위한 미북수교, 평화협정 체결이라는 프로세스를 거쳐달라. 거기에 동의하는 조건에서 우리는 한미동맹을 수용할 수 있다.' 때로는 이러한 협상전략도 필요해요.

김성민 최근의 평창올림픽을 둘러싼 흐름 속에서 소위 말하는 '운전자론'이 있었잖아요? 장관님의 말씀을 종합해 보면, 그 운전자 석에 트럼프(Donald John Trump)가 앉아있다는 말씀인가요?

정세현 워싱턴포스트의 동경지국장이 기사를 썼어요. 지금 한반도 운전자는 오히려 김정은 위원장이고, 그 다음에 문재인 대통령은 조수고, 트럼프 대통령은 쫓아가고 있다고요. 하지만 분명히 거꾸로예요. 저는 거꾸로라고 봅니다. 작년에 북한이 핵과 미사일 능력을 고도화시킨다고 하면서도, 남북관계를 틀어막고 있음에도 불구하고 계속 '남북대화를 해야 한다. 평창올림픽에 와라'라고 주장한 사람이 누구예요? 초기에 트럼프 정부는 거기에 대해서 거들떠보지도 않았고, 북한도 일절 반응도 하지 않았죠. 그런데도 진짜 불 꺼진 창가 앞에서 세레나데를 계속 부르니 이제 닫힌 문을 열기 시작했단 말이죠. 그리고 뒤에서 오히려 북을 압박해야 한다고 했던 트럼프 대통령이 한미연합훈련의 연기에 동의했구요. 한국 정부가 정말 끈질기게 노력한 거죠. 다 밝힐 수는 없고, 그간 들은 소식들을 종합하면 정부가 정말 고생이 많았었죠. 얼마 전에 한 언론사에서 제게 문재인 대통령이 드디어 운전자가 되기 시작했다는 인터뷰를 하자고 했어요. 그게 사실이죠.

　왜냐하면 매티스(J.N.Mattis), 틸러슨(R.W.Tillerson)까지는 그래도 대화론자인데, 백악관의 실무자인 백악관 안보보좌관부터 시작해서, 국무부와 국방부 실무자들은 전부다 강경파예요. 그럼에도 불구하고 트럼프 대통령이 공식적으로 문대통령에게 '남북대화를 100% 지지한다'고 천명했잖아요? 그러고 보면 김정은 위원장이 운전자가 될 수 없죠. 내가 어제 밤에 이 질문이 반드시 나올텐데 어떤 식으로 비유를 할까를 고민했습니다. 쉽게 말해 문재인 대통령이 "나 워싱턴 가는데, 당신도 워싱턴 가고 싶어? 그럼 타." 김정은 위원장을 조수석에 앉혔다 이거죠. 그리고 사실은 뒤에 먼저 타있던 게 트럼프 대통령이고요. 트럼프 대통령이 뒤에 타고 있는 것은 미리 말 안하고, '이 차 워싱턴 갑니다'라 말하면서 조수석에 태워준 게 지금 김정은 위원장인 형국이죠. 그러니까 내가 볼 때는 워싱턴포스트의 동경지국장이 했던 것과 정 반대로 운전석에 문재인 대통령이 있고. 조수석에 김정은 위원장이 워싱턴 가는 차라고 하니까 탔고, 그 차에 당신이 운전대를 잡으라고 했던 트럼프 대통령은 처음부터 뒷좌석에 앉아 있었고요. 지금 나는 대한민국 국민으로서, 또는 문재인 대통령이 잘되길 바라는 입장에서 문재인이 운전자라고 강변하는 게 아닙니다. 실제로 작년 한 해 동안 해왔던 것, 그동안 트럼프 대통령의 생각을 바꾸기 위해서 그야말로 끈질기게 노력했던 결과, 12월 19일에 한미연합훈련의 연기를 발표할 수 있었던 것, 그것은 현 정부가 만들어 낸 결실인거죠.

김성민 '문재인 운전자론'은 너무나 와 닿습니다. 그것이 타당하기도 하고 그러길 바라기도 합니다. 뒤에 앉아 있는 트럼프, 옆에 타 있는 김정은도 있는데 정말 대한민국의 역할이 대단히 중요하긴 합니다. 그런데 평창올림픽이 끝난 후에 결국 그 차 뒤에 태워야 할 또 다른 사람이 있지 않을까요?

정세현 시진핑(習近平) 주석?

김성민 네. 왜냐하면 지난 2016년 출간하신 『정세현의 외교토크』에서 북한/중국/미국이 원하는 것과 두려워하는 것을 선명하게 구별하시면서 외교의 장에서 '한국역할론'의 필요성을 강조하신 바가 있기 때문입니다. 미·중 사이에서 입장을 조율하며 남북관계의 해법을 고민하는 현 정부에게도 그 점은 중요한 원칙이 되어야 한다고 보실 것 같습니다. 그런데 '사드'배치로 인해 큰 홍역을 치른 데에서 보듯이, 한국 역할의 확장론은 늘 미/중 사이에서 딜레마에 빠지곤 합니다. 이러한 딜레마를 극복하기 위해 보강될 필요가 있는 정세현　글쎄, 중국과의 관계는 단순히 남북문제, 한반도 문제, 한국과의 연관도 있지만, 미중관계라는 기본 바탕이 더 중요하게 작동하겠죠. 미중 간에 지금 아시아 패권을 놓고 치열한 기 싸움 내지는 샅바싸움을 하고 있는 것 아닙니까? 거기에서 주도권을 장악하기 위해서 무역문제를 가지고 트럼프 대통령이 시진핑 주석을 압박하고, 반대로 무역문제에서 미국이 당분간 압박을 좀 줄이는 대신 북핵문제 같은 것에서 중국의 협조를 요청하는 등의 'deal'을 하고 그러잖아요? 이제 그런 참 우리 힘으로는 어떻게 될 수 없는 것이지만. 그래도 쌍중단 문제가 북핵문제 해결의 출발점이 될 수 있다는 점에서 일단 우리가 연기로 시작을 했기 때문에, 연기에 상응하는 것으로서 북한의 핵 동결을 요구한거나 유보하는 전략이 수반돼야겠죠. 그다음에 비핵화 프로세스와 평화협정 프로세스 병행이라는 식으로 갈 수 밖에 없다고 생각합니다.

　　"우리가 핵과 미사일 실험을 중단하는 대신 한미도 군사훈련을 중단해 달라."는 북한의 요구가 2015, 2016년도에 계속 있었어요. 그런데 박근혜 정부에서 'NO'해 버렸죠. 북한이 제안을 했지만 한국정부에서 일언지하에 거절당한 것이 바로 이 '한미연합훈련과 핵·미사일 개발활동의 雙中斷(쌍中斷)'이에요. 그것을 가져가 중국이 번역한 것이 바로 한반도 비핵화 프로세스와 북미 평화협정체제 협상을 병행추진하자는 雙軌竝行(쌍궤병행)론입니다. 그런데 이것은 〈9.19공동성명〉의 기본 구조에요. 1항에 비핵화, 그 다음에 2항에 미북수교, 일북수교. 3항에 경제지원, 4항에 정전체제의 평화체제 변환이죠. 사실은 오바마(Barack Obama) 정부 1기에 국무장관이 된 힐러리 클린턴(Hillary R. Clinton)이 취임하고 아시아소사이어티 초청 연설에서 북한이 핵을 포기한다면, 미북수교, 평화협정 체결을 패키지로 묶어서 해결할 생각이 있다고 했는데, 그때 이명박 정부가 2008년부터 추진해왔던 '비핵개방 3000'이라는 전략 하에서 'NO'했어요.

　　그러니까 지금 중국의 왕이(王毅) 외교부장의 작품으로 되어있는 쌍중단은 2015~2016년에 북한이 먼저 이야기를 한 것이고, 중국이 추가한 쌍궤병행은 〈9.19공동성명〉의 기본 구도를 중국어로 번역한거에요. 다행히도 지금 러시아가 쌍중단에 동의해요. 사실 우리도 러시아와 중국이 그렇게 이야기를 하고 북한이 먼저 동의하고 나서면 안 되니까 지금 말을 하지 않고 있는데, 북한의 속셈도 그거에요. 이미 15년, 16년에 말을 했으니까요. 중국과 러시아가 동의하고, 한국도 여기까지는 끌어냈으니까 한·중·러·북 4국이 보조를 맞추고. 미국을 설득하면 일본은 미국을 따라오게 되어있죠. 다시 그 조건으로 회담을 할 수 있습니다. 그러니 쌍중단으로 바로 들어갈 수는 없고, 연기까지는 성공시켰으니까, 평창 이후에 남북회담에서 소위 '모멘텀'을 잘 이어가면서 미국과의 관계를 긴밀하게 유지하고, 그 다음에 북한의 핵과 미사일을 동결하는 식으로 회담을 시작하는 프로세스가 중요하죠. 한미 간에 그야말로 모멘텀을 더욱 키워서 6자회담으로 넘어갈 수 있게 만들어 두고, 그렇게 되면 중국과 러시아의 협조를 얻어낼 수 있죠. 적어도 시진핑 주석까지는요. 미국의 경우엔 중간의 여러 가지 복잡한 요소들이 있기 때문에 변수가 될 수는 있지만, 시진핑이 마다할 이유가 없죠. 이렇게 가기 위해서는 북한의 협조를 끌어내야 해요. 핵과 미사일 개발의 중단을 선언하는 문제는 북의 자존심 문제가 있으니까, 한미연합훈련을 중단한다는 이야기를 하기 전에는 먼저 못해요. 그러나 사실상 동결을, 사실상 계속 연기, 이런 그림을 만들고자 하는 것이니까 너희가 협조해라. 이런 식의 협상전략이 필요하죠.

김성민 조금 더 시야를 넓혀보면 '6자회담'이라는 명칭에서도 알 수 있듯이, 결국 한반도 평화통일은 한반도 주변 강대국 사이에서 조율되고 추진력을 얻게 되거나 혹은 그 반대의 상황이 벌어질 수 있는 민감한 문제인 것 같습니다. 장관님께서는 그간 한반도 통일문제에 대한 전문연구자이시면서도 관료로서의 경험을 누구보다도 넓고 깊게 천착하셨습니다. 이런 점에서 한반도 평화를 포함하여 동북아 평화를 위한 지역협의체 구성의 필요성과 가능성에 대한 고민 역시 하셨을꺼라고 생각합니다. 이에 대한 고견을 여쭙고 싶습니다.

정세현 북핵 문제를 해결하기 위한 일종의 프로세스 또는 회담이 시작되어야 됩니다. 협의체가 뭘까요? 결국 경제협력과 군사협력, 이 둘의 결합이 동북아 협의체의 실질 내용이 되어야 되는 것이 아닙니까. 동유럽의 체제변화를 이끌어내고, 미소간의 전략무기 감축까지 이끌어낸 것이 '헬싱키프로세스(Helsinki Process)'였습니다. 그러기 위해서는 군사적으로는 적대행위가 중지가 되어야 합니다. 바꿔 이야기해서 소련과 바르샤바 조약기구(Warsaw Treaty Organization)가 되었건, 아니면 나토(NATO)가 되었건 상대방에 대한 군사위협이 계속 되는 동안에는 서로 경제협력을 시작하지 못했어요. 그러나 서로가 교착상태에 들어간 다음에는 75년에 핀란드 헬싱키에서 만나서 헬싱키 팩트라는 것을 체결하지 않습니까. 경제 지원부터 시작한 것이지요. 경제지원 방식을 채택함으로서 동유럽과 소련이 서유럽과 미국을 상대로 해서 군사적 위협행위를 하지 못하도록 묶어버린 거예요. 경제지원을 계속 받고 싶으면 군사위협을 못하도록 한 것입니다. 그 이후 경제협력을 앞세워서 나중에 과학기술협력을 하고, 사회문화 교류협력이 심화되면서 인권문제도 제기한 것 아닙니까. 그리고 1985년 마지막 단계에서 미소 간 전략무기 감축협상이라는 것이 등장하기 시작합니다. 그리고 그 과정에 체제전환이 일어난 것이죠. 그러니까 동북아에서 협력이라고 하는 것도 사실은 미중 간에 헤게모니를 놓고 계속 기 싸움을 하는, 다시 말해 동북아에서 사실상 메인 Actor인 미국과 중국 사이의 관계가 지금 상태로 진행되어서는 동북아 평화로 가는 것 역시 어렵습니다. 우리는 동북아 평화협력체제의 전단계 까지라도 만들어야 하는데, 동북아 협력체제가 유럽에서의 헬싱키 체제처럼 되기 위해서는 미중 간에 헤게모니 싸움에서 일종의 교착상태까지는 가야 합니다.

김성민 이것이 민족의 운명인지, 아니면 지정학적으로 대륙세력과 해양세력 사이에 끼어있는 지정학적 숙명인지도 모르겠습니다. 1800년대 말에 황준헌의 『조선책략』에서도 등장합니다만, 어떻게 보면 역사가 반복되는 것은 아닌데 그러한 유사한 측면이 있다고 생각이 들 곤 합니다. 앞으로도 이른바 긴장감

있는 줄타기를 해야 한다는 생각이 들기도 하는데, 참 걱정이 많이 됩니다.

정세현 황준헌의 『조선책략』이라고 하는 것을 보면요, 참 그 당시에 조선의 관리나 임금이 아무 생각이 없이 살았던 것의 반증이기도 하지만, 중국의 참사관 급이 한 이야기를 금과옥조처럼 임금에게 보고를 하고, '친중국 결일본 연미국(親中國 結日本 聯美國)'하는 것을 가지고 살아남아야 한다는 것이 핵심이잖아요. 그런데 그것도 중국 중심의 동아시아 질서를 전제로 한 이야기입니다. '너희들은 우리한테서 떨어지면 안 돼. 자꾸 일본, 러시아 이런 곳을 기웃거리는데, 그것 위험해. 너희는 끝까지 우리와 함께 가야해.'라는 의도가 있는 거죠. 조청(朝淸)동맹을 중심으로 해서 중국이 동아시아에서 소위 누려왔던 헤게모니를 잃지 않도록 하는 데 조선을 자기 편으로 끌어들이는 전략입니다. 그런데 그렇게 보면 한미동맹과 차이가 없습니다. 하지만 지금 우리가 취해야 할 외교는 결국 '대미 대중(對美 對中)'에 대한 등거리 외교라고 생각합니다. 한미동맹을 깰 수도 깨서도 안되지만, 그렇다고 한미관계가 외교에서 50% 이상을 차지하는 외교를 해서는 안 됩니다. 중국의 정치와 경제가 세계의 정치와 경제를 좌우하게 된 이런 현실에서는 대미일변도 외교만 가지고는 앞으로 살아나갈 수가 없어요.

김성민   장관님, 그럼 정치적인 이야기는 조금 넘어서 아까 말씀하셨지만, 현송월 일행이 방남하면서도 남북갈등을 넘어 소위 남남갈등이 다시금 표면화된 것 같습니다. 저희 통일인문학연구단의 문제의식은 '통일이 단지 갈라진 국가를 합치는 데만 있지 않고, 두 국가에 사는 사람들의 몸과 마음에 새겨진 배타성과 적대성을 치유할 때에야 비로소 가능해질 수 있다'는 것에서 출발하고 있습니다. 이런 까닭에 '분단의 적대성'과 이에 대한 '치유'가 저희 연구단의 주요 연구주제이기도 합니다. 그런데 더 나아가 독일통일 사례에서도 알 수 있듯이, 남북의 적대성 극복은 통일 이후에도 지속적으로 요구되는 문제의식일 것 같습니다. 더군다나 실제로도 남북의 적대성은 여전히 확대재생산되고 있는 현실입니다. 이와 같은 남북 사이의 적대성의 발생과 심화에 대한 장관님의 고견을 듣고 싶고, 혹 그러한 남북의 적대성이 어떤 방식으로 해소될 수 있을지 장관님의 의견을 청해듣고 싶습니다.

정세현   그렇죠. 분단 70년 동안 남은 남, 북은 북대로 체질화 된 적대성과 배타성이 심각하죠.

김성민   간단한 건 아닌데, 계속 독일통일 사례에서 보듯이 우리도 여전히 사회문화적 통일이라는 문제가 향후 본격화될 것이라고 전망합니다. 실제로 남북의 적대성이 확대 재생산 되고 있고, 이번 건으로 보더라도 여전히 그런 것 같습니다. 이것이 난망한 이야기이긴 한데, 통일 내지 평화교육적 차원에서 어떻게 남북 사이의 적대감과 혐오감을 최소화 할 수 있을지 등등도 추가로 여쭙고 싶습니다.

정세현   예. 말씀처럼 그것이 통일 교육 문제로 넘어가는데, 참 쉽지 않은 문제입니다. 왜냐하면 그동안에 내가 대학에 있는 친구 내지 후배들한테서 들은 이야기에요. 요즘 통일문제로 강의를 해보면, '아 큰일 났구나'라고 느껴진데요. 젊은 학생들의 반북의식이 굉장히 강하다는 거죠. 그러면서 통일교육을 어떻게 해야 할지 걱정이다라는 말을 덧붙여요. 통일의 당위성과 같은 것을 이야기해봤자 아무 소용없다는 거죠. 왜 그런 것을 해야 하냐는 반문 내지 뭐 하러 통일을 해야 하냐는 반대의견까지 노골적으로 이야기한다는 거죠.

통일교육에 있어서 항상 등장하는 통일의 당위성을 설명하는데, 역사적 필요성으로 설명했습니다. 같은 민족이고, 같은 핏줄이고, 아직도 이산가족 문제가 있고 등등 하면서, 또 신라 통일 이후에 1300년을 통일국가로 있었는데, 분단은 70년 밖에 안 된다하면서 분단이 오히려 비정상이고 통일국가가 정상이라는 식의 이야기를 했지만 안 먹힌 지 오래되었어요. 이제는 통일의 당위성을 설명하는데 통일 편익 중심으로 설득해야 하지 않나 생각이 듭니다.

김성민 실제로도 '통일이익론'에 입각해서 보는 젊은이들이 갈수록 늘어나고 있는 것 같아 보이기도 합니다. 2018년부터 시작되는 한국의 '생산인구 절벽'이 가져 올 암울하고 비참한 미래가 전망되고 있구요. 이 속에서 많은 이들은 "불안한 고용 속에서 '노예'로 살아갈 것이 뻔한 아이의 미래를 누가 책임지며 어떻게 애국심만으로 아이를 낳겠느냐고" 항변하는 것을 많이 들을 수 있습니다. 이에 따라 이젠 남북통일만이 인구 위기와 경제 위기의 궁극적인 해결책이라고 주장하는 분들의 말이 허황되게 들리지 않는 상황도 현실인 것 같구요. 이런 점이 통일교육에서 강조되는 것은 좀 씁쓸하지만 경제적 동물로 살아 온 한국인들에게 가장 설득력을 가지기도 합니다.

정세현 글쎄, 그러면 다행이라고 봐요. 왜냐하면 통일이 남는 장사이기 때문에 반대하면 오히려 바보라는 인식이 나쁠 건 없잖아요? 그러나 문제는 당장 북한을 미워하는 정서를 어떤 식으로 극복할 것인지, 또 통일은 결국 이익이니까 하는 것이 바람직하다고 어떻게 국민들을 설득할 것인가라는 문제겠죠. 그런데 이 통일비용론과 통일이익론에 대해서 이야기하기 위해선 김영삼 정부 시절로 돌아갈 필요가 있어요. 김일성 주석이 사망하고 난 뒤에 북한붕괴론이 굉장히 빨리 퍼지면서 김영삼 대통령이 '북한은 머지않았다'라는 얘기를 자꾸 했어요. 붕괴한다고 확신하셨죠. 붕괴론이 나오니까 흡수통일론이 확신됐고요. 그런데 동서독의 경우는 사실 20년이나 걸렸기 때문에 흡수통일이라고 할 수 없습니다. 20년 동안 꾸준히 경제 지원한 끝에 그들이 서독 체제를 선택을 한 거죠. '그나마 우리가 잘 살 수 있는 것은 서독체제이다'라는 선택을 한거죠.

그런데 독일통일을 예로 들면서(이게 틀린 말이지만) 흡수통일론이 나오니까 경제학자들이 통일비용을 계산하기 시작했어요. 그때 제일 많이 든다고 계산한 게 어디였겠습니까? 일본이었습니다. 그러면서 '통일 비용에 매년 연간 들어가는 비용이 한국의 1년 총예산 규모하고 같다. 도저히 한국이 감당할 수 없기 때문에 일본이 도와줘야 한다'는 의견을 추가했죠. 그런데 우리 경제학자들은 오히려 '일본의 계산보다 더 많이 든다'는 식으로 하면서 10배, 20배로 뛰기 시작한 거예요. 또 그것을 당시에 여과 없이 방송에 보도했어요. 그때 제가 명색이 통일 비서관이었는데, 막을 길이 없는 거예요.

저는 개인적으로 이렇게 판단했어요. '우선 북한 붕괴가 여러 가지 이유로 실현 불가능한 전망이다. 또 흡수통일도 부담이 너무 크기에 하지 말아야 한다'는 거죠. 마치 흡수통일이 바람직한 대안인 것처럼 이야기하고 거기에 대한 비용을 계산하기 시작하는데, 자연히 그것이 분단이데올로기가 된 겁니다. 통일에 대한 거부감, 공포심을 유발하는 근거가 되어버렸어요. 그러고 있을 때에요. 97년부터 통일연구원 원장으로 있는데, 권오기 총리가 밥을 먹자고 해서 나왔더니 "정박사, 통일 비용이 들어가면 지금 분단되어 있는 동안에 나가는 돈, 예를 들면 과대한 국방비 이런 것 안 나갈 것 아니오? 왜 그거 안 빼고 얘기를 하지?". 당연히 동감이 갔죠. 그래서 바로 돌아가자마자 우리 통일연구원에 소속된 경제학자들을 중심으로 연구와 학술대회를 조직했습니다. 그 후 당시 통일비용에 대해 전망하고 예측한 경제학자들을 초빙해서 수안보 온천으로 워크숍을 갔어요. 거기서 이야기를 했습니다. "통일비용 계산하시느라 수고 많았는데, 비용만 강조하지 말고 그날로부터 동시에 분단비용 역시 들어가지 않는다는 계산도 필요하지 않습니까? 그래야 통일에 대해 기대를 가지게 되지, 비용에 대한 이야기만 하면 통일을 겁낸단 말입니다." 그랬더니 그 사람들도 거기까지 적극적으로 동의해서 '통일비용과 분단비용'에 관한 학술대회를 개최했어요. 그 학술대회의 핵심은 '통일비용이 이렇게 나가지만, 분단비용도 이만큼 나가고 있다. 통일이 된 이후부터는 분단비용이 곧 통일이익으로 전환될 수 있다'는 내용이었죠. 한 발 더 나아가 나온 것이 통일편익을 얘기한 『통일은 대박이다』는 책을 쓴 신창민 교수입니다. 그 책이 나오기 전에 이미 신창민 교수는 '통일비용 : 분단비용'을 계산하고 통일편익이 이만큼 나온다고 계산한 최초의 학자입니다. 그 분 주장은 곧 통일비용과 분단비용, 그리고 통일편익이라는 이 삼자 관계에서 통일편익이 훨씬 크기 때문에 통일비용은 투자할 만한 가치가 있고, 우리 경제가 훨씬 좋아진다는 거였죠. 그 분과 함께 제가 '비용이 들어가고 난 2-3년 후부터 이익이 발생할텐데, 연간 11.25% 정도의 성장을 하게 되면 통일비용 2-3% 빼고도 8-9% 이상 경제성장을 하는데 이게 어디냐?' 이런 식의 이야기를 강연에서 많이 강조했지요. 신창민 교수가 이야기하고 나도 이야기하니까 여기저기 불러가지고 강연하고 유명해졌어요. 이후 신창민 교수의 책이 나오고 나서 몇 년 있다가 박근혜 전 대통령이 그 유명한 '통일은 대박이다'라고 한 거죠

김성민 거기서 힌트를 얻은 것이군요.

정세현 제목만 힌트를 얻은 거죠. 사실은 북한이 곧 붕괴후 흡수통일해야 하는데 비용 많이 들어간다고 조세저항 같은 것 하지 말라는 뜻이었을 거예요. 그런데 어쨌건 통일비용, 분단비용, 통일편익 이 삼자를 잘 연결시키는 논리를 잘 개발해서, 학생들에게 소위 interest 개념으로 접근해야 합니다. 이제 당위성 가지고는 안 된다고 봐요. 더불어 '지역적으로 북한이 우리 경제의 블루오션이다. 북한을 통과해서 무슨 만주지역 전체와 블라디보스토크가 우리의 경제 진출지가 될 것이다'라는 게 중앙일보에서 하는 '평화 오디세이'의 출발점인데, 구체적으로 숫자를 가지고 설명해줘야 합니다.

김성민　장관님, 책도 저희가 많이 읽고 말씀도 많이 듣고 하지만 현장 실무와 정책, 여러 가지를 저희들이 앞으로 더 많이 여쭙겠습니다. 또 현재까지도 그러하신 것처럼 앞으로도 통일문제에 끊임없이 헌신하실 거라고 믿고 있습니다. 이것과 연관해 한반도 평화체제 구축, 나아가 통일한반도 건설을 위해 장관님께서 세워놓으신 학문적 삶과 실천적 삶의 계획들은 무엇인지를 마지막으로 듣고 싶습니다.

정세현　환갑을 넘으면 인생을 한 바퀴 돌았다는 거 아니에요? 두 바퀴 째 돌고 있는데 장관을 물러나고 난 뒤 그 이듬해가 환갑이었어요. 사람에게는 세상에 태어난 뒤에 그 사람이 죽을 때까지 시나리오가 이미 쓰여 있는 것 같아요. 본인만 모를 뿐이죠. 본인이 가야할 길은 죽었다 깨어나도, 결국은 별짓을 다 하고 도망을 가도 결국은 그리 끌려가게 되요. 반대로 본인이 할 수 없는 것은 별짓을 다해도 안 되죠. 그것들이 나한테는 한쪽으론 정무직 공무원이었고 다른 한편으론 교수였어요. 그때 교수가 되고자 정말 매우 노력했습니다. 공무원 일에 그렇게 쫓기면서도 주경야독으로 1년에 학술논문 2편씩 발표하고 여러 대학에서 강의도 죽어라 했습니다. 농담 같은 이야기 하나 할까요? 79년에 내가 대학교수가 될 뻔한 기회가 있었어요. 객관적인 요소도 충족시켰고, 주위 분들도 많이 도와주고 해서 다 되었다고 생각할 무렵이었죠. 그런데 누가 나보고 어디 좀 같이 가자고 해서 어딜 갔더니, 관상쟁이에요. 관상쟁이가 앉더니 "선생님은 관(官)에 계시죠?" 그러더라고요. 나는 그때 관이 싫어서 학교로 도망가려고 하는 차에 그렇게 물으니, '있기는 있다. 그런데 나는 떠나려 한다'라고 얘기했어요. 그랬더니 그 사람이 "아닙니다. 선생은 굉장히 위험한 걸 다루는 분입니다. 굉장히 위험한 것을 다루는 분입니다."라고 얘기해요. 그 당시 어찌보면 대외적으로 금지되어 있던 북한과 관련된 각종 문서와 자료 등을 다루고 있어서 말이 맞는 듯 하더군요. 그래서 고백했어요. "사실은 제가 공무원이 맞습니다. 통일부에 있습니다. 어떻게 보면 위험한 것을 다루지요. 불온문서를 만지니까요. 그런데 이번에 기회가 왔습니다. 그거 어떻게 되는지 한 번 봐 주십시오."라고 다시 물었어요. 그랬더니 "안 됩니다. 선생은 교수가 절대 안 됩니다."라고 단도직입적으로 얘길 해요. "되면 어떻게 할 거에요." 그랬더니, "선생이 교수가 되면 내가 장을 지지지요."라고 얘길하더군요. 결과적으로 그 해에도 안 되었고, 몇 년 후에 또 다른 대학에서도 기회를 얻었는데 결국 되지 못했죠. 저보다는 다른 사람들이 '정박사, 이번에는 반드시 될 거다.'라고 얘길했는데도, 되지 못했어요.

　그 이후에 대학에서 자리잡을 팔자가 아니구라고 생각하고, 연구소로 갔죠. 연구소로 가서 책도 좀 쓰고, 나도 맘 놓고 글도 쓰고 발표도 하고 그러고 싶었거든요. 그래서 간 곳이 세종연구소에요. 이후 통일연구원을 만드는데 거기서 부원장이 되고, 훗날 청와대 비서관으로 가게 되고, 이렇게 다시 관복을 또 입은 거예요. 그 때 관복을 다시 입었기 때문에 비서관-차관-장관을 거치게 되고, 또 알지도 못하는 대통령들 밑에서 장관을 두 번씩이나 했겠죠. 그러니까 아까 나보고 계획이 있느냐 물어보는데, 60년을 지나고 보니까, 인생의 시나리오는 정해져 있는데, 내가 뭐 하려고 해서 되는 게 아니고 안 하려고 한다고 안 되는 것이 아닌 거 같아요. 그래서 솔직히 계획이 없습니다. 요즘 나는 후배들한테도 그래요. '무리한 것은 욕심내지 마라. 되려면 도망가도 거부해도 결국 되고, 안 되려고 하면 치사하게 권력 주변에서 기웃거리고 여기저기 다리를 놓아도 죽어도 안 된다. 될 사람은 되는 것이고, 안 될 사람은 안 되는 것이니, 그냥 학자면 학자답게. 묵묵하게 자기 길을 가라.'라고 얘기하죠.

김성민　비공식적인 질문 하나드리면, 〈강철비〉라는 영화를 혹시 보셨나요?

정세현　봤죠.

김성민　그 영화에서 김대중 대통령을 상징화하는 장면이 나오잖아요. '행동하는 양심'이라는 편액이 보이면서, 대통령 당선인이 나오고요. 제일 마지막 장면에 새로운 통일부 장관이라고 하면서 북의 대표와 악수를 하잖아요.

정세현 정세영 통일부 장관이라고.

김성민 네. 이게 묘하게 대통령 당선자는 누가 봐도 김대중이고, 통일부 장관은 정세영 장관이라고 하는 것도 역시 정세현 장관님을 모티브를 삼았지 않았나 싶더라고요. 어떻게 보셨나요?

정세현 글쎄, 그 영화에서 전임 대통령의 이름은 모르겠는데, 그 사람이 신임 대통령보고 자꾸 선배님, 형 그러잖아요? 그런데 김영삼 대통령 보다는 김대중 대통령이 나이가 한 두 살 많죠. 또 처음에 따라다니는 사람이 비서인가 했는데 나중에 통일부 장관이 되더라고요. '정세영 통일부 장관입니다'하고 악수를 해. 그래서 나는 정세영이라는 이름이 정세현은 아니지만, '정세영'이라는 이름이 통일부와 관련이 있는 이름으로 각인된 모양이구나라고 생각했어요. '정세현'과 '정동영'을 합치면 '정세영'이죠. 그런데, 저는 아는 사람들이 보라고 해서 봤는데, 그 장면이 아니라 다른 장면이 가장 기억에 남았어요. 아까도 얘기했듯이, 엄철우가 곽철우한테 하는 이야기, "분단국가의 인민들은 분단 그 자체보다 분단을 정치적으로 이용하려는 사람들 때문에 고통을 당합니다." 이 영화의 핵심 메시지가 바로 이 구절이라고 봐요.

김성민 찾아봤는데, 어디 책에서 나오는 구절은 아니었구요. 감독이 직접 고민해서 쓴 것 같았습니다.

정세현 글쎄 그러니까 본인의 생각을 넣었겠죠. 그 대목을 듣고 '참 요약을 잘했다. 대단한 명언이다'라고 생각했어요.

김성민 그리고 여담이지만 철학 전공이었습니다.

정세현 그러니까 그런 대사는 인문학적 바탕이 있어야지만 말 할 수 있는 것이에요. 정치학자들은 그런 말을 못 만들어요.

김성민 오랜 시간 좋은 말씀 감사합니다. 이만 대담을 마치도록 하겠습니다.

인터뷰이 : 이종석

세종연구소 수석연구원으로 세종연구소 남북관계연구실 연구위원을 시작으로, 통일부 정책자문위원, 2000년 남북정상회담 특별수행원, 국가안전보장회의 사무차장, 통일부 장관, 스탠퍼트대학교 방문교수 등을 역임하였다. 「북한-붕국 국경 역사와 현장」, 「북한의 역사」, 「북한-중국 관계 1945-2000」, 「새로 쓴 현대 북한의 이해」, 「칼날 위의 평화 : 노무현 시대의 통일외교안보비망록」 등의 저서가 있다.

인터뷰어 : 전영선

건국대학교 통일인문학연구단 HK연구교수로 겨레말큰사전 남북공동편찬위원회 이사, 북한연구학회 이사, 민주평통 상임위원으로 활동 중이다. 「북한에서 여자로 산다는 것」, 「글과 사진으로 보는 북한의 사회와 문화」 등의 저서가 있다.

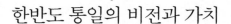

한반도 통일의 비전과 가치

일시 : 2016년 10월 24일
장소 : 세종연구소 연구실

한반도를 넘은 한반도 문제

전영선 요즘 한반도 문제를 보고있으면 여러 가지 생각이 듭니다. 한반도가 과연 어디로 가고 있는가? 어떻게 해야 하는 가에 대한 여러 가지 복잡한 생각이 듭니다. 한반도를 둘러싼 주변 정세가 만만치 않다는 것을 느낄 수 있다. 문제에 대한 고민은 남북 관계도 있지만 주변 국가의 문제도 크다고 생각합니다. 우리가 남북문제, 통일문제를 풀어가는 데 있어서, 또 하나 고민해야 하는 부분도, 주변국과의 관계를 어떻게 형성해야 하는가라는 점입니다. 한반도 주변 국가들의 패권이 한반도에서 충돌하는 양상을 보이고 있습니다. 국제 사회의 이목도 한반도로 집중되고 있는데요. 이런 상황은 한반도의 지정학적인 문제, 태생적 문제이자 냉전 체제의 잔재이라고 할 수 있을 것 같습니다. 한반도 문제에 대한 고민은 크지만 해결책은 별로 없다는 답답함을 자주 느끼게 됩니다. 통일부 장관을 지내시면서도, 주변 국가와의 관계에 대한 고민이 많았을 것으로 짐작됩니다. 현재의 한반도 문제, 특히 주변 국가와의 관계를 어떻게 풀어 나가야 하겠는지요.

이종석 전 그렇게 생각합니다. 중요한 것은 철학이다. 주변 국가와의 관계는 우리가 통일이 되었을 때, 과연 '어떤 국가, 어떤 국제 사회를 만들 것이냐'의 문제와 직결된다고 생각합니다. 우리는 현재의 상황만을 놓고 보는 경향이 있다. 다시 말해 '통일을 위해서 국가가 어떻게 주변국가와 협력을 추구할 것이냐'의 문제로 접근한다. 이렇게 접근하는 것보다는 보다 근본적인 문제,

즉 철학적 차원의 접근이 필요하다고 봅니다. 우리가 살아야 할 한반도가 살고 또 발전해 나가야 할 그러한 통일 한반도의 철학과 비전이 있어야 합니다. 한반도의 문제는 장차 우리가 발전하고, 우리가 보다 더 나은 삶을 영위할 수 있는 미래에 대한 고민도 있어야 합니다. 통일문제도 우리가 잘 살고, 보다 나은 삶을 살아가는 데 유리한 데 유리한 동아시아는 어떤 동아시아인가에 대한 고민이 있어야 합니다. 결론적으로 말하자만 하나의 경제적, 안보적인 공동의 협력체가 구성되는 게 우리에게는 유리하다는 것입니다. 왜냐면 우리로서는 한미동맹이라는 기본적인 자산을 갖고 있습니다. 한미동맹은 기본 자산이라는 것을 알아야 합니다.

또 한편으로는 한중관계가 있습니다. 한국과 중국의 관계가 발전하면서 한중관계의 비중이 상당히 높아졌습니다. 그 결과 엄청난 비대칭적인 의존 비슷하게 되었고, 그렇게 되면서 끊을 수 없는 중대한 하나의 삶의 창이 되었습니다. 한미동맹의 기본 틀 위에 한중관계가 무시할 수 없는 비중으로 형성된 관계입니다. 그러면 어떻게 해야 하느냐. 미국과 중국의 관계를 봅시다. 미국과 중국과는 기본적으로 갈등과 협력이라는 두 요소를 다 갖고 움직이고 있지 않습니까. 여기서 중요한 것은 갈등적인 요소를 어떻게 관리하느냐 하는 것입니다. 한반도와 관련해서, 미국과 중국의 문제를 우리가 다 조절할 수는 없습니다. 모든 문제를 다 조절할 수는 없지만 우리의 운명과 관련된 문제에 대해서는 현명한 정책을 선택해야 합니다. 미국과 중국관계에서의 갈등적 요소를 완화시키고, 협력적 요소를 강화시켜 나갈 수는 있습니다. 이것이 우리의 생존 전략이 되어야 합니다.

이런 것이 가능한 것은 동아시아, 특히 동북아에서의 다자협력체입니다. 안보에서도 그렇고 경제적인 협력체를 만들어 가는 것입니다. 그렇게 되면 결과적으로 한반도에서 통일 자체도 유기적으로 동아시아, 동북아에 연관된 여러 나라들이 함께 원원하는 구조 속에서 한반도 통일을 실현할 수 있습니다. 예를 들어 남북의 경제협력에 중국을 참여하도록 하는 것입니다. 그리고 일본이 참여하고, 그 다음에 러시아가 참여하게 되면, 북방의 경제

네트워크가 형성됩니다. 이렇게 되면서, 하나의 통일의 길로 갈 수 있습니다. 이것이 자연스러운 통일의 길입니다. 정치, 군사적 대결구도가 개입해서 그것을 망칠 가능성은 낮아질 것입니다. 그런 점에서 '다자협력'이라는 구도가 안보만이 아니라 경제 쪽에서도 계속 진행된다면, 우리들의 지향성이 앞으로 계속된다면, 그것이 결국 한반도의 미래에서 주변국들과 나름대로 함께 공존할 수 있고 함께 번영할 수 있는 길이 될 것입니다.

전영선 한반도 통일에 대한 철학과 비전을 제시하고, 미국과 중국의 갈등을 완화시키고, 협력관계를 높여나가야 한다. 주변 국가들의 다자적 협력관계를 높여서 자연스럽게 통일의 길로 나아가야 한다고 하셨는데요. 공감가는 말씀이라고 생각합니다. 문제는 그렇게 되면 한반도와 동북아에서 중국의 영향력을 키워주지 않을까 하는 미국의 우려도 있을 것 같습니다. 미국의 한반도 정책과 한국이 미국과 동북아 문제에 대해 어떻게 협력할 것인지에 대한 고민도 있어야 한다고 생각합니다. 이 문제에 대해서는 어떻게 보시는 지요.

이종석 미국이 어쨌든 간에 정권이 바뀌고 하겠지만 그래도 미국으로서는 한반도와 동북아에서 영향력을 유지하고 싶어할 것입니다. 미국 입장에서는 자신이 기존에 갖고 있는 패권, 그런 지배적 질서를 가지고 싶어 할 것입니다. 그러나 한편으로 보면 미국이 일정한 양보를 이미 한 것이라고 봅니다. 그리고 동북아에서 정치 안보적 측면에서도 일방적 동맹구조가 아니라 다자협력적 구조에서 동의할 수 있다고 봅니다. 미국이 한반도 문제, 동북아 문제에 대해 갖고 있는 생각은 하나가 아닐 것입니다. 중국과의 관계에서도 갈등과 협력의 존재를 인정하고 있습니다. 중국을 견제해야 한다는 생각도 있지만 협력해야 하는 측면들도 불가피하게 인정하고 있다는 것입니다. 게다가 경제적인 측면은 더욱 더 협력이 필요하다고 봅니다. 한반도 문제에서 이런 관계를 저의 용어로 이야기하자면, 우리가 통일의 길로 가면서 가져야 할 주변 국가들과 협력할 수 있는 길은 '다자협력 지향의 한미동맹'이라고 할 수 있습니다. '다자협력 지향의 한미동맹'이라는 표현은 약간 형용 모순이 있습니다. 기본적으로 한미동맹 자체는 상당히 중요합니다. 동시에 중국과의 관계도 무시할 수 없다는 것입니다. 다만 과거의 문제가 아니라 미래 지향적으로 변해야 한다는 것입니다. 제가 볼 때. 특히 중국의 성장이라는 것 때문에 한미동맹이 과거의 낡은 개념에 잡혀있을 것이 아니라 변화되어야 합니다. 중국과의 관계는 끊임없이 발전시켜나가야 할 텐데, 우리는 중국과의 관계에서 취약한 구조에 있습니다.

한미동맹이 새롭게 생겨난 것이라면 중국도 거부할 것입니다. 하지만, 한미동맹은 존재하고 있던 것입니다. 물론 이 경우에 한미동맹이 의존적이거나 일방적으로 미국에 의존하는 관계여서는 안 됩니다. 균형적이고 수평적인 한미관계를 우리가 지향해야 합니다. 이런 지향 속에서 한미동맹을 견지하면 중국은 우리에 대해 불만을 터뜨릴 이유가 없습니다. 여기서 한미동맹은 중국에 대한 한국의 견제 판이 되는 것입니다. 또 한편으로 본다면 '다자안보협력'이나 '다자협력'이라는 구조는 결국은 중국을 만족시키고, 또한 미국에 대해서 우리가 중국이나 동북아 국가들이 함께 공동으로 다투지 않고 살 수 있는 그런 틀로서 중국을 거부할 수 없는 것이라는 명제가 될 것입니다. 그래서 제가 이것을, '다자협력 지향의 한미동맹'이라고 표현하는 것입니다.

말이 어렵지만 '다자협력 지향의 한미동맹'이 우리를 보여주고 있는 것이라고 보아야합니다. 그리고 제가 다자협력을 통해 북한과 주변국 간 경제협력이 향후 통일관계에서 매우 중요하다고 했던 것도 같은 맥락입니다. 다시 말씀드리자면, 우리가 통일이 된다고 가정하면 그것이 어떠한 형태로 이루어지는 것과 관계없이, 한국이 주도하는 통일 가능성이 높다고 이야기합니다. 한국 주도의 통일이 어떤 형태가 되든, 한반도 통일에 대해서 중국과 미국의 입장에서 본다면 중국이 더 많은 우려를 합니다. 미국은 한반도 통일이 된다고 가정했을 때, 한국이 그들의 영향권 내에서 이른바 '휴전선 이남'에 대해서 잃을 것이라고 생각을 하지 않습니다. 그런데 중국은, 그 영향권을 잃을 지도 모른다고 우려하고 있습니다. 우리로서는 미국과 중국이 한반도 문제를 가지고 그런 식으로 배타적으로 보는 것이 아니라 협력적으로 함께 윈윈할 수 있는 것을 만들어 나가야 합니다. 그렇게 한다고 할 때 가장 중요한 것이 무엇일까요. 그것은 결국 북한과의 경제 협력에 있어서 네트워크를 일부 가져가는 것입니다. 미국도 일부 들어갈 수 있을 것입니다.

이렇게 구조가 되면, 설사 하나의 경제협력체, 경제공동체까지 가지 못하더라도, 협력체가 만들어지면 중국이 한반도가 통일되는 과정에 대한 일련의 두려움을 덜 갖게 되지 않을 것인가 하는 것입니다. 그렇게 해도 한미관계는 여전히 동맹관계를 굳건하게 유지할 것입니다. 한미동맹은 지탱기반이 있기 때문에 쉽게 해소 될 수 있는 관계가 아닙니다. 미국이 두려워하거나 우려를 하지는 않을 것입니다. 이런 방식으로 북한을 중심으로 한 북방 경제체계를 만드는 것입니다. 그 경제체제는 우리 혼자 하는 게 아니라 다자적으로 운영하는 것입니다. 중국도 들어오고 미국도 들어와서 함께 하는 것입니다. 그래서 북한의 생존구조를 군사주의에서 경제주의로 돌리고. 그것을 통해서 상호 윈윈 하자는 것입니다. 그래서 우리가 남북이 협력하는 것이 중국이나 우리나 북한에게 모두가 이익 된다는 것을 확인하면서, 통일로 간다면 중국도 거기에 대해 크게 부담 갖지 않을 수 있다는 것입니다. 다자적 경제체제를 통해 협력적 관계를 만들어 통일로 가는 과정은 북한의 불안정성도 해소할 수 있습니다. 그야말로 북한에서 폭발적인 문제가 발생해서 통일이 된다든가 하는 불안의 요소는 상당 수 사라질 수 있을 것입니다. 그래서 '다자 협력의 길'은 안보가 아닌 경제에서 해법을 찾아야 합니다. 그리고 한반도에서 현재 북한과 관련해 남한, 북한, 중국, 러시아, 일본 등이 함께 협력하는 경제협력 네트워크 등을 만들고, 이 네트워크를 통해 북한의 생존구조를 군사주의에서 경제주의로 바꿔내야 합니다. 이런 과정을 통해 중국이 한반도에서의 통일의 과정이 자연스럽게 진행되면서도, 중국에 위협되지 않는 상황을 만들어 내고, 그 다음에 한미관계와 동맹은 다자협력 지향으로 유지해 나가는 것이 필요합니다. 물론 통일을 위해서 모든 노력을 다 해야 하겠지만 하나의 전략적 틀이자 방향이 되지 않을까하는 생각을 하고 있습니다.

전영선 안보체제보다는 경제협력네트워크를 강화해야 한다는 것은 현실적인 틀이 될 수 있을 것입니다. 우리가 흔히 주변 국가를 이야기 하면서도 간과하는 것이 일본이 아닌가 싶습니다. 일본에 대한 고민은 사실은 남북문제나 한반도 문제에서 고민을 덜 하는 부분이긴 한데, 그럼에도 불구하고 최근 북한의 행보라고 하는 것이 어떻게 보면 한반도에 일정 부분 영향을 미치지 않을까 하는 고민을 살짝 해 보게 되거든요. 어떻게 생각하시는 지요.

이종석 한반도 통일에서 일본도 영향을 미칠 것입니다. 다만 그 영향이 어느 정도일까에 대해서는 고민이 됩니다. 제가 볼 때는 영향을 미치기는 하겠지만 큰 영향을 주기는 어렵다고 생각합니다. 전박사님의 질문은 한반도 주변 국가의 이해관계가 다른데, '어떻게 중국을 설득할 것이며, 어떻게 미국을 설득하고 어떻게 일본을 설득하고 또는 협력할 것이냐'하는 문제라고 봅니다. 한반도 주변의 개별 국가에 대해서 우리가 설득할 수 있다는 방향에서 이야기하는 것은 어렵다고 봅니다. 그렇게 되기는 쉽지 않을 것입니다. 별로 바람직한 방식도 아니고요. 문제를 해결하는데 있어서, 상대방에게 말로 의견을 설득해서는 한반도 통일을 이야기하기 어려울 것입니다. 행동이 필요합니다. 행동으로써, 함께 이익이 되고 함께 위협이 되지 않는 구조라는 걸 통해서 협력 관계를 만들어가야 합니다. 한반도 문제와 관련해서 많은 분들이 제각기 의견을 제시합니다. 논문을 통해서 이렇게 해야 한다 저렇게 해야 한다는 의견을 제시합니다. 어떻게 어떤 것들을 통해서 중국을 설득해야 한다고 이야기 합니다. 이런 의견도 필요합니다. 동시에 행동도 필요합니다. 정책을 통해서, 실천을 통해서 대한민국이라는 공동체가 어떻게 통일로 가는 과정 속에서 협력체로써 함께 가는지를 보여주어야 합니다. 예를 들면 40km를 가야 하는데, 2km를 갔다면, 그 사이 끊임없이 고민이 놓였을 때 한반도가 주위에 부정적이지 않게 보이는 것이라고 생각합니다. 외교단 파견해서 설명하는 방식으로 해결할 문제가 아닙니다.

실천력 있는 협력관계 구축

전영선 실천적으로 보여주는 문제는 정말로 중요하다고 생각합니다. 한반도 문제
의 당사자는 결국 우리가 되는 것이라고 생각합니다. 주변 국가들은 자신
의 관계 속에서 한반도 문제를 바라보고 고민할 것입니다. 말씀하신 점에
대해서 공감하는 것도 이런 이유입니다. 이런 판단은 경험에서 나오신 것
인지요.

이종석 맞습니다. 제가 그런 생각을 많이 하는 것은, 정부에 들어가 국정을 운영하
면서 얻었던 경험에서 나온 것입니다. 여러 진보적인 분들도 그렇습니다.
미국의 규정과 미국이 미치는 영향력을 규정력이라 생각하고 이야기합니
다. 지금도 미국이 북미 등에서 하는 것들이 제대로 돌아가느냐 아니냐에
가장 중요한 변수가 한국 정부라고 봅니다. 한국 정부에서 문제를 제기하면
그것도 틀어집니다. 그렇기 때문에 미국 역사상 패권주의 정부라 하는 부시
정부나 여러 가지 관계를 맺을 때에도 우리의 입장이 중요합니다. 제가 청
와대 대통령을 모신 책임자 자리에 있었습니다. 한미관계에서 느낀 것이 있

였습니다. 부시 대통령하고도 우리가 정말 힘들면서도, 우리 정부가 '안 된다'고 하면 부시(George W. Bush) 정부가 하지 못하였습니다. 그러면 화를 내고 언론에 흘려서 '한국 정부가 말이야, 미국에 대해서 반대한다'고 하였습니다만 대한민국의 국익 상 안 된다고 하면, 일부 언론을 통해 우리 정부를 공격할 수는 있었지만 우리를 찍어 누르고 마음대로 가지 못하였습니다. 한미관계에서 이런 것을 보면서, '중요한 것은 우리다'라는 것을 많이 느꼈습니다. 대한민국 주인이 우리라는 생각을 가지고 나가면 사실 우리가 못할 일이 없다고 생각합니다. 그런데 어떤 사람들은 그런 자각보다는 의존을 하려고 하고, 또 어떤 사람들은 자각보다는 '이미 뭐, 미국의 규정이 너무 커'라고 이야기 합니다. 그러다 보니 정작 중요한 '우리'가 빠져 있단 생각을 많이 하게 되었습니다.

전영선 중요한 말씀입니다. 외교나 국제관계에서 가장 중요한 것은 우리 국익이라는 것이 기본인데, 자주 잊어버리는 것 같습니다. 우리 문제도 우리가 주체적으로 해야 한다는 생각을 다시 하게 되었네요.

이종석 외교라는 것도 우리가 외교를 설득이라든가 언어로써 해결하려고 하면 안 된다는 것입니다. 함께 이익이 되는 구조를 끊임없이 추구해 나가는 것이 중요합니다. 그러면 자동적으로 '할 수 있다' 그렇게 가는 것입니다. 어느 나라 사람들이 우리가 말 잘한다고 우리 말 듣겠습니다. 국제관계가 말로 될 일은 아닙니다. 어떻게 말로 되겠습니까. 끊임없이 주변국들과 협의하고 만나서 이야기 하는 가운데서 우리의 이익을 실천해 나가야 하지 않겠습니까.

전영선 국제관계, 외교의 기본에 대해서 생각하게 되었습니다. 합리적이고 뛰어난 아이디어는 필요하겠지만 근본적인 것은 구조의 문제일 것입니다. 서로가 윈윈할 수 있도록 실천적 구조를 만들어 내는 것이 필요합니다. 지금은 각국의 상황과 이해관계가 상당히 알려진 상황이 아니겠습니다. 질문을 돌려 여쭙고 싶습니다. 통일이 다양한 영역에서 다양한 문제를 포함하고 있습니다만 여전히 통일 문제에 대해서는 정치적 영역에서 해석되는 경향이 강하다고 생각합니다. 국제관계와 비슷하게 이제는 이론이나 구호보다는 여러 가지 통일 준비가 필요하다고 봅니다. 어떻게 본다면 통일에 대한 기반, 베이스에 대한 것들을 재정립해야하는 상황이 왔다고 봅니다. 왜냐하면 기존의 논리와 관행대로 접근하는 방식도 완전히 무용하다고 할 수는 없지만 통일 문제는 기존 문제에 더해서 미래에 대한 열린 사고가 필요하다고 봅니다. 통일 문제는 우리 사회의 구조적인 차원에서 이런 문제들이 추진되어야 하는데, 통일 기반이 너무나 황폐화되고 있다는 생각이 듭니다. 통일 기반에 대해서는 어떤 생각을 하시는 지요. 어떻게 국내외 통일 기반을 구축할 수 있는지 의견을 여쭙고 싶습니다.

이종석 이게 기본적인 문제이지요. 상황은 쉽지 않습니다. 지금 통일 문제에 대해서 어떤 지도자나 세력이 자신의 철학이 있다면 참 그걸 갖다가 펼치고 나아가는 게 쉽지 않습니다. 지금은 워낙이나 통일 문제가 이데올로기와 연결되어 있습니다. 통일문제가 우리 사회의 분열 축을 가동시키는 요소가 되어 있지 않습니까. 그러다 보니 대단히 어렵고 또 그런 것들을 계속 나름대로 충동질하는 사람들도 있습니다. 그러나 이 이야기는 다른 말로 하면 어쨌든 통일 문제를 푸는 데 있어서 참 당위론적인 이야기 같지만 국민 공감을 형성하는 것이 필요하다. 국민적인 공감 영역을 확대해 나간다는 것은 굉장히 중요하다고 생각합니다. 중요한 것은 어떻게 국민 공감을 확장해 나갈 것이냐. 어떤 통일을 이야기할것이냐의 문제입니다. 우리가 사는 세상이 변했습니다. 세상 변화해서 우리가 낳은 아이들이 젊은이가 됐고 어른이 되고 아이들을 키우는 주인공이 되었다는 걸 인정해야합니다. 새로운 세대들은 당위적이고, 인도주의적인 차원의 통일 문제에 대해서 그렇게 크게 공감하지 못하는 편입니다. 그들의 상황에 맞는 접근이 필요합니다.

그런 상황에 맞게 일단은 통일이, 남북협력이 우리의 먹거리이다. 다시 말해 통일은 우리가 살아가는 우리의 삶에 실질적, 경제적으로, 문화적으로써 많은 부분에서 우리에게 엄청난 이익을 주고 양분을 제공한다. 이런 것들을 정확히 이해할 수 있도록 우리가 나름대로 이런 문제에 대한 설명과 체험을 시켜야 합니다. 이런 체험을 경험할 수 있는 장(場)을 많이 만들어야한다고 생각합니다. 그래서 중요한 것은 남북통일과 협력으로 가는 길이 우리의 먹거리며 우리의 미래, 삶을 훨씬 더 향상시켜 주는 미래라는 것을 체험하게 하고, 그런 것들 속에서 통일 문제가 자리 잡을 수 있도록 해야 한다고 생각합니다. 지금처럼 추상의 영역이나 당위의 영역에 집어넣지 말고 생활 속에서 통일이 우리에게 얼마큼 중요한 것이지. 우리에게 삶을 좋게 만드는지를 잘 설명하고, 그래서 그런 점에서 그런 논리와 그런 구상을 가지고 국민 공감을 확장시키는 것이 필요하다고 생각합니다.

협력의 의미와 가치

전영선 통일공감대 문제는 통일 동력을 만드는 일이라고 생각합니다. 통일공감대를 위해서 정부에서도 여러 가지 많은 사업을 진행을 했었죠. 박람회도 하고, 음악회도 하고……. 여러 행사를 했는데, 핵심 되는 콘텐츠가 빠졌다고 생각합니다. 앞서 말씀하신 철학, 비전이 없어요. 청소년에게는 어느 날 갑자기 통일을 이야기하자 하고는 통일은 좋은 것이라고 이야기 합니다. 통일은 대박이라고 합니다. 이런 이야기를 들으면 통일은 좋은 것이가 생각하게 됩니다. 통일이 우리의 삶을 근본적으로 변화시키고, 미래의 먹거리가 될 수 있다고 생각합니다. 하지만 굉장히 많은 기획과 노력이 필요합니다. 또 이런 것을 기획할 수 있는 인력양성에 대한 베이스가 있어야 한다고 생각합니다. 정부 부처별로 통일 시대를 기획하고, 전문화된 영역에서 정말로 이 부분에 대한 것들을 진행하지 않는다면 통일이 정말 소수의 문제로 제한 될 것입니다. 지금도 소수의 통일 문제로 가고 있다고 봅니다. 통일 관련된 인력 양성이라던가 통일 교육에 대한 이야기를 한다면 어디서부터 풀어야 할까요.

이종석 저 사람은 저렇게 다르게 생각할까. 그런 이야기를 하실지 몰라요. 어쩌면 학자가, 이론가가 현실을 경험하면서 그게 설득력 있게 된 건지 아닌지 모르지만, 또 내가 원칙론자가 됐는지도 모르겠어요. 지금 저도 많이 그렇습니다. 미래를 열어가고 통일과 관련된 전문가를 양성해야 한다. 제 자신이 통일부장관 때 남북 관계나 북한 가지고 논문 쓴 전문가들을 제가 통일부 간부들한테 교육하게 한 적도 있었습니다. 그런데 근본적인 문제는 이렇게 생각합니다. 황무지 땅에서 어떻게 새들이 살 수 있게 만들까. 새 몇 마리 갖다 놓는다고 해결되지 않는다는 것입니다. 결국 문제는 풀이 나고 나무가 자라야 합니다. 그러면 새가 오게 됩니다. 가장 중요한 것은 남북 관계를 개선하고 협력이라는 일련의 상황을 도래하게 만드는 것입니다. 그럼 거기에 통일교육과 많은 사람과 인력이 필요합니다. 필요성을 느끼고 가게 되는 것입니다. 사실 본질적인 모든 문제의 답은 협력이라는 것. 협력의 실천이 답이라고 말씀드리고 싶습니다. 그렇지 않고 서는 전문가들을 아무리 많이 양성해도 일자리가 없잖습니까. 그래서 조금 더 본질적 이야기를 해서 남북협력이라는 것이 진전되면 거기에 많이 필요한 인력들이 어떻게 필요하다고 생각하게 될 것입니다. 그렇게 되면 인력 양성을 위한 여러 이야기가 나올 것입니다. 물론 사전에 준비해야 할 것은 있지만 인력의 양성이 중요한 게 아니라 소위 남북 관계의 새로운 전환이 전제되지 않으면 어려움이 있습니다. 결국 '남북 관계의 전환'이라고 생각합니다.

전영선 현장에서 인력 양성의 필요성을 느낀다면 좋겠습니다만 단계적으로 인력 양성에 대한 고민이 있어야 한다고 생각합니다. 우선 기획단계에서부터 정부 차원의 인력으로 통일을 기획하고, 이를 통해 정책화하는 것도 필요하다고 봅니다. 제 생각이었구요. 이제 다시 정부의 통일 정책을 운영하시거나 통일 정책에 대한 조언을 하시게 된다면, 지금 같은 한반도 상황에서, 전환할 수 있는 적절한 방법으로는 어떤 것이 있을까요.

이종석 한 가지 부정적 요소와 한 가지 긍정적 요소가 있습니다. 부정적인 것은 남북 관계가 과거 10년 사이에 엄청나게 퇴행했단 것입니다. 그런 면에서는 남북 관계 퇴행이라는 것을 놓고 갑자기 점프를 해서 과거보다 훨씬 더 나은 단계로 뛸 수는 없다는 것을 의미합니다. 긍정적인 측면이 뭐냐면 과거 남북 관계를 우리가 한국 정부가 주도해서 했을 때보다 북한에 대한 사정이 나아졌다는 것입니다. 다시 말해서 북한이 지금 경제를 개방했기 때문에 남북 관계를 통해서 할 수 있는 일들이 많아졌습니다. 과거 민주정부 10년 동안 했던 것이 남북 경제협력을 통해 사실상의 통일 과정으로 나아가고 남북의 긴장과 갈등을 해소시키겠다는 목표가 있었습니다. 현재는 이 목표를 실현시키기에 훨씬 더 좋은 여건이 되었다. 이른바 상대방 여건이 되어 있다는 것입니다. 이전에는 김정일 북한 지도자, 김정일을 설득했어야 했죠. 이러이러한 설명을 하면 김정일이 설명을 받아들였을 때도 '무엇인가 겁내하는 것'이 있었습니다.

그런데 지금 김정은 시대는 더 넓은 개방이 이뤄져 있습니다. 그럼 남북 관계의 협력을 할 수 있죠. 그리고 NLL에서 과거 남북한의 대결의 상징이었던 북한의 팔전대가 있는 반도가 지금 북한이 경제개발구로 만들어 놓지 않았습니까. 강녕반도는 누가 거기 들어가겠습니까. 경제가 아니라면. 그것은 북한이 사실상 남북 관계의 개선을 전제로 하면서 만들어 놓은 경제개발구라는 것입니다. 결과적으로 북한에서 남북협력을 통해서 미래 창출할 수 있는 여건들을 전에 비하면 더 많이 갖추고 있다는 것입니다. 그러면 비록 남북 관계는 전보다 퇴행됐지만, 새로운 남북 관계를 할 때는 짧은 시간에 조율할 문제가 있기는 해도, 다음에 나아가는 남북협력은 그 이전과는 질적으로 다른 부분을 추구할 수 있다는 것에서 상당한 가능성이 열렸다고 봅니다. 일단은 어떻게 하면 우리가 개성공단의 피해자나 여러 가지 남북의 물리적 충돌을 야기했던 불신과 악화된 주어진 불신틀, 이런 것들을 어떻게 정리를 할 것인가. 이걸 하면서 새로운 남북 관계를 만들 때는 2007년 노무현 정부가 끝날 때에서 이어지는 게 아니고 새로운 것이라는 것입니다. 또 한편으로는 지난 10년간, 남북 관계의 엄청난 갈등을 우리가 반면교사로 삼아서 할 부분도 많이 있습니다. 저는 그렇다고 봅니다.

통일 비전과 통일 기획

전영선 돌이켜 보면 2000년대 초중반에 있었던 남북 협력들이 가능했다는 엄청난 일이 아니었다던 느낌이 듭니다. 조심스럽긴 하지만 그 동안 정치권에서 주로 가지고 있었던 생각, 보수 쪽에서 갖고 있던 생각의 하나가 '북한 붕괴', '북한 멸망'이었습니다. 이런 이야기들이 상당히 많이 퍼졌다고 할 수 있습니다. 지금은, 조심스럽기는 하지만 통일 문제보다는 북한의 미래와 한반도의 관계, 남북 간의 관계를 장기적으로 설정해야 할 필요성이 있지 않느냐는 논의들이 제기되고 있습니다. 말씀하신 것도 지금까지 대한민국의 미래, 남북한의 미래는 통일로 귀결이 되는데, 이제는 남북 사이에 어떻게 평화를 공존할것이며, 상호 협력할것인가 하는 관점의 전환도 필요한 시점이라는 생각이 듭니다.

이종석 그렇습니다. '통일은 과정이다'라고 우리가 이야기하듯이, 남북 관계에서 일단은 남북이 평화 공존을 하고 공동 번영할 수 있는 길로 나아가야 합니다. 평화 공전과 공동번영의 길로 가다가 어떻게 하나의 통일공동체를 만들 것이냐 하는 문제는 후대들이 결정할 수 있도록 하면 됩니다. 우리가 모든 계산 속에서 움직일 수는 없습니다. 중요한 것은 평화 상태를 이루고 함께 번영할 수 있는 길입니다. 그걸 하나의 최소한의 경제협력체를 만드는 것까지 하면 되는 것입니다. 나머지 어떻게 북한에 정치 변화가 올 거냐는 것은 지금 계산할 필요가 없다는 것입니다. 그것은 후대들이 결정하면 되는 문제입니다. 전쟁이 일어나지 않을 수 있는 그런 한반도 구조만 만든다면 그것은 후대들이 결정할 수 있는 것 아니겠습니까. 그걸 굳이 지금 결정해서 할 수 있다고 이야기하는 것은 실현 가능성도 낮을뿐더러 우리가 후대들이 할 수 있는 걸 아무것도 이뤄지지 않은 상태에서 간섭하는 게 아닐까 하는 생각이 듭니다. 북한의 급변 사태는 그 가능성을 누구도 장담하지 못합니다. 하지만 현재로서는 가능성은 그렇게 높지 않다고 봅니다. 그리고 가능성에 대해서는 항상 대비해야 합니다. 동시에 공동체를 만드는 노력도 해 나가야 합니다. 남북이 하나의 공동체를 만들 수 있는 유일한 길은 북한 주민이나 북한의 지도부가 한국과 계속적인 긴밀한 협력 관계를 가짐으로써 '그래도 남쪽이다'라는 걸 이끌어가야 하는 것입니다. 지금의 대결 상태에서는 북한이 우리에게 오지 않겠죠.

전영선 정권마다 '나 때문에 북한이 변화됐다'라는 것을 보여주고 싶어 하는 욕망이 강했던 것 같습니다. 그래서 '이렇게 해야 북한이 움직일 것이다', '이렇게 해야 북한이 변할 것이다'라는 생각에서 남북 문제를 접근했습니다. 이러한 정책이 역설적으로 북한의 독자적인 행보, 북한의 역량을 상당히 강화시킨 측면이 없지 않다고 봅니다. 앞으로는 통일 과정의 문제, 즉 통일 이전의 평화공존과 상호공생이라고 하는 차원에서 남북 관계를 재구축해야 한다는 생각이 듭니다. 저는 그런 점에서 우리 국민들 사이에, 통일이라는 문제를 어떻게 접근할 것인가, 통일을 어떻게 어떻게 확산시켜 나갈 것이냐는 고민이 많이 듭니다.

이종석 그러니까 통일이 먹거리라는 생각이 들도록 해야 합니다. 통일이 사실 먹거리거든요. 정말 아주 여러 가지로 증명할 수 있지 않습니까. 간단히 생각해

봅시다. 오직 3면 바다만을 갖고 사는 우리가 육지가 봉쇄돼 있었는데, 육지를 튼다는 것이 우리 삶에 어떤 의미를 주겠습니까. 간단한 문제예요. 경제학자도 필요 없어요. 누구나 쉽게 생각할 수 있어요. 그런데 이런 생각을 막고 있다는 것이 우리의 대결의식과 북한에 대한 불신이 바탕에 있는 것입니다. 그래서 내가 어떤 이익을 얻을 수 있을 지를 생각하지 못하는 것입니다. 현재가 중요한데도 자꾸 나중에 보자는 이야기만 하는 것입니다.

전영선 남북 관계에서 가장 논점이 되는 게 저서에도 나오지만 교류와 인권은 늘 어떤 면에서 충돌지점 안에 있는데, 향후 남북의 평화공존이나 통일에 있어서 이 둘을 공존시키거나 조율시키는 게 어떤 의미를 갖는지, 어떤 대안이 있겠는지요.

이종석 인권 문제와 교류 문제가 그렇습니다. 인권 문제라는 것이 기본적으로 대의가 있습니다. 하지만, 실제 인권 문제라는 것 자체가 한반도 평화와 연결되어 있습니다. 한반도 평화를 지속적으로 증진시키고 남북 간의 신뢰를 통해서 뭔가 우리가 안정된 한반도를 만드는 것과 인권 문제를 제기하는 것 사이에 충돌이 일어나는 지점을 가급적 해소해 나가야 합니다. 인권이 굉장히 중요하지만 그 인권 문제를 해소하는 방식은 다양할 수 있습니다. 예를 들어서 북한이 경제 발전이 이루어지면 그만큼 시민적 자유에 대한 사람들의 생각이 많아질 것입니다. 그 다음에 인권이 시민적 자유권과 경제적 생존권과 관련된 그런 문제들은 또 다른 쟁점이 있을 것입니다. 아마 새로운 정부가 들어선다면, 북한의 지원에 대한 문제는 중요한 화두가 아닐 것입니다. 남북이 경제협력을 통해서 서로가 잘 먹고 잘 살도록 하는 문제가 더욱 중요한 화두라고 생각합니다. 그런 점에서 북한의 생존권적 기본권에 대한 것은 옛날보다 많이 해소가 되고 있지만 중요한 것은 한반도에서 평화가 진전된다는 것은 대한민국 국민들의 인권 증진의 핵심이라고 봅니다. 저는 평화가 인권이라고 생각합니다.

남북 긴장이 국민들에게 안정을 그만큼 훼손한다면 북한의 인권 문제와 관련해 남북 관계가 평화롭게 가면서 북한 인권도 제기할 수 있는 지점을 찾아가는 것이 중요합니다. 그래서 인권에 대해서는 기본적으로 찬성을 합니다. 남북이 협력을 통해서 뭔가 할 수 있는 발전의 기회가 주어진다면, 그렇게 전략적 환경의 변화가 있다면 변화에 따라서 인권결의안이라는 것도 북한 인권문제 해결의 많은 방법 중의 하나가 될 것입니다. 그래서 북한 인권 문제에 대해서는 가변적인 부분이 필요하다고 봅니다. 기권이라는 행위는 반대가 아닙니다. 투표에서는 '찬성', '기권', '불참', '반대'의 네 가지 유형이 있는 것입니다. 북한 인권문제에 대해서는 대의에는 동의하는데, 우리가 여러 사정이 있으니 이때는 기권하자. 이게 기권입니다. 북한이 우리가 기권한다고 좋아하지 않죠. 북한은 반대를 요구하니까. 그래서 북한 인권에도 항상 찬성할 수 있을 만큼 북한에 대해서 이해가 되면 좋지만, 그걸 만들어 가는 과정에서는 항상 그런 식으로 한반도에서의 평화가 증진되는 것과 북한 인권문제에 대해서 우리가 제기할 수 있는 것 사이에 조율이 필요하다고 봅니다. 저는 이게 전략이라고 봅니다. 국민들이 예를 들어 우리가 인권결의안에 대해 찬성한다 했는데 북한이 그걸로 비난하고 긴장을 조성한다면 그것은 우리 국민이 불안해지지 않습니까. 저는 항상 우리를 중요시합니다. 때문에, 그걸 갖다가 일정 정도에서 조율할 수 있다고 보는 입장입니다. 그래도 인권 문제는 인권 문제이기는 합니다만 현실에서는 두 가지 고려할 사항이 있습니다.

하나는 핵이고 하나는 남북 관계입니다. 이 두 가지 요소의 변화가 북한 문제에 대해서 유엔에서, 실제 북한 인권 문제를 대하는 하나하나의 우리 행동이 아니라 유엔에서 형식적으로 결의안 같은 걸 통과시킬 때 고려해야 합니다. 우리가 어떻게 행동하느냐 하는 행동에 대한 판단을 결정하는 요소로 북 핵문제나 남북 관계가 작용할 수밖에 없는 것입니다. 왜? 지구상에서 어떤 나라도 인권 문제를 전략적으로 활용하지 않고 대의가 그렇다면서 무조건 맨땅에 헤딩하듯 하는 나라는 없습니다. 미국도 마찬가지입니다. 우리만 그럴 필요가 없습니다. 그리고 인권 주장에 대해서 정말 순수하게 북한 인권을 주장하는 분들은 우리가 경청하고 그런 이야기들에 대해 항상 문을 열어놓아야 합니다. 하지만 사실상 탈북자들이 나오면 그 탈북자를 텔레비전에 보여주고 이름 대고 하면 북한에 있는 탈북자 가족은 불이익을 당하는데, 버젓이 그러고 있습니다. 이것은 결국 우리가 얼마큼 북한보다 더 우수한 체제인가를 보여주기 위해 탈북자들 얼굴을 보여주고, 그걸로 북한 가족을 어려움에 처하게 하는 것입니다. 즉 인권 문제로 반인권 행위를 하는 이런 사람들과 이런 세력들이 말하는 북한 인권에 대한 것은 구별되어야 합니다.

전영선 많은 사람들이 인권을 이야기하고 있지만 인권적 사유까지는 나아가지 못하는 것 같습니다.

이종석 반인권입니다! 인권을 그들의 전략으로 삼는 사람들이 항상 북한 인권을 개선하는 데에 앞서는 것입니다. 그런 행위는 바람직하지 않습니다. 비열한 행동이라고 할 수 있습니다.

전영선 통일도 그렇고, 민주도 그렇고, 인권도 그렇고, 그걸 수단으로 활용하는 사람이나 세력이 있습니다.

이종석 수단으로 활용하죠. 그래놓고 그렇게 행동하고. 그런 것들은 구별되어야 합니다. 인권은 매우 소중하지만 우리 현실에서는 전략적 우려를 할 수밖에

없는 측면이 있다는 것을 이해해야 한다는 것입니다. 원칙은 원칙이고, 전략은 전략입니다. 마치 무조건 다 북한인권 결의안과 인권에 대해서 무조건 다 요구하면 된다고 생각해서는 안 됩니다. 우리가 그 만큼 편한 한반도에 살고 있다면 좋지만 한반도라는 살얼음판을 걷고 있습니다. 우리는 이러한 상황도 고려할 줄도 알아야 한다고 생각하고 있습니다.

통일문제와 인문적 상상력

전영선 오랫동안 이야기를 해 주셨는데요, 끝으로 '통일인문학'이라고 하는 가능성, 그리고 어떤 방향으로 나아갈지에 대해서 한 말씀 해 주신다면 어떤 말씀을 해 주시겠습니까.

이종석 내가 항상 통일인문학에 대해서 긍정적으로 이야기하는 것이 있습니다. 우리가 통일이라고 표현할 때, 혹은 남북이 하나가 되고 하나의 공동체로 나아간다는 것, 그리고 그 이전에 최소한 서로 증오하지 않고 형제간에 정상적으로 살아간다는 것이 무엇을 의미하느냐. 이 정도에서 가장 필요한 것이 결국 분단으로 인해서 우리가 받고 있는 다양한 영역의 상처들을 치유하는 문제입니다. 치유라는 것은 그것이 정책 전략적으로, 고압적으로 만들어 낼 수 있는 게 아닙니다. 그것은 정말 우리 인간의 생활과 심리와 문화와 이 모든 것들 속에서 하나가 될 수 있는 길들을 자연스럽게 모색해야 하는 문제입니다. 그런 점에서는 우리가 통일로 간다는 것은 그걸 위해서는 통섭적 의미에서의 인문사회과학이 만남을 통해서 분단을 치유하게 하는 수많은 영역들을 만들어 내고, 그러한 가치관과 그러한 생활의 태도들을 만들어야 하는데, 통일인문학이 발전하지 않고서는 안 된다고 생각합니다. 사회과학이고 전략적, 정책적인 안목만 갖고는 어렵다고 봅니다. 그래서 통섭적인 메시지의 통일인문학이, 특히 사회과학과 연결되어 결합된 통일인문학이 매우 중요하다고 저는 보고 있습니다.

전영선 한 가지만 더 여쭙겠습니다. 교수님은 평소 유신체제의 형성과 분단구조에서는 이른바 코리언 패싱의 가능성을 언급하시곤 하셨습니다. 1968년도를 생각해 보면 일련의 긴장 상태가 발생하지 않았습니까. 남북 관계가 최고의 긴장 상태에 있었으니까요. 실미도 같은 사례도 있었고, 이런 험악한 관계가 1972년도에 급격히 바뀌었습니다. 미국과 중국 사이에 화해협력이라는 큰 변화 사이에서 남북이 어쩔 수 없이 마지못해서 따라가게 되었고, 이런 상황에서 어떻게 하면 주도권을 잡을 수 있겠는가가 유신체제로 가게 되는 하나의 방향성이라고 했습니다. 2016년 현재의 상황도 비슷하다고 볼 수 있습니다. 남북 간의 갈등이 극한에 달하는 상황입니다. 이런 상황을 개선할 수 있는 중요한 키가 어디에 있느냐? 미국과 중국이 주도권을 갖고 있다고 생각하시는지, 아니면 반대로 남북 관계의 개선을 통해 미국과 중국의 긴장 관계를 완화시키거나 하는 데도 영향을 미칠 수 있다고 생각하시는지요.

이종석 지금은 1972년 상황하고 좀 다르다고 생각합니다. 그 당시는 미국과 중국 간의 데탕트가 중국으로서도 절실했고, 미국으로서도 필요했습니다. 그러한 상황 속에서 한국 정치라는 것을 고려해야 합니다. 한국은 미국에 대한 정치적 의존도가 굉장히 높았죠. 북한은 중국에 의존되어 있지 않았습니다. 중국은 절실하게 필요한 게 있었던 상황입니다. 특히 소련과의 관계에서 전쟁까지 벌였던 상황이었습니다. 중국은 미국과의 데탕트를 통해서 소련의 포위를 벗어나고자 하는 생각이 강했던 것이었죠. 그러한 큰 세계적 흐름이 그대로 한반도에 영향을 미쳤던 것이죠. 세계의 영향이 미칠 때 한국은 받아들일 수밖에 없었고, 북한에서는 그 당시에 북한과 중국 사이에서도 대립관계가 해소되는 시점이었기 때문에 나름대로 활용을 했던 것입니다. 어쨌든 중요한 것은 한반도에서 데탕트는 미국과 중국 간의 데탕트의 하위 구조에서 일어났다는 것입니다. 그래서 그때 데탕트가 되었다가 뒤에 가서 깨진 것이지요. 그런데 지금 상황은 그 때와는 다릅니다. 지금은 미국과 중국, 러시아와 미국 간의 갈등이 있기는 하지만 그 갈등을 해소하거나 갈등이 더 커지거나 하는 필요성이 옛날 데탕트 시절 미중 간만큼 강하지 않습니다. 거기에다가 한국 정부가 갖고 있는 미국과의 관계도 옛날 같지가 않지요. 한국 정부가 마음을 먹으면 목소리를 낼 수 있는 영역이 굉장히 커졌습니다. 그걸 크게 만든 최초의 사람은 노태우 대통령이었죠.

노태우 대통령이 북방외교를 했습니다. 그리고 한국이 미국에 대해서 자율적인 목소리를 갖게 하는 데에 결정적 기반을 마련한 사람은 김대중 대통령, 노무현 대통령입니다. 그리고 이명박 대통령, 박근혜 대통령이 있습니다. 오바마(Barack Obama) 대통령이 부시 대통령보다는 유연한 사람이었지만 그 오바마도 부시 못지않게 강한 사람이 된 것은 한국 정부의 영향이 컸다고 봅니다. 다시 말하자만 지금은 미국과 중국의 움직임에 따라서 한국이 움직일 가능성보다는, 한국 정부가 북한이 어떻게 하느냐에 따라서 한반도 정세가 변화될 가능성이 훨씬 높아져 있다는 것입니다. 구조가 달라진 것이지요. 달라진 것은 우리의 역량도 커졌지만 미국과 중국 간의 본질적인 대립 구조의 한 부분이 지금 그만큼은 아니라는 것입니다. 그리고 미중 간의 대립 구조 속에서도 우리가 나름대로 확보할 수 있는 영역들이 있어졌다는 거. 그래서 지금은 문제는 남북한이고, 특히 대한민국이라고 할 수 있습니다. 말레이시아에서 일어나는 북한과 미국 사이의 대화도 상당히 중요한 의미를 가질 수 있습니다. 이야기의 핵심이 뭐냐면 한국 정부가 갖는 변수가 크다는 것입니다. 그만큼 한국 정부가 할 수 있는 일도 많아졌다. 우리가 주인 의식을 갖고 이 문제를 심각하게, 중차대하게 바라봤을 때 한반도 문제는 우리가 할 수 있는 일이 미중 간에 할 수 있는 것보다 많아졌다는 것입니다.

전영선 여러 가지를 여쭈어 보고 있습니다. 한반도 통일과 관련하여 주변 국가의 문제, 우리 내부의 고민을 어떻게 풀어나갈 것인가에 대한 지혜를 얻고자 질문을 드렸습니다. 현재 남북 관계 상황과 통일에 대한 방향이나 설계에 대해서 이야기를 나누었으면 합니다. 장관님께서도 답답하시겠습니다만 제가 보기에도 남북 관계는 여러 가지가 답답할 정도로 막혀 있습니다. 현재의 남북 관계 원인과 해법에 대해서 어떻게 생각하고 계신지 이야기를 좀 부탁드립니다.

이종석 남북 관계가 다들 느끼시는 것처럼 좋지 않습니다. 최악이죠. 우리가 흔히 보통 남북 관계가 나쁘다고 할 때는 정치적 의도도 있습니다. 정치적인 비난의 용어로써 그렇게 말하는 것이 아니라 정말 요즘은 남북 관계가 최악의 상태인 것 같습니다. 남북 관계가 최악의 상태가 되어 있는 원인이 무엇일까. 글쎄요. 결국은 남북 관계에 대한 지도자의 철학, 우리 국가와 민족의 미래를 어떻게 끌고 갈 것인가에 대한 지도자들의 철학이 기본적으로 부재하다는 생각이 듭니다. 또 남북 관계나 외교 이런 문제들을 어떻게 보면 본연의 차원에서 보고 풀어가는 것 보다는 오히려 정치적인, 자신의 사상적 이익에 기초해서 풀어가려는 경향들이 강하다 보니 그런 것이 아닌가 싶습니다. 여기에다가 남북 관계를 바라보는 시각의 문제도 있다고 봅니다 결국은 남북 관계를 풀어가는 데 가장 중요한 생각은 저는 '우리가 어떻게 하면, 대한민국이란 공동체와 국민들이 어떻게 하면 지금보다 더 편안하고 불안정하지 않게 살 수 있으면서, 보다 나은 미래를 영위할 수 있을 것인 가'하는 시각이 필요하다고 봅니다. 남북 관계를 '우리가 더 안녕하고 더 번영되게 살 수 있는가'라는 기준에서 바라봐야 한다고 생각합니다. 그런데, 오늘날 우리가 보는 남북 관계나 대북 정책은 하나의 경쟁상대로 내가 괴멸시켜야 할 대상인 북한에게 내가 하는 행위 하나하나가 어떻게 피해를 주는지, 어떻게 이익을 주는지를 중심으로 생각합니다. 즉 상대인 북한을 중심으로, 북한에 미치는 영향을 중심으로 나를 본다는 것입니다. 나를 위해서가 아니라 북한이 어떨 거야는 식이죠. '북한이 저러면 어디가 아플 거야, 아닐 거야'하는 식으로 북한을 중심으로 나를 대상화시키는 것이죠. 가장 어리석은 것입니다. 저는 이것이 대북 정책에서 그게 불행이라고 생각합니다.

전영선 대북정책에 대한 인식의 전환을 말씀하시는데, 저도 공감합니다. 어떻게 보면 최근 남북 관계라는 게 '누가 더 손해를 많이 보느냐', '누가 더 오래 버틸 수 있느냐', '서로 못살게 되더라도 오래 버티는 게 이긴다'고 하는, 생각을 좀 갖고 있지 않나 하는 의문이 자주 듭니다. 우리가 통일에 대한 기본적인 생각이 승자와 패자의 관점이라고 봅니다. 즉, 분단 이후 남북이 선택한 각기 다른 체제 중에서 어느 것이 옳았느냐를 판가름 하는 것이 통일이라고 생각하지 않나 싶어요. 미래를 위한 상상이거나 상생보다는, 어떤 정치 체제가 더 잘사는 지를 판가름하는 것으로 통일을 바라보고 있지 않는가하는 생각이 듭니다. 그러다 보니 나중에 웃는 자가 이기는 것이니까. 조금만 참아, 북한은 붕괴될 거니까. 이런 생각을 한다고 생각합니다. 말씀하셨던 것 중에서 공감하는 것이 남북관계를 좀더 긍정적인 관계, 선순환 구조로 갈 수 있는 관계를 만들어 나가야 한다는 것입니다.

이종석 말씀을 잇자면, 어쨌든 나 자신을 절대선으로 생각하고 상대방을 절대악으로 생각하게 되면 둘 중에 하나가 사라지는 수밖에 없는 것이죠. 사라지기를 앉아서 기다리는 것도 아니고, 사라지게 하기 위해서 엄청난 노력을 해야 하는 것이 잖아요. 어떻게 본다면 서로가 서로를 이해하면서 서로의 장점과 단점을 보완할 필요가 있죠. 서로의 단점은 서로의 장점을 보며 고쳐가고 극복해 나가는 여지와 계기를 마련하는 철학이 필요합니다. 지금 우리는 그게 안 되다 보니 과거에는 아주 쉽게 동의하고 했던 평화 공존이라는 말도 지금은 정쟁의 용어가 되었어요. 서로 평화롭게 공존하는 것은 관계의 가장 기본인데, 그런 사회적 공감들을 막 무너뜨리고 있다는 생각이 듭니다. 다른 누구도 아니죠. 일반 국민이 아니라 권력을 잡은 사람들이 그런 것들을 무너뜨리는 느낌이 들어서 참으로 불행하다는 생각이 듭니다.

전영선 결국에는 국내 문제나 연결되는 부분이기도 한데요. 어떻게 보면 이렇게 생각하게 되는 바탕에는 '분단'이 자리잡고 있다고 봅니다. 한반도 분단은 그냥 지나간 것이 아니죠. 전쟁이라는 그리고 치열한 이념갈등 속에서 지나온 시간이었죠. 그러다 보니 긍정적인 체험의 기회가 많지 않았고. 분단의 위험과 공포라는 것이 맹목적으로 관계를 바라보게 만들었다고 생각합니다. 하지만 이러한 인식이 만들어낸 결과는 남북이 스스로 자해하는 구조로 가는 것이 아닌가 하는 생각이 듭니다. 반복되는 이야기 같지만 한반도 분단이나 사유방식 자체를 극복할 수 있는 지혜가 필요하다고 봅니다.

이종석 예, 아주 동의합니다. 분단의 관점에서 본다면 분단이 나온 것 자체가 어디까지 분단 속에 체제화 되고 내재화되는 계기를 만든 것이죠. 분단 때문에

왜곡된 신념과 삶을 살고 있는 것은 아닌지, 이런 것들을 섬세하게 분석해
서 고쳐나가야 합니다. 또 한편으로는 정말 그렇게 분단으로 인해서 왜곡된
삶과 신념을 갖고 사는 사람들의 문제와 분단을 이용해서 사실은 자기 자신
이 국민에 대해 거짓을 말하고 있는 것을 분명히 알아야 합니다. 실제로 분
단이 쉽게 우리를 왜곡시키기 때문에 분단을 이용하게 해서 그야말로 왜곡
된 삶을 일부러 만들어가기도 하는 것을 분명히 알아야 할 것입니다.

2부

밖에서 본 분단, 안에서 본 통일

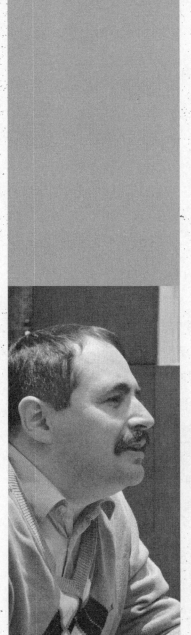

인터뷰이 : 박노자

본명은 블라디미르 티호노프(Vladimir Tihonov)이며 옛 소련에서 태어나 성장했다. 상트페테르부르크대학교 조선학과를 졸업한 후 2001년 귀화하여 한국인이 되었으며 모스크바대학교에서 가야사 연구로 박사학위를 받았다. 최근에는 근대사, 특히 공산주의 운동사에 몰입하고 있다. 한국사회에 대한 비판적인 칼럼들을 묶은 『당신들의 대한민국(1·2)』으로 주목받았으며, 『주식회사 대한민국』, 『비굴의 시대』, 『당신을 위한 국가는 없다』 등은 이 연장선상의 저작이다. 『러시아 혁명사 강의』, 『거꾸로 보는 고대사』, 『우리가 몰랐던 동아시아』, 『우승열패의 신화』 등을 통해 역사 연구자로서의 작업도 이어가고 있다.

인터뷰어 : 조배준

철학과 통일인문학을 함께 공부하며 한반도의 역사와 시대정신에서 발현된 문제의식을 통해 서양근대의 사회·정치철학을 실천적으로 연구해보자는 전망을 갖게 되었다. 다양한 주제의 시민 인문학과 통일교육 프로그램을 강의하고 있으며, 함께 쓴 책으로 『통일한반도의 녹색 비전』, 『처음 읽는 한국현대철학』, 『청소년을 위한 통일인문학』, 『통일의 기본가치와 인문적 비전』, 『통일담론의 지성사』, 『통일인문학 : 인문학으로 분단의 장벽을 넘다』 등이 있다.

분단국가를 넘어선 '코리아학'의 가능성

일시 : 2016년 10월 31일
장소 : 서울시 중구 소공동 프레지던트 호텔 1층 까페

분단국가, 한국 자본주의의 역사적 구조

조배준 박근혜 정권의 '국정농단'과 '정경유착' 사태 이후 '촛불집회'가 매주 진행 중입니다. 요즘 한국 민주주의의 상황을 어떻게 보시는지요?

박노자 한국의 정치 시스템이 다 드러난 것 같은 느낌이었습니다. 국가의 공공성이 허약하고 특정 집단과 패거리가 국가를 좌지우지하는 한국식 시스템의 민낯이라고 할까요. 개발주의 시대의 국가는 원래 기업을 장악하는 도구였는데 신자유주의의 득세 이후 기업 집단이 국가를 장악하는 상황이 돼버린 것이죠. 거시적으로 봤을 때 '국가란 무엇인가'라는 질문이 기업의 요구에 따라 국가를 운영하는 상황에서 나온 것이라면 결국 '신자유주의적 국가'는 기업이 주문하는 정책을 제공하고 대신 지불해주는 특정한 기간(임기)제 사집단이 되어 버린 것입니다. 지금 같은 경우에는 '박근혜 패거리'라고 볼 수 있죠.

　그런데 이 패거리 안에서 미시적 관계를 보면 민주주의의 기반이라고 할 수 있는 '근대적 공공성'이 안 보여요. 공적 부문이 어느 정도 공공적으로 확립이 되어야 실질적인 민주주의가 가능한데, 한국에서는 식민지 시대와 유사하게 절반은 봉건적이고 전(前)근대적인 지배층이 계속 유지되었지요. 그래서 오늘날 한국의 지배 패거리들은 공공성과 별로 관계가 없어요. 이제 그런 관계들이 드러나고 있으니 연구 자료의 측면에선 가치가 크죠. 지금 이 모든 사태들은 한국이 실제 작동되어 온 내부 구조를 연구하기 위한 자

료로써 대단히 가치가 높습니다.

　그런데 재미있는 사실은 사기업의 작동 메커니즘을 봐도 '오너'를 중심으로 한 패거리가 비슷하게 보인다는 점인 데요, '박정희를 계승하려는 정치꾼 패거리'뿐만 아니고, '삼성 이씨 일가 패거리'에도 무속신앙이나 미신 행위에 가까운 비합리적 일들이 일상화되어 있어요. 거기에서도 논리나 근대적 합리성은 거의 없고 구성원들이 지도자를 믿는 척 해주는 행위들이 중요하지요.

조배준 그래서 최근 시민들은 이 '충격'을 왕정도 아닌 신정국가 수준이고 샤먼의 시대 같다라는 말로 표현하고 있습니다. 특히 많은 젊은이들은 옛 독재자의 딸이 나라를 파탄으로 몰고 가는 모습을 지켜보면서 기성세대에 비해 더욱 심한 자괴감과 허탈감을 느끼고 있습니다. 이런 집단적 감정에는 한국이 왜 '헬조선'으로 불릴 수밖에 없는지, '세월호 참사'가 왜 일어났는지에 대한 분노도 포함되어 있는 듯 합니다.

박노자 한국 자본주의는 '혁명'을 거쳐서 성립된 게 아니지 않습니까. 어떻게 보면 전근대 사회의 지배층이 '친일파'가 되고 '친일 부자'가 되고 해방 이후에 이들이 다시 미국의 비호 아래 한반도 남부를 장악한 것인데, 그런 상황과 전근대적 의식이 사회 전체를 통해 혁명적으로 변화할 수 있는 계기들이 거의 없었습니다. 박정희 같은 경우도 경상도 시골의 가난한 유생 집안 출신이잖아요. '친일파'로 성장하여 입신양명을 꿈꾸고 해방과 분단 이후 다시 남로당계로 기회를 잡으려 하다가 또 좌절하고 '쿠데타'로 미국의 비호 아래 한국을 장악했었지요. 그래서 박정희를 추종하는 사람들은 시골 유생들이 갖고 있던 봉건적 사고체계에 아직도 의존할 수밖에 없는 것이지요. 그리고 거기에 가부장 중심의 불평등한 젠더문화도 필수적으로 부착될 수밖에 없구요.

　삼성 재벌도 경남의 토호 유생 집안에서 출발하여 일본과 미국, 그리고 역대 정권의 비호와 뒷거래 아래에서 지금처럼 성장한 것이지 않습니까. 그런 점에서 '노조'를 원천봉쇄하는 삼성 문화 내부에도 토호 유생들의 봉건적 정신체계가 장착되어 있는 것이지요. 그런 모든 구시대적 잔재가 청산되지 않고 썩어 문드러져 이런 '민낯'이 드러났다고 봐야 합니다. 이제 열심히 연구해야 됩니다. '분단국가 대한민국'이 역사적으로 구조화한 실질적인 내부 작동 방식을 해체하기 위해 열심히 연구해야 합니다.

조배준 분단국가로서 대한민국이 내부적으로 그러한 한계 상황을 갖고 있다면 대외적으로는 어떤 자본주의적 구조를 갖고 있다고 보시는지요? 최근 펴내신 책에서 대한민국이라는 국가를 '아류 제국주의 국가', '기업 국가' 등으로 요약하셨는데, 선생님은 이 사태와 관련하여 오늘날의 대한민국과 한국사회를 어떻게 진단하시는지도 듣고 싶습니다.

박노자 한국은 재미있는 나라입니다. 왜냐하면 방금 말씀드린 것처럼 일본과 미국의 비호 아래 전근대적인 유생들이 국가를 먹여 살린다고 떵떵거리는 '기업가'로 둔갑하는 그런 부분도 있지만, 다른 한편으로 대한민국은 미국의 오래된 피후견 국가라는 상황을 너무 당연시하지요. 지정학적 위치가 전략적으로 중요하다 보니 한국은 엄청난 투자를 받아 오면서 '한강의 경제 기적'이라고 불렸지만, 미국의 입장에서 한국은 철저히 '교두보'이자 '방어막'이에요. 그런 이유에서 계속 한국을 분단국가에 머무르게 하고 경제를 키워왔던 것입니다.

그런 상황에서 한국 자본주의는 일찌감치 커버렸고 오늘날 세계 생산 분담 체제에서 중간적 위치를 차지하고 있습니다. '애플'이나 '월마트'처럼 기술 혁신을 이끌거나 소비의 중심지는 되지 못하지만 동남아 등 저임금 시대에 단순생산자들을 대리로 착취하고 부품을 납품할 수 있는 중간생산자 지위 이상을 갖게 됐습니다. 요즘 같은 세계적 먹이사슬에서 보면 한국 기업들이 저임금 국가 노동자들을 착취하며 초과이윤을 지속적으로 뽑아내는 상황이 발생하고 있습니다.

그런데 이런 자본의 운동이라는 시각에서 보자면, 한국은 갖고 있는 자원이 많이 없다보니 세계적 자본 약탈 과정에 가담할 수밖에 없습니다. 미국처럼 이라크를 침략한다던가 해서 신(新)식민지 통치를 기도할만한 데가 하나밖에 없는데, 그게 바로 '북조선'이지요. 그런데 '북조선'을 한국의 경제 위기를 극복하기 위한 새로운 식민지로 삼을 수도 없는 게 핵과 미사일을 통한 북의 독자적 무력 개발도 있지만, 중국이라는 변수가 버티고 있으니 '북조선에 대한 식민화'는 다분히 공상이자 꿈에 그치는 것이지요. '북한 붕괴'나 '통일 대박'에 대한 희망은 그저 미망(迷妄)일뿐이라는 것입니다. 그런 점에서 한국은 제국주의 세계체제에선 정말 '아류'이자 하부 체제에요. 어디까지나 미국의 비호를 받아 미국이 어느 정도 확보한 생산지나 시장에서 2차적인 역할을 수행할 수 있는 것입니다. 미국에 빌붙어 살아가면서 독자적인 외교 내지 국가 전략을 세울 수 없다는 의미이지요.

조배준 선생님 말씀을 듣다 보니 선생님이 처음 쓰신 『당신들의 대한민국』을 읽었을 때의 신선한 자극이 떠오르네요.

박노자 사실 저 같은 교수나 연구자들은 사회 전체적으로 봤을 때 '기생충'이죠. 저는 힘들게 노동하는 사람들을 보면 '우리'같은 소위 지식인들을 왜 먹여 살리나, 그런 생각이 듭니다. 사회 전체의 혁신에 별로 도움이 안 되는 것 같고, 사실 요즘 대학 안과 밖의 언어 자체가 다르잖아요. 대학은 더 이상 한국어를 안 쓴다고 봐야 됩니다. 인문학 연구소는 몰라도 대부분의 사회과학 연구소들이 한국어를 포기한 상태 같아요. 그래서 사회 상황과 학교 안의 연구 상황이 따로 노는 거죠. 그런 모습을 보자면 저런 연구자들을 일반 시민들이 먹여 살려야 되나? 저는 진짜 그런 생각까지 드는데, 저부터라도 스스로 '밥값은 해야지'라고 생각합니다. 그래서 학술서 이외에 대중서를 이렇게 써왔고 계속 쓰려 합니다.

조배준 연구자로서 스스로의 역할을 처절할 정도로 성찰하시는 선생님의 말씀이 인상적입니다. 선생님께서는 유럽과 미국 중심의 입장만을 고수하는 서구 학계에 대해서도 비판적인 태도를 견지해오셨는데요.

박노자 세계적으로 봤을 때 유럽과 미국이 하는 짓거리를 보면 그냥 살인자 집단이에요. 망가뜨린 데가 한 두 군데가 아니잖아요. 최근에는 리비아를 망가뜨리는 대형 범죄를 저질렀죠. 문제가 있었더라도 어쨌든 주권을 가진 독립국가인데 내분을 핑계로 침략해서 사실상 국가를 제거한 상태잖아요. 함부로 망가뜨려도 되는 국가는 없습니다. 민병대들이 서로 싸우고 있고 서방 재벌들이 계속 석유를 빼가고 있는 것을 보면 그 사건은 주권 독립국가를 붕괴시킨 국제법상 범죄 행위에요.

제가 살고 있는 노르웨이도 가담을 했는데, 그 과정에서 리비아 주민 수만 명이 죽고, 나머지는 지금도 고통 받고 있어요. 리비아는 제3세계에서 사회복지가 그나마 잘 되어있는 나라였어요. 노르웨이에서 리비아 침략에 가담하는 것을 결정하는 과정에서 '최순실 사태'정도의 코미디가 일어났죠. 국무총리, 외무부장관, 국방부장관 세 사람이 그 중대한 결정을 단 30분 만에 내렸어요. 그것도 문자를 서로 주고받으면서, 국회 비준도 없었어요. 서구 사회가 세계적으로 벌여온 짓과 그것을 비호한 서구학계가 해온 짓을 보면 이건 정말 기생충 같은 것이었고, 위험한 범죄였어요.

북조선의 김정일, 지금은 김정은이 통치하고 있는데 그들이 그런 사태를 봤을 때 어떤 느낌이 들었을까 하는 생각도 해봅니다. 본인들과도 관계가 있던 사람이던 카다피(Muammar Gaddafi)가 죽임을 당하고, 그 소식을 들은 힐러리 클린턴(Hillary R. Clinton)이 '잘 죽었다'라고 했는데 그것을 본 북조선이 핵을 포기하려고 했겠어요? 완벽한 체제존속 보장을 해준다면 몰라도, '그냥' 핵 포기는 어림도 없지. 오히려 북의 통치자들은 사담 후세인이 핵을 못 가져서 죽임을 당했다고 생각할 거에요. 우리도 김정은의 입장이 되면 뭐 다른 방법을 택하겠어요? 북조선 정권에 대해서 자꾸 '불법정권'이라며 몰아세우고 동아시아에 긴장감을 조성하면 북은 핵을 더욱 포기 안 하죠.

조배준　분단이 지속될 수밖에 없는 이유에 대한 선생님의 의견이 점점 드러나는 것 같습니다. 한편, 저는 최근 들불처럼 일어나는 '촛불'을 보면 이제 '박정희 신드롬'같은 유령에 지배되는 사회에서 벗어날 수 있겠다는 기대를 해본 적이 있습니다. 이 사태의 극복을 위한 정치적 에너지엔 향후 한국 사회 및 한반도 문제의 질적 개선을 위한 '정치혁명'으로 승화해 나갈 수 있는 역량이 잠재되어 있다고 보시는지요?

박노자 섣불리 예측하기는 어렵지만, '박정희'라는 기표뿐만 아니라 고속개발 시대, 이른바 산업화 시대에 대한 향수나 선전으로 더 이상 정치를 하기는 힘들어지지 않을까요? 북쪽은 몰라도 이제 남한 대중사회는 더 이상 선전선동으로 움직이기 힘든 사회입니다. 그래서 예상되는 한국의 상황은 이제 일본식 장기침체 사회입니다. 국가가 '조금만 더 참아라, 아이를 더 낳아라'라고 해도 국민들의 귀에는 전혀 들어오지 않지요. 우리 무역 규모가 세계 몇 위니 하는 국가의 선전보다 지금 당장 겪고 있는 장기침체 상황이 더 피부에 와 닿거든요. 물론 한국과 일본은 사회의 재분배 구조나 담론 구조 그리고 역사적 상황도 달라서 일본과 달리 온건 자유주의자 집권 정도의 약간의 진보정치를 기대해볼 수 있지만 여전히 진보의 풀뿌리 조직이 너무 허약합니다. 노동조합 조직력을 봐도 일본보다 나을 것이 없어요.

조배준 그래도 일본은 지방자치에서 '공산당'같은 진보정당이 아직 영향력을 갖고 있지요.

박노자 그런 풀뿌리의 힘을 갖고 있는 일본이지만 사회 전체적으로는 우경화되었습니다. 그런데 한국의 진보 진영, 특히 노동계는 지금도 열심히 파업하고 투쟁하고 있지만 1990년대 후반부터 사실상 고립되었다고 봐야 됩니다. 그러니까 노동 문제는 고립된 상황 속에서 계속 악화되며 누적되었어요. 제가 보기엔 앞으로 한국 사회 전반이 적당한 수준에서 정체되는 사회에 그칠 거 같아요. 청년층이 장기적 불황의 영향으로 앞으로 조금 더 급진화될 수도 있고 사안별로 (대학 등록금 문제 등) 상당한 투쟁을 벌릴 수도 있지만, 투쟁 조직이 취약한 만큼 "개인적 해결", 즉 가능하면 이민 등을 선호하지 않을까 두렵습니다.

조배준 이렇게 냉철하게 한국 사회를 바라보시는 한국학자로서 선생님의 원래 전공은 가야사였는데요. 선생님의 학문적 관심사 속에서 그런 고대사 연구가 근대성 담론에 대한 연구 혹은 한국 사회 분석 등과 어떻게 연결되었는지 더 듣고 싶습니다.

박노자 가야사를 공부했던 계기는 '임나일본부설'과 북조선의 김석형 박사가 내놓은 '분국설', 그러니까 고대 일본은 조선인들이 점령하여 국가적 틀을 만들었다는 가설을 검토하면서였어요. 그런 민족주의적인 근대적인 역사 서술들이 고대사의 사실과 어떤 관계에 있고 또 어떻게 만들어졌는가, 제 스승님이신 모스크바대 미하일 박(Mikhail Park) 교수님이 그것을 공부해보라고 하셔서 시작하게 된

겁니다. 그러니까 고대사를 공부한 것도 어떻게 보면 고대사에 대한 '근대적 해석'이 궁금해서 하게 된 것이지요. 근대적 해석이 어떤 기반 위에서 가능했는가, 또한 어떻게 해서 역사가 정치화 되었는가 이런 문제의식이 근현대사 연구와 연결성을 갖게 된 것이죠. 왜냐하면 임나일본부설은 일본의 침략적 민족주의의 발로예요. 북조선의 분국설 같은 경우에는 그 일본의 침략적 관점을 뒤엎고 말하자면 조선 본위의 팽창적인 역사적 민족주의를 시도해본 하나의 시도라고 봐요. 물론 역사적 뒷받침은 좀 약하지만 한 때 일본에서 그 학설이 큰 회오리바람을 불러오면서 상당히 재미있는 토론을 일으키기도 했죠. 지금은 그게 일본 사학계에서 임나일본부설이 힘을 잃게 되는 하나의 계기가 되지 않았을까 싶어요.

조배준 이제 남북분단 문제에 대해 집중적으로 이야기를 나눠볼까 합니다. 20대 초반에 보시던 북한 사회와 지금의 북한 모습은 어떤 차이가 있다고 보시는지요?

박노자 제가 북조선학을 전공으로 하는 건 아니라 조심스럽지만, 밖에서 보자면 이제 북에서도 '이념의 시대'가 끝난 것 같아요. 지금 한창 평양의 중산층이 소비에 열성을 보이는 것에서 보듯이 북조선에도 '실리의 시대'가 온 것 같아요. 그리고 휴대폰 보급으로 인한 개인들 사이의 통신 시대가 도래했고 이제 '욕망의 시대'가 온 것 같아요. 평양의 그 중산층들과 그들처럼 되기를 선망하는 나머지 주민들이 있다면 이제 이념의 정치가 주민들을 완전히 장악하는 것은 어렵겠지요.

그런데 이 북조선 사회는 구조적으로 이념 없이 작동할 수 없는 사회라는 측면에서 지금은 말하자면 '적색개발주의' 형태의 '우리식 현실 사회주의'를 시행하고 있는 것 같아요. 거기에서는 '강성대국'론이 보여주듯이 개발주의적 부분들이 부각되고, 반대로 평등주의적 부분들은 이제 거의 보이지 않죠. 또 그런 것을 보완하는 게 민족주의나 민족의식에 대한 강조 같은데 저는 북조선이 말하는 민족 개념에 과연 실질적으로 지금의 남한이 얼마나 포함하는지가 의문이에요. 이질화가 너무 많이 진행되어서 서로 포함하는 관계를 맺기에는 너무 실질적으로 달라진 부분이 굉장히 많이 있죠.

결국 북조선의 인민주의는 물론이거니와 민족주의는 형식적으로도 통일 담론을 담고 있지만, 내용적으로도 북조선 지배층이 통일에 진정한 관심을 갖고 있는지 전 모르겠습니다. 내면적으로 내부적으로 북조선은 통일을 포기한 게 아닌가 싶어요. 물론 햇볕정책 때 희망적인 내용이 포함되었지만, 남쪽은 '사기'치고 북쪽은 그때와 상황이 많이 바뀌었죠. 현재 북조선의 중국 무역 의존율이 90%가 넘어요. 그런 관계 속에서 북은 대미관계와 대일관계가 장기적으로 복잡해지고 계속 안 풀렸어요. 통일에 대한 가망도 희박해지고 그런 과정에서 그냥 남한과의 대화와 협력 등을 많이 포기한 상태에 있는 것이죠. 물론 대미, 대일 관계가 풀리면 다시 한 번 대남 경협 실마리 잡히고 평화공존 모드로 갈 수 있지만, 궁극적 통일이란 목표는 인제 사실상 애매해진 거죠.

그런 점에서 북조선은 표방하고 있는 주요 이념이 민족인데, 이 민족도 결국 '김일성 민족', '태양의 민족', '우리의 민족' 그런 방향으로 흘러갔어요. 그런데 남한도 분단체제 속에서 사실상 '대한민국주의'로 흘러갔고, 그래서 더더욱 북조선에 대한 수평적 관점을 안 가지는 것 같아요. 대한민국은 적어도 이북에 비해 "부국"이니까요. 그래서 남쪽에서는 북한군을 탱크로 깔아 뭉기겠다는 극우 광신도나 지지율이 2-4% 밖에 안 되는 과거 '통진당'같은 좌파 민족주의자들 빼고 북조선을 평시에 적극적으로 의식하는 사람은 거의 없는 것 같거든요. 어떻게 보십니까?

조배준 저희 통일인문학연구단에서도 민족에 대해 선생님의 생각과 유사한 '복수(複數)의 민족주의', 즉 다양한 정체성을 인정하고 포용하는 민족 개념만이 통일한반도의 민족주의를 기획할 수 있는 미래적 가치라고 보고 있습니다.

박노자 그렇죠. 분단을 극복하기 위해선 결국 남쪽에서도 북쪽의 민족주의를 수용할 줄 알아야겠죠. 혹시 인정하지 못하더라도 서로의 차이를 이해하고 함께 공존할 줄 알아야겠죠. 이미 서구의 근대적 민족 개념도 이원화됐고, 그러다 보니까 장기적으로 서로 다른 민족에 대한 인식과 가치가 서로 공존하는 방법 이외엔 통일 과정에서 민족 문제를 해소할 방법이 없을 듯 합니다. 그것도 당분간 빨리 바뀔 순 없을 것 같습니다.

조배준 저는 민족주의 자체보다는 일부 재일조선인들이 고통을 겪어 온 국적 문제 등에서 보듯이 분단-통일 문제와 민족의 고난이 그 궤를 같이 하고 있다고 보는데요. 선생님께서는 민족 개념과 통일 문제를 어떻게 일관적으로 볼 수 있다고 보시는지요?

박노자 저도 통일은 당연히 원하죠. 문제는 현실적으로 이쪽 지배층이나 저쪽 지배층이나 통일지향적 지배층이 아니라는 점이에요. 저는 두 분단국가가 통일을 지향하면서 현실적으로는 평화공존 공동체, 평화공영 공동체를 만들어가는 과정이 필요하다고 봐요. 그리고 통합의 과정에서 함께 군축하고, DMZ도 조금씩 해체시키는 과정만 해도 아마 수십 년이 더 걸리지 않을까 싶습니다. 점진적인 통합의 과정이 쉽지는 않을 것 같습니다. 또한 남이나 북이나 서로 상대를 현실적인 주적으로 규정하는 것 말고는 미국, 일본, 중국, 러시아 같은 주변 강대국들을 실질적인 적으로 규정할 수 없죠. 그렇게 되면 제3차 세계대전이 일어날 수 있으니까요. 남북한에 현실적 가상적(假想敵)이 있다면 결국 서로밖에 없죠. 그래서 서로 총부리를 오랫동안 겨누어 온 건데 그런 분단을 지속시키는 의식 구조를 해체시키고 남북한 양군이 공동훈련하고 동시에 군축을 할 수 있는 방향을 모색하는 것이 필요하다고 봅니다.

조배준 저는 그래서 '사람 사이의 통일', 거시적인 정치경제의 통합보다 더 근본적인 통일 은 결국 남북 사람들이 함께 살면서 일상을 평화롭게 영위해나갈 수 있는 사회문화적 통합이라는 생각을 합니다.

박노자 그렇죠. 통일이 서로 다른 사람들을 똑같이 만드는 것을 의미하진 않죠. 북조선은 나름의 역사적 과정 속에서 만들어진 고유한 사회문화를 갖고 있고, 북조선 사람들의 정체성 중에서도 중요한 것이 많죠. 예를 들어 복지 문제에서 어느 정도의 생활수준을 보장하는 사회복지를 국민으로서 주장할 수 있는 권리의식은 근대 시민으로서 당연한 관점이거든요. 그런 면에서 신자유주의 사회에서 개인들의 경쟁을 강조하는 남쪽 사회에 비해 오히려 복지를 당연한 권리로 여기는 북쪽 사람들이 어떤 면에서는 공민 의식이나 공화주의적 시민성은 더 강할 수 있어요. 그래서 북조선 사람들이 남쪽에 맞춰서 자기들의 사고방식과 문화를 바꿀 필요는 없다고 봐요. 물론 북조선의 폐쇄적 사회 경험에서는 다양성이 부족하니 남쪽 사람들에 비해 불충분한 것들이 많겠죠. 그런데 그건 남쪽 사람들도 마찬가지일 수 있어요.

그런 점에서 남북의 사회문화적 통합은 '동질화'라기보다는 양쪽 모두가 해방적 의미의 또 하나의 근대화를 다시 시작하는 것이라고 봅니다. 함께 바꿔 나가고 서로를 변화시켜 나가는 것이죠. 사실 북조선이나 남조선이나 제일 필요한 것이 인권 개선인 것 같습니다. 북조선에만 인권 문제가 심각한 것처럼 비춰지지만 인권 문제는 양쪽이 모두 조금씩 개선해갈 부분이지 않겠습니까. 예를 들어서 수감되어 있는 세계 양심적 병역거부자의 95%가 지금 현재 남쪽에 있습니다. 또한 남쪽의 노동자 인권은 상상 이상으로 낮고 세계 최하위권이라고 볼 수밖에 없는 수준입니다.

조배준 2000년대 초반 한국에서 처음 양심적 병역거부자가 등장해서 헌법소원을 제기한 이후에도 현재까지 그와 관련된 인권이 크게 변화한 상황은 없는 것 같습니다. 군대를 다녀온 사람이나 집총을 거부하여 수감생활을 한 사람 모두 결국 분단국가의 구성원으로서 겪는 상처와 아픔이 있다고 생각합니다. 특히 적대적 분단 구조에서 군대를 거부했다는 이유만으로 사회생활에서 평생 불이익을 받는 상황은 개선되지 않고 있습니다.

박노자 그런 아픔이란 것이 쉽게 끝나는 게 아니지요. 이제 그 사회에서 '2등 시민'이 되는 것이고 공무원도 될 수 없고 계속 고통을 받는 것이죠. 경제적 발전과 달리 남쪽의 인권 수준이 하위국이라는 평가를 받을 수밖에 없는 게 바로 그런 겁니다. 참, 한국에서는 군대는 건드리기 어려운 성역지면서도 누구나 기피하고 싶어하는 "헬"중의 하나죠. 군 당국은 "분단 상황" 등을 거론하면서 대체복무제 논의를 수용하지 않으려 해도 시민사회는 그들에게 제대로 대응조차 하지 못하지만, 동시에는 개인적으로 거의 누구나 본인이나 자식이 군대에 가지 않기를 간절히 바라는 사회죠. 분단 극복 과정이 가동되지 않는 이상 이 모순적이며 극도로 불행한 상황들은 풀리지 않을듯합니다.

대한민국중심주의를 넘어 서로 다른 근대화에 대한 성찰로

조배준 분단 이후 남북은 모두 해방적 근대화를 이루지 못했다는 말씀을 더 자세히 듣고 싶습니다.

박노자 북조선은 고속개발기인 1960년대에 이미 나름대로의 복지체제를 구축해서 무상의료와 무상교육을 시행했습니다. 물론 오늘날에 와서는 그 현실적인 질이 어떠했는가는 따져봐야 하지만 남쪽에서는 고속개발 과정에서 복지 문제에 거의 신경을 쓰지 않았습니다. 그러나 남북 모두 과도한 군사적 팽창과 적대적 긴장을 통해 주민들의 일상을 통제하고, 전 사회와 전국을 요새화시킨 것은 전후 복구 과정 및 근대화 과정에서 공통적으로 드러나는 점입니다. 그리고 군 면제 비리처럼 분단체제와 맞물려 사회 전반에 만연한 부조리와 차별적인 문화도 있구요. 그래서 북에서도 계층 간의 소통이 어느 정도 될 수 있는지는 좀 의문이에요. 평양에 사는 사람은 평양만 아는데 대부분의 인민들은 사실 장기간의 군 복무에 더해 병역이행기간에 저임금 아니 거의 무임금 노동을 하는 것이죠. 그래서 군사주의의 과도한 팽창으로 인한 폐해는 남북이 모두 겪고 있는 것입니다. 또한 내부 정치 문화에 있어서도 정치적 반대자를 관용하거나 서로 공존하지 못하고 서로 절멸시키려고 하는 태도도 분단국가주의의 공통적인 산물이라고 볼 수 있을 것 같아요.

조배준 분단이 주는 남북 인민의 고통을 더 고차원적인 시각에서 성찰하지 못한다면 서로에 대한 편견과 오해가 깊어질 수밖에 없는데요. 최근 북한이탈주민을 대상으로 한 TV 예능 프로그램이 오히려 남북의 적대감을 증폭시키고 서로의 차이에 대한 이질감을 더 자극하기도 해서 문제인 것 같습니다. 만약 갑자기 돌발적인 사태로 인해 통일이 된다면 이후 벌어질 남북주민 사이의 분열과 갈등 그리고 차별과 혐오는 불을 보듯 뻔할 것 같습니다.

박노자 그렇습니다. 장기적으로 남북한 사회 사이에 적대감이 더 커져서는 안 된다고 봅니다. 간편한 예를 들면 남쪽에서 중국을 좀 위험시하는 분위기는 있어도 중국인에 대해 강한 적대감은 생기지 않습니다. 중국과의 무역량이 많고 어떤 사람들은 중국 때문에 먹고 사니까요. 한국 사회의 가치 구조는 모든 것이 단기 이익 중심이에요. 북조선이나 통일을 바라보는 시각도 마찬가지구요. 시청률 높이는 방법 중 제일 쉬운 것이 자극적인 소재로 센세이션을 일으키는 것인데요. '이제 만나러 갑니다'의 경우는 탈북 여성들을 성적

대상화하고 유형화하여 자극적인 이야기를 하게 만드는 것, 또 북조선을 다소 부정적인 맥락에서 성애화시키는 과정을 잘 보여주죠. 이것은 대상을 특정한 관점에서 박제화한다는 점에서 전형적인 오리엔탈리즘이에요.

조배준 그런 남북의 상호 인식과 관련해 역사 이야기를 좀 여쭤보겠습니다. 흔히 북한이 남한보다 우월감을 느끼는 부분들 중 하나는 '우리는 그래도 식민잔재와 친일파를 청산했다'는 것인데요. 하지만 그보다 더 큰 미래적 시야는 진정한 독립은 곧 한반도의 통일을 이루는 것이라고 보는 관점일 것 같습니다. 선생님께서는 식민주의에 대한 극복과 분단의 극복은 어떤 역사적 지평에서 만날 수 있다고 보시는지요?

박노자 분단체제의 성립 과정에서 북에서는 어쨌든 민족해방 세력이 주도적인 영향력을 행사했습니다. 물론 그 해방 세력의 일부 분파가 나머지 다른 해방 세력을 제압하거나 숙청하고 집권한 것이 역사적 비극이지만, 남쪽의 경우 식민지 시대의 엘리트들이 거의 그대로 기득권을 보존했어요. 그리고 이 일제강점기의 엘리트들은 바로 분단체제를 통해 권력과 자본을 유지하는 것을 비호 받을 수 있었어요.

그래서 남쪽에서 분단을 극복하기 위해선 우선 그 부분에 대한 정치공동체의 역사적 반성이 필요합니다. 이제 70년이 넘게 흘러 식민지 시대의 친제국주의적 부역자들에 대한 직접적인 사법적 판결은 불가능해졌지만 그 부분에 대해서 어느 정도 합의된 인식이 필요한 것은 분명합니다. 최소한 그 정도의 인식이 있어야 적어도 북조선에서는 애당초부터 해방 세력이 집권했다는 역사적 이해가 가능하겠지요. 남쪽에서는 워낙 북조선의 나쁜 점만 부각시키기 때문에 사람들이 북에 대해 조금만 호의적으로 말해도 '이적행위'와 '고무찬양'에 걸릴 수 있다는 자기검열을 하게 되지요. 사실 명백히 좋은 부분은 고무찬양해야지요.

조배준 오늘날 분단체제와 연관해 한국은 사실상 미국의 아류 국가에 불과하다는 선생님의 지적은 어떻게 이해할 수 있을까요?

박노자 외국 신문의 정치, 군사, 안보 분야 기사를 보면 북한 기사가 많으니까, 남한 기사가 많습니까? 북한 기사가 제일 많죠. 그것은 남한의 어떤 정치 변동도 세계적인 정세 변동에 거의 아무런 영향도 끼치지 않기 때문입니다. 한국에서 누가 어떻게 집권해도, 그게 대통령으로 최순실이 되든, 문재인이 되든, 국가의 대외적 지향성과 외교 코스는 큰 틀에서는 이미 정해져있기 때문입니다. 한미동맹을 주축으로 한 분단체제에서는 어떤 세력이 집권하든 근본적으론 똑같다고 보기 때문입니다. 물론 대북정책이나 중-미 사이의 균형맞추기 차원에서는 나름의 차이는 있을 수 있지만, 큰 틀은 본질상 바뀌지 않죠.

　이렇게 보면 북한은 단점도 많지만 근대성을 이루는 여러 요소들 중 하나인 주권 국가를 이루기 위해 노력했다는 장점을 갖고 있습니다. 물론 저는 기질 상 '국가'를 아주 싫어합니다. 그런데 어떤 형태든, 어떤 시대든 간에 국가라는 단위를 기본적으로 거부하는 제 입장에서 봤을 때도 그래도 근대성의 핵심 요소는 분명히 국민주권 국가의 형성입니다. 그래서 자신의 주권을 유지하기 위해 노력하는 국가에 속하여 사는 것이 다른 더 큰 주권국가 밑에서 식민지인처럼 사는 것보다 훨씬 더 좋다는 점도 분명합니다.

조배준 남쪽에서는 미국 중심의 언론 프레임 속에서 주변국을 보다 보니 아무래도 러시아나 중국은 '깡패국가'같은 이미지가 많은 것이 사실입니다. 실제 중국과 러시아 사람들의 자기 국가나 지도자들에 대한 인식과는 별개로 말이죠.

박노자 북조선에서는 독립적이고 과학적인 여론조사를 할 수가 없죠? 그런데 만약 북조선에서 여론조사의 객관성이 확보될 수 있다면 김정은의 지지율이 몇 퍼센트로 나올 것이라고 생각하세요? 밖에서 보면 저런 세습 권력이 이해되지 않지만 내부에서는 시장 경제 활성화를 위한 정책을 펼치니까 약간씩 지지율이 오르고 있다고 봅니다. 물론 저는 개인적으로는 체제의 수호를 위해 핵과 미사일에 목숨을 거는 김정은의 정책은 아주 싫어합니다. 저는 남쪽의 원전이든 북쪽의 핵미사일이든 어떤 형태의 핵도 모두 거부하고 비판합니다. 그런데 어쨌든 북조선에선 인민들이 원하는 북미수교, 북일수교를 못 하는 것이 김정은 탓은 아니라고 보기 때문에 그의 정책에 대한 지지율은 결코 낮지 않을 것이라고 봅니다.

　이런 점은 러시아도 마찬가지에요. 외부에서 보자면 아주 경직되고 막 가는 독재 정권 같지만 내부에서 보자면 어느 정도 외세의 개입을 막고 주권을 공고히 하면서 어느 정도 경제의 활력을 유지하고 있다는 점에서요. 최근의 러시아는 경제가 안 좋은 상황이지만 비교적 높은 사회복지 비용을 유지하고 있습니다. 러시아와 유사하게 북조선이라는 체제도 주권 강화, 외세 개입 차단, 경제 및 복지의 활성화라는 점에서 계속 내부동력을 유지할 수 있는 것이지요. 이게 그렇게 비합리적인 것인가요?

　아, 물론 북도 독재고 러시아도 독재 체제이죠. 그런데 민주주의가 획일적인 것이 아니듯이 독재라는 것도 획일적인 형태는 아니죠. 그 독재 정권이 어떤 계층의 어떤 사회적 관계를 반영하는가라는 기준으로 봐야 한다고 생각해요. 물론 북한과 러시아의 독재는 민중지향적 독재는 아니지만 민중의 이해관계를 어느 정도 고려하고 있다고 봅니다. 독재라는 것을 부정하는 것이 아니라, 그 독재의 내부적, 사회경제적 성격을 구체적으로 구분해서 봐야한다고 봅니다.

조배준　그렇다면 북이 궁극적으로 원하는 것은 체제의 인정과 유지라고 보았을 때 미국과의 평화협정 체결을 추진하는 과정이나 그 후 일어나는 변화는 북한 내부에 어떤 변수가 될 수 있다고 전망하시는지요?

박노자　제가 상트페테르부르크대학에서 공부할 때 세르게이 쿠르바노프(Sergei O. Kurvanov) 교수라는 유명한 학자가 있었어요. 북조선에서 1980년대에 공장에서 통역사로 일하면서 3년을 살았던 분인데, 그 분이 북에 대해 썼던 표현 중 이런 게 있어요. '아무리 구애를 해도 사랑받지 못하는 아가씨'. 미국, 일본, 남조선에 대해 적극적으로 '구애'해도 그 누구도 그들의 말을 잘 들어주려고 하지 않아 억울하다는 것이죠. 미국 입장에서도 주일·주한미군을 포기할 생각이 전혀 없고 주둔비를 더 지원해 달라고 할 핑계도 계속 필요해서 북을 받아주지 않고 "북의 위협"을 계속해서 동북아 미군 주둔의 핑계로 이용해온 것이죠. 물론 북한의 지배자들에게도 꿈이 있겠죠. 중국과 미국·일본 사이에서 서로 균형을 맞출 수 있는 등거리 외교, 그들에겐 그게 꿈이겠죠.

조배준 지금 북한과 러시아는 어떤 관계라고 보시나요?

박노자 정치적으로 가깝고 문화예술 분야의 상징적인 교류는 아주 많지만 경제적으로는 서로 삐걱대는 거 같아요. 왜냐하면 러시아도 지금 서방 세력을 상대로 싸워서 자신들의 영향권을 구축하면서 자국의 주권을 강화하고 있지요. 그런데 북한도 이젠 대미 외교에서 자기 주권을 공고화해야 하니까 공동분모 같은 부분이 있지요. 말하자면 북러 관계는 정치적으로 공유하는 부분이 커지면 가까워집니다. 그래서 상징적이고 문화적인 교류는 계속 유지하고 정치적 친밀감도 놓치지 않지만 직접적인 상호보완적인 경제 교류는 미미한 수준이지요.

특히 러시아는 북한의 자원을 딱히 필요로 하지 않고 직접 투자하지도 않지요. 그렇다 해도 러시아는 미국의 영향이 미치지 못하는 자국의 영향권을 만들어내기 위해 동아시아에서 미국의 영향력을 상대화 시킬 필요가 있고 이 때 북한을 아주 유효한 지렛대로 사용할 수가 있지요. 그래서 러시아는 아마 북에 대한 영향력을 결코 완전히 포기하지 않으면서도 북중 관계와 달리 형식적 군사동맹은 맺지 않고 비교적 친밀한 정도의 정치 관계를 유지할 것 같습니다. 물론 러시아 내부에서 정권에 대항하는 좌파 세력에겐 북한이 굉장히 중요한 상징 자본이지요. 그들은 북한의 3대 세습과 개인숭배 문화에 대해서 종종 비판적일 수도 있지만요.

조배준 그렇다면 선생님이 생각하고 신뢰하는 '사회주의적 원칙'은 어떤 가치를 갖고 있는 것인지요?

박노자 지금은 우리가 그 이상적 상태에 도달하지 못하는 것을 전제하고 말하자면, 제가 생각하는 사회주의적 이상은 경제적 구성에 종속된 사회를 넘어선 상태에요. 우리고 살고 있는 사회는 경제적 관계를 위주로 돌아가지만 사회주의라는 이상은 경제 문제에 종속되어 존재할 필요가 없습니다. 기본적으로 인간의 합리적인 욕구를 충족시킬만한 풍부한 생산량이 있고, 그 생산물이 공유되고 사회화되어서 누구나 필요한 만큼 쓸 수 있는 사회. 단, 합리적인 기준에 따라 필요한 만큼 가져가서 사용하며, 인간이 자유로운 관계 속에서 서로 연대하며 스스로를 개발해나갈 수 있는 사회, 그런 모습이 사회주의적 이상이 아닐까 싶어요. 또한 사회주의 사회의 절대 조건엔 계급의 해체도 필요하다고 봅니다. 자본주의 사회에서 생산수단의 소유자와 노동자는 사회를 구성하는 기본적인 계급관계인데, 생산관계가 공유되고 서로 민주적으로 관계를 맺는 사회, 그러니까 특정한 주인이 없고, 모두가 주인이 되어 적어도 물질적인 소유의 차이가 없는 사회 말이죠. 이런 것은 그저 이상적 상황을 가정한 것에 불과하고, 저는 사회주의적 이상을 실현하기 위해 걸어가는 길은 굉장히 멀고 어렵다고 생각합니다. 물론 이런 관점에서 저는 과거 소련에 있었던 제도적 틀이나 북쪽 체제를 사회주의의 한 형태라고 결코 보지 않습니다.

지금 북쪽이 표방하는 '강성대국'같은 슬로건은 사회주의적 이상의 실현과는 아무런 관계가 없어요. 사실 북에서 전통적 좌파 담론 중에 남은 것은 '반제국주의 노선'과 복지주의적 지향 밖에 없습니다. 사실 북한이 지향해왔던 것은 과거 사회주의를 표방하면서 만들어진 동구권 체제가 남긴 유산의 일종인 '좌파 개발주의'입니다. 사회주의적 이상은, 역사적인 '현실 사회주의'체제들이 실험했던 사회적 상태보다 훨씬 더 높은 기준을 세워야 합니다. 우리가 경험했던 역사적인 '현실 사회주의'체제는 세계체제의 주변부에서 사회주의적 이상을 표방하며 아주 지난한 개발의 과정을 이끌었던 독재적 지도자나 집단들이 남긴 흔적입니다. 사회주의가 실질적으로 가능하려면 물질 생산의 자동화 수준이 아주 높아서 더 이상 생산 중심의 사회가 아니어야 해요. 생산 노동을 해야 할 필요 자체가 최소화돼야 진정한 의미의 사회주의 이상을 실천할 수 있는데, 극도로 가난한 상태에서 외세와도 싸워야 하는 지옥 같은 사회에서 과연 사회주의 같은 이념을 지닌다 해도 그 이상을 어디까지 실현해낼 수 있겠습니까?

조배준 이젠 더 이상 불온한 혁명적 용어도 아니고, 젊은이들이 열정을 담을 수 있는 단어가 아닌 사회주의라는 말에 대한 선생님의 생각을 여쭈어 봤던 것은 차가울 정도로 냉철한 선생님의 현실 인식 속에서도 좀 이상적인 이야기를 듣고 싶었기 때문이었습니다. 양극화가 극심화된 사회에서 주눅든 젊은이들은 사회적 변혁에 대해 냉소합니다.

박노자 그래도 한국 사회는 그 동안의 경제적 발전 못지않게 사회적 발전도 함께 이루어왔기 때문에 미래에 대해 낙관적으로 희망할 수 있는 여지가 많다고 생각합니다. 제가 한국에 처음 온 것이 1991년도인데 그 때 오게 된 계기가 좀 재미있어요. 제가 원래 평양 김일성종합대에 유학하기로 결정이 났었는데, 당시 소련과 한국이 수교를 하면서 김대에서 갑자기 입학을 불허했어요. 그래서 저는 고려대에서 공부했는데 당시만 해도 한국 대학가에선 '동성애'란 단어를 전혀 사용하지 않았어요. 당시 제가 동성애자들을 가리키는 다른 말로 들은 것은 '변태'였어요. 어느 사회에나 존재하는 그들을 담론화하면서 당시 한국에서는 겨우 그런 정도의 말을 사용했던 것이죠. 대학이라 해도요. 남쪽에 비해 더 가부장적인 북쪽에서는 동성애에 대한 금기가 더 심하겠지요.

한편 당시에도 존재했던 '여호와의 증인' 신도들에 대해선 운동권 학생들도 '또라이'라고 불렀어요. 저는 그들을 지지하지 않고 어떤 종교에 대해서도 냉소적이지만, 다소 민중지향적인 종교 집단인 그들에 대해 소위 명문대 학생회장이라는 친구도 '또라이'라고 부르던 당시엔 참 인권 의식이 미미했어요. 저는 한국 사회에서 북한을 이질적인 존재로 재현할 때 나타나는 문제도 이와 크게 다르지 않을 것이라고 봐요. 당시만 해도 '프락치'로 지목되면 맞아 죽는 사람이 나올 만큼 진보적 대학생 사회마저에서도 말이 안 되는 일이 많았어요. 그 때는 '안기부'나 '군부', 그리고 그것들에 맞서 싸운 학생들의 인권 의식 수준이 서로 거의 비슷했어요. 이것도 연구해볼 문제인데 당시 인권 감수성은 전반적으로 너무 낮았어요. 또한 운동권뿐만 아니라 대학과 사회 곳곳에 성폭력이 만연해 있었어요.

그런 면에서 그 동안 한국 사회의 인권 감수성은 비약적으로 높아졌습니다. 물론 그런 성과는 많은 사람들의 투쟁을 통해 새롭게 쟁취된 것이지요. 저는 앞으로 한국 사회가 가장 먼저 쟁취해야 될 부분이 재분배 문제라고 봐요. 일이 없어서 수입이 없으면, 가족이나 친척이 없으면 굶어죽는 게 당연한 사회는 결코 지속가능하지 않지요. 특히 가족이라는 게 와해되는 혼밥 시대에 말에요. 제가 보기에는 무상의료, 무상교육 같은 재분배 구조가 어느 정도 활성화 되어야 그것을 바탕으로 해서 그 다음 단계의 투쟁이 시작될 수 있을 것 같아요. 그래서 사회 각 분야의 부조리를 밝히고 인간의 인간에 대한 폭력을 폭로해야 대한민국이 더 자유롭고 평등하게 살 수 있는 사회가 된다는 것입니다. 에휴, 근데 북조선에서 초대를 해도 허가가 안 나서 제가 방북을 못 하는 게 좀 아쉽지요. 북조선 사람 만날까봐 중국 연변의 학술행사에도 한국 학자들이 못 가게끔 막는 이런 상황을 뭐라고 해야 될까요?

조배준 북한에 못 가실 때마다 한국인으로 귀화하신 것을 후회하지는 않으시는지요?

박노자 솔직히 한국학자가 북을 가지 못한다는 점은 너무 힘든 점이지요. 노르웨이가 남북 모두와 수교를 맺고 있는 만큼 제가 소속되어 있는 오슬로대만 해도 김일성종합대와 자매결연을 맺고 있어요. 노르웨이에서 가끔 북조선 유학생이 보이듯이 저도 당연히 평양을 가서 연구를 해야 되는데 못하니 억울하죠. 특히 제가 다음 달부터는 학교에

서 북한 사회의 역사와 문화에 대해 가르치는 데도 불구하고 통일부에서 허가를 내주지 않으면 자료를 수집하러 평양에 못갑니다.

안과 밖에서 다시 바라 본 통일담론

조배준 선생님은 함석헌 선생의 통일론에 대해서도 글을 쓰신 적이 있는데 한반도 통일의 미래상을 구상하실 때 어떤 영향을 받으셨는지요?

박노자 저의 연구는 주로 식민지 시대에 초점이 맞춰져 있지만 다양한 대중적 글쓰기를 위해 함석헌에 대해 관심을 갖게 되었어요. 그 분은 '밑으로부터의 통일'을 원하셨는데 다수에게 이로운 통일, 적어도 다수에게 해롭지 않은 통일을 주창하셨지요. 현재로선 통일 과정에서 상대적 약체가 될 수밖에 없는 북한 주민들에 대한 복지 혜택 같은 것을 선구적으로 주장하셨지요.

그런 점에서 오늘날엔 남북 사이의 경제적 격차를 고려하여 통일 이후에 발생할 수 있는 문제들에 대해서도 미리 준비가 필요하다고 생각합니다. 예를 들면, 분단 이전의 토지 소유관계가 극심한 갈등과 혼란의 원인이 되지 않게 하는 조치나, 북조선 땅에 대한 사재기를 불법화하고 농지에 대한 부동산 투기를 억제한다든가 하는 방안이 필요할 것 같아요. 그리고 북조선에서 가동 중인 공장들에 남쪽 자본이 함부로 들어가 사기업화하지 못하게 하는 것도 고려할 필요가 있어요.

결국 북한 땅에 대한 땅문서를 남쪽에서 대를 이어 간직하고 있는 것은 남북의 통합 과정을 염두에 둘 때 포기될 필요가 있습니다. 해방 후 북에서 일어난 토지개혁은 북조선 사회를 만든 제일 신성한 부분 중 하나였어요. 해방후 민주개혁의 핵심인 토지개혁을 부정하는 토지 문서는 북쪽 주민들을 존중하는 차원에서 폐기의 대상입니다. 남북통일이 서로를 굴복시키고 패배시키는 과정을 의미하는 것일 수는 없기 때문입니다.

조배준 한국의 소위 진보 세력엔 아직도 1980년대의 NL/PD의 서로 다른 조직 구도가 여전히 보입니다. 저도 20대 때는 한국 사회 내부의 변혁 문제와 통일

문제는 중첩될 여지가 넓지 않다고 간주했는데 요즘은 생각이 많이 바뀌었습니다. 계급 모순과 민족 모순을 통합적으로 극복할 수 있는 통일 준비과정이 필요하지 않을까요?

박노자 그 양자는 별개가 아니죠. 북한의 토지 문서를 갖고 있는 사람들만 생각해봐도 그들 대부분은 어쨌든 해방 이전 피지배층보다 지배층 출신이 더 많지요. 북쪽에 대한 흡수통일을 노리는 사람들의 대다수도 어쨌든 지배적인 계층이 대다수이지요. 남쪽의 하층민들의 입장에서 흡수통일 방식은 전혀 바람직하지 않지요. 남한 우위의 일방적 흡수 과정에서 그들의 노임은 전반적으로 하락할 것이고 남북 노동자 모두 불이익과 상대적 차별을 겪을 것이기 때문입니다.

　또한 얼마 남지 않은 옛 운동권 세력의 양 진영도 서로가 공유하고 있는 가치들을 통일 문제 속에 녹여낼 필요가 있어요. 예를 들어 보통의 경우엔 NL의 입장에서도 외국인 노동자를 쫓아내야 된다는 생각은 안 하잖아요? 외국인 노동자들도 여기에서 정착하는 게 바람직하다고 생각한다면 한국 민족도 기존의 협소한 종족적 민족 개념에서 벗어나 다문화적 민족 개념으로 나아가겠죠. 그리고 한국의 자본가들이 세운 기업이 더 이상 '민족자본'이 아니라 다국적 자본이라는 점도 인정하게 되겠지요. NL이 사회의 변화에 따라 민족 개념을 상대화할 수 있는 요소를 인정할 수 있다면, PD도 수용할 수 있는 인식은 한국이 완전한 주권국가가 아니라는 사실과 한반도 분단 문제는 여전한 근본 모순 중에 하나라는 점이다. 그리고 양자는 '탈분단 없이는 평화 없고, 평화 없이는 사회 변혁도 없음'에 깊은 공감대를 이루며 함께 연대해야 한다는 생각입니다.

조배준 그런데 최근 통일 담론은 한 쪽에서는 통일 이후 얻게 될 북한의 노동력, 지하자원, 소비시장 등 경제적 성과에 대한 막연한 기대를 담아 '통일대박론'을 노래하지만, 다른 한쪽에서는 통일비용을 과도하게 계산하여 돌발적인 통일에 대한 공포감을 증폭시키는 '통일혐오론'을 부추기기도 합니다.

박노자 저는 그런 방식의 통일에 대한 접근방법 자체가 잘못되어 있다고 생각합니다. 경제를 위해 사람이 사는 게 아니잖아요. 오히려 사람을 위해 경제가 필요한 것이죠. 성장률이 몇 % 올랐다고 해서 우리 개개인의 삶이 갑자기 행복해지진 않아요. 그래서 통일에 대한 상상력도 사람 중심으로 사고하는 것이 중요합니다. 사람 위주로 사고할 때 분단 극복과 평화 정착의 문제가 보다 적극적으로 결합할 수 있기도 하지요. 또한 분단체제가 지속되는 한 한반도의 민주주의와 인권은 획기적인 긍정적 변화를 겪을 수 없어요. 그런 점에서 이 땅에서 살아가는 남북주민들의 평화와 인권을 위해서 통일이 필요하다는 생각을 우선적으로 상정할 필요가 있어요.

또 '인구 절벽'문제는 통일로 해소할 차원이 아니라 우선 아이를 낳아 기르고 싶지 않은 이 '헬조선'부터 고쳐서 대응할 문제에요. 남북통일로 한국의 태심한 저출산 문제를 해결할 수 있다는 관점은 전체주의적 사고방식일 뿐입니다. 초저성장 시대를 맞이하면서 인구를 늘리지 못하더라도 그나마 유지시키는 방법은 이민밖에 없어요. 이민을 좀 더 많이 받아들이면서 다문화 사회로 변화하는 과정에서 남북 화해도 더 탄력을 받겠지요.

조배준 한국인은 그 동안 경쟁에서 승리하는 것에 길들여져 철저히 '경제적인 동물'로 사회화되었고, 북쪽 인민들은 체제 수호를 위한 요소로 활용된다는 점에서 '정치적 동물'로 길러져 왔습니다. 한국인들은 한 동안 대통령을 뽑을 때도 '경제'를 기준으로 삼았지만 결국 더 풍족해지지도 못했지요.

박노자 그리고 풍족하게 사는 것과 행복하게 사는 것은 별개의 문제입니다. 일본인을 보세요, 조금 더 풍족하게 살아도 직장 공동체 내지 가족 해체 과정이 진행되면서 행복한 삶이 공동체의 화두가 되고 있지요. 오히려 북조선 사람들이 더 행복감을 느낄지도 모르지요.

조배준 유럽인들에게 한반도 통일은 전혀 중요한 문제가 아닐 것 같습니다.

박노자 네. 전혀요. 유럽은 자신들의 이해관계와 거리가 먼 북조선 문제를 미국에 전적으로 맡겨버렸지요. 미국도 한반도에 직접적인 경제적 이권이 비교적 많이 걸려 있지 않기 때문에 경제적인 차원은 미군주둔에만 관심을 갖지요. 어떤 면에서 보자면 미국은 북을 상대하면서 그들이 핵을 갖게끔 유도했다

조배준 그래서 혹자들은 '북핵'이라는 말은 적당하지 않다며 '부시(George W. Bush)의 핵'이라고 표현하더군요. '6자 회담' 당사국들이 모두 통일을 원하지 않는다면 우리는 대체 어디서 통합의 근거를 마련해야 될까요?

박노자 1994년 제네바협정 전후만 해도 북엔 사용 가능한 '핵'이 없었어요. 부시의 '악의 축' 발언과 이라크 침공 등 이후 북조선은 패닉 상태에서 핵 개발에 몰두했지요. 이런 점에서 북핵은 미국이 유도했다고 볼 수 있는데, 이것은 그곳에 사는 인민들과 한반도의 분단 상황에 얼마나 비극적인 일입니까.

　저는 통일해서 뭘 하겠다는 그런 발상부터 당장 버려야 된다고 생각합니다. 통일이라는 말을 쓰지 않더라도 한반도가 평화적으로 유지될 수 있고 또 그게 경제 활성화에 도움이 된다면 소위 남남갈등도 줄어드리라 봅니다. 적어도 남북이 서로 적대적이지 않은 관계가 되고 함께 군비를 줄여갈 수 있다면 유라시아 철도가 개통되고 남북의 교류가 확대될 뿐만 아니라 중국이나 러시아와의 관계도 보다 실용적인 차원으로 변할 것 같습니다. 또한 징병제가 아닌 모병제 논의는 지금 상황에서는 실효성이 떨어지지만, 한국전쟁 종료가 공식 선언되고 한반도에 평화체제가 정착한다면 얼마든지 가능합니다. 평화 정착을 통해 남북 경제가 활성화된다면 남한의 보수적인 지

배층도 분단 극복에 보다 적극적인 자세를 가지게 될 것입니다.

코리아학의 가능성과 코리언 디아스포라의 힘

조배준 오늘 이야기를 마무리하면서 '밖'에서 바라 본 한국학의 매력을 여쭤볼까 합니다.

박노자 외국인의 시각에서 북한은 사실 재미있는 나라에요. 미국의 헤게모니에 포섭되거나 굴복하지 않는 몇 안 되는 나라들 중 하나죠. 중국, 인도, 러시아처럼 미국의 헤게모니에 대응하는 큰 대륙형 나라도 아니고 사회주의를 표방한 작고 폐쇄적인 나라가 미국의 영향력을 상대화시키기 위해 노력한다는 점에서, 이런 나라가 또 어디에 있을까 싶은 것이죠. 베네수엘라와 쿠바 정도가 떠오르는데 북한은 좀 더 미지의 세계에 있지요. 제가 진행하는 수업에서도 북한이라는 작은 나라가 어떻게 미국에 대항해 독립을 유지하는가, 그 내부 동력은 무엇이며 결속력을 어떻게 강화하는가 같은 주제들에 대해 유럽 학생들이 지대한 관심을 갖습니다. 주체사상도 제3세계 반제민족주의로 이해하면서 북조선이라는 나라를 이해하려고 합니다.

　반면 남한에 대해 관심은 보통 '한류'나 드라마 같은 것이 많지만, 남한의 젠더 문제에 대한 학생들의 에세이도 많습니다. 왜냐하면 산업화된 사회 중에서 중동 이외에는 여성의 지위가 가장 낮은 사회들 중 하나가 남한이기 때문이지요. 어떤 면에선 여성의 입장이 이렇게 간과된 사회 속에서 산업화, 노동운동, 생태운동 등이 일어났던 과정이 미스테리합니다. '사우스 코리아'의 정치나 경제 체제는 매력이 별로 없어요.

조배준 조선학, 한국학, 북한학이 가진 배타성을 완화하고 남북 화해 과정에서 상호 수평적으로 융합되어야 '코리아학'으로 통합되어 갈 수 있다는 생각이 듭니다. 이런 점에서 선생님이 보시기에 북한학은 어떤 특성과 한계를 갖고 있나요?

박노자 사실 제가 잘 모르는 분야이고 제 전공과도 거리가 멀어 함부로 얘기하기 어렵습니다. 하지만 뭔가 근본적인 관점에 대한 문제제기는 할 수 있을 듯합니다. 일부 북한학자들의 기본 전제는 남한은 뭔가 '옳은' 개발의 길을 걸어왔고, 북한은 '틀린' 개발의 길을 걸어왔다는 것 같습니다. '우리는 정답. 너희는 오답', '관찰자인 우리는 주체, 연구대상인 너희는 객체'같은 인식을 선험적으로 갖고 있다면 사실 학문을 할 필요가 없어지죠. 이미 정답을 갖고 있다면 왜 공부를 해야 됩니까? 사실 공부의 시작은 정답을 모른다는 것에 있습니다. 정답을 미리 알고 논문을 쓴다면 그건 크게 봐서는 북조선에서 교시를 따르며 논문을 쓰는 것과 마찬가지이죠. 그래서 저는 남북문제와 코리아라는 학문의 대상엔 정답이 없다고 봐요.

그런 점에서 남한 지배층이 신봉하는 자본주의, 아니 신자유주의는 그 자체로 어쩌면 '악'일 수도 있어요. 봉건사회가 산업사회로 이렇게 이행하면서 너무나 많은 반민중적이고 반환경적이며 반인간적인 요소들이 폭발적으로 드러났어요. 남한이 겪어 온 개발도 여러 근대적 산업화의 폐해를 압축적으로 보여주기 때문에 좋은 성장이었다, 한국의 개발은 절대적으로 성공이고 정답이라는 입장은 다시 검토될 필요가 있어요. 인구 밀도가 대단히 높은 한국이라는 나라에서 4개의 원전, 23기의 원자로가 서로 지리적으로 밀접해 보이는 지도에서 보듯이 우리는 너무나 많은 시한폭탄을 안고 살아가고 있어요. 부산지역에서 후쿠시마 정도의 원전사고가 일어난다면 과연 어느 정도의 참사를 의미할까요?

물론 북조선도 당연히 정답이 아니죠. 정답이 아니라고 해서 오답만 있는 것도 아니구요. 그래서 남북을 비교할 때는 말하자면 이분법적인 사고를 넘어설 필요가 있어요. 되도록이면 객관화시켜서 북조선이 걸어온 길도 다시 보자면 분명히 부정적인 면과 긍정적인 면이 가진 양면성이 조곤조곤 드러날 거에요. 따라서 통일 시대를 준비하는 한국학과 북한학은 지나친 남한 위주의 사고 패러다임을 바꾸고 다시 객관화를 시도할 필요가 있습니다.

조배준 그런 면에서 저는 이제 코리언 디아스포라의 역할이 더욱 중요하다고 생각합니다. 해외에서 한국학을 연구하시는 분들이 같이 모일 수 있는 자리가 많이 만들어지고 남북 사이에 놓인 차이들을 중재하거나 완화할 수 있는 그런 중요한 역할을 담당할 수 있기 때문이지요. 선생님께서도 향후 그런 학문 활동을 펼쳐나가실 생각이 있으신지요?

박노자 아, 있지요. 제가 2019년부터 고려인 연구를 본격적으로 해보려고 합니다. 재소고려인 같은 경우는 북한 국가의 탄생과도 유관한 집단이고, 1945년 이후 파북고려인들에 대해서도 연구할 필요가 있어요. 비자본주의적 개발 과정에서 코리언 디아스포라가 어떻게 살아왔는지에 대한 문제도 있구요. 어쨌든 앞으로 디아스포라 연구가 한국 사회의 사고체계를 상대화시키고 유연하게 만드는데 도움이 되면 좋겠어요.

그리고 조선인이나 고려인이라고 하면 무의식적으로 많은 사람들이 다른 코리언들은 한국을 벤치마킹해야 된다고 생각하는 것도 바꿀 필요가 있어요. 한국과는 발자취가 다른 많은 코리언의 집단들을 주변화시키는 사고가 있기 때문에요. 그래서 우리는 지금 '핵심과 주변의 관계'를 약간 전복시킬 필요가 있어요. 그래서 '고려인으로 본 코리아적 근대'라든가 '연변 조선족으로 본 코리아에 대한 재검토'연구 같은 것도 필요합니다. 근대화의 통로나 경로는 다양할 수 있다는 점에 주목해야 하는 것이죠.

연변을 가보면 느낍니다. 모택동주의적인 중국 근대화의 경우 이처럼 조선말이 살아있는 공간을 허용했구나 싶어요. 소수자들에게 이런 틈을 열어주는 개발 방식은 구성원의 집단에 대한 획일적인 종속을 강조하는 일본에서는 상상도 못할 일이에요. 한국인들은 참, 너무 남쪽 위주로만 생각을 하지요.

조배준 그런 점에서 한국에서 통용되는 다문화주의라는 것도 결국 '여기 들어와서 너희들의 차이를 버리고 적응해라'는 식으로 단순화되고 왜곡될 여지가 있어 보입니다.

박노자 그렇죠. 한국에서는 알게 모르게 모든 코리언 문화의 궁극적인 정통은 남한에 있어요. 북한이탈주민들은 모두 대한민국에 와서 적응하고 사는 것만이 정답이라고 생각하는 것은 과도한 집착이에요. 북한 사람들도 남쪽에 와서 진짜 행복하게 살 수도 있고 그렇지 않을 수도 있습니다. 물론 그들이 살던 사회와는 완전히 다른 원자화된 사회에서 행복을 찾기는 쉽지 않아요. 그래서 우리는 스스로를 상대화시킬 필요가 있어요. 그래서 '귀순'이나 '귀순 유도'같은 말은 참 듣기 거북합니다.

또 유라시아 대륙의 해외 코리언들에 비해 비교적 생활수준이 높다는 이유로 대한민국에 산다는 자부심이 오만한 우월감으로 바뀔 때도 있어요. 그리고 코리언 사이의 문화적 차이를 무시하고 남한 중심의 코리언 대중문화를 코리언의 획일적 이미지로 선포하고, 다른 집단에 그 이미지를 수용하라고 한다면 어떤 부작용이 일어날지 아시잖아요? 그런데 그런 사람들일수록 자신들보다 더 잘 사는 재미동포에 대해서는 반대로 열등감을 가지고 있지요.

대통령이 해외순방할 때 보이는 태권도 시범, 비보이 댄스, 아이돌 가수들의 한류 선전 등을 해외에 알리는 코리아 문화의 전부라고 생각하는 것은 정말 미친 짓이죠. 저는 정말 남한인들이 그런 자기 중심적 사고를 버렸으면 좋겠어요. 물론 북조선도 자기중심적 사고가 너무 강해서 탈이지만요. 북조선 사람들은 상종 못할 것이라 하고, 재일조선인들은 반쪽바리라고 손가락질 하는 일부 남한인들의 아집에 찬 모습을 그만 보고 싶어요.

조배준 재미동포가 제일 위고, 재일조선인이 그 다음이고, 그 아래에 조선족, 제일 바닥에 탈북자의 지위가 있다는 말도 안 되는 위계 관념이 시중엔 있어요.

박노자 저도 한국에서 살아봤으니까 알지만 영어를 가르치는 원어민들의 비공식적인 서열을 봐도 제일 위는 백인, 그 다음이 재미동포, 아래가 흑인 뭐 이렇다고 하더라구요. 코리언 디아스포라 중 제일 좋은 대우를 받는 재미동포들도 고국에 와서 백인에 비해 차별 받는 거에요. 참 할 말이 없어집니다. 이처럼 동포들을 위계화 서열화 시키는 것은 사실 평화롭고 평등한 통일의 꿈을 포기하게 만드는 모습들이에요. 다시 북으로 돌아가거나 유럽, 미국으로 가는 탈북민들의 쓸쓸한 뒷모습 처럼이 떠오르지요.

조배준 제가 요즘 강의하고 있는 주제도 남과 북 모두에서 잊혀진 작가와 철학자들의 생애와 흔적을 지성의 분단사라는 관점에서 다시 돌아보는 것인데요. 백석, 임화, 이태준, 박치우 이런 사람들을 통해 분단이 남긴 우리 안의 상처들을 보고 있어요.

박노자 이태준은 저도 많이 좋아하는 작가에요. 이태준과 친했던 인물 중 북조선에서 문화선전성 제1부상을 지낸 파북고려인 정상진 선생도 회고록을 남기고 최근에 돌아가셨지요. 남쪽에서는 그 진가를 제대로 인정받지 못하고 있지만 이태준의 작품은 오히려 해외에서 더 큰 관심을 받고 있어요. 그런 월북 문화예술 인물들에 대해 더 깊이 연구하고 싶어도 전해지는 자료가 부족한 어려움도 있구요.

조배준 저는 그렇게 남북에서 잊혀진 인물들을 통해 남북 사이의 문화사적 중간지대를 넓혀가며 이야기를 풀면 사람들의 적대감이 많이 완화되는 것이 느껴지더라고요. 그런데 아직도 남북주민들 안에 내재된 분단의 상처는 크더라구요. 북한의 부수상을 지낸 홍명희 선생의 고향은 충북 괴산인데, 이 괴산의 관광문화가 아주 뼈아프게 웃깁니다. 월북작가 홍명희는 반대하고 숨기려 하지만 그가 창조해낸 캐릭터인 임꺽정은 아주 좋아하지요. 임꺽정문학제를 개최해도 홍명희 선생은 기리지 않고 온갖 농산물에 임꺽정 브랜드를 붙여 놓았어요. 홍명희 선생의 문학비는 재향군인회 소속 노인들이 훼손을 하려 했고 아직도 초라하게 방치되어 있어요.

박노자 그런 정치적 입장 차이에서 보자면, 분단국가 속에서 평생 살아 온 노인들이 답답하지만 이산가족의 아픔은 안고 살아가는 노인들을 보면 통일의 필요성에 대한 생각이 더 간절해지기도 하지요. 북쪽에는 나의 동생이 있고, 어머니의 무덤이 있다고 간절히 그리워하는 그런 노인들도 모두 세상을 뜨면 이제 남북 사이에는 우애와 친밀함이 더 급속도로 옅어질 것 같아요. 젊은이들에게 북쪽 사람들은 그저 비현실적인 존재처럼 느껴지기도 하니까요. 향후 남북의 젊은 세대들은 서로에 대한 애착이 완전히 사라지고 이원화된 인식을 가질 가능성이 아주 높지요. 가난하고 더럽고 초라한 북쪽 사람들이라는 이미지는 남쪽 젊은이들이 북한을 더 무시하게 되는 인식적 이유가 됩니다.

그런 점에서 노인들의 경직된 정치의식을 바꿀 수는 없지만 노인들이 품고 있는 분단에 대한 상처를 후속 세대도 공유할 필요가 있다고 생각해요. 그들은 그래도 분단의 아픔을 가장 절실하게 느낀 사람들이니까요.

조배준 이제 마지막으로 선생님의 향후 연구 계획을 여쭤보겠습니다. 어떤 분야를 주로 집중적으로 연구하실 계획이신지요?

박노자 앞으로 몇 년 동안 끝맺고 싶은 것들이 있어요. 먼저 '신채호 평전'입니다, 신채호 선생이 성균관의 마지막 박사로서 개화와 식민의 시기를 겪으며 강렬한 아나키스트로 변모해 가는 과정을 그리고 싶어요. 그리고 영문으로 출간하고 싶은 '한국 공산주의 운동사'가 있어요. 그 다음엔 아마 또 하나의 코리언들인 고려인 연구 프로젝트를 준비해보고 싶어요. 이제 '복수(複數)의 코리아학'을 통해서 한국인들이 남한만의 잣대로 보지 말고 여러 코리아 집단들을 동등하게 볼 수 있으면 좋겠다는 것이 저의 작은 꿈입니다.

인터뷰이 : 후지이 다케시

일본 교토대 사학과를 졸업하고 오사카(大阪)대 일본학과에서 석사학위를, 성균관대 사학과에서 박사학위를 받았다. 지은 책으로 『죽음으로써 나라를 지키자 – 1950년대, 반공 · 동원 · 감시의 시대』(공저, 선인, 2007), 『파시즘과 제3세계주의의 사이에서』 등이 있으며 옮긴 책으로는 『번역과 주체』(이산, 2005), 『다미가요 제창』(삼인, 2011)이 있다. 논문으로는 「낯선 귀환-〈역사〉를 교란하는 유희」(2007), 「'이승만'이라는 표상 : 이승만 이미지를 통해 본 1950년대 지배권력의 상징정치」(2008), 「제1공화국의 지배이데올로기 : 반공주의와 그 변용들」(2008) 등이 있다.

인터뷰어 : 박민철

건국대 통일인문학연구단 HK교수 및 대학원 통일인문학과 교수로 재직 중에 있다. 20세기 한국현대철학, 한반도 사상사 등을 연구하고 있다. 지은 책으로는 『코리언의 민족정체성』(공저), 『유동하는 코리언의 가치지향』(공저), 『통일담론의 지성사』(공저), 『생명 · 평화 · 치유의 DMZ 디지털스토리텔링』(공저) 등이 있다.

한국 현대사, 사상의 소용돌이 속에서

일시 : 2016년 12월 20일
장소 : 서울 동대문구 역사문제연구소

나의 학문적 문제의식, '변혁과 주체의 형성' 그리고 '민족주의'

박민철 첫 번째 질문 드리겠습니다. 첫 번째 드릴 질문의 범주를 굳이 나누면 선
생님의 학문적 문제의식과 관련되어 있습니다. 선생님의 연구들을 살펴보
면, 무엇보다 일제강점기를 시점으로 한 한국현대사에 집중되어 있음이 눈
에 띕니다. 더불어, 식민지 조선의 사회주의 수용부터 시작해, 나아가 해방
이후 분단국가 진입 속에서 지배 이데올로기의 작동과 변화 과정 등 폭넓은
연구주제들을 발견할 수 있습니다. 이러한 학문적 여정을 밟게 된 이유, 또
는 선생님의 학문적 문제의식을 촉발시킨 개인적 경험이 있으신지 궁금합
니다.

**후지이
다케시** 뭐부터 말씀드려야 할지 모르겠는데요. 아무래도 대학 때 학생운동 했던 게
가장 큰 원인이라고 할 수 있을 것 같습니다. 특히 재일조선인들과의 연대
운동의 경험이 컸고, 또 한국에 유학을 왔던 것 역시 큰 계기가 되었습니다.
제가 석사과정에 진학해서 애초 전공하려던 분야는 '일제시대'였습니다. 그
렇게 한국 근대사를 하려고 했었는데 1년 휴학해서 어학연수로 한국에 와
서는 한국 현대사로 전공을 바꾸게 됐습니다. 한국에 유학을 와서 보니 현
대사를 모르고 근대사를 공부한다는 것 자체에 근본적인 한계를 느꼈어요.
제 눈앞에 있는 사람들은 한국 현대사를 다 거쳐 온 사람들인데 제가 아는
역사는 '1945년'에 끝나고 있는 셈이니까 아예 대화를 할 수가 없는 거죠.
거기서 큰 괴리를 느꼈던 게 현대사를 전공하게 되는 계기가 됐습니다.

박민철 그런데 선생님의 연구는 현대사에서도 그 스펙트럼이라고 해야 할까, 주제들이 다양하시잖아요? 사회주의 수용사 관련 연구부터, 이승만 정권 시대와 제1공화국의 이데올로그에 대한 연구, 심지어는 일본 맑스주의 이론가들의 글을 다시 번역해서 소개해주신 연구도 있고요. 물론 한국 현대사라고 하는 지형이 이렇게 폭넓게 다가갈 수밖에 없는 엄청난 공간이긴 한데, 그렇게 다양한 주제들을 다루게 되신 이유는 어떤 것들이 있을까요?

후지이 다케시 일단 주제가 다양해졌던 것은, 역사연구라는 것 자체가 대상을 따라서 움직이는 것이기 때문인 것 같아요. 역사 공부를 하다보면 새로운 연구대상과의 만남이 계속 생기기 마련이고, 그러다 보니까 연구주제가 다양해질 수밖에 없는 것이죠. 그런데 말씀처럼 연구주제가 다양하다고 할 수도 있겠지만, 어느 정도 일관된 것도 있어요. 제가 계속 관심 갖고 있는 것은 '변혁'이라는 문제, 그리고 '주체 형성'의 문제입니다. 이게 또 제가 경험한 학생운동과 관련된 일인데, 학생운동을 하다보면 당연히 변혁이라는 문제를 고민하게 되죠. 그리고 또 재일조선인들과 연대운동을 했기 때문에 그 속에서 주체 형성의 문제도 고민하게 되었습니다. 특히 재일조선인들과의 연대운동 속에서는 '한국인'과 '일본인', 내지 '조선인'과 '일본인'이라는 구도를 넘어설 수 있는, 아직 없는 '우리'라는 주체를 어떻게 만들 수 있을지 많이 고민했어요. 그래서 주체의 문제가 주된 관심사가 됐죠. 그리고 그런 걸 생각할 때 사카이 나오키의 영향이 컸어요. 어쩌다 보니 나중에 제가 사카이 나오키(酒井直樹)의 『번역과 주체』라는 책을 한국어로 번역하게 되기도 했는데, 학부 졸업할 때쯤 처음 읽은 그의 「사산되는 일본어, 일본인」이라는 글은 정말 충격 그 자체였어요. 무식한 운동권 학생이 이해할 수 있는 수준의 글은 아니었지만, 이해할 수 없으면서도 아주 중요한 글이라는 것은 직관적으로 알 수 있었어요. 그것이 학문적인 계기라면 큰 계기였다고 할 수 있을 것 같은데, 학생운동을 하면서 했던 고민들이 학술적인 고민일 수도 있다는 것을 알게 된 셈이죠. 그런 점에서 제 출발점이 학생운동 경험이었다고 말씀드릴 수 있을 것 같습니다.

박민철 곁가지 질문들이 떠오르는데 그렇다면 학생운동을 하셨다고 하시는데, 한국에서 소위 학생운동은 'NL운동'과 'PD운동' 등으로 도식적으로 구분이 되거든요. 그러면 선생님에서 참여하신 학생운동의 지향이나 이념은 어디에 있었던 거죠?

후지이 다케시 제가 대학에 들어간 게 90년인데요, 90년은 지금도 천황을 하고 있는 '아키히토(あきひと)'가 공식적으로 즉위를 한 해 입니다. 그래서 대학에 들어가자마자 반(反)천황제운동에 참여를 하게 됐어요. 90년은 12월까지 계속 천황 관련 행사들이 있어서 내내 그것에 대한 반대운동 같은 것을 했었는데, 그게 끝났다 싶더니 걸프전이 터졌죠. 그리고 그것도 끝나니까 다음에는 자위대를 해외로 파병하겠다는 이야기가 나왔어요. 그렇게 계속 정신없이 운동을 했었는데, 그런 운동의 핵심으로 생각했던 것은 제국주의 문제였습니다. 물론 한국의 학생운동에서도 제국주의 이야기는 많이 하지만 그건 어디까지나 피억압민족이라는 위치에서 하는 것이고, 억압자의 위치에서 제국주의를 비판하는 것과는 많이 다를 수밖에 없어요. 레닌도 '혁명적 조국패배주의'에 대해 이야기한 적이 있지만, 어떻게 보면 '조국'을 부정하는 운동을 하는 셈이어서 그런 점에서도 아까 말씀드린 주체의 문제라는 게 절실한 문제가 되는 맥락이 있습니다.

박민철 선생님, 그럼 두 번째 질문을 드리고자 합니다. 선생님께서는 한국 현대사의 정치지형에서 활발하게 활동하면서 당시 지도자와 정권의 보위(保衛)를 위해 활약한 지식인 이데올로그들에 대한 연구들을 발표하신 바 있습니다. 그들이 활동했던 시기에서 60여년이 지난 현재, '폴리페서(Polifessor)'란 신조어가 널리 쓰일 만큼, 현실정치에 적극적으로 참여하는 교수들도 늘어나고 있습니다. 현재 그 용어가 대학 교수직을 발판으로 입신양명을 꿈꾸는 행태들을 비판하는 부정적인 의미로 쓰이고 있는 것 역시 의미심장합니다. 그렇다고 해서 동시에 주권자이기도 한 이들 교수의 정치참여를 부정적으로만 볼 수 없다는 의견도 있습니다. 이에 대한 선생님의 의견을 여쭙고 싶습니다.

이 부분에 대해서는 사실 '정치 참여'에 대한 접근법이랄까요, 그거 자체에 차이가 있는 것 같아요. '현실 정치'라고 할 때 그것이 여의도나 청와대에서 이루어지는 일로 보고 있는 것이고, 또 거기에 '참여한다'는 식인 거잖아요? 그런 식의 전제 자체에 문제가 있다고 봐요. 사실 우리는 미시정치 차원에서는 항상 이미 정치에 참여하고 있고, 정치를 하고 있죠. 그런데 거시정치 또는 제도권 정치라는 것만을 현실 정치라고 생각할 때 흔히 생기는 게 거시정치에서 보이는 입장과 미시정치 차원에서 보이는 입장의 괴리입니다. 소위 말하는 '진보적 지식인'인데 집이나 학교에서 보이는 행태를 보면 도저히 그렇게 볼 수 없는 사람들도 많이 있잖아요. 그래서 오히려 정치를 바라보는 그런 관점 자체를 바꿔서 생각해야 되지 않을까 싶어요.

박민철 그럼, 질문을 좀 바꿔서요. 얼마 전에 부산에 있는 모 대학의 사건 있었잖아요? 그 분 말씀대로 하면 본인의 일상에서, 그리고 학문 영역 공간에서 자신의 정치관을 적극적으로 학생들에게 표출한 거잖아요? 그런데 그게 학생들의 입장에선 받아들일 수 없었던 것이었고요. 실제로 파면 판결도 나왔죠? 그런 사건을 보면 어떤 생각이 드시나요?

후지이 다케시 그건 권력을 이용해서 그렇게 했던 거잖아요. 교수와 학생이라는 절대적인 권력 관계를 이용해서 이른바 '반(反) 노무현 선전'을 한 게 문제인 것이지, 자신의 정치관을 드러낸 것 자체가 문제가 된다고 생각하지는 않아요. 오히려 이 사건을 계기로 '교실에서 정치적인 발언을 해서는 안 된다'는 식의 얘기가 나오면 그게 더 위험할 것 같아요.

박민철 그러니까요. 사담이지만 저도 대학 강의평가 때 그런 얘기들이 나와요. '교수님. 강의는 좋은데요, 정치적인 얘기는 하지 말아주세요.', '중간을 지켜주세요'이런 평가들이 나오더라고요. 이 얘기를 듣고 스스로에게 상처가 되어서 몇 년 동안은 아예 강의평가를 확인하지도 않았고, 정치 얘기도 하지 않았어요. 그런데 올해(2016년)에 접어들면서, '촛불'을 보면서 못 참겠더라고요. 그래서 학생들에게 이야기 했어요. "나 강의평가 포기하겠다. 니네가 하지 말라는 것 좀 해야겠다. 나 강의 없어도 좋으니까……." 그러면서 이제 박근혜부터 시작해서 쫙 얘기했던 경험이 있습니다. 그런데 정치적인 얘기를 이 쪽이든 저 쪽이든 학생들이 굉장히 싫어하거나 거부감을 표현하는 것이 상당히 증폭되었어요.

후지이 다케시 자기가 판단을 해야 하니까 그런 게 싫은 거 아닐까요? 사실 학교는 중립이어야 된다는 것은 말도 안 되는 얘기고, '교실 자체에서도 정치가 벌어지고 있다'는 것을 분명하게 인식해야 할 것 같아요. 그런 얘기를 교실 내에서도 자유롭게 할 수 있어야 되는데, 실제로는 권력관계로 이루어지고 있고 그 권력 관계를 전제로 해서 학생들도 사유하기 때문에, 결국에는 교수가 그런 발언을 하는 것이 '자기의 정치적인 입장을 학생들에게 주입하는 것'이라고 생각하게 되는 거죠. 그런데 실제 문제는 교실의 비민주적인 형태에 있는 것이고, 학생들이 문제 삼아야 되는 것은 그쪽이죠.

박민철 선생님, 그러면 세 번째 질문입니다. 선생님께서 발표한 어떤 글에서는 민족주의에 대한 깊은 고민들을 엿볼 수 있습니다. 이를테면 냉전 이데올로기가 한반도를 지배하기 전 새로운 사회 질서에 대한 모색과 함께 등장한 민족주의의 양상들을 이야기하신 바 있습니다. 물론 민족주의의 부흥은 당연히 거부하시죠. 그런데 여전히 한반도의 분단극복과 통일문제에 있어서는 민족주의가 어떠한 긍정적 역할을 담당할 수 있다는 견해도 존재합니다. 특히나 민족주의의 배타성·폭력성·억압성 등은 명백히 거부되어야 하지만, 식민지 지배 하에서 피식민의 자유·평화·평등과 같은 인류보편적 가치를 주장했던 저항적 민족주의의 의의는 긍정적 계기로 작동할 수 있다는 의견 역시 존재합니다. 이런 점에서 한반도 통일과 민족주의의 관계에 대한 선생님의 고견을 여쭙고 싶습니다.

후지이 다케시 일단 한마디로 얘기하면 '통일'과 '민족주의'의 관계에 대해서는 좀 부정적입니다. 물론 남한에서 민족주의는 분단을 가시화시키는 중요한 기능을 해왔습니다. 그래서 그런 부분에 대해서는 물론 긍정적인데, 거기서 중요한 것은 민족주의라는 것을 통해서 오히려 대한민국이라는 국가와 일종의 '거리두기'가 가능해졌다는 점입니다. 보통 국민국가와 달리 민족과 국민이 일치하지 않는 분단국가이기에 가능했던 것인데, 그렇게 나와 국가의 동일시에서 벗어날 수 있게 했다는 점에서는 의미가 있는 거죠. 그런데 민족주의에는 국가에서 벗어날 때 생겨날 수 있는 다양한 상상력을 다시 민족이라는 것으로 통합시켜버리는 그런 가능성이 있어요. 그래서 그런 점에서 부정적으로 보는 거고요.

그리고 그 때 민족을 어떻게 규정하느냐는 문제도 있어요. 민족주의는 재러 고려인, 재중 조선족, 재일 조선인 등 다양한 집단 속에서도 동질성을 찾으려고 하는 경향이 있죠. '봐라. 이렇게 우리는 같은 부분을 가지고 있다'는 식으로요. 사실 통일에 대해 고민할 때 가장 중요한 것은 거기에 있는 다양한 차이들일 텐데 민족주의는 자꾸 동질성을 확인하려고 한다는 점에서 부정적인 기능을 한다고 생각하는 것이죠. 통일과 민족주의가 결합되면 아무래도 그러한 동질성이나 균질성을 계속 강조하게 되고, '우리는 하나'라는 식으로 '하나됨'을 항상 강조하잖아요. 그런데 그러한 인식에서 벗어나지 않으면 통일 논의가 오히려 억압적인 것이 될 수도 있다고 생각합니다. 그런 점에서는 저는 통일이 아니라 '탈분단'이 중요하다고 생각해요. 그러니까 분단에 의해 생겨난 다양한 일상적 문제들을 어떻게 극복할 수 있느냐가 중요하다는 것이죠.

박민철 그럼 저희 연구단에 관련된 얘기를 잠깐 드리면, '통일인문학'이라는 것을 아젠다로 삼고 있습니다. 저희가 수행한 연구들 중 하나가 통일 패러다임을 새롭게 만드는 이론화 과정이 있었어요. 핵심은 '동질성과 이질성'이라고 하는 패러다임 자체가 한반도 통일에 맞지 않다는 것이었고, 그 대신 '차이와 변용'과 같은 새로운 개념적 틀을 통해서 통일의 기본적인 이념을 구성해야 한다는 것이었습니다. 그러한 과정 속에서 디아스포라들을 대상화하지 않고, 차이를 갖는 통일의 한 주체가 되어야 한다고 봤던 것죠. 그리고 그들이 거주국에서 수행한 다양한 경험들과 그들 자신의 역사를 코리언이라는 큰 바운더리에 포함시켜 사유해야 한다는 연구를 진행했습니다.

그 다음에 선생님의 말씀처럼 통일을 하나의 결과로 설정하게 되면, 결국

사상되어 버리는 것들이 너무 많거든요. 그니까 저희는 통일을 하나의 사건이나 결과로서 사유하는 것이 아니라, 과정으로서 사유하는 방식의 이론화 작업을 수행했습니다. 예를 들면 어떤 방식, 어떤 명칭 통해 한반도가 되었든 이 사람들이 분단 속에서 만들어 낸 다양한 문제들을 극복하고 인간다운 삶을 살 수 있는 조건들을 생성해 나가는 것, 그리고 그것이 구축되고 안정적으로 유지되는 게 바로 통일이라고 보고 있거든요. 그런 점에서 저희 연구진들도 민족주의를 다루는 데 있어서 굉장히 예리한 문제의식 속에서 접근하고 있습니다. 민족주의의 강조는 거부되어야 하지만, 그럼에도 불구하고 현실적인 영향력이 있는 그 기제를 활용할 수 있다면 끊임없이 성찰적인 자세를 가지고 이 기제를 더욱 예리하게 만들어가는 과정이 필요하지 않나 생각하고 있습니다. 그래서 선생님한테 이와 관련된 질문을 여쭤본 거고요.

후지이 다케시 결국 중요한 것은 통일이든, 민족주의이든, 끊임없이 이질적인 것들 또는 차이를 갖는 것들을 끌어들여 만들어가는 관계망인 것 같습니다.

박민철 예, 그러면은 두 번째 주제로 넘어가겠습니다. 두 번째는 이제 역사와 역사의식인데요. 그 첫 번째 질문은 선생님의 글에서 알 수 있듯이 일본정부와 한국정부 모두는 '자학사관 극복'과 함께 '승리사관'의 정립을 내세워오고 있습니다. 물론 많은 역사학자들이 지적하고 있듯이, 현행 역사교과서는 우리의 독립운동, 경제성장, 민주화에 대한 서술을 강조하고 있다는 점에서 자학사관이라는 말이 결코 통하지 않을 듯합니다. 동시에 자학사관의 극복을 주장하는 이들의 은폐된 의도 역시 잘 알려져 있습니다. 그런데 이러한 논의들을 일단 제외하고 일반적으로 승리사관은 '현재의 기득권을 획득하게 된 승리자들의 관점에서 쓰여진 역사'라는 의미를 담고 있다고 생각합니다. 그렇다면 역사학의 일반적 관점에서 평가할 때, 승리사관의 자체적인 한계는 무엇일까요?

후지이 다케시 승리사관이라는 말 자체가 좀 이상하긴 한데요, 결국에는 '누가 승리했느냐'는 문제, 바꿔 말해서 역사를 바라볼 때 '나'와 '승리자'의 관계가 어떻게 되느냐는 게 관건인 것 같아요. 사실 역사를 배울 때 '자기 자신이 정말 승리자'라는 경우는 많지 않잖아요? 결국에는 다른 누군가에게 감정이입을 하면서 자기가 마치 승리자인 것처럼 착각을 하게 만드는 게 승리사관의 문제겠죠. 그런데 기본적으로 역사라는 것 자체가 승리자의 것일 수밖에 없어요. 정말 제대로 패배를 한 사람은 역사에 기록이 남진 않으니까. 그런 사람들은 사라지는 거니까 궁극적으로는 모든 역사가 승리사관일 수밖에 없는데, 그렇다면 그나마 가능한 것은 '실제로 누가 승리했느냐'는 것을 구체적으로 보여주는 것, 그리고 '그 승리라는 게 영원한 것도 아니고 언제든지 뒤집어질 수 있다'는, 어떻게 보면 자명한 사실을 제대로 보여주는 게 가장 중요한 일이 아닐까요?

박민철 이 승리사관이라고 하는 단어는 자학사관과 대칭어로 쓰이는 여러 표현들 중 하나를 가지고 온 거구요. 제가 질문을 하고 싶었던 의도는 대한민국의 사관은 이제 보면 말 그대로 승리사관인 거 같은데요. 그니까 독립운동의 모든 승리가 '이승만'이라고 하는 상징으로 귀속이 되고 있고요, 그 다음에 산업화의 성과가 '박정희'라고 하는 인물에게로 귀속되어 버리고, 그리고 한국의 민주화라고 하는 모든 과정과 역사들이 몇 명의 상징적인 인물들로 표상되어 버리는 것에 대한 반감이라고 할까요? 특히 그러한 상징을 점유하고 누리어 왔던 많은 사람들이 최근 들어 뉴라이트의 이론가들로 활동하는 모습들을 보면서, 제가 느꼈던 감정은 그런 겁니다. 정말 피 흘리고, 소외되고, 그리고 그 승리들을 만들어낸 여러 사람들이 공평하게 취급하지 못하고 어떤 상징으로 전부 포섭되어버리는 이러한 역사서술 자체는 문제가 아닌가, 그리고 그러한 역사서술이 우파의 관점에서는 '승리사관'이라는 이름으로 펼쳐지고 있는 현실에 비판이랄까요. 그래서 한 번 여쭤보고 싶었습니다.

**후지이
다케시** 그런데 그건 오히려 영웅사관이라든가 그런 식으로 구분이 되어야 할 거 같아요. 승리사관이라고 할 때 문제가 되는 것은 '우리는 이미 승리했다'는 입장인 거죠. '지금' 그리고 '현재'는 성취된 도달점이 되고, 앞으로는 '이것을 지켜나가기만 하면 된다'는 식이 되는 거고요. 사실은 '우리는 아직 승리하지 못했다'는 것을 가르쳐야 하는 건데 말이죠.

박민철 그렇습니다. 선생님의 말씀처럼 정말 승리한 것이 아니고 그 과정 속에 있는데, 그래서 생각이 드는 건 진짜 한국 현대사가 정말 재미난 주제이기도 하면서 동시에 예리한 문제의식을 가지고 접근을 해야 될 거 같다는 생각이 들고요, 유혹도 너무 많을 거 같아요. 이렇게 적당히 타협해버릴 수 있을 거 같고, 그런 생각이 좀 들더라고요.

오늘날 우리들의 역사교육, 그 의미와 나아갈 방향

박민철 그럼, 다시 질문을 이어가도록 하겠습니다. 두 번째 질문입니다, 선생님. 선생님께서는 역사교과서 국정화의 사태가 본질적으로는 '역사에 대한 냉소적 태도'를 가지게 함으로써 '저항적 주체', 또는 '자율적 주체'의 생산을 저지하는 데 목적이 있다고 지적한 바 있습니다. 선생님의 지적처럼 한반도의 현대사에 대한 해석은 마치 어떤 이데올로기의 자장 속에서 아군과 적군을 가르는 명백한 기준으로 활용되어왔습니다. 그러한 영향들이 지난 수십 년 동안 축적되어 그런지 모르겠지만, 실제 젊은 학생들을 만나보면 한국 현대사에 대한 이해와 관심은 매우 적습니다. 조금 큰 이야기일 수는 있으나, 그렇다면 한반도에서 역사교육은 무엇을 할 수 있고, 무엇을 해야 할까요?

후지이 다케시 일단 저는 '역사교육 일반'이라는 게 과연 필요할까 하는 생각도 합니다. 실제로 지금 학생들이 관심을 안 갖는 것은 오늘날 역사 자체에 큰 의미를 못 느끼기 때문인 것 같고요. 사실 역사에 대한 지식이라는 게, 지식 자체로서 의미가 있다곤 보기 힘들 것 같거든요. 이를테면 한국인이라면 당연히 갖춰야 될 교양 정도로만 존재한다면, 사실 큰 의미는 없다고 볼 수 있죠. 임진왜란이 몇 년도에 일어났다고 알면 뭐해요? 그것 자체로는 별 의미는 없는 거잖아요. 중요한 것은 어떤 역사 지식을 통해서 지금 내가 살아가고 있는 이 세계에 대한 인식이 달라질 수 있다는 것인데, 그런 경험을 할 수 없다면 역사에 대한 관심이 안 생기는 건 당연한 것 같아요.

자기가 어떤 억압적인 상황 속에 있다는 것을 자각하고 거기서 벗어나야겠다고 생각했을 때, 그 때 비로소 자기에게 주어진 조건으로 역사라는 게 의미를 갖게 되는 것이죠. 그런 것이 아니라면, 역사라는 것은 하나의 '정보'에 불과합니다. 그런데 보통 역사 교육을 한다고 할 때 구석기시대부터 시작해서 신석기, 청동기 등으로 이어지는 통사 교육을 하잖아요? 그렇게 하면 역사는 현재의 자기하고는 거의 아무런 상관도 없는 것이 되고 그냥 수학 공식 외우듯이 외워야 할 정보가 되니까 관심을 갖기가 어렵죠. 오히려 역사 교육은 현재부터 시작해야 한다고 생각하는데, 예를 들어서 '여기에 있는 이 책상이 어디서 만들어지고 어떻게 왔을까?'라는 것부터 시작을 해도 엄청 많은 것을 생각할 수 있어요. 이 나무가 어디서 왔을까부터 시작해서, 그럼 이 나무는 누가 잘랐고, 그 나무를 잘랐던 쇠는 또 어디서 왔고… 하는 식으로 계속 이어지는 질문들이 생겨나고, 그런 질문들 속에서 자기가 어떤 어마어마한 네트워크 속에서 살고 있다는 것을 자각하게 되겠죠. 이런 식의 문제의식을 갖게 할 수 있는 게 저는 역사교육이라고 봐요. 자기가 살고 있는 그 동네에는 어떤 역사가 있는지, 또는 자기 집안에는 어떤 역사들이 있는지, 그런 것을 배우게 할 수 있다면 '나'와 '나를 둘러싼 구체적인 세계'에 대한 감각이 많이 달라지지 않을까요? 그리고 그래야 학생들도 역사라는 것에 좀 더 관심을 갖게 되고, 스스로 적극적으로 찾아보고 그렇게 되지 않을까요?

박민철 이렇게 해석될 수도 있겠네요, 선생님. 일반화시킬 순 없겠지만, 지금 우리들에게 필요한 것은 어떤 시선인데, 이 시선은 '지금' 그리고 '바로 이곳'에서 출발한다는 방식이다라는 점이요. 부연하자면 지금 나에게 주어진 삶의 지평과 조건 속에서, 내 과거와 현재를 그려나가는 방식이 필요하지, 만약 그렇지 않다면 역사에 대한 관심이 무관심해질 수밖에 없다는 맥락인거죠?

후지이 다케시 어떻게 보면 그 현재라는 게 변할 수 없다고 생각하고 있기 때문에 역사에 대한 관심이 생기지 않는다고 봅니다. 반대로 만약 현재가 변할 수 있는 거라면, 어떤 역사적 과정 속에서 어쩌다 만들어진 게 바로 내가 살고 있는 이 현재라고 생각하게 되면, 그것이 만들어진 과정에 대해서 관심을 갖게 되지 않을까요? 지금 이 현재에서 벗어나고 싶다면 말이죠. 역사라는 게 어떻게 보면 자기가 벗어나야 하는 굴레 같은 거잖아요? 그리고 그 굴레에서 벗어나기 위해선 그 대상을 알아야겠죠. 현재를 긍정하는 것이 아니라 현재를 비판하고 거기서 벗어나고 싶다는 목적 아래에서 그 대상으로 역사를 인식하게 하는 것, 그것이 역사교육의 핵심인 것 같아요. 현재를 긍정하고 그 속에서 안주하면 된다고 생각한다면, 역사교육은 필요 없어요. 오히려 그런 사람들에게는 그야말로 승리사관만이 필요하겠죠. '우리는 이미 승리했다. 그냥 이대로 있으면 된다'는 식으로요.

박민철 그런데 '지금 여기', '이곳', '이 시간'에 대한 문제의식이 있으려면 단순히 역사뿐만 아니라 여러 가지 교육이 통섭적으로 이루어지면서 문제의식을 갖게 만들어야 되는데 지금 공교육 체계에서는 사실상 암울하잖아요?

후지이 다케시 그런 의미에서는 역사교육을 제대로 하려면 먼저 교과서 같은 걸 없애야 하는데 잘 안 되죠. 그리고 교과서를 만들다보면 아무래도 통사가 되기 쉽고.

박민철 그렇죠, 또. 그게 또 딜레마겠죠.

후지이 다케시 그래서 좀 다른 식으로 고민해보는 것도 좋지 않나 생각합니다. 그야말로 부교재 같은 것을 많이 활용하고, 교과서 없이 주제 교육 방식으로 가는 것도 또 하나의 방법이라고 생각해요. 사실 지역마다 가지고 있는 역사는 다르잖아요? 그 속에서 고민을 하게 만들어야 되는데, 그런데 마치 균질적인 한국이라는 게 있는 것처럼 생각하게 만드니까가 역사교육 자체에서 문제가 생기죠.

박민철 이것과 관련된 질문입니다. 최근의 박근혜—최순실 게이트와 더불어 '역사교과서 국정화' 문제도 곧 사라질 것으로 보입니다만, 민주정치의 퇴조에 따라 언제든 그러한 파시즘적 역사관은 다시 도래할 수 있다고 생각합니다. 선생님은 1년 전 한겨레신문 칼럼에서 박근혜 정부와 아베 정부에 대해 "내용도 없는 '애국심'을 심어놓기 위해서는 침략이든 독재든 '부끄러운 역사'는 가르치지 말아야 한다는 점에서 그들은 이미 같은 입장"이라고 지적하셨습니다. 선생님의 글을 읽고 어쩌면 한중일 삼국이 미국의 영향력 속에서 서로 적대적인 척하지만 '부끄러운 역사'를 거부하는 동일한 역사관을 공유할지 모르고, 그러한 역사관이 결국 현재 동아시아의 긴장 관계를 지속시킬 기반이 될지도 모른다는 생각을 해보았습니다. 이러한 점을 염두에 둘 때, 동아시아의 평화에 기여할 수 있는 역사관은 어떠한 것이어야 한다고 생각하시는지요?

후지이 다케시 안 사라질 거 같은데요? 강행한다고 나오는 거 같은데요?[1]

박민철 하하, 그니까요, 그런데 질문을 구성할 때까지만 해도 사라질 분위기였어요.

---

1 이 질문은 2016년 11월에 작성되었고, 실제 인터뷰는 2016년 12월 20일에 진행되었다.

우선 한쪽 측면에서 보자면 '동아시아의 평화라는 게 과연 뭘까?'라는 것이 관건인 거 같습니다. 그러니까 일단 동아시아에 평화가 존재하고 있느냐는 사실적 질문을 먼저 해야 되는 것이죠. 실제로 어떤 사람에게는 지금 동아시아가 평화롭겠지만, 어떤 사람에게는 이미 전쟁터나 마찬가지인 거잖아요? 실제로 수많은 사람들이 죽어가고 있기도 하고요. 그래서 우선 그런 것을 볼 수 있게 만드는 역사관이 아무래도 필요할 것 같습니다.

또 다른 측면에서 '긴장관계라는 것이 과연 나쁜 것인가?'라는 질문도 중요한 부분이라고 생각해요. 흔히들 화해에 대해서 이야기하지만 왜 화해를 해야 하느냐는 것부터 생각을 해야 되는 것이죠. 긴장관계 혹은 대립관계에 있는 것이 꼭 해소를 해야만 하는 문제인지 따져보자는 겁니다. 사실 긴장관계라는 건 있어야 되는 것이고, 그러한 긴장관계가 있는 사회가 어떻게 보면 역동적인 사회인 거잖아요? 그런 점에선 동아시아의 긴장관계가 있는 것은 반드시 나쁜 것은 아니라고 봐요.

오히려 그 긴장관계가 어떤 구도로 수렴되느냐가 핵심문제인 것 같아요. 그래서 그런 점에서 저는 평화를 추상적이고 이념적으로 이야기하는 것을 별로 좋아하지 않습니다. 평화라는 게 도대체 뭘까요? 비둘기가 날아다니고 아이들이 웃으면서 뛰어노는 그런 이미지는 아무래도 아닌 것 같아요. 대립관계 속에 있으면서도 공존할 수 있는, 그런 걸로 평화라는 개념 자체가 좀 바뀌어야 되지 않을까 싶어요. 평화라고 하면 보통 뭔가 휴머니즘적이고 그런 느낌들이 있잖아요? 저는 그게 싫거든요. 죽일 수도 있는데 안 죽이는 그런 관계를 어떻게 만드느냐가 평화에 관한 질문인 거고, 완전 무장해제당해서 죽일 수도 없는 상태를 저는 평화로운 상태라고 보지 않습니다. 그런 경우에는 조건만 바뀌면 언제든지 죽이게 되는 거니까요. 사람들은 서로 적대할 수 있고, 상대를 죽일 수도 있고, 뭐 그런 것을 일단 전제해놓고서, 그렇게 되지 않을 수 있는 방법 또는 죽이지 않고 공존하기 위해서 우리는 무엇을 해야 될까 하는 기술적 고민이 필요한 것이죠. 그런 점에서는 역사라는 것은 우리가 끊임없이 갈등 속에서 살아왔다는 것을 보여줘야 되는 것이고, 그리고 그 갈등을 어떤 차원에서는 그래도 끊임없이 해결하면서 살아왔다는 그 자명한 사실을 오히려 보여줘야 되지 않을까 생각합니다. 평화 이야기를 하면 곧바로 유토피아 같은 것을 제시하기가 쉬운데, 그보다는 다양하고 구체적인 공존의 기술에 대해서 이야기하는 것이 필요할 것 같아요.

박민철 선생님, 좀 부연설명을 드리면 여기서 말하는 평화는 단순히 선생님의 말씀처럼 비둘기가 날아다니는 평화는 당연히 아닌 거 같고요. 이런 것도 있잖아요? 예를 들면 제국주의적 지배의 역사 속에서 여전히 해결되지 않은 그것들이 있잖아요? 한반도 분단도 있을 거 같고요, 한일관계도 볼 수 있을 거 같고요, 그 다음에 북일관계, 그 다음에 중일관계, 그 다음에 한중관계, 남북관계 등 이런 것들이 사실 제국주의의 역사가 만들어낸 어떤 불안정성이라는 거, 그니까 안정되지 못한 어떤 관계로서의 긴장관계를 말하는 것이고요. 반대로 그러한 제국주의 지배가 낳은 아픔과 상처, 여전히 남아있는 고통의 유산(遺産)등을 극복하는 것이 평화라고 한다면 동아시아의 평화는 당연히 필요하지 않을까 싶어요. 덧붙여서 긴장관계도 필요하다고 말씀하셨는데, 저 역시 당연히 필요하다고 보고요. 그런데 그런 동아시아의 긴장관계는 사실 패권질서 속에서 만들어진 긴장관계잖아요. 이런 긴장관계는 전혀 어떤 긍정적인 창조를 만들어내지 못하는 긴장관계이지 않을까? 파멸에 더 가까워 무가 될 수 있는, 제국주의 패망과 종전 후 그나마 만들어왔던 모든 것들이, 그 기초적인 토양이 다 무너질 수 있는 그런 긴장관계가 아닐까라는 생각을 하는데 어떻게 생각하시는지요?

후지이 다케시 그래서 지금 말씀하신 것처럼 평화에 대해서 생각을 하게 되면 곧바로 그게 국제관계가 된다는 게 문제라는 것이죠. '지금 내가 있는 위치에서 무엇을 할 수 있을까'가 되기 어렵고, 그것이 소위 말하는 정치참여가 된다든가 사회적으로 발언을 한다든가 그런 식이 되잖아요? 그러니까 자기 일상과 평화라는 게 잘 연결이 안 되고, 바로 그 점이 문제인 거죠. '지금, 여기서의 평화라는 게 무엇일까?'라는 고민이 있지 않으면, 결국에는 '소위 말하는 정치'를 어떻게 할 것이냐가 되고 마는 게 아닐까요? 결국 대통령 잘 뽑아야 된다는 식으로요.

박민철 아, 선생님께서 계속 이렇게 말씀하시는 맥락이 좀 잡히는 거 같습니다. 그러니까 뒤에 나오지만 들뢰즈(Gilles Deleuze), 푸코(Michel Paul Foucault)를 굉장히 좋아하실 거 같은데요. 선생님께서 주체 형성의 문제를 말씀하셨듯이 특히 푸코가 말한 미시정치 관련된 그런 고민들, 미시정치 속 근대적 주체 만들기의 논의와 연결되는 것 같아요. 그래서 그런 일관된 관점을 갖고 계신다라는 답변을 지금 느꼈어요. 다음 질문들이 다 맞을지, 계속 진행해 보겠습니다. 선생님.

'촛불'의 의의와 한국사회의 실천 과제

박민철 세 번째는 '한국, 한국인 한국정치'와 관련된 질문들을 엮어봤습니다. 어떤 글에서 선생님께서는 '이승만'으로 표상되는 통치자의 상징정치를 말씀하신 바 있습니다. 이 분석은 지금까지의, 그리고 바로 지금의 한국 상황에도 매우 적확하게 대입될 수 있다고 생각합니다. '박근혜'라는 표상이 만들어 온 상징정치는 너무 긴 논의가 될 수 있기 때문에 생략하고, 현재 광장의 '촛불'이 그러한 상징정치를 비판적으로 자각하고 이로부터 벗어날 수 있는 가능성을 보여주고 있다고 생각하시는지요? 특히나 선생님의 지적처럼 4.19혁명이 '상징의 해체'에만 주목하고 그 상징을 만들어낸 권력구조와 시스템을 살피지 못한 한계를 갖는다고 한다면, 현재의 촛불은 단순히 대통령의 교체를 넘어 한국사회의 구조와 시스템 전반에 대한 근본적인 변혁을 요구하고 있다는 점에서 차이를 가질 것 같은데, 이에 대해 어떻게 생각하시는지 궁금합니다.

후지이 다케시 일단 언론이 아주 위험한 역할을 하고 있죠. 박근혜 개인에게 대중적 시선이 가도록 계속 유도하잖아요? '비아그라(Viagra)' 얘기가 조선일보 쪽에서 나온 것처럼 말이에요. 다시 말해 개인적인 추문으로 자꾸 축소시키려는, 박근혜 개인만 희생양으로 만들려고 하고 있는 셈인데, 그런 점에서는 상징정치의 해체와 동일한 결과를 가져 올 수 있죠. 그래서 문제는 거기서 그치지 않고 어떻게 사회적 변혁으로 확장시킬 것이냐에 있는 것 같습니다. 사실 촛불처럼 몇 백만 명씩 모이는 것 자체는 너무나 큰일인데, 그런데도 뭐라고 할까요? 역사 현장체험? 거의 그런 느낌이기도 했어요. 촛불 체험이 얼마나 자기의 일상을 바꿀 수 있느냐, 또는 자기가 있는 학교든 직장이든 그런 데서 그러한 행동을 할 수가 있느냐가 결국에는 중요한 것이라고 봐요. 그러니까 박근혜 개인이 물론 문제이긴 한데, 그래도 그것을 가능하게 했던 이 사회 자체가 최종적으로 문제인 거잖아요? 그래서 이 사회를 어떻게 바꾸느냐는 것은 청와대나 여의도에서 할 수 있는 게 아니고, 광화문에서 할 수 있는 일도 아닌 거죠. 핵심은 광화문이 아닌 우리의 '또 다른 광장'을 얼마나 만들어낼 수 있느냐겠죠. 그러한 광장에서의 추동력이 자기 직장을 바꾸고, 자기 학교를 바꾸고 하는 방향으로 가야되는 것이죠. 실제로 4.19 직후에는 어떤 대학에선 총장을 몰아내고 그러기도 했어요. 그런 것들이 얼마나 생길 수 있을지가 관건이고, 200만 명이 모였다고 해도 그 200만이 각자가 있는 자리에서 아무것도 안 한다면 그건 숫자에 불과했다는 것이죠.

박민철 그렇죠, 선생님. 충분히 동의합니다. 그럼에도 불구하고 근래의 촛불에 대해서 더 말씀을 해보고 싶은데요. 어찌됐건 그 촛불에서 등장하는 표어나 슬로건이나 구호나, 또 그리고 촛불집회를 참가하고 난 참가자들이 온라인에서 만들어낸 일상적인 담론들을 살펴보면 '박근혜'라고 하는 어떤 상징에 그 포커스가 맞춰지지 않고, 1948년 분단 이후 한국사회에서 누적되어 온 온갖 모순들을 해결해야한다는 문제의식이 폭넓게 표출되고 동시에 공유되고 있고요. 뭐 재벌해체, 친일 및 수구기득권 세력들에 대한 공격과 사회적 변혁을 이야기하고 있거든요. 저는 개인적으로도 지금 한국사회는 정말 중요한 변곡점에 서 있는 거 같은데, 앞서와 같은 좀 폭넓은 지향들이 나타나고 있다라고 하는 점은 긍정적인 것이라고 할 수 있지 않을까요?

후지이 다케시 그것 자체는 긍정적이죠. 근데 문제는 그게 구호로 나온다든가, 아니면 온라인 상에서 표출되고 단순히 거기에서만 끝나면 의미가 없는 것이죠. 그럼 그것을 누가 실천하느냐 하는 문제, 예를 들어서 국회에서 그런 역할을 해줬으면 좋겠다는 식으로 급격히 수렴될 수도 있는 거잖아요? 아니면 그런 것을 내건 정치인이 등장해서 해결해준다든가 하는 것도 예상가능하고요. 어떻게 보면 박정희의 역할이라는 게 그런 거였죠. 그래서 정치깡패 같은 사람들을 바로 처형시켰고, 그렇게 해서 자기가 민중들의 변화 욕구를 대변하는 존재라는 걸 부각시키려 했으니까요. 핵심은 각자가 움직여야 한다는 것이고, '한국사회에는 다양한 모순과 문제들이 있다'는 얘기를 하는 것만으로는 아직 부족해요. '그렇다면 그것을 위해서 나는 무엇을 할 수 있을까? 예를 들어 삼성 불매운동 할 수 있을까?' 뭐 그런 얘기들이 나와야 되는데 그렇게는 안 되고 있는 것 같아요.

박민철 말 그대로 아주 구체적이고 실천적인 그런 방향성들은 아직까지 많이 나타나지 않는 것은 맞는 거 같아요. 근데 그럼에도 불구하고, 일단은 해결해야 될 거대한 적이 있어서.

후지이 다케시 근데 거대한 적이라는 게 과연 존재하는지, 그것도 고민을 해봐야 한다는 생각이 드는데요.

박민철 박정희가 만들어낸 어떤 메커니즘과 시스템들은 거대한 적이라고 할 수 있지 않을까요? 그 뒤를 이어 박근혜가 한국 사회에서 20년 넘게 만들어온 이 과정들이요.

후지이 다케시 저는 정치권력이라는 게 어떻게 존재하고 있는지 근본적으로 생각해봐야 한다는 입장이에요. 사실 미시권력들의 효과로 거대한 권력 같은 게 있는 것처럼 보이는 게 아닌가 하는 생각을 한다는 거죠. 흔히 우리가 감시에 대해서 이야기를 할 때 조지 오웰(George Orwell)의 『1984』를 이야기하잖아요? 그런데 정말 '빅 브라더(big brother)'가 있을까요? 사실은 리틀 브라더스가 있을 뿐이 아닐까요? 그런데 자기들은 항상 자기 뒤에 커다란 뭔가가 있다는 식으로 포장하려고 하죠. 그렇게 하면 '나한테 대항해봐야 아무 소용없다'는 인식을 쉽게 주입할 수 있으니까요. 그렇게 거대한 적이 있다고 생각하기 때문에 오히려 어떻게 해야 될지 모르겠다는 생각을 하게 되는 것은 아닌지 좀 생각해볼 필요가 있을 것 같아요. 사실 자기 눈앞에 있는 적이 조그마한 존재라면 싸울 마음도 생기고 실제 싸워서 이길 수도 있는 거잖아요? '한국정부하고 일 대 일로 싸워야 된다'고 생각한다면 싸우려는 생각 자체가 어렵겠지만, '사장하고 싸운다, 교장하고 싸운다'정도는 가능할 수도 있잖아요. 그렇게 사고방식을 바꾸는 게 좋지 않을까 싶어요.

박민철 선생님, 그러면 예상하긴 힘들겠지만, 나중에 책에도 실리지 않을 수 있는 질문이기도 하지만, 이 싸움이 끝내 이길 거 같은가요? 아니면 질 거 같은가요? 한국에 계신 선생님의 눈으로 봤을 때, 쉽게 얘기하면 박근혜가 탄핵이 돼서 대통령 직에서 물러나고 새로운 민주정부가 들어서고, 이를 통해 그나마 개혁적이고 진보적인 정책들이 실현될 거라 보시는지? 아니면 다시 '박근혜'라고 하는 상징이 유지되거나, 물러나더라도 박근혜와 똑같은 또 다른 상징이 만들어져서 여전히 한국사회는 보수의 길로 계속 가게 될 건지 어떻게 보시나요?

후지이 다케시 그러지는 않을 거구요, 많이 바뀌긴 할 거예요.

박민철 그렇게 보시는 근거나 이유가 있으신가요?

후지이 다케시 일단 보수 쪽에는 대안이 없어요. 실제로 그런 고민을 안 하고 몇 년씩 잘 지내왔으니까요. 뭔가 적극적인 대안을 만들거나 그런 식의 고민 말이죠. 사실 MB 때부터 분명해진 것 같은데, 그 때 집권을 하면서 자기들을 정당화하려는 시도조차 안 했잖아요? 과거에는 전두환이든 누구든 그래도 국민들을 속이려고는 했어요. 근데 속일 생각도 없었잖아요.

박민철 그러면은 저희가 잘해서 그런 게 아니라 그들이 못해서 그런 건가요?

후지이 다케시 뭐 그렇죠.

박민철 아, 슬픈 얘기네요, 선생님.

후지이 다케시 그니까 이제부터 제대로 해야죠. 걔넨 알아서 망했으니까.

'국민 만들기'라는 동질성에 대한 강박으로부터 벗어나기, 그리고 민주주의

박민철 선생님. 다른 질문으로 이어가도록 하겠습니다. 개인적으로 인상 깊었던 선생님의 글을 인용해보겠습니다. "'5 · 16'으로 가는 길은 한국전쟁이 닦아놓은 것이었으며 '국민'들이 그 길을 걸어갔다. 이 길과 다른 길을 찾기 위해서는 우리는 다시 '국민'이 만들어진 그 시점으로 돌아가야 한다. '국민'에 각인된 그 폭력을 풀지 않는 한 '5 · 16'은 항상 '국민'과 더불어 있을 것이다."(「돌아온 '국민' : 제대군인들의 전후」, 『역사연구』 제14집, 2004, 295쪽) 이후 선생님께서는, 제가 판단했을 때 선생님 글처럼 국민이 만들어진 그 시점, 즉 '해방 후 8년'이라는 시공간에 대한 연구를 오랫동안 진행하셨던 것으로 알고 있습니다. 그렇다면 그러한 연구 끝에 도달하신 선생님의 잠정적인 어떤 결론이 있다면 짤막하게 설명해주실 수 있을런지요? 또는 분단체제 하에서의 '반쪽짜리' 국민 만들기의 기획은 '완료형'인지 '현재 진행형'인지, 또 그것이 만들어낸 폐해는 무엇인지 등등에 대한 얘기를 좀 해주셨음 좋겠습니다.

후지이 다케시 이건 뭐라고 말씀드려야 할지 좀 어렵긴 하네요. 우선 '국민 만들기'라는 게 nation building이잖아요? nation, 즉 국민이자 민족인 어떤 공동체 또는 그 공동체에 대한 귀속의식을 만들어내는 것인데, 한국은 그 민족과 국민이 일치하지 않았으니까 좀 특수한 경우라고 할 수 있죠. 그래서 그 특수성이 역사적으로 어떻게 발현되는지 보여주려고 했던 게 제 연구의 주제들이었다고 할 수 있을 것 같아요. 좀 더 정확하게는 민족과 국민이 일치하지 않는 그 간극에서 생긴 것들 말이죠.

그런데 국민 만들기에 대해 생각할 때 우선 염두에 둬야 할 것은, 기본적으로 국민 만들기라는 게 어떤 위기에 대한 대응에서 비롯됐다는 측면입니다. 제 책에서도 서론에서 주로 다뤘는데, 일종의 '포섭 전략'으로 국민 만들기는 존재했습니다. 세계사적인 흐름으로는 그것이 파시즘으로 나타나기도 하고 또 복지국가 형태로 나타나기도 했죠. 소련의 등장, 세계대공황 등등을 겪으면서 치열해진 계급투쟁이라는 위기에 대응해 계급이라는 형태로 나타난 전투적 주체를 포섭하기 위해 제시된 게 국민이라는 주체였던 셈이고, 특히 2차 세계대전 이후 대세가 된 복지국가 모델에서는 계급적인 성격을 지닌 생산자를 시민적인 또는 국민적인 소비자로 치환시키는 게 주된 전략이 됐습니다. 그런데 지금 시점에서 중요한 것은 이 복지국가 전략이라는 게 이미 망했다는 사실이죠. 크게 보면 68혁명을 계기로 자본-국가의 전략은 신자유주의로 바뀝니다. 그리고 사실 복지국가체제는 포디즘이라는 토대 위에서야 가능했다는 점도 중요합니다. 이미 포디즘이 끝난 이상 복지국가도 실효성을 잃어갈 수밖에 없는 것이죠.

약간 극단적으로 대비시키면, 복지국가의 기본적략은 포섭이었는데 신자유주의의 전략은 배제입니다. 산업자본주의 단계에서는 생산성을 높이기 위해 우수한 노동자들을 키워내고 적극적으로 포섭할 필요가 있었지만, 금융화가 진행된 상황 속에서 주된 자본증식의 방법이 잉여노동에 대한 착취가 아니게 되면서 태도가 완전히 바뀐 거죠. 그렇게 포섭전략의 위상이 낮아지면서 국민 만들기라는 것도 이제는 별로 중요한 전략이 아닌 것처럼 보여요. 저는 역사적으로 국민 만들기라는 게 중요했던 시기를 다루었지만 지금 현재하고는 조금 다른 맥락이다라고 말씀드리고 싶습니다.

박민철 그래요. 선생님. 좀 다른 맥락일 수도 있겠지만, 그런데 통일이라고 하는 것을 보면 연합제든 연방제든 그 어떤 형식이든 한반도 내에서의 또 다른 국민국가를 만드는 과정일 수도 있잖아요. 그리고 또 그 시기에 맞는 또 국민 만들기가 필요할 거고요. 이때의 국민이라고 하는 것은 거부되어야 할 낡은 정체성 내지 배타적 경계선이 아니라 세계 보편적 이념들로 보완이 될 수 있는 가능성도 있을 것이구요. 다시 말해, 한반도의 통일이라는 과정 속에서 국민 만들기는 중요하지 않다고 보시는 건가요?

후지이 다케시 그런데 국민국가를 만들어야 될까요?

박민철 그럼 어떤 방식이 가능할까요?

후지이 다케시 국민 만들기라고 할 때 결국에는 거기서 핵심이 되는 것은 일종의 동질성을 확보하는 거잖아요? 그런 식으로 접근을 해야 될지 의문이에요. 물론 제도로서의 복지라든가 그런 것을 생각할 때는 당연히 거기서는 일종의 동질성이 확보되어야 되겠죠. 하지만 '과정으로서의 통일'이라는 걸 생각한다고 하셨잖아요. 그런 경우에는 더더욱 그 국민이라는 이름으로 그럴 필요는 없지 않을까요?

박민철 물론 그렇죠. 그래서 그러한 방식의 국민 만들기는 거부하고요, 통일과 관련되었을 때의 국민이라는 단어 역시도 최대한 조심스럽게 사용하고 있어요.

후지이 다케시 결국에는 그 '국민'이라는 것이 일종의 규범이 되는 거니까요. 그래서 국민이라는 그 균질성, 동질성에 대한 강박이라는 것에서 벗어나야 되는 것이고, 어떻게 국민을 만들 것인가 하는 고민 자체를 바꿔야 되지 않을까 싶어요.

박민철 좀 명확하게 표현하면 국가라고 하는 시스템 자체가 문제인 건가요, 아니면 어떤 국가 만들기가 문제인 거지 국가 만들기 전체가 문제인 것은 아니다는 아니신 건가요? 그니까…….

후지이 다케시 아니, 저는 국가 자체가 문제라고 보는 겁니다.

박민철 예, 그렇게 보시는 거죠? 지금요.

후지이 다케시 이런 문제도 시민권이라든가 그런 관점에서 접근해도 되는 거잖아요. 국적이라든가, 국가, 국민과는 다른 방식의 접근들도 필요하지는 않을까요?

박민철 예, 선생님. 그러면은 세 번째 질문 넘어가겠습니다, 선생님. 법대로 하자는 말이 대화의 종결을 선언하는 것과 달리, 법의 테두리에서 벗어난 정치는 긴장된 대화의 시작을 알린다. 민주주의는 여기서 시작된다는 간명하게 정리된 선생님의 말씀이 SNS를 통해 널리 회자되고 있습니다. 87년 체제가 독재로의 회귀하는 것을 막지 못한 이유 가운데 하나는 우리의 생활문화 속에 뿌리깊이 남아 있는 일상적 권위주의를 바꾸지 못했다는 데 있다는 지적도 30여년이 지난 오늘날 더 뼈아프게 들립니다. 이처럼 민주주의 문제에서 미시적 영역으로의 확산이 필요하다는 말씀을 더 깊이 듣고 싶은데, 선생님께서 영향 받으신 사상적 이론적 영향 그리고 체험적 경험에는 어떤 것이 있는지도 듣고 싶습니다.

후지이 다케시 옛날 제가 대학 다닐 때를 생각해보면, 이런 고민을 하게 된 데에는, 페미니즘의 영향이 크다고 할 수 있어요. 그 때가 91년이었는데, 그때 『임펙션』이라는 잡지가 있었어요.

박민철 일본에서 발매한 잡지예요?

후지이 다케시 네. 그『임펙션』에서 91년에 '우먼리브 20년'이라는 특집을 한 적이 있어요. 우먼리브라는 게 1970-71년쯤에 전국적으로 나타난 여성해방운동이었는데, 그 특집을 보면서 배운 것들이 많았습니다. 페미니즘 일반이 그렇지만 특히 우먼리브에서는 일상의 문제를 중요하게 다뤘거든요. 그래서 그걸 통해서 자기 일상이나 자기 신체에 대해서까지 고민을 하게 되었어요. 그렇게 일상 속에 있는 미시적인 권력이나 권위의 문제를 생각할 수 있게 됐는데, 그런 점에서 일본 학생운동이 좋은 게 있어요. 한국 학생운동은 그 자체가 매우 권위적이잖아요? 선후배 관계라는 게 절대적이고요. 그런데 일본은 전혀 그러지 않았거든요. 그것도 전공투(전학공투회의)의 유산이라고 할 수 있을 텐데, 일단 권위주의 자체를 문제 삼는 풍토가 있었어요. 그 당시 일본에서 있을 때 저는 누굴 만나서 대강 또래 같다 싶으면 무조건 말을 놓았어요. 그리고 제가 단과대 학생회장을 했는데, 학교 교수들이랑 단체교섭 같은 것을 할 때는 학장을 비롯한 보직 교수들을 앞에 앉혀놓고 '야! 너!' 그러면서 삿대질도 하기도 했어요. 그러니까 권위주의적이지 않은 분위기 속에서 학생운동을 해왔다는 게 일단은 큰 것 같고요. 사상적이나 이론적인 것의 영향이라면 푸코의 영향이 크고요. 그런데 푸코를 이해하는 방식도 어떤 사람은 '권력만능론'으로 이해를 하잖아요? 어떻게 해도 우리는 권력에서 벗어날 수 없다고 말하는 것처럼 푸코를 이해하는 사람들이 많이 있는데, 저는 그런 경험들이 있어서 그런지 정반대로 이해했어요. 어디서든 싸울 수 있다고요. 사실 권력이라는 것이 절대적이지 못한 것이고, 어디서든 저항할 수 있다고 말하는 게 푸코이지요.

실존적 조건, 삶-학문의 지침으로서 '긴장감'의 의미

박민철 선생님께서 좋아하시는 단어로 '긴장(tension, 緊張)'을 꼽을 수 있을 것 같습니다. 관련된 질문인데요. 조금 극단적으로 대비하자면, 코리언 디아스포라에 대한 인식은 '민족적 프레임'을 통해 그들의 역사를 부정적인 기호와 비극적 표상으로 연결시키는 방식, 반대로 '탈민족적 프레임'을 통해 그들의 경험들을 단순히 디아스포라 일반 이론으로 용해시켜 창조적 행위로 긍정해버리는 방식으로 나눌 수 있을 듯합니다. 이런 점에서 선생님께서 말씀하신 '긴장감'이라는 용어가 굉장히 큰 의의를 전해주는 것 같습니다. 선생님께서는 어떤 글에서 조경희 선생님의 말을 빌어 코리언 디아스포라(특히 조선적 재일 조선인)의 만남이 한반도의 분단과 갈등의 역사를 자각할 수 있게 하는 어떤 긴장감을 전해줄 수 있다고 말씀하신바 있습니다. 이 '긴장감'이라는 용어에 대한 선생님의 설명을 좀 더 자세하게 해주실 수 있을런지요?

후지이 다케시 먼저, 이 질문을 받게 되어 매우 기쁩니다. 「낯선 귀환」이라는 논문을 제가 가장 좋아하거든요. 그 부분을 짚어 주셔서 너무 감사합니다.

박민철 다행히 저희가 잘 짚었군요.

후지이 다케시 제 친구들을 총동원 한 논문입니다. 제가 가장 아끼는 논문이지요. 거기서 '긴장감' 이야기를 하는 것은, 지금까지 계속 '일상'에 관한 이야기를 했는데, 어떤 특정한 문제와 관련되어 자기 자신이 있는 위치를 자각할 때, 어떤 문제를 자기 신체로 느꼈을 때 생기는 긴장감, 그런 의미에서 이 긴장감이라는 것에 주목한 것입니다. 긴장감이라는 것이 자기가 무언가를 실천하려고 할 때 비로소 생기는 거잖아요. 막연하게 불만을 이야기한다든가 누군가에게 무언가를 요구할 때에는 긴장감이 안 생기죠. 어차피 자기는 하지 않는 거니까. 어디까지나 긴장감이라는 것은 자기가 직접 행동으로, 실천으로 옮기려 할 때 생기는 것이지요. 사소한 것이라도 자기가 직접 나서서 무언가를 하려면 긴장하게 돼요. 어떤 분위기 속에서 갑자기 반대 의사를 표명한다든가 이럴 때는 용기가 필요하고, 거기서 시작되는 것에 대해 이야기하고 싶어서 계속 언급하는 것입니다. 옛날 어떤 칼럼에서 '신호등 안 지키기'에 대해서 쓴 적이 있는데, 거기서 이야기한 것도 이것이었죠. 사실은 신호 위반을 할 때도 긴장을 하잖아요. 실제로 위험할 수도 있는 거니까.

박민철 선생님, 그 칼럼은 전체적으로 어떤 맥락이었나요?

후지이 다케시 제임스 스콧(James Scott)의 이야기를 빌려서 한 것인데, 거기서는 일종의 정치 훈련으로 사소한 룰(Rule, 규칙)을 어기라는 이야기를 하고 있었어요. 일상적으로 그런 것을 반복 훈련하는 경험들이 중요하다는 거죠.

박민철 일상적인 틀 속에서의 탈주를 불러오는 것, 불복종을 감행하는 것이 긴장감이라고 보시는 것인가요?

후지이 다케시 예, 그런 것을 할 때 생기는 것이 긴장감이죠. 긴장감이라는 것을 보면, 자기가 다른 존재로 나아가는 첫걸음이기도 해요. 기존에 주어진 위치에서 벗어나려고 할 때 생기는 것이 긴장감이니까요. 그리고 여기서 말한 조선적(朝鮮籍) 재일 조선인과의 만남을 통해서 생기는 긴장감이라는 것도, 자기가 역사적 존재임을 깨닫게 되면서 생기는 것이라고 할 수 있죠. 그런 부분에 대해서 주목하고 싶었습니다. 여기서도 중요한 것은 결국 실천의 문제입니다. 자기 자신이 지금 있는 위치에서 실천하려고 할 때 가장 중요한 부분이기도 하니까요.

박민철 그런데 역사학자인 선생님의 글을 보면 들뢰즈와 푸코의 책 인용을 심심찮게 발견할 수 있습니다. 저희가 속한 연구단에서도 들뢰즈 철학을 차용해 '차이'와 '생성', 스피노자(Baruch de Spinoza)의 '변용', 만남이 만들어내는 것들, 달리 말해 선생님의 표현으로 바꾸자면 긴장이 만들어내는 창조적인 생성에 주목합니다. 이를테면 아주 간단히 말해 한반도 거주 코리언과 코리언 디아스포라와의 차이, 코리언 디아스포라 간의 차이, 남한과 북한의 차이 그 자체가 곧 새로운 생성을 가져다주는 긍정적 계기들로서 작동한다는 것입니다. 하지만, 지금까지 대다수의 한반도 통일담론은 '이질화의 극복'과 '동질성의 회복'을 가장 핵심적으로 이야기하고 있습니다. 이에 대한 선생님의 의견을 듣고 싶습니다.

후지이 다케시 제가 들뢰즈를 좋아하는 것은 무엇보다도 '변증법'이라는 틀 자체를 깼다는 것, 변증법적인 사유가 전혀 아닌 사유를 보여준다는 점에 있는 것 같아요. 변증법이라는 것이 결국에는 통합에 관한 이야기잖아요? 그런데 그럴 필요가 전혀 없다는 입장인 거죠. 변증법적으로 생각을 하면 특이성이나 단독성은 사유될 수 없고, 통합되기 위한 부정적인 계기로만 존재하게 돼요. 그런데 들뢰즈는 전혀 그렇게 생각하지 않으니까 좋은 거죠. 그래서 중요한 것은 결국 이질적인 것들이 어떻게 함께 할 수 있을까? 함께 할 수 있는 기술을 우리가 어떻게 발명하고 만들어낼 수 있을까? 그런 질문이 되는 거고요. 흑인 페미니스트이자 시인이기도 한 오드리 로드(Audre Lorde)라는 사람이 있습니다. 그 사람이 '차이'라는 것에 대해서, 특히 그 사람은 흑인이자 여성이니까 미국에서 활동하면서 많은 것을 느꼈을 텐데, 그 '차이'라는 것이 우리의 장점이기도 하고 약점이기도 하다는 식으로 이야기합니다. 더 나아가 그 차이에 대해 서로를 차단하는 것이 아니라, 가교의 역할을 할 수 있게끔 우리가 어떻게 활용을 해야 할 지 배워야 한다고 말해요. 그 차이의 활용법이라는 것을 우리는 아직 잘 모르는 것 같고, 그런 것을 어떻게 배워갈 수 있을지 그런 방식을 고민을 하자는 거죠. 자꾸 동질성 찾기로 가는 것이 아니라, 서로 다르기 때문에 우리는 대화를 할 수 있다는 식으로 발상을 바꿔야 할 것 같아요. 그래야 이질성을 활용하는 기술 같은 것에 대해 우리가 진지하게 고민할 수 있게 되겠죠. 사실 민주주의라는 것이 한마디로 기술(techne)에 관한 이야기잖아요? 실제로 사람들이 모여서 거기서 어떤 식으로 의사결정을 할 것이냐는 기술적인 문제인데, 그런 기술적인 측면이 민주주의의 핵심이죠. 예를 들어서 '회의'라는 것을 어떻게 진행하는 것이 가장 민주적일까 하는 식으로 일상 속에서 얼마든지 고민할 수 있는 문제들인 것이지요. 그런 고민을 해보는 것이 가장 중요할 것 같아요. 어떻게 보면 통일이라는 것도 그런 것이 아닐까요? 이질적인 부분을 없애고 변증법적으로 통합하는 것이 아니라, 이질적인 부분을 어떻게 최대한 살릴 수 있을지 고민하고 새로운 기술을 발명하는 과정으로서 말이죠.

박민철 이질적인 것의 소통, 이질적인 것들이 공존할 수 있는 메커니즘과 시스템을 끊임없이 발굴해나가야 한다는 것이군요.

후지이 다케시 이질적인 것이 어떤 것을 하지 못하게 만들지는 않습니다. 달라도 할 수는 있어요.

박민철 다른 이야기일 수 있습니다. 일본에서 태어난 지식인으로서 한국에서 활동하시지 않습니까? '이 사회에서 나는 이질적이다'는 생각이 드십니까? 다른 말로 표현해서 긴장감이 느껴지십니까?

후지이 다케시 그 이질성을 되도록 많이 드러내야 하겠다고 생각합니다. 그래서 저도 제 위치를 일본인이 아닌 외국인으로 생각하고 있어요. 그렇게 하려고 노력은 하는데, 사실 평소에는 그런 구별을 잘 안 하고 지내죠. 예를 들어 제가 학교에서 역사학 강의를 하면 한국사를 항상 '우리 역사'라고 이야기하니까요.

박민철 저는 한국사회에서 정신을 똑바로 차리지 않으면 긴장감을 자각하지 못하게 된다고 봅니다. 어느새 거기에 동화되어 버리니까요. 사실 그것이 편하지요. 문제되는 것을 잊게 되고요. 적당하게 묻어가는 것이랄까요. 그런데 이 긴장감을 느끼려면 스스로 긴장하려는 노력이 필요하고, 그 이질적인 것으로 서로를 만들기 위해서는 실천이 필요하고요. 선생님께서는 16년 정도 한국에서 활동하셨으니까 스스로 순간 순간 그런 자각이나 성찰이 느껴지실 때가 있었는지 궁금해서 드렸던 질문입니다.

후지이 다케시 그것은 외국인이라든가 한국인이라는 위치에서 생기는 것은 아니라고 생각합니다. 일상적으로 부딪히는 이질성이라는 것은 사소한 권력관계라든가 그런 것에서 비롯되는 것이어서 외국인이기 때문에 느낄수 있다는 것과는 다른 것 같습니다. 한국인이라도 느낄 수 있는 것이니까요. 사회문제라는 것은 국적으로 나눌 수 있는 문제는 아니잖아요? 사실은 모두가 이질적인 것이고 동질적인 척하고 있는 것뿐이니까요.

박민철 저희는 너무 많은 것들을 애써 외면해왔다는 생각이 있습니다. 그런데 그렇게 애써 외면하고 있는 긴장감의 반대 의미로서 평정심을 깨뜨려 버린 것이 '세월호'라고 생각합니다. 애써 외면하려고 했던 것들을 압도적인 슬픔으로 대면하게 되니까 더 이상 그것을 외면하지 못하게 된 것 같습니다.

후지이 다케시 사실은 그렇게 외면하지 않으면 도저히 살아갈 수 없는 상황이 있기 때문이기도 하지요. 흔히 한국 사람들이 일본에 사는 사람한테 '언제 지진이 날지도 모르는 곳에서 잘도 산다'고 하는데, 일본에 있는 사람들은 한국 사람들을 보며 '언제 전쟁이 날지도 모르는데 잘도 산다'고 생각해요. (웃음) 그러니까 어떤 것은 외면하지 않으면 살아갈 수 없는 그런 측면이 있는 것 같아요. 그런 점에서는 정말로 위태위태한 위치에서 살아가고 있는 것인데,

'4.16'을 계기로 그 위태로움을 직시할 수 있는 용기가 생긴 셈이죠.

앞으로의 연구계획과 삶의 실천 계획

박민철 마지막으로 여쭙겠습니다. 현재 선생님께서는 〈역사문제연구소〉에서 활동하고 계십니다. 역사문제연구소의 활동과 연관하여 앞으로 선생님께서 세워놓으신 연구계획이나 활동 계획들은 무엇인지 듣고 싶습니다.

후지이 다케시 사실 연구소에서 제가 딱히 무엇을 한다는 것은 없습니다. 지금은 그냥 연구원입니다.

박민철 얼마 전까지 연구실장이셨는데, 그럼 역할이 계속해서 바꾸는 것인가요?

후지이 다케시 네. 계속 바뀝니다. 임기가 있고 예전에 끝났습니다. 제가 2년 반을 했으니까 비교적 길게 했어요. 그 다음 연구실장은 1년 반 했고, 지금은 그 다음입니다. 개인적인 부분에서는 계속 고민하고 있습니다. 아직까지도 '방황하고 있다'고 이야기할 수 있을 것 같고요. 그런데 결국에는 자본주의 문제를 어떻게 생각할 것인가가 될 것 같습니다. 박사 논문을 끝낸 이후로 고민했던 것은, 50년대 후반에 식민지 근대화론이 받아들여지는 과정이에요. 한국의 '경제성장'을 지탱한 가치관이나 관점은 대체로 그 때 형성되었다고 볼 수 있는데, 그것이 어떤 과정을 거쳤는지 제대로 알고 싶다고 생각했었어요. 그런데 그런 경제를 바라보는 관점은 대체로 미국에서 만들어져서 한국에 들어오는 것이어서 그 문제를 고민하려면 일단 미국사를 알아야 돼요. 한국 현대사를 전공할 때 딜레마 중 하나가 바로 그것입니다. 그래서 한국 현대사를 하는 사람들이 미국에 많이 가잖아요. 미국의 자료를 발굴하려고. 그런데 특히 저 같이 사상사를 하고 있으면 결국 미국의 맥락이라는 것이 굉장히 중요해지죠. 미국 사회의 어떤 상황 속에서 어떠한 지식이 만들어지는지, 그리고 그것이 어떤 경로로 한국에 들어오게 되는지. 그러다보면 결국 자기가 무엇을 전공하고 있는지 헷갈리게 되기도 해요. 이게 한국사를 할 때 항상 생기는 문제이기도 합니다. 예를 들어 근대사를 전공하는 사람은 어느 새 자기가 한국사를 하고 있는 게 아니라 일본 제국사를 하고 있는 것이 아니냐는 고민을 하게 되는 것 처럼요. 어쨌거나 그런 성격 때문에 50년대 후반 남한사를 하려면 미국사가 중요할 수밖에 없는데 어디서부터 공부해야 할지 고민만 하고 있는 상태입니다.

박민철 긴 시간 감사합니다. 이것으로 인터뷰 마치도록 하겠습니다.

인터뷰이 : 서재정
펜실베이니아대학에서 국제정치학박사 학위를 받았으며 지금은 일본 국제기독교대 정치·국제관계학과 교수로 있다. 참여연대 평화구축센터 자문위원과 대통령자문 정책기획위원회 통일외교분과 위원을 역임하기도 하였다. 주요 저서와 논문으로는 「한미동맹은 영구화하는가」(2009), 「통일은 과정이다」(공저, 2015), 「사드와 한반도 군비경쟁의 질적 전환」(2015), 「북의 3차 핵시험과 한반도 비핵화 평화체제의 전망」(2013), 「천안함사건이 보여준 한국 민주주의의 현재와 미래」(2012), 「미국의 세계 전략과 한반도 평화」(2004) 등이 있다.

인터뷰어 : 김종곤
건국대학교 통일인문학연구단 HK연구교수로 재직중이다. 논문으로는 「'역사적 트라우마' 개념의 재구성」(2013), 「기억과 망각의 정치, 고통의 연대적 공감」(2015) 등이 있으며, 저서로는 「코리언의 정서소통과 통일문화」(공저, 2017), 「분단 트라우마 치유를 위한 고통의 공감과 연대」(공저, 2016) 등이 있다.

안보를 위협하는 안보

일시 : 2016년 8월 25일
장소 : 서울시 종로구 체부동 근처 커피숍

안보를 위협하는 안보 딜레마

김종곤 첫 번째로 드리고 싶은 질문은 미국의 신안보전략과 그것의 국제정치학적 의미에 대해 여쭙고 싶습니다. 선생님께서는 2000대 초반에 이미 미국의 신안보전략에 따른 미군 재배치계획이 장기적으로 한반도의 안보상황을 불안하게 만들고 군비경쟁을 부추길 것이라 예상하셨습니다. 그런 예상이 가능했던 이유를 먼저 듣고 싶습니다.

서재정 지금 하신 질문은 해외에서 보는 한반도의 분단 · 통일 문제와 관련되어 있습니다. 그래서 제가 미국에 있으면서 특히 안보 문제에 관심을 갖게 된 이유를 먼저 말씀 드릴게요. 81년도에 가족과 미국에 이민을 가서 시카고 대학에서 물리학을 전공했습니다. 당시 레이건 대통령이 추진하던 여러 국방정책 중에 하나가 소위 말하는 별들의 전쟁, 즉 미국을 둘러싸는 미사일 방어체계를 구성한다는 것이었습니다. 그 일환으로 인공위성도 쏘아 올리고, 레이저 요격 시스템도 만든다는 계획을 수립한 것이지요. 이런 미사일 방어체계를 구성하려 했던 가장 큰 이유는 80년대에 들어서면서 미 · 소 냉전이 심화되었다는 점에서 찾을 수 있습니다. 미 · 소 냉전이 심화되면서 미국의 레이건 정부가 택했던 세계전략은 만약 두 국가 간에 전쟁이 발생하게 된다면 유럽 전선을 동북아시아까지 확장하겠다는 것이었습니다. 예를 들어 소련이 유럽에서 전쟁을 일으키면 미국은 동북아시아에서 전쟁을 일으키겠다는 겁니다. 소련의 군사력을 분산 시켜 괴멸 시키겠다는 전략이었던 것입니다.

이것이 당시 세계전략이었습니다. 미국에서 공부를 하다가 이러한 사실을 알고는 굉장히 충격을 받았습니다. 한국에 있을 때는 분단을 남북 간의 문제로만 생각했었어요. 그런데 미국에서 보니까 한반도의 분단은 여러 장기판에 놓여있는 말과 같이 미국과 소련 간 긴장관계 때문에 언제든지 이용 가능한 하나의 패에 불과하다는 것이 눈에 들어오기 시작했어요. 한반도의 상황과는 무관하게 유럽에서 전쟁이 일어나게 되면 한반도에서도 전쟁이 일어날 수 있는 그런 상황이었던 겁니다. 미국의 세계전략, 미·소 냉전과 같은 국제관계가 어쩌면 한국의 운명을 좌지우지 할 수도 있다는 점을 깨달은 겁니다.

그러면서 물리학을 계속 공부할 것인지에 대한 고민도 들었습니다. 그 당시 그런 고민이 들었던 게 좀 전에 말씀드렸던 것처럼 미사일 방어체계를 위해서 첨단과학이 동원이 되고, 많은 과학자들이 거기에 많이 참가를 한다는 점 때문이었어요. 과학자들 사이에서도 그러한 점은 굉장한 논란거리가 되었죠. '과연 그러한 미사일 방어체계가 과학적으로 가능한 것인가?', '실현된다고 해도 그것이 과연 평화에 도움이 되는 것인가?'와 같은 의문들이 여러 사람들 사이에서 제기되었습니다. 이를 지켜보면서 저도 아무런 생각 없이 물리학을 공부하는 것보다는 물리학을 하던 다른 것을 하던 세계 평화를 위해서 활동하는 것이 결국에는 한국과 한반도의 평화를 만드는 것이 아니냐는 생각을 하게 되었습니다. 그러다 보니 대학원 때는 국제정치학, 특히 외국의 외교안보정책에 관심을 갖게 되었던 겁니다. 그때부터 제 연구 방법은 한반도 외부에서 내부를 바라보는 관점에서 이루어지는 경향이 강해졌던 것 같아요. 특히, 미국의 세계전략, 미국의 군사안보 전략이 한반도와 동북아시아에 어떤 영향을 미치는가와 같은 물음을 던지기 시작하였습니다.

김종곤 냉전체제 시기 미국의 전략변화가 한반도를 비롯한 동북아시아에 가져왔던 전쟁 위기 상황에 대해 말씀해주셨는데, 이야기를 좀 더 최근으로 끌고 왔으면 합니다. 냉전체제 이후 미국의 안보·군사전략에 가장 큰 변화를 준

사건은 2001년에 발생했던 9.11사건이 아닌가 싶습니다. 당시 부시 정부는 '테러와의 전쟁'을 선포하고 이라크만이 아니라 사실상 이와 관련이 없는 북한마저 '악의 축'으로 지목하기도 하였습니다. 2000년대 이후 미국의 안보전략 변화양상과 그 변화가 한반도에 미친 영향에 대해서는 어떻게 평가할 수 있을까요?

서재정 2000년대 초부터는 미국의 전략이 공세적이고 더욱 위험한 방향으로 추진이 되었다고 평가할 수 있습니다. 9.11사건 발생 후 부시정부는 적이 미국을 먼저 공격을 하지 않더라도 위험 신호만 포착되면 먼저 공격을 할 수 있다는 소위 '선제공격전략'을 채택했습니다. 선제공격전략이 채택되면서 그에 맞는 무기 체계가 준비되었고, 또 그에 맞는 군사 재배치가 진행 되었습니다. 그런데 이러한 변화는 미국에만 국한된 것이 아니었습니다. 한반도와 동북아시아에서도 미군의 무기체계와 배치에 변화가 일어납니다. 한국에 주둔하고 있는 미군은 그 이전까지는 소위 붙박이 부대였습니다. 탱크나 포를 주요 무기로 하는 육군 중심이었다는 말입니다. 이러한 붙박이 부대는 북한을 상대로 배치되었던 것이었죠. 그런데 2000년대 이후부터는 그런 군사배치가 신축성과 유동성을 저해하는 것으로 보기 시작합니다. 그 당시 부각이 된 것이 바로 테러리스트의 위협인데 붙박이 부대는 그것에 잘 대응하지 못하기 때문에 군대를 좀 더 가볍게 하고 신속하게 이동 가능하게 만들어야 한다는 점이 제기된 겁니다. '신속 전개 부대'라는 개념이 만들어지고 무기체계도 중화기 보다는 가벼우면서 정확하게 적을 타격할 수 있는 체계로 변화하기 시작한 것입니다. 미국의 전략이 변하면서 주한미군도 그에 따라 변하기 시작했습니다. 또 한국, 일본을 포함한 동북아시아에 주둔하고 있는 미군도 다른 지역으로 신속히 이동·배치될 수 있고, 그 외 지역에 있더라도 한반도에 신속히 투입이 될 수 있도록 변화되기 시작한 거죠.

　문제는 이러한 변화가 한반도와 동북아시아에 새로운 안보 불안을 야기하게 되었다는 겁니다. 왜 미국의 전략변화가 그러한 한반도와 동북아시아의 안보 불안으로 이어지는지 이해하기 위해서는 미국의 전략변화에 대해 한국과 북한이 보이는 반응의 차이를 봐야합니다. 미국 입장에서는 9.11 이후 테러 위협에 대응하기 위해 군대의 성격과 배치를 변환시켰는데, 한국만 해도 미국식 사고방식과 미국식 전략에 너무 익숙해서 그러한 미국의 전략 변화를 너무나도 당연하게 받아들였습니다. 지금 진행되고 있는 을지훈련 프로세스와 같은 군사 훈련 역시 연례 훈련이니까 그냥 방어훈련이라는 의미로 받아들이지 않습니까. 미군과 주한미군, 군사훈련, 무기체계 이런 모든 부분들이 아주 자연스러운 것이 되어 있고, 따라서 그에 대해 물음을 던지지 않는 상황까지 온 거죠. 이것을 통일인문학연구단에서 사용하고 있는 '아비투스(Habitus)' 개념으로 설명해도 되지 않을까요? 우리에게 미국의 입장을 무감각하게 수용하는 것이 일상화된 아비투스의 한 부분이 되었다는 겁니다.

그러다보니까 이게 다른 사람에게, 특히 북한에게 어떻게 보일까라는 생각을 미처 못 하는 거죠. 역지사지의 입장에서 북한은 이러한 변화를 굉장히 생경할 뿐만 아니라 위험스럽게 볼 수도 있습니다. 북한은 미군과 한국군이 붙박이로 배치되어 있는 것도 굉장히 부담스러운데, 갑자기 신속 전개 군사 운용이 되면서 미군 병력과 무기가 수시로 들락날락 하고, 거기에다 장거리 공격도 가능하니 북의 입장에서는 뜨악할 일이 아니냐는 겁니다. 미국입장에서는 테러리스트에 대응하기 위한 것이라고 하지만 자기와 전혀 관계가 없는 일 때문에 미국의 전략이 변하고, 군사 체계와 무기 체계가 변환되는 것이 북으로서는 뜬금없을 뿐만 아니라 굉장히 위험스럽게 보일 수 있겠다는 생각이 듭니다.

김종곤 선생님의 말씀을 들으니 오늘날 북이 국제적인 압박에도 불구하고 미사일 개발에 집중하는 이유를 다시 생각해보게 됩니다. 일반적으로 북이 미사일 발사 실험을 할 때면 북의 악마적 이미지를 내세워 비판하려고 하지 북의 입장에서 합리적으로 이해하려 들지 않는 것 같습니다. 어쩌면 한반도의 불안요소를 해결해나기 위해서는 그러한 이해의 노력이 더 필요한데도 말이에요.

그래서 북의 입장에서 미국의 안보 군사전략을 볼 필요가 있다는 거죠. 그
럴 때 북에서 왜 핵무기를 만들려고 하는지, 왜 장거리 중거리 단거리 미사
일을 개발하려는 유혹을 느끼게 되는가에 대해 이해할 수 있다는 거죠. 물
론 그렇다고 해서 그것들을 용납하고 받아들이자고 주장하는 것은 아닙니
다. 다만 북에서 남쪽과 미국을 어떻게 볼 것인가라는 질문을 던지고 역지
사지 입장에서 바라볼 필요가 있다는 것입니다. 그래야 한국의 안보문제를
보다 장기적으로 해결할 지혜나 한반도의 평화를 보다 든든하게 구축할 수
있는 방안들을 찾을 수 있다는 겁니다. 그런 시도를 할 때 우리가 할 수 있
는 합리적 추정은 2000년 초부터 일어난 군사 전략들의 변화들이 북한에게
는 굉장한 위협으로 다가갔을 것이라는 점입니다. 그러한 위협에 나름대로
대응 하다 보니 핵무기나 미사일의 개발에 집중하였던 것이 아닌가라고 얘
기할 수 있다는거죠.

　이런 모습들을 국제정치학에서는 '안보딜레마'라고 합니다. 한편에서는
자기들의 안보를 위해서 군사력을 강화하는 조치를 취하는데 반대편에서는
그러한 조치가 자기들의 안보를 위협하는 요소가 되기 때문에 자신들의 안
보를 강화시키기 위한 군사적인 조치를 취하게 되고, 그러면 다시 이쪽에서
보았을 때 반대편의 군사력이 강화되었기에 또 자신의 군사력을 더 강화해
야 되는 딜레마가 생기는 거죠. 이쪽에서 군사력으로 안보를 유지하기 위해
서 하는 것과 똑같이 반대쪽에서도 군사력으로 자신들의 안보를 유지하기
위한 양상으로 가는 것이지요. 이러한 악순환이 군사적인 긴장과 안보 딜레
마를 확대 재생산하는 구조가 된 것이죠.

　미국의 전략과 관련하여 이야기를 좀 더 하겠습니다. MB정부 지나고 박
근혜 정부, 오바마(Barack Obama) 정부 2기에 들어서 킬체인(Kill Chain)이
라든지 작전계획5015(Operational Plan 5015)과 같은 군사전략이 수립됩니
다. 이 전략들은 선제타격을 본격화한 것입니다. 그 이전까지 전략은 전쟁
이 일어날 경우 장거리 투사를 하면서 전·후방 가리지 않는 전면전이었다
면, 최근 들어 박근혜와 오마바 정부에서 취하고 있는 군사전략은 위험 징

후가 보이면 선제적으로 타격을 한다는 것으로 바뀌었습니다. 국제법적으로 '선제타격'이냐 '예방전쟁'이냐가 다르기 때문에 국방부나 미국에서는 선제타격이라고 표현을 하죠. 엄밀하게 말해 선제타격은 북이 한국과 미국을 군사적으로 공격할 징후가 보일 경우 미사일을 발사하기 위해 연료를 주입하고 군대를 배치하고 있다가 진짜 공격할게 명백하다고 판단될 경우 방어를 위해 공격을 개시하는 것을 말합니다. 이것은 국제법적으로 허용이 됩니다. 반면에 군사적인 공격의 징후가 명백하지 않은 데도 먼저 공격하는 것을 선제공격 또는 예방전쟁이라고 합니다. 그러한 공격은 침공과 침략의 행위이기 때문에 국제법적으로 금지되어 있습니다.

그런데 선제타격과 선제공격의 경계는 굉장히 애매모호합니다. 적군이 공격할 '징후'가 어떨 때 명백한 것이고 명백하지 않은지 사이에는 애매모호한 회색지대가 존재하기 때문입니다. 그래서 항상 국제정치에서 문제가 되는 것입니다. 이라크 전쟁 같은 경우에도 지금은 선제공격을 한 것으로 인정을 하지만 그 당시에는 이라크가 핵무기를 비롯해 대량살상무기를 개발하고 있으며, 이는 명백하게 국제평화와 질서를 위협하는 것이기에 공격해야 한다고 명분을 내세웠거든요. 그래서 선제공격이 아니라 선제타격이라 얘기했던 겁니다.

김종곤 그런데 이라크의 경우 군사적 공격에만 그친 것이 아니고 민주정부를 세운다는 명분하에 아예 정부 자체를 바꿨잖습니까? 선제타격이라는 개념이 군사적인 차원에만 국한되지 않고 적극적인 정치적 구조마저 바꿔버리는 개념으로 읽힙니다. 어쩌면 그러한 선례를 통해서 보면 변화된 미국의 안보전략이라는 것이 북한에게는 더 큰 불안으로 다가갈 것 같습니다.

서재정 맞습니다. 선제타격이 수단을 규정하는 거였다면 이런 군사작전의 목적이 레짐 체인지(regime change)로 바뀌었다는 것이 북의 입장에서는 위협적으로 느껴질 수 있지요. 대량살상무기를 제거하는 것으로 끝나는 것이 아니라 기존 정권을 붕괴시키고 새로운 정권으로 교체하겠다는 것이 공식적인 미국의 목표이기 때문에 북으로서는 더 위협을 느끼는 거고요. 인문학적인 용어로 이야기하자면 북의 정체성을 부인하는 거잖아요. 그리고 존재 자체를 인정하지 않는 것에서 끝나는 것이 아니라 없어져야할 존재로 규정되는 것인거죠.

한미동맹과 적대적 담론의 (재)생산

김종곤 지금까지 미국의 전략변화가 한반도의 안보상황에 미치는 영향에 대해 말씀을 해주셨는데, 이는 다른 한편으로 보자면 대북정책에 대한 한국의 자율성 문제와도 깊이 연관되어 있는 것 같습니다. 선생님의 말씀을 따라가 보자면 그 핵심 요인 중에 하나가 강고한 한미동맹에 있지 않는가라는 생각이 듭니다. 동서냉전체제는 이미 오래전에 붕괴되었고, 한국은 여러 방면에서 북한과 비교가 안될 만큼 앞질러가면서 체제경쟁은 이미 무의미한 것이 되었습니다. 그럼에도 불구하고 한미동맹은 약화되기 보다는 최근 사드 미사일 배치 문제와 같이 오히려 강화된다는 느낌을 지울 수 없습니다. 객관적 조건에서 보자면 한미 동맹이 강화될 이유가 없다는 겁니다. 여기에 대해서는 어떻게 생각하십니까?

서재정 사실 지금 질문하신게 제 박사학위 논문 주제였습니다. 90년대 들어서 소련은 해체되었고 냉전체제는 붕괴되었습니다. 중국도 자본주의적 요소를 받아들이면서 사회주의 국가인지 자본주의 국가인지 구분이 안될 만큼 바뀌지 않았습니까? 정치적으로도 미·중 관계 정상화가 이뤄져 경제적으로도 굉장히 친밀한 상호 의존적 관계가 되었고, 남북의 국방비만 비교해도 한국의 국방비가 북한의 국가 예산 전체 예산에 맞먹는 수준이지 않습니까? 남북 간의 군비 경쟁만 놓고 봐도 북한이 국가예산을 전부 국방비로 지출을 하더라도 한국의 국방비를 따라 잡을 수 없는 지경까지 온 겁니다. 그럴 정도로 남북 간의 격차가 커졌음에도 불구하고 한국은 왜 여전히 한미동맹을 중요시하고 주한미군에 집착하는가가 제 문제의식이었습니다.

그 문제의식은 여전히 유효하다고 봅니다. 박근혜 정부 들어서고 다음해인 2014년 4월에 한미정상회담을 하면서 나온 중요한 합의 내용 중 하나가 전작권에 관한 것이었습니다. 전시작전지휘권을 2015년에 환수하기로 되어있었는데 연기하자고 합의 한거죠. 물론 MB정부에서도 연기한 바가 있지만 이 합의는 환수 '시기'를 두고 연기한 것이 아니라 한국의 안보 환경과 같은 주관적 '조건'형성을 전제로 한 연기라는 점에서 사실상 무기한 연기로 보입니다. 주권국가로서 거의 찾아보기 힘든 모습이라고 할 수 있습니다. 그래서 왜 아직까지도 대한민국은 여전히 이런가라는 질문이 남죠. 노무현 정부 같이 전작권을 찾아오자는 것이 대한민국에서는 굉장히 예외라고 주장하는 보수 수구 세력 때문에? 아마도 대한민국의 많은 사람들도 주한미군과 한미동맹의 필요성에 대해 아직까지도 동의를 하지 않나 싶거든요. 여론조사에서도 나타났고요.

저는 그 답을 두 가지에서 찾았습니다. 한 가지는 군사경제적인 '상호의존성'입니다. 한국 군대가 출범할 때부터 미군에 의존을 했기 때문에 지금 보유하고 있는 무기체계나 군사편제, 전략 등 모든 것들이 미군을 상정하고 구성되어 있어요. 그래서 주한미군이 빠져버리면 거의 독자적으로 기능을 하기가 어려울 정도로 기형적인 군사구조와 군사체제가 만들어져 있습니다. 무기체계가 그 단적인 예인데 한국이 엄청나게 많은 무기를 수입을 하는데, 그 엄청나게 많은 무기의 대부분이 미국제 무기잖아요? 요즘 문제가 되고 있는 사드(THAAD)도 미국제 미사일 방어체제를 도입하는 거고, 탱크에서부터 시작해서 전투기, 미사일, 군함 등에 이르기까지 무기 수입의 90% 정도가 미국제입니다. 그럴 정도로 미국의 의존도가 높다는 겁니다.

두 번째는 '정체성 효과'라는 측면에서 설명할 수 있습니다. 일단 군사문제나 정치적 이해관계의 차원을 넘어 북한이 철저하게 타자화 되는 만큼 미국과는 일체화된다고 해야 할까요? 저는 대한민국의 정체성 형성에 있어 북한과 미국이 크게 두 축으로 기능하였다고 봅니다. 한편으로 북은 우리보다 열등한 존재고 경제적으로도 못살고 사회적으로도 문제가 많고 정치적으로도 억압적인 체제고 군사적으로는 우리를 위협하는 위험한 존재로 철저히 타자화해 온 것입니다. 그리고 그와 동시에 대한민국은 북과 다른 존재라는 식으로 대한민국의 정체성을 구성한 것이죠. 때문에 내부에서도 '빨갱이'에 대한 철저한 배제와 억압이 기능할 수밖에 없고 북을 타자화 하는 만큼 내부의 불순분자들도 동시적으로 타자화 할 수밖에 없는 구조에 있는 것 같습니다.

북의 타자화가 대한민국 정체성의 중요한 한 축이라면 다른 한편으로 미국도 그에 못지않은 중요한 한 축이라고 생각됩니다. 다른 점은 북은 타자화의 대상이지만 미국은 일체화의 대상이라는 점이죠. 그래서 미국식 민주주의는 좋은 것이고 미국식 경제체제는 훌륭한 것이며 또 미국식 사회는 우리가 본받아야 되는 것, 나아가 미국의 군대와 안보체제는 우리의 평화를 지켜주는 것이라는 식으로 담론체계가 형성이 되었던 것이죠.

지난 50년 넘게 한미동맹이 지속이 되면서 이러한 정체성 효과가 심화·확대되어 왔다고 생각합니다. 한미 합동 군사훈련마저도 따지고 보면 이러한 정체성의 문제와 밀접하게 관련되어 있습니다. 예를 들어 을지포커스 훈련을 할 때 이것이 북의 '위협'에 대비한 것이라고 하지만 그 자체로 북의 정체성을 다시 한 번 확인시켜주는 담론의 재생산 과정이 되는 것이고요. 마찬가지로 연례적인 '방어'훈련이라는 점을 내세워 실시되는 한미군사훈련도 미국의 정체성에 대한 담론을 재생산하는 과정의 일환이라고 봅니다.

한미동맹도 마찬가지로 이러한 정체성 효과라는 맥락에서 설명이 됩니다. 한미동맹에서 연례적으로 하는 가장 중요한 행사가 10월 말이나 11월 초에 열리는 연례 안보회의입니다. 이 회의가 끝날 때마다 항상 성명서가 발표가 되거든요. 성명서에도 가장 중요한 부분이 한미동맹이 북에 의해 위협당하고 있다는 북의 타자화입니다. 북의 정체성을 공동으로 재확인하고 재생산 하는 겁니다. 이는 동시에 한미동맹은 한국의 안보를 위해서 지켜져야 한다면서 그 당위성을 굳히는 과정인 것이지요. 그래서 한미동맹이나 군사훈련이 정체성의 (재)생산과 불가분의 관계에 있다고 생각하는 것입니다. 오랜 세월 동안 북은 위험한 타자, 미국은 당연한 동맹국이라는 믿음 속에서 대한민국의 정체성을 규정해왔고 아직까지도 그것은 너무나도 당연하게 받아들여지게 된 것입니다. 리퍼드(Mark Lippert) 주한 미국 대사가 칼 맞았을 때 못 지켜 줘서 미안하다고 단식을 하고 석고대죄를 하는 모습을 보세요. 그런 모습을 보이는 나라는 대한민국이 거의 유일무이하지 않을까라고 생각합니다. 정체성 효과를 빼놓고 한미동맹이나 한미관계를 이야기하기는 힘들어 보입니다.

김종곤 당연한 말인지 모르겠지만, 한미 간 상호의존성과 정체성 효과가 지금까지 한미동맹을 지속·심화·확대해 온 요인이라고 했을 때 사실상 이것이 북을 위협적인 대상으로 타자화 한다는 점에서 분단극복을 위한 남북 소통에 좋은 영향을 못 미칠 것 같습니다. 그렇다고 한반도의 통일 문제에 있어 미국을 무시할 수도 없는 노릇입니다. 하지만 어쨌든 한반도의 통일에 있어 그 직접적인 당사자는 남과 북이고, 남과 북이 어떻게 하느냐에 따라 주변국들을 설득시켜 나가면서 둘 간의 관계를 풀어나갈 수 있지 않을까라고 생각합니다. 지난 김대중 정부도 그런 노력을 보였고요. 그렇다면 한미동맹을 해체하느냐 안하느냐의 문제를 떠나 한반도의 긴장을 완화하고 남북소통이 이루어지기 위해서는 남북의 주체성(혹은 자율성)이 중요하지 않을까요?

그게 핵심적인 문제라고 생각 합니다. 물론 한미동맹이나 미국의 군사전략이 구조적인 힘으로써 분단을 강제하는 부분은 분명히 존재하죠. 그렇지만 한반도에서의 분단구조, 세계적으로 그리고 동북아시아에서의 냉전 내지 신냉전 구조, 미국의 구조 속에서 주체로서 어떻게 행동을 할 것이냐는 하는 부분은 항상 남는 문제인 것 같습니다. 구조가 주체의 행위를 완전히 결정하는 것은 아니니까요. 구조가 어떤 강제력을 갖지만 주체가 활동 할 수 있는 여지는 여전히 있는 것입니다.

　　그런 면에서 저는 DJ 정부와 노무현 정부 때의 경험들이 중요한 교훈을 준다고 생각합니다. 일단 돌파구는 정치 지도자들에 의해서 만들어졌지만 2차례의 남북정상회담은 북한의 타자화를 극복할 수 있는 계기를 만들어 준거죠. 가능성을 열어준 겁니다. 그렇지만 저는 DJ 정부와 노무현 정부 때의 중요한 현상은 대화와 교류였다고 생각합니다. 그 이전까지는 타자의 타자화가 강고하게 이루어져 있었다면 대화와 교류의 공간이 열리면서 타자의 타자화에 일정한 균열이 발생하기 시작했기 때문입니다. "이상한 뿔 달린 악마였다고 생각했는데, 가보니까 우리와 똑같이 생겼고", 이미 황석영 작가가 소설에 쓴 내용이지만 "거기도 가보니까 사람이 살고 있더라"와 같은 말을 하기 시작했습니다. 그런 면에서 타자화를 넘어설 수 있는 가능성을 보여준 거고요. 북의 타자화를 넘어설 수 있는 가장 유효하고 중요한 방법이 직접적인 접촉과 대화, 소통, 교류가 아니었나 생각됩니다.

　　보수 정권에서는 그 시절을 '잃어버린 10년'이라고 이야기하는데, 지금 와서 보면 진짜로 '잃어버린 10년'이 되어버렸어요. 그 시기에 교류와 소통이 여러 단위에서 이뤄졌지만 아마도 가장 중요한 점은 접촉과 교류, 소통, 대화를 통해서 타자의 타자화를 극복할 수 있는 가능성을 보여줬다는 데에 있다고 생각합니다. 아마도 시민사회의 역할이 그런 부분에서 가장 중요하지 않나 싶고요. 국가가 할 수 있는 부분이 분명히 있지요. 앞의 '잃어버린 10년'에는 국가가 분단의 벽에 약간의 틈새를 만들어줘서 시민사회가 소통을 할 수 있었고, 뒤의 '잃어버린 10년'동안에는 국가가 통로를 차단하니까 그런 소통과 교류의 기회가 완전히 봉쇄가 되고 있지 않습니까? 국가가 소통과 교류의 문을 막지 않는 것이 중요합니다. 결국 타자의 타자화를 넘어서는 것은 직접적인 만남과 소통·교류가 아니겠습니까.

김종곤 방금 시민사회의 역할에 대해 말씀하셨는데 이와 관련하여 추가질문을 드리고 싶습니다. 선생님께 말씀하신 '시민사회'가 좁은 의미에서 NGO와 같은 단체들인지 아니면 넓은 의미에서 일반 시민들까지 포함하여 보시는지 궁금합니다. 이런 질문을 드리는 이유는 민간부문에서의 남북 교류가 서로 간의 거리를 좁히는 중요한 역할을 한다는 점을 인정하지만, 한편으로는 적대적인 분단의 논리를 내면화하고 일상적으로 그 논리를 재현하는 사람들이 우리 사회에 많다는 점에 있습니다. 다시 말씀 드리면 분단의 적대성이 시민사회 내부에서 자발적으로 (재)생산된다는 점에서 이 문제를 해결하지 않는다면 시민사회의 긍정적인 역할을 기대할 수 없다는 생각이 듭니다.

서재정 우선 저는 넓은 의미에서 '시민사회'를 이야기하였습니다. 통상적으로 국가와 시민사회, 시장 이렇게 세 가지를 구분해서 이야기 하는데, 국가와 시장의 영역 밖에 있는 넓은 의미에서 인간들 그리고 그 인간들의 모임들을 포괄해서 시민사회라 말한 겁니다. 하지만 대부분의 사람들이 일상생활 속에 침전되어 살아가는 것이 시민사회의 전형적인 모습이기 때문에 정치적인 문제나 중요한 국면에서 역할을 하는 것은 주로 조직화된 NGO들이라는 점을 부정할 수는 없습니다. 그래서 시민사회의 정치성과 역동성, 변화성을 이야기할 때에는 아무래도 조직된 NGO의 역할이 중요하다고 생각합니다. 그렇지만 궁극적으로는 넓은 의미에서의 시민사회가 국가도 구성하고 국가의 방향과 성격에도 영향을 준다는 점에서 이들의 역할 또한 중요합니다.

말씀하신 것처럼 (넓은 의미의) 시민사회가 단일하고 통일된 모습을 보여주진 않습니다. 다양한 인자들로 구성되어 있고, 같은 공간 속에 살고 있다 하더라도 각각의 개인들이 보여주는 삶의 모습과 생각들은 다릅니다. 분단의 재생산이 시민사회 안에서도 이루어진다고 생각합니다. 북한의 타자화에 대해 말씀드리면서 그것이 한국 안에서 담론의 재생산을 통해 반복적으로 이루어지고 있다고 말씀드리지 않았습니까? 또 빨갱이, 친북, 종북으로 불리는 사람들에 대한 타자화가 분단의 아비투스로 인해 우리 안에서도 재연되고 있습니다. 그런 면에서 남북분단이 우리 사회 내부로 오버랩되어 남남분단을 낳고 있는 겁니다. 하지만 또 한편으로는 남북분단을 극복하려는 흐름이 있는 것도 사실입니다. 시민사회 안에서 북의 타자화, 내부의 분단을 극복하려는 시도가 동시에 존재한다는 거죠. 그러다 보니 두 입장 간에 갈등이 발생하기도 합니다. 소위 '남남갈등'으로 표현되기도 하죠. 그래서 저는 분단의 내적 재생산을 극복하는 것이 남북 간의 대화와 소통 못지않게 중요하다고 봅니다.

군비경쟁의 에스컬레이션과 한반도의 위기

김종곤 이야기를 다시 '안보 딜레마'로 돌아가 보겠습니다. 선생님께서 말씀하시는 안보 딜레마란 결국 상대의 위협으로부터 자신을 지키기 위해 군사력을 강화할수록 군비경쟁의 악순환에 빠지게 되어 역설적이게도 평화가 위협받는 불안정한 상황이 연출되는 것으로 이해됩니다. 그렇다면 요즘 한창 논란이 되고 있는 사드 배치 문제 역시 미국의 전략변화—북한의 미사일개발이라는 일련의 과정에 따른 것이라는 점에서 '안보 딜레마'라는 개념에 비추어 이해할 수 있지 않을까요? 이미 선생님께서는 이러한 맥락에서 한반도의 사드 배치 문제에 대해 논의를 하신 것으로 알고 있지만 좀 더 구체적으로 사드 배치에 대한 선생님의 의견을 듣고 싶습니다.

서재정 사드 배치를 두고 중국은 한국에 사드를 배치하게 되면 중국을 감시할 수 있게 되고 따라서 자국의 안보를 저해한다는 이유로 강력하게 반대를 하고 있습니다. "사드 배치는 미중 간의 갈등을 심화시키는 것이 아니냐. 그리고 그것 때문에 한국이 손해를 볼 수 있다. 중국이 보복을 하면 경제적인 타격을 입을 수 있다."는 주장이 제기되고 있습니다. 그래서 사드배치를 미중 간의 갈등으로 보고 여기에서 미국 편에 설 것이냐 중국 편에 설 것이냐는 논의 구도가 형성되는 것 같습니다. 이런 구도에서 사드 찬성론자들은 미국 편에 선 자이고, 반대론자들은 중국 편에 선 자가 되는 것이죠. 그렇게 보일 수 있는 구도로 논의가 짜여 있는 것이죠.

　물론 당사자들은 그와 다른 이야기를 할 수 있겠지만 논의 구조 자체는 사드를 미국과 중국 간의 안보 경쟁으로 보는 논의 구도로 되어 있는 것입니다. 저는 사드배치 문제를 미중 간의 안보 갈등으로 보는 것에 대해 의문을 가지고 있습니다. 기술적으로 자세히 들어가면 시간이 오래 걸리니 간단하게 말씀을 드리면 사드를 한국에 배치를 하려고 하는 것은 누가 뭐래도 미국이지 않습니까? 미국의 무기체계를 한국에 배치하겠다는 것인데, 미국의 미사일 방어체계를 한국에 배치하려는 이유가 저는 북한의 핵미사일 위협이 일차적이라고 생각해요. 그렇게 생각하는 근거가 여러 가지가 있는데 그 중에 하나는 사드배치가 본격적으로 제기 되기 시작한 것이 2014년인데, 2014년 6월에 커티스 마이클 스캐퍼로티(Curtis Michael Scaparrotti) 한미연합사령관이 사드를 한국에 배치를 해야 한다고 처음으로 공론화했습니다. 스캐퍼로티 한미연합사령관이 그 발언을 하기 직전에 한미정상회담이 있었던 겁니다. 미국적인 사고방식에서 봤을 때 한미연합사령관은 군인인데 군인이 정책에 영향을 줄 수 있는 발언을 할 수가 없거든요. 이미 맥아더가 정책에 관여하다 실패한 사례가 있기 때문에 민군 관계에 있어서 정책결정은 민인 대통령과 공화당이 하고 군인은 집행만 한다고 역할분담이 명확하게 구분이 되어 있죠. 그런데 스캐퍼로티가 사드를 배치해야 한다고 정책 결정에 영향을 줄 수 있는 발언을 한 거죠. 이것은 이미 사드배치 결정이 더 높은 단계에서 있었다는 것을 의미합니다. 그래서 저는 그 정책 결정이 바로 2014년 4월 한미정상회담에서 이뤄졌다고 봅니다. 그 정상회담에서 사드를 포함한 미사일 방어체계의 상호운용성에 대해 합의를 한 것이라는 말이에요. 그러한 정책적인 합의가 있었기 때문에 스캐퍼로티가 공개적으로 발언을 하고, 그때부터 일사천리로 사드배치를 위한 작업들이 이루어지게 된 거죠.

여기서 미사일 방어체계 합의를 왜 '2014년 4월'에 했냐는 의구심이 듭니다. 이에 대해 답하기 위해서 그 이전으로 돌아가 봅시다. 2013년에 미국이 미사일 방어체계를 아시아 쪽에 배치하기 위해 여러 가지 활동을 합니다. 2013년 초에 유럽에 계획했던 미사일 방어체계 계획을 중단을 하고 유럽 미사일방어체계 4단계 계획안을 취소합니다. 그리고 괌에 사드를 배치하고 일본에 사드용 레이더인 X-Band를 배치합니다. 또 국방부는 사드를 생산업체인 록히드 마틴에 주문을 합니다. 이런 식으로 2013년에 미사일 방어체계를 아시아 태평양 지역에 강화하기 위한 본격적인 움직임이 있었습니다. 한편으로 알래스카에는 지상배치 요격미사일을 증강합니다.

그러면 왜 2013년에 그런 조치들이 이뤄지고 그 연장선에서 2014년 한미정상회담이 이뤄진 것인데, 그러면 왜 2013년에 그토록 바빴느냐. 그것을 보기 위해서 2012년으로 더 거슬러 올라가면, 같은 해 12월에 북한이 인공위성을 궤도에 올렸습니다. 인공위성에 불과하기에 문제가 될 것이 없는데 미국이나 한국은 북이 ICBM(대륙간탄도미사일 : Intercontinental Ballistic Missile) 능력을 과시한 것으로 본 겁니다. 인공위성이 아닌 핵탄두를 궤도에 올릴 수도 있었다는 것이고, 핵탄두만 있다면 북한이 미국 본토를 공격할 수도 있다는 판단을 하기 시작한 거 같아요. 그리고 또 중요한 한 가지는 2012년 12월에 북한의 서해 발사장에서 발사된 인공위성이 한국 서해안을 살짝 지나 필리핀–남극–남아메리카 순으로 궤도를 그리면서 미국 캘리포니아 상공을 지나갔다는 것이에요. 그 당시 신문 뉴스를 살펴보면 미식축구 결승전인 슈퍼볼이 캘리포니아 스타디움에서 진행되고 있었는데 그 스타디움 상공을 지나갔다는 보도가 있어요. 다시 말해 북한은 그때 인공위성을 날렸지만 그 궤도를 따라 인공위성이 아닌 핵탄두를 날리면 캘리포니아에 갈 수 있다는 것을 의미하죠. 그래서 미국 국방부에서는 당연히 심각한 위협으로 인식 하고 2013년부터 미사일 방어체계 조치를 취하고 2014년에 한미정상회담을 하면서 한국에 사드를 배치하자는 식으로 이어졌다고 생각합니다. 그러니까 사드가 북의 핵미사일이 미국을 공격할 가능성을 대비한 조치로, ICBM에 대응한 조치이기도 하지만 북한이 중거리 미사일인 무수단 같은 미사일로 일본 사세보 미군 기지나 괌에 있는 미군 기지를 공격할 수도 있는데, 사드가 중거리 미사일을 요격할 수도 있다.

김종곤 하지만 사드 미사일과 함께 X–Band 레이더가 한국에 배치될 경우 중국의 일부지역을 감시할 수 있다는 점에서 그것이 다만 북한의 미사일 공격 위협으로부터 미국의 안보를 지키기 위한 것이라고 단정 지을 수는 없지 않습니까?

서재정 물론 사드가 중국을 감시하기 위한 것이라고 생각할 수도 있습니다. 그런데 지금 한국에 레이더뿐만이 아니라 요격 미사일까지 같이 배치를 하겠다고 한 것이거든요. 요격 미사일은 중국 ICBM 미사일을 요격할 수가 없어요. 거리상으로 너무 멀기 때문에. 그렇다면 여기서 다시 질문이 나오지요. 일본에는 요격 미사일 없이 사드용 X–Band 레이더만 배치하기로 하였습니다. 만약에 한국에 배치하려는 사드가 중국 감시용이면 그냥 레이더만 설치하면 되는 것인데, 왜 요격 미사일까지 배치를 하느냐는 겁니다. 그 질문에 답하기 위해서는 북한의 중거리 미사일, ICBM을 요격하기 위한 것이 아니냐는 물음을 빼놓고는 설명되지 않는 다는 것이죠. 그래서 저는 한국에 배치하려는 사드에 레이더도 있고 요격 미사일도 있기 때문에 중국을 감시하기 위한 것이 한 부분이 될 수도 있지만 오히려 부차적인 것일 수도 있고, 사드의 일차적인 타겟은 북한의 중거리 미사일과 ICBM 대륙간탄도미사일을 요격하기 위한 수단이지 않나 생각합니다. 한국 방어와는 전혀 상관이 없는 거죠. 중거리 미사일은 광화문까지 날아가는 것이고요.

김종곤 미국이 요격 미사일을 같이 배치하겠다는 것은 북에서 만약 미국 본토를 공격하기 위해서 쏘아올리면 알래스카 방향이 아니고 필리핀−남극해로 날아가는 것인데 한국에 배치된 사드가 그것을 추격해서 요격하겠다는 것입니까? 그런데 괌에도 이미 사드가 배치되어 있는데 이것만으로는 안 되는 겁니까?

서재정 북에서 2012년에 발사된 것과 비슷한 궤도로 남쪽으로 쏘게 되면 한국 상공을 지나가게 되니까 한국 상공을 지날 때 이쪽에서 요격을 하겠다는 것이에요. 물론 괌에도 사드가 이미 배치가 되어 있어서, 중거리 미사일에 대해 나름의 대비를 해 놓은 상태입니다. 중거리 미사일로 괌을 직접 겨냥하여 발사를 한다면 괌에 있는 사드로 괌을 보호한다는 것인데, 한국에 굳이 사드를 배치하려는 것은 이중방어막을 칠 수 있기 때문이죠. 북의 미사일 상승단계에서 한 번 요격을 시도해보고 거기서 격추를 하면 좋고, 만약에 실패를 해서 북의 미사일이 괌까지 내려간다면 괌에서 다시 한 번 사드로 요격한다는 그런 개념입니다. 중층 방어 개념이죠.

그리고 ICBM 같은 경우에는 요격하기에 한계가 있습니다. 중국 국경 근처에서 ICBM을 발사를 한다면 한국 상공을 지날 때 이미 사드의 요격 고도 이상으로 비행을 하기 때문에 그런 경우에는 한국에서 사드로 요격하는 것이 불가능하죠. 그런 경우에는 사드용 레이더로 북의 미사일 궤도를 추적해서 그 정보를 남해상에 있는 이지스함에 전달을 하는 거죠. 이지스함에서 SM3 라는 방어체계로 요격하겠다는 겁니다. 그래서 아까 말씀드린 미사일 방어 상호운용성이 중요한 이유가 바로 여기에 있습니다. 사드로 요격을 시도 하겠지만 안 될 경우에는 그 정보를 SM2, SM3 다른 미사일 방어체계에 전달을 해서 그것으로 요격을 한다는 상호운용성이 제기가 된다는 것이죠.

일차적으로는 성주에서 500km 이내에 있는 지역에서 ICBM을 발사를 할 경우 북한 미사일이 한국 상공을 지날 때 고도가 100−200km 사이 정도가 됩니다. 그러니까 한국에서 요격을 시도할 수가 있는 것이고요. 만약에 그보다 더 먼 지역에서, 중국과 인접한 지역에서 ICBM을 발사하면 한국 상공을 지날 때는 이미 한국 사드로는 요격할 수가 없고, 대신 사드용 레이더로 궤도를 추적해서 남해상에서 SM3로 요격을 한다는 개념이에요.

이런 이야기는 기술적으로 복잡한 이야기이긴 한데 굳이 하는 이유는 이것이 한반도를 둘러 싼 군비 경쟁의 한 모습이기 때문입니다. 제가 쓴 글을 보셔서 아시겠지만, 저는 북한과 한미동맹 간의 군비경쟁이 계속해서 진행되고 있다고 생각합니다. 잠시 과거의 예를 들겠습니다. 과거에 북한군이 전방에 집중적 배치되는 것에 대해 한국이 문제 삼은 적이 있었습니다. 한국은 이러한 북의 움직임이 기습공격을 하기 위한 것이라고 주장을 하면서 한국에 위협이라고 받아들였습니다. 그런데 이것을 한걸음 떨어져서 북과 한미동맹 간의 안보 딜레마라는 입장에서 보면 다르게 해석이 가능합니다. 70−80년대까지 북이 군사력을 전방에 배치한 이유는 미국의 핵미사일에 대비하기 위해서였습니다. 군사력을 사방에 펼쳐놓은 상태에서 미국이 핵미사일을 점보 비행기에 실어와 투하할 경우 후방에 있는 군사력들은 완전히 불능화가 되어버리게 되는데, 군사력을 전방에 집중 배치해놓으면 핵무기로 공격하기는 어렵게 됩니다. 휴전선 근처에 핵무기를 떨어뜨리면 바로 남쪽에 있는 한국군과 미국군이 바로 영향을 받으니까요. 서울도 영향을 받을 수가 있고요. 그래서 전방에 군사력을 집중 배치한 이유 중에 하나가 핵무기 사용 가능성을 최소화하기 위한 대응책 마련이었다는 점에서 찾을 수 있는 거죠.

이건 사실 냉전시기에 이미 소련군이 채택 했던 전략이기도 한데, 안보 딜레마라는 입장에서 보면 해석이 달라지는 겁니다. 미국은 이미 50년대부터 핵무기를 군사적 전략으로 택하고 있었고, 북은 그에 대한 대응책으로 군사력을 가능한 한 전방에 모았던 거죠. 그리고 그 일환으로 소위 말하는 비대칭전략, 화생방 무기라든가 이런 것으로 대응했다가 이제 핵무기까지 개발하는 단계까지 온 거죠.

지금을 보자면 북이 인정을 하건 안하건 핵무기를 개발했다고 봐야 되는 상황입니다. 그리고 핵무기를 미국에까지 투하를 할 수 있는 ICBM까지 개발을 했거나 그에 근접하고 있다고 봐야 하는 상황입니다. 이런 상황에서 미국은 그에 대한 대응책을 마련해야 하는 거죠. 미사일 방어체계라는 것들을 도입해서 북의 핵미사일을 무력화시키기 위한 단계로 넘어가고 있는 거죠. 군비경쟁이 남북 상호간에 이루어지다가 북의 군사력 전방배치―부시 정부의 선제 핵공격 채택―북의 핵무기 개발과 같은 단계를 밟아 가고 있습니다. 또 북이 핵무기를 개발하니까 이제 미사일 방어체계를 채택해서 북과 군비경쟁을 하고 있습니다. 지금 계속 에스컬레이션이 되고 있는 겁니다.

저는 지금 사드 배치 문제에서 미·중 간 신냉전의 모습도 분명 찾을 수 있지만, 여기에서 군비경쟁의 심각성과 위험성을 더 우려 깊게 보고 있습니다. 북이 핵무기를 보유하게 되었고 미국은 이를 무력화시키고자 하면서 군비경쟁은 가속화되고 이점보다 훨씬 위험한 단계로 진입하고 있습니다. 이

러한 상황에서 한미동맹에서는 선제타격인지 선제공격인지 애매한 아주 위험한 군사전략을 채택하고 있으며 또 북도 선제 핵공격을 운운하면서 대응을 하고 있어요. 제게 사드는 단순히 하나의 무기체계의 문제가 아니라 군비경쟁이 굉장히 위험한 단계로 발전하고 있고 상호 간의 선제공격으로 치닫고 있는 모습으로 보입니다.

민주주의에 대한 구조적 질곡/다시 역지사지

김종곤 지금까지 안보 딜레마라는 관점에서 사드 배치 관련해 군비경쟁의 위험성에 대해 말씀해주셨는데, 성주 사드 배치를 둘러싸고 정부와 주민들 간, 찬성과 반대의 입장 간 갈등이 증폭되고 있는 현실을 보자면 안보 딜레마는 우리 사회 내부에서도 갈등을 낳는 요인으로까지 작동하는 것 같습니다. 그리고 여기에는 어김없이 색깔론이 도입되면서 소통과 대화가 들어설 자리를 마련하지 못하게 합니다. 소통과 대화가 민주주의의 가장 기본적인 요소라고 했을 때 한국의 민주주의가 질식당하는 것 같습니다.

서재정 방금 말씀하신 부분에 대해 저는 '민주주의에 대한 구조적 질곡'이라고 말한 바가 있습니다. 이에 대해서는 천안함 사건을 예를 들어 설명 하면 쉬울 것 같은데요. 천안함 사건의 진실이 어떠하던 차치하고 그런 사건이 일어났을 때 어떠한 방식으로 처리가 되어 왔는가를 볼 필요가 있습니다. 원인이 무엇이었던 간에 한국 군함이 침몰한 사건이 발생이 했고, 군인들이 몇 십 명이 사망하는 사건이 발생했지요. 그러면 상식적으로 봤을 때 군이 당사자이기 때문에 그에 대한 조사는 당사자가 아닌 제3자가 하는 것이 맞는 것 아닙니까? 군이 당사자인 사건은 국방부가 아닌 민간이 조사를 해서 그 원인을 객관적으로 밝히는 것이 합리적인데, 분단 상황에서는 그러한 합리적인 일이 일어지지가 않는 거죠. 군이 당사자인 사건이었지만 군이 주도한 조사단이 꾸려지고 민군공동조사단을 꾸려 민과 군이 공동으로 조사를 하는 형식을 띄었지만 실질적으로 군이 조사를 주도한 거죠. 조사원 구성원도 군이 대부분이었고 조사의 방향이나 내용에 있어서도 군이 결정적으로 영향력을 행사하였습니다. 군의 중요성이 사회를 압도하는 모습으로 나타나는 것으로 보입니다.

워낙 오랫동안 분단이 지속되었고, "안보가 중요하다. 안보를 위해서는 군을 키워야 된다. 군을 중심으로 단결해야 된다."는 인식들이 재생산되고, 당연하게 받아들여지니까 그 결과로 이러한 모습이 나타난 거죠. 군이 당사자인 사건도 군이 조사해서 발표해요. 민간인은 거기에서 배제가 되거나 아주 미미한 역할만을 담당할 수밖에 없는 상황이 된 거죠. 그리고 다른 민간인들이 그에 대해 문제 제기를 하면 쉽게 배제를 할 수 있는 담론구조와 사회적 인식틀이 형성 되어온 거죠. 이런 안보 문제에 대해서는 "군이 맞는 거야, 군이 알지, 민간인이 뭘 알겠어"라는 인식이 은연 중에 퍼져 있고요. 저희는 대학교수라는 직책을 가지고 있기 때문에 공개적으로 이야기를 할 수 있지만 시민사회에서 제기 된 많은 의혹들은 유언비어라고 치부되었죠. NGO들에서도 많은 문제제기를 했지만 잘 알지도 못하는 비전문가들의 허튼 소리로 치부되었어요. 분단 구조의 한 모습인 것 같습니다. 안보문제에 있어 군과 국가안보기구들이 절대적으로 성역화 되어있습니다.

또 국가보안법이나 심지어는 명예훼손법과 같은 법체계들도 분단과 관련된 문제가 발생했을 때면 자유로운 대화와 토론, 민주적인 의사결정을 방해하는 방식으로 작동합니다. 국가보안법은 국가관련 범죄로 분류되는 사건에 대해 자유로운 대화나 토론을 필요치 않는 절대적 지침서가 되어 있어요. 그뿐만 아니라 최근 들어 명예훼손법을 국가 기구가 적극적으로 이용하면서 시민사회의 당연한 감시 역할을 축소시키려 하고 있어요. 이런 상황에서 안보위기가 인위적이건 그렇지 않건 생성 되었을 때 민주적인 절차마저도 제대로 작동하지 않는 겁니다. 선거에 국한시켜 놓고 봤을 때도 민주적인 선거가 진행되는 데 장애요소로 작동하는 경우가 여러 차례 있었습니다. 북풍, 총풍이 그랬고 KAL기 납치사건 있었던 때도 그랬습니다.

분단이 대한민국의 민주주의 작동에 저해가 되는 요소들은 여러 측면에서 이야기가 될 수 있는 것 같습니다. 그것을 뒤집어서 어떻게 극복을 할 수 있겠느냐하는 이야기를 동시적으로 할 수 있을 것 같은데요. 천안함 사건 때 중요한 사례로 남아 있는 게 그 직후에 천안함이 침몰하고 난리가 났는데, 그 와중에 지방자치제 선거가 있었죠. 서울시장 선거도 있었고요. 당시의 민주당이나 야당 그리고 시민사회 쪽에서 내세운 구호가 '평화가 답이다' 이었어요. 지금은 정확하게 기억은 못하겠는데 반대쪽에서는 그와 유사한 구호로 되치기를 했어요. 천안함 사건을 안보위기와 등치시키고 여권에 표를 몰아줘야 한다는 식으로 여론을 끌고 가려고 했던거죠. 야당과 시민사회에서는 그와 정반대로 '평화가 답이다'라는 식으로 그때까지 계속 진행되던 안보 담론의 재생산에 전면으로 대응을 했던 건데, 결과는 야당과 시민사회의 승리였죠. 예상보다 야당이 선전을 했고 서울시장 선거를 제외하고는 다른 곳에서는 크게 승리를 거둔 것으로 기억해요. 구체적인 사실 관계들은 확인을 해야 할 부분이지만요. 하나의 중요한 사례였다고 생각합니다. 분단 구조 하에서 생산되는 안보위기가 민주주의를 질곡으로 요인으로 작용하지만, 또 적절하게 대응할 경우에 구조적인 한계를 뛰어 넘을 수 있는 가능성도 보여준 거죠.

김종곤 마지막 질문을 드리고자 합니다. 보통 사람들은 북을 알다가도 모르겠다고 합니다. 공포스럽기도 하고 낯설기도 하고 럭비공처럼 이리튀기도 저리튀기도 한 것처럼 보인다는 의미에서 그렇게 이야기하는 것 같습니다. 그런데 선생님은 북은 참 파악하기 쉬운 대상이라고 말씀을 하신 적이 있습니다. 어떤 이유에서 그렇게 보시는지요? 또 남북 간의 긴장완화와 관계 개선을 하려면 북을 어떻게 파악하는 게 좋은 지 말씀 부탁드립니다.

서재정 일반적인 사람들만이 아니라 많은 전문가들도 비슷하게 이야기하죠. 북은 이해할 수 없는 국가고 예측 불가능한 행위자라고요. 제가 펜실베니아 대학에서 대학원 공부를 할 때 이정식 교수님이라는 분이 계셨어요. 서대수 교수님과 이정식 교수님은 미국에서 북한연구의 권위자이신데, 서대수 교수님이 공산주의연구로 연구사에 큰 획을 그으셨지만 그에 못지않게 이정식 교수님도 북한연구에 중요한 기여를 하셨습니다. 제가 대학원에 있을 때 이정식 교수님이 북에 대해 말씀 하신 두 가지가 아직까지도 제 뇌리를 떠나지 않아요. 그때가 93년쯤 됐나? 소련이 해체되고 냉전체제가 붕괴된 이후인데 북이 식량난을 겪고 난리를 치니까 대부분의 사람들이 북도 조만간 망한다고 했어요. 동아일보인지 국내 어디 신문에서 소위 북한 전문가들을 인터뷰를 쭉 했어요. 그 당시 인터뷰에서 모두가 한 사람만 제외하고는 북이 조만간 망한다고 말했어요. 그 한 명이 이정식 교수였습니다. 이정식 교수는 북이 그렇게 쉽게 망할 나라는 아니라고 말씀을 하셨는데 그게 아직까지 제 뇌리에 남아 있는 거고요. 두 번째는 93년부터 제네바 협상이 이뤄지는 과정이 있었는데 그 과정 전후에 있었던 북과의 협상을 두고 북이 왜 이런 식으로 말과 행동을 하는지 모르겠다는 사람들이 많았어요. 그런데 이정식 교수님은 이렇게 말씀을 하시더라고요. 북은 오픈 페이스 포커를 한다. 그러니까 "자기 손에 들고 있는 카드를 다 내어 놓고 카드 게임을 하고 있다."고 표현을 하시더라고요. 나중에 그 이후의 과정을 보면 그 말씀이 맞는 거에요. 북은 자기네들이 협상에서 자기네들이 이것을 원한다면 그것을 그대로 해요. "매에는 매로 떡에는 떡으로 대응을 한다." 이게 저쪽에서 항상 하는 말이잖아요. 협상을 하겠다고 하면 북도 협상으로 대응을 하고, 저쪽에서 경제제재나 군사적 압박을 하면 북도 강하게 대응을 하는 거죠. 그쪽의 행동패턴을 보면 그게 딱 맞아 떨어집니다. 그래서 이정식 교수님 말씀처럼 북은 오픈 페이스 포커를 하는 것처럼 자기 패를 다 꺼내놓고 보여준 상태에서 행동을 하고 있어요.

그런데 그 행동이 이해할 수 없는 행동, 내지는 어디로 뛸지 모르는 럭비공 같이 보이는 이유는 북을 떼어놓고 독립적인 행위자로 보기 때문에 그런거죠. 북은 독립적인 행위자가 아니라 한국과도 항상 상호 인터렉트(interact)를 하는 행위자고, 미국과도 인터렉트를 하는 행위자인거죠. 그래서 미국이 군사적으로 강경한 조치를 취하면 북도 강경한 조치를 취하고, 미국이 대화를 하겠다고 하면 북도 대화를 하고, 그렇기 때문에 인터렉션

(interaction) 속에서 보면 북의 모습들이 아주 쉽게 나타나는데. 미국이라는 행위자를 떼어내고 한국이라는 행위자를 떼어내고 북만을 놓고 보면 갑자기 대화를 한다고 했다가 갑자기 핵미사일을 쏘고 그랬다가 대화를 한다고 하는 이해할 수 없는 행위자인 거죠. 그래서 저는 북을 이해하기 위해서는 한국의 이종석 전 통일부 장관 등 여러 사람들이 이야기하는 내재적 접근과 같은 것이 중요하다고 보지만 그뿐만 아니라 상호작용적인 입장에서 북을 볼 필요도 있다고 생각해요. 북은 고립된 행위자가 아니라 한국과도, 미국과도 상호작용을 하고 있고, 다른 국가들과도 상호작용을 하고 있는 그런 국가라는 겁니다.

북을 이해하기 위해서는 북만 보는 것이 아니라 우리 자신도 되돌아봐야 합니다. 우리 행동과 우리의 발언을 보면서 우리의 모습이 북에 어떻게 보여질지 고민해야 한다는 겁니다. 그런 입장에서 북을 볼 때 북이 조금 더 쉽게 이해되지 않겠습니까. 인터뷰의 시작에서 역지사지란 이야기를 했었는데 결론도 역지사지가 되는 것 같아요. 북이 이해하기 어려운 행위자로 보이는 것은 북을 외로운 섬으로 놓고 고립된 존재로 놓고 보기 때문에 그런 거에요. 이 세상엔 고립된 존재로 남아 있는 행위자는 없어요. 모두가 상호작용을 하고 있는 존재에요. 북도 마찬가지입니다. 북에게 있어서 한국은 굉장히 중요한 행위자이고 미국도 북에게는 엄청나게 중요한 행위자이죠. 그래서 북의 행동과 심지어는 사고체계 마저도 한국과 미국에 의해서 영향을 받고 지배되는 부분이 굉장히 큽니다. 북을 이해하기 위해서는 우리 자신을 성찰할 필요가 있습니다. 그렇게 생각을 하고 북을 이해하기 위해서는 역지사지의 입장에서 우리를 우리가 봐야되는 게 아닌가. 그렇게 생각합니다.

인터뷰이 : 박명림

연세대학교 대학원 지역학협동과정 교수로 재직 중이며, 중국 길림대학교 객좌교수를 겸임하고 있다. 정치이론, 한국 문제, 동아시아 국제관계, 평화에 대해 연구하고 있다. 지은 책으로 『세월호 이후의 사회과학』(2016), 『역사와 지식과 사회』(2011), 『한국 1950– 전쟁과 평화』(2002), 『한국전쟁의 발발과 기원』(전 2권, 1996) 등이 있고, 『인간 국가의 조건』(전 2권)이 곧 출간될 예정이다.

인터뷰어 : 김명희

건국대 통일인문학연구단 HK연구교수를 역임했으며, 경상대학교 사회학과 교수로 재직 중이다. 『트라우마로 읽는 대한민국』, 『세월호 이후의 사회과학』, 『분단생태계와 통일의 교량자들』을 함께 썼으며, 『통합적 인간과학의 가능성』을 상재한 바 있다.

분단국가체제와 한국의 사회학

일시 : 2017년 2월 13일
장소 : 연세대학교 박명림 교수 연구실

현장학으로서의 학문, 그리고 4·3과의 만남

김명희 선생님께서는 오랜 시간 한국전쟁 연구에 천착해오셨습니다. 선생님의 한 국전쟁 연구 성과는 한국전쟁 3부작으로 기획되어 10여년에 걸쳐 출간된바 있는데요. 『한국전쟁의 발발과 기원1, 2』(1996)가 1부라면, 2부는 『1950 : 전 쟁과 평화』(2002)입니다. 또 2006년에 내신 『역사와 지식과 사회 : 한국전쟁 이해와 한국사회』(2006)는 한국전쟁에 대한 지식사회학적 연구라고 할 수 있겠는데요. 선생님께 '한국전쟁'은 '한국문제'의 기원인 동시에 과거와 미래 를 연결하는 고리이며, '현대 한국'을 읽어내는 프리즘이라고 보입니다.

그리고 최근 선생님 저술을 따라 읽으며, 선생님께서 석사학위 시절부터 4·3을 연구하셨다는 것을 알게 되었습니다. 그렇다면 거의 30여 년 동안 한국전쟁 연구를 해오신 셈인데요. 선생님의 학문적 문제의식을 촉발시킨 어떤 생애사적 경험이 있으신지, 이를테면 한국현대사의 굵직한 사건들 중 선생님의 학문적 작업에 영향을 끼친 역사적 사건이 있다면 어떤 것인지 여 쭙고 싶습니다.

박명림 우선 선생님, 통일인문학연구단의 이번 기획에 적절한 인터뷰 대상자가 되 는지 많이 망설였습니다. 제가 무슨 학문 방법론이나 연구 성과를 갖고 이렇 게 대담을 할 수준은 아니라고 생각했기 때문에 이런 인터뷰는 거의 사양하 거나 거절했던 편인데요. 그래도 한국전쟁과 통일, 평화에 대해선 다소 진 행한 연구가 있기 때문에 약간의 책임감으로 인터뷰에 응하게 되었습니다.

그리고 학문적으론 인터뷰에 응하게 된 조금 다른 이유도 있는데요. 오늘 대담을 진행하실 김명희 선생님의 학문방법론이 저랑 많이 유사한 것을 느꼈습니다. 비판적 실재론도 그렇고 최근에 제안하신 반환원주의적 통섭, 선생님의 이런 아주 수준 높은 문제의식들이죠. 최근에 제가 읽은 연구 중에 가장 뛰어난 방법론 저작이어서 상당히 놀랐다는 점을 먼저 고백드립니다. 그럼에도 불구하고 한국사회에 대한 애정과 비판의 치열성도 뜨거워, 둘을 결합하시려는 방법론적 고투로부터 솔직히 크게 배웠습니다.

물론 서로 사용하는 용어는 달랐지만, 저 역시 한국전쟁 연구를 처음 시작할 때부터 선생님께서 말씀하신 두 가지 문제의식의 자장 안에서 움직여 왔기 때문에, 저도 배울 수 있는 기회가 되지 않을까 싶어 용기를 내어 대담하게 되었습니다. 첫 번째 하신 질문에 대해 먼저 답을 드리자면, 저희 세대는 교수나 연구자가 될 생각으로 공부를 한 것이 아니지 않습니까? 박정희 시대에 주로 고등학교를 다녔고 전두환 집권 초반에 대학을 다니다 보니 그냥 세상을 이해하고 알아보는 게 곧 우리의 세계관이 되고, 삶의 방법이 되었던 그런 시대를 지나왔습니다. 그러한 비판적 현실이해를 학문적이고 이론적으로 구축해야겠다는 생각은 못했던 시절이었지요.

그럼에도 돌아보자면 제 학문적 문제의식을 형성하는데 가장 중요한 체험은, 충격이라는 표현이 더 적절할 것 같은데요. 석사논문을 쓸 때 제주도를 직접 방문했던 경험이 아닐까 합니다. 그 이후로 저는 지금까지 '모든 학문은 현장학'이라고 말하곤 합니다. 현장의 모습들, 현장의 숨소리, 현장의 흔적을 중시해서 한국전쟁 연구를 할 때도 인터뷰와 현장 답사를 유난히 많이 했던 편입니다. 그 점에서, 적어도 현장성에 있어선 제가 외국연구자들보다 다소 유리했다고나 할까요. 어떤 '혜택'을 많이 받았다고도 말할 수 있겠죠. 제가 발 딛고 있는 이 땅이 곧 전쟁과 학살이 일어난 비극의 현장이었다는 의미에서 말입니다. 지금도 저는 독일통일문제 연구를 위해 독일을, 인간비극현장의 체험을 위해서는 히로시마와 나가사키, 아우슈비츠나 아일랜드, 캄보디아 킬링필드, 베트남, 또 안중근 의사가 의거했던 하얼빈 현장이나 체류하였던 블라디보스톡, 광주, 팽목의 세월호 현장… 등을 답사하고 글을 쓰곤 합니다.

활자를 통해 이해하는 제주 4 · 3사건과 현장 체험자들의 육성을 통해 듣는 느낌과 인식의 거리는 대단히 컸습니다. 현장의 목소리에는 깊은 영혼의 울림이 있다고 할까요? 세월호 참사 때 팽목항으로 바로 달려갔던 것도 제 몸이 느끼는 이해를 중시하는 습관에서 나온 것 같습니다. 무엇보다 4 · 3사건은 제겐 엄청나게 충격적인 사건이었는데요. 인간이, 인간을 이렇게도 대할 수 있는 현실이 실재하였다는 점에서 그러합니다. 아도르노(Theodor Wiesengrund Adorno)가 아우슈비츠에 대해 쓰면서, "상상도 할 수 없는 것 이상의 상상도 할 수 없는 어떤 것(something unthinkable beyond unthikable)"이라는 말을 한 적이 있습니다. 당시 저는 그런 말은 몰랐습니다만, 4 · 3 현장을 취재하고 답사하면서 20대 중반 나이로는 좀처럼 감당할 수 없는 충격을 받았습니다. 완전히 실존이 무너졌던 체험이었고, 언어를 잃어버리는 체험이었습니다. 그 때 '인간에게는 절대 비극, 절대 슬픔이라는 것이 있구나'라는 것을 깨닫게 되었지요. 4 · 3은 저로 하여금 인간, 세계, 생명, 또는 비극과 같이 구체적이면서도 보편적인 주제에 대해 깊이 생각을 하게 된 최초의 사건이었습니다. 그런데 당시 더욱 놀라왔던 것은 당시 4 · 3 사건과 관련한 학술논문이 단 한 편도 없다는 점이었지요. 한국전쟁을 제외하고 한국사회에서 가장 비극적인 사건인데도 말입니다. 제가 현장에 갔을 당시만 해도 미국학자의 석사논문을 제외하곤 국내에서 단하나의 학술 논문도 없었지요. 이 문제의식은 이후 한국전쟁 공부를 할 때도 계속 이어졌는데요. 한국전쟁과 관련해선 당시 브루스 커밍스(Bruce Cumings) 교수의 연구가 가장 뛰어난 연구라 할 수 있는데, 왜 우리는 우리 문제와 비극에 대해서 비판적인 학문적 발언을 할 수 없게 되었을까, 이념적인 이유든 권력에 의해 연구의 장을 박탈당했든 왜 우리는 스스로 한국전쟁에 대해 스스로 말할 수 없는 상태가 되었을까라는 의문을 강하게 갖게 되었지요.

그래서 4 · 3 사건으로 학위논문을 쓸 때만해도 통상 '폭동'이나 '반란'으로 4 · 3을 알고 있었는데요. 저는 국가가 주장하는 '폭동'이나 북한이 주장하는 '인민봉기'나 '무장투쟁'과 다소 거리를 두면서 '민중항쟁'이라는 개념을 썼습니다. '민중항쟁'이라고 문교부에 등록이 되면, 제주민들에게 조금 위로가 되지 않을까 싶어 그 제목을 끝까지 고수했던 기억이 납니다.

김명희 그러면 4 · 3의 현장을 직접 답사하고 논문을 썼던 체험이 선생님의 반평생을 지배한다고 볼 수 있겠군요. 그 때가 언제 즈음인가요?

박명림 석사과정 3학기 때 제주에 내려갔었거든요. 86년에 석사 과정 입학을 했으니까, 87년에 거길 내려갔습니다. 완전히 다른 세계를 만나는 체험이었습니다. 세계의 이념들, 세계의 체제들이 지구 한 구석의 가장 구체적인 한 명 한 명의 실존과 삶을 좌우할 수 있다는 것을 알게 된 계기였죠. 나중에 공부하면서 고민하게 된 개념이긴 합니다만, 세계의 모든 인간은 '세계 시민'이구나라는 것을 깨닫게 된 체험이기도 했습니다.

김명희 예. 그렇군요. 그렇다면 '4 · 3 민중항쟁'이라고 하는 용어도 선생님께서 거의 처음으로 학문적인 용어로 정립을 하신 셈이군요?

박명림 물론 '민중항쟁'은 80년대 많이 쓰이던 용어이긴 했습니다. '광주민중항쟁' 이런 식으로요. 그래도 현대한국의 역사나 제주4 · 3과 관련해선 아마 제가 학술논문으론 비교적 빨리 사용한 편인 듯합니다. 한국사회의 역사과정과 80년대 독특한 학문지형에서 '시민'과 같은 개념은 미약할 때였지요. 북한이 '인민'을 전유하고, 남한이 '국민'을 전유하는 상황이었으니까요. 그 사이에서 역사의 행위 주체, 어떤 집합적 담지자로서 민중 개념을 쓰고 싶었던 것 같습니다.

그러나 당시에 석사논문에서 '민중항쟁' 못지않게 제가 조심스럽지만 처음으로 사용하고 싶었던 용어는 '민간인학살'이라는 말이었습니다. 당시는 아직 80년대의 상황이었습니다. 다들 '양민학살'이라고 말할 때, 양민이라는 말이 갖는 정치적 한정과 오독을 피하고자 미국 비밀자료의 표현을 빌려 '민간인학살'이라고 표현하였는데, 머지않아 이 용어가 일반 사회용어이자 학술개념어로 자리잡는 과정을 보며 적이 안도의 숨을 쉰 적이 있습니다. 당시로서는 양민학살, 민중학살, 인민학살(이것은 북한의 용어입니다만) 이런 용어들만이 존재할 때였는데, 민간인학살이라는 개념을 처음 사용하자 저 스스로도 의외로 적확하다고 생각하게 되었습니다.

대쌍관계동학과 적대적 의존관계

김명희 네, 선생님 소중한 경험을 공유해주셔서 감사합니다. 선생님 말씀을 들으면서 한국전쟁과 마찬가지로 오랜 시간 4·3도 학문적인 영역에서 토론의 대상이 되지 않았었다는 점을 새삼 느꼈습니다. 달리 말해 주로 이데올로기의 영역에서 논의되고 있었던 4·3을 학문적인 의제이자 토론의 영역으로 들여오는데 많은 학자의 역할이 있었고, 그 중 선생님의 역할이 적지 않았다는 점을요. 이제 한국전쟁 연구에 대해 본격적으로 여쭙고자 합니다.

선생님께서는 한국전쟁의 이해 수준을 세계적 수준, 동아시아 수준, 한국 내 수준으로 나누고 이를 다시 결합하는 방법론을 '대쌍관계동학'과 '적대적 의존관계'라는 개념으로 제출하신 바 있습니다. 이 문제틀 속에서 국제, 지역, 민족이라는 분단의 3층 구조를 변별하고, 48년 질서와 53년 질서를 구분하여 그 상호작용과 복합성을 포착하고자 하셨는데요. 개인적으론 이 분석틀은 단지 한국전쟁만이 아니라 한국사회 구조와 변동을 아울러 설명할 수 있는 분석틀이 될 수 있지 않을까 전망합니다. 그래서 질문을 드리자면, 현재 시점에서 이러한 개념틀과 복합구조가 여전히 유효한지, 다시 가공해야 할 지점이나 새롭게 제기되는 방법론적 과제는 없는지, 있다면 어떤 것인지, 선생님의 재귀적 평가를 듣고 싶습니다.

박명림 선생님 처음 하신 말씀은 너무나 중요한데요. 80년대에 제가 한국전쟁을 공부한다고 할 당시만 해도, 지도교수이신 최장집 선생님을 제외하곤 역사학자들, 인문학자들, 정치학자들로부터 '그게 박사 학위논문의 주제가 되냐', '그 주제로 박사논문을 쓸 수 있겠냐'라는 질문을 정말 많이 받았습니다. 지금도 선명히 기억납니다. 한국전쟁을 학문적으로 분석한다는 것 자체가 그야말로 금기시되던 시절이었죠. 학문 이전에 너무나 당연시된 진리이자 권력이었던 한국전쟁에 대한 국가의 '공식'해석이 있었으니까요.

그런데 그 문제에 대해 전혀 고민하지 않게 해주신 분이 최장집 선생님이셨죠. 아니다, 지금도 늦었다, 오히려 브루스 커밍스 연구가 외국에서 나왔는데, 여기에 대응을 못하는 한국학계가 얼마나 뒤쳐지고 수준이 낮은가를 반성해야지, 국가보안법이면 국가보안법, 반공 이데올로기면 반공 이데올로기, 우리를 억누르고 있는 것들을 오히려 반성해야지, 왜 한국전쟁을 연구하느냐 묻는 것 자체가 비학문적 반학문적인 이상한 논리다, 당신은 거꾸로 생각하신다, 이런 말씀을 해주신 거죠. 그래서 정말 용기백배하였습니다.

김명희 멋있는 스승이군요.

박명림 예. 제게 가장 큰 것을 열어주신 분입니다. 한국전쟁 공부를 하면서 위축되어 있을 때, 또 너무 많은 분들이 이게 학문적 연구주제가 될 수 있냐고 질문할 때, 더 넓고 큰 시야를 열어 주셨으니까요. 그 다음부터 본격적으로 학문적 고민을 시작할 수 있었던 것 같습니다. 사실, 아직 인터뷰나 답사의 개념조차 없을 때 제주도를 간다고 하였을 때에도 현장을 다녀와야 한다며 적극 격려해주셨습니다. 한국전쟁을 연구하며 좌우의 정말 많은 분들을 만났는데, 그것도 이념적 추상보다는 실제의 객관적 현실을 중시하시는 최장집 선생님의 지속적인 채근과 격려가 큰 힘이었습니다.

제가 분석의 층위를 세계적 수준, 동아시아적 수준, 한국 내 수준으로 나눈 것은 나름대로는 의도가 있었습니다. 저는 80년대를 거쳐 살아왔기 때문에 당대의 민족주의 열풍을 잘 알고 있지만, 분단을 민족분단으로 보는 시각에는 동의하지 못했습니다. 세계층위, 세계분단을 먼저 보아야한다는 문제의식이었습니다. 지금도 통일문제를 민족통일로 보지 않는 것과 동일한 맥락인데요. 지금의 한국문제나 통일문제를 이해하려면 분단을 결정적으로 초래한 한국전쟁을 이해하는 층위를 보다 과학화해야겠다, 보다 객관화할 필요가 있겠다는 나름의 문제의식에서 세계적 수준, 동아시아 수준, 한국 내 수준으로 이해의 층위를 나눈 것입니다.

　그 뒤로 동아시아 분단이라던가, 대분단이라던가 하는 개념들이 좀 더 정교하게 제시되는 과정을 보았습니다. 그런데 제가 발표할 당시만 해도, 간단하게 볼 문제를 왜 이렇게 복잡하게 보느냐는 질문을 많이 받았습니다. 동아시아 수준을 설정한 것은 얄타체제와 일반명령 1호 체제가 그러하듯, 유럽의 냉전 질서와 동아시아 냉전 질서가 완전히 다른 모습이었기 때문이죠. 즉, 세계 수준의 미소 냉전만으로는 설명될 수 없는 독특한 수준을 설명하기 위해 동아시아 수준을 집어넣은 것이었는데, 다행히 지금은 국제학회에서 많이들 말씀도 하시고 비교연구도 많이 나오는 것 같습니다.

　'대쌍관계동학(interface dynamics)'은 아리스티드 졸버그(Aristide Zolberg)라는 역사사회학자가 영국과 프랑스의 국가형성이 서로 얼굴을 마주보면서 진행된 것으로 분석한 연구에서 빌려온 것입니다. 적대적 의존관계, 공생적 적대는 일본 근대화 과정에 대한 배링턴 무어(Barrington Moore)의 연구에서 천황제라는 하나의 체제 아래서 사무라이와 상인계층이 공생하면서도 어떻게 갈등하는가를 고찰하며 제출된 개념입니다. 선생님 말씀하신대로, 남한과 북한이 분단되어 있으면서 맞물려 있고, 맞물려 있으면서 분단되어 있고, 또 서로 적대하면서도 그 적대를 근거로 해서 내부가 단결하거나 통합을 하는 이런 역동적이면서 복합적인 메커니즘을 포착하고자 했습니다. 예컨대 수직적으로도 보다 복합적이고 역동적이면서도 수평적으로도 상호 변화 가능한 어떤…….

김명희　층위적 관계나 개방체계를 말씀하시는 건가요?

박명림　예. 바로 그렇습니다. 층위라던가 뭐 개입요인이나 탈락요인 등을 아울러 고려하자는 거죠. 어떤 층위에서 어떤 요인이 더 개입하고 배제되는지, 예컨대 한반도 내 수준에서 보자면 세계 냉전보다 남한 대 북한, 김일성 대 이승만의 적대가 훨씬 더 빨리 진행된 이유는 무엇인가 등등의 문제를 보기 위해서였지요. 나중에 이 문제에 대해 방법론적으로 토론할 기회가 더러 있었는데요. 저는 분단과 통일문제를 비교할 때 좀 색다르게 접근합니다. 독일이나 베트남, 예멘 사례 뿐 아니라 핀란드, 오스트리아, 헝가리, 루마니아, 불가리아, 이태리, 일본 등까지 포함해서 다수의 전후 연합점령 국가사례들을 동시에 보지 않으면 안 된다고 생각합니다. 그래야지 똑같이 연합점령, 분할점령 된 조건에서도 어떤 나라는 분단을 지속하고, 어떤 나라는 곧 연합과 평화, 통합과 통일을 이루는지, 또 어떤 나라는 전쟁을 안 치르며, 어떤 나라는 독재를 지속하는지 등의 문제를 가려볼 수 있다는 거죠. 이 점에서 세계적 수준, 동아시아 수준, 한국 내 수준을 나누고 상호 간의 대쌍관계동학이나 적대적 상호의존을 설정한 것은 나름 유용했던 것 같습니다. 이를 통해 45년 국제 분단 시점에서 열려있는 가능성과 48년 제도적 분단, 53년 전쟁을 거쳐 구조적 분단으로 역동적으로 변화해가는 과정을 설명할 수 있고, 사람들 사이에서도 세계, 지역, 민족, 국내 수준에서 분단이 고착되어가는 시차적 과정을 포착할 수 있었던 것 같습니다.

남한과 북한 연구방법론에서 제가 깊이 고민하였던 것은 민족, 계급(농민), 민주주의 세 요소를 결합하여 접근하는 문제였습니다. 나름대로는 정말로 힘든 결정이었습니다. 당시 지배적인 역사학과 사회과학의 방법론적 풍토로 자리잡은 민족문제-민족주의만으로 남북문제를 설명하는 것이 아니라, 또 커밍스처럼 민족문제에 더해 계급문제-농민문제만을 추가할 것이 아니라, 저로서는 민주주의 문제까지 넣어 총체적으로 설명을 하고 싶었습니다. 제 연구는 민주주의가 너무도 중요한 시점의 접근이었기 때문입니다. 나아가 거기에서 남한의 민주적 정당성의 근거를 확보하고 싶은 소망이 있었던 것도 사실입니다.

지금 새롭게 추가해야할 지점은, 핀란드나 오스트리아, 독일과 이탈리아같이 국제적 압력에도 불구하고 민족주의가 강력한 동아시아보다 훨씬 더 빨리 내적 통합과 연대성을 회복한 나라들을 비교한 설명입니다. 그들의 그런 점이 상당히 놀라왔습니다. 제가 그 나라들을 자주 가는 이유도 우리보다 더 나쁜 상태인데도 훨씬 일찍 평화롭게 통합과 통일을 이룬 사회들의 내적 철학과 힘을 구명하기 위해서입니다. 연대성 또는 타자 인정, 관용과 화해를 추동하는 힘의 문제일 텐데, 당시 제 공부가 거기까진 이르지 못했습니다.

김명희 저 역시 그 대목에 관심을 갖고 있는데요. 대쌍관계동학이라는 개념을 통해 남북한 상호작용을 연구하려는 관점은 통일 이후의 역사서술에도 장기적인 생명력을 가질 것이라 보입니다. 개인적으론 남북 교과서를 대쌍관계동학이라는 관점에서 분석하고 집필할 구상을 갖고 있는데요. 최근 살펴본 자료에서 독일 통일 이후의 역사서술이 개별적 병행사에서 관계사, 비대칭적 관계사로 변화되었다는 연구결과가 인상적이었습니다.

사실 모든 역사쓰기는 현재의 시점에서 과거로 거슬러 올라갈 수밖에 없잖아요? 다시 말해 선행하는 체제는 뒤에 발현된 체제에 의해 상호 영향을 주고받는 동태성을 보여줍니다. 선생님의 구분도 대단히 열려 있는 체계를 가정하고 계신 것 같습니다. 예컨대 이런 거죠. 말씀하신 것처럼 독일이나 오스트리아나 핀란드가 어떻게 그렇게 훨씬 더 빠른 속도로 민주적인 이행을 할 수 있었을까, 평화적인 체제 이행을 할 수 있었을까라는 질문을 던지고 고민을 하게 되면, 이를테면 48년 질서에서 53년 질서가 나왔다고 하더라도 그 이후에 어떤 체제가 새롭게 형성되면, 예컨대 87년 체제나 남북정상회담 레짐이 다시 48년 질서나 또는 53년 질서에 반작용하듯 적대적 상호의존관계가 협력적 상호의존관계로 변화할 수 있는 여러 가능한 경로를 고민할 수 있을 것 같습니다. 이런 문제를 사고하기에, 선생님께서 제안하신 개념은 상당한 생명력과 확장력을 지닌다고 보이는데요. 선생님께서도 이 가능성을 염두에 두신 것이 아닌가 싶습니다.

박명림 예, 많이 고민하고 있는 주제중 하나입니다. 저는 민중이든 국가든, 개인이든 시민이든 독자적 자기 정체성이 선명할수록 다소 평화에 저해가 되지 않나라는 생각을 하고 있습니다. 평화는 관계를 확장하고 관계를 공고히 하는 것을 통해 비로소 가능하다는 의미에서요. 평화라는 말도 근본적으로 결속, 연대라는 말에서 나왔는데요. 옆 사람, 옆 마을, 옆 공동체, 옆 나라와 결속하면 할수록 친교가 강화되고, 평화롭고, 자유롭게 될 수 있다는 거죠. 남북문제에서도 이념적 정체성이 선명할수록 관계 형성이 어려워지는 것과 같은 원리입니다. '대쌍관계동학'이라는 개념을 놓고 가장 토론을 많이 한 분이 독일의 크리스토프 클레스만(Christoph Klesmann)이라는 역사학자인데요. 그분은 이미 독일이 분단되었을 때부터 동서독을 분리해서 보지 말고 관계로 보자, 배제와 연관의 관계사로 보자는 제안을 했습니다. 동서독은 상호배제하지만 상호연관되어 있고, 한편으로 서로 연관되어 있지만 배제되어 있다는 거죠. 그 분은 배제와 연관의 동서독 현대사를 발표하고, 저는 적대적 의존의 남북한 현대사를 발표하면서 서로 다른 글을 각자 썼는데 서로 너무 유사하다는 이야기를 흥미롭게 나눈 적이 있습니다. 저는, 그런 점에서 남한과 북한이 각각의 정치제제나 경제발전이나 사회통합을 이룬 것은 그렇다 치더라도, 관계에 눈을 뜨게 되면 상대와 적대하는 관계일수록 정체성이 선명한 만큼 긍정적 효과 못지 않게 부정적 대가도 크다는 것을 깨닫게 됩니다. 군사비면 군사비, 억압이면 억압, 불안이면 불안 등이죠. 이 점에서 한국의 담론들이 정책의 문제를 넘어 좀 더 구조적이랄까 철

학적인 문제에도 눈을 돌렸으면 좋겠습니다. 지도자들은 물론 연구자들도요. 그래서 선생님 오시기 전에 통일인문학 홈페이지 등을 살펴보면서 공감하는 부분도 있고, 좀 다른 생각도 하게 되고 그랬습니다.

이른바 '한국문제'

김명희 역시 대쌍관계동학이라는 개념은 '한국문제'와 불가분한 개념인듯 하네요. 이에 대해서 여쭙겠습니다. 한국전쟁 연구에서 '현대한국'에 대한 최근 작업까지 선생님의 연구를 일관되게 관통하는 핵심 개념 중 하나가 '한국문제'가 아닐까 합니다. 한국문제는 맥락에 따라 '두 개의 한국'문제를 일컫기도 하고, 일정한 발전과 전개 과정, 그리고 다양한 층위를 갖는 훨씬 더 포괄적 문제틀로 정교화 과정을 거치고 것으로 보입니다. 일단 거칠게 질문을 던지자면, '한국문제'란 어떻게 정의될 수 있는지요? 그리고 한국문제는 '분단문제'와 '남북문제', 그리고 '통일문제', '북핵문제' 등과 어떤 층위 관계를 맺는지요?

박명림 질문을 듣다보면 선생님은 이론적으로만이 아니라 개념적으로도 매우 예리하다는 것을 알겠습니다. 제가 감사한데요. 덕분에 저도 이번 기회에 정리를 하게 되었습니다. 한국문제를 아예 독일 문제나 영국 문제, 아일랜드 문제, 유태인 문제와 같이 국제학회에 개념화하기 위해서 복잡한 책 한권을 쓰고 있는데요.

UN이나 국제정치에서 말하는 한국문제는 그냥 과거의 전쟁문제 내지 오늘의 분단문제나 통일문제 하나입니다. 그런 형태의 한국문제, 즉 한국의 갈등이나 분단과 통일을 둘러싼 문제로써 한국문제의 갈래도 분명 존재하지요. 저는 그보다 한발 더 나아가 경계국가, 경계지역, 경계인간, 경계민족의 문제로서 한국문제가 존재한다고 보고 있습니다. 이를테면 그 기원은 중화체제로 거슬러 올라갈 수 있을텐데요. 동아시아 7년 전쟁, 청일전쟁, 러일전쟁, 아시아태평양전쟁, 한국전쟁 등 동아시아의 가장 거대한 전쟁은 전통시대건, 근대 이행 시대건, 근대 시대건 한반도에서 표출되었습니다. 한반도는 체제와 체제, 문명과 문명, 제국과 제국, 이념과 이념의 경계지대, 교량지대라고도 할 수 있는데요. 따라서 한반도를 경유해야 상대 문명으로 갈 수 있고 상대 체제, 상대 이념, 상대 세계로 들어갈 수 있는 이곳은 언제나 문명과 이념과 제국들의 충돌지대이고 교차지점이었습니다. 제가 한국문제를 말할 때는 이처럼 보다 문명사적이고 인류사적인 의미를 담고 있습니다.

예컨대 동아시아 7년 전쟁은 동아시아에서 최대의 전쟁이자 인류사에서도 일본과 중국이 대규모로 충돌한 첫 번째 전쟁이었지요. 동아시아 7년 전쟁 때도 한국을 분할하려고 했습니다. 그 다음에 두 번째가 청일전쟁이었는데 똑같이 분할하려고 했지요. 러일전쟁 때도 또 두 번이나 분할하려 했는데 모두 다 실패했습니다. 드디어 분할에 성공한 사례가 아시아 태평양전쟁이죠. 그리고 미국과 소련이 충돌하면서 분단이 되는 거죠. 중 · 일, 일 · 러는 분단을 못시켰는데 미 · 소는 분단을 시킨 셈이고, 한국전쟁 때 두 번 째 분단을 겪게 됩니다.

이런 맥락에서 한국문제는 작게는 지정학적 문제이지만 크게는 교량국가의 성격에서 오는 지구사적 문제이기도 합니다. 핀란드 문제, 폴란드 문제, 그리스 문제, 이스라엘/팔레스타인 문제, 아르메니아/아제르바이잔 문제, 캄보디아/베트남 문제가 있는 것처럼 한국문제를 이렇게 지구사 전체의 관점에서 볼 필요가 있습니다. 저는 문명과 문명의 세력관계가 충돌하거나 경계를 넘거나 변경될 때에 바로 그 지점에서 작동하는 한국문제를 바라보고 있습니다. 국제 층위에선 '두 개의 한국문제'이지만, 보다 넓은 층위를 보고 있는 거지요. 다시 말해 일반적으로 45년 이후의 분단과 통일문제에 대해서만 한국문제를 집중하는 경향이 있는데, 실제로 아시아태평양 전쟁 때나 러일전쟁, 청일전쟁, 임진왜란 즉 동아시아 7년 전쟁 때도 조선문제는 계속해서 제국과 제국, 문명과 문명의 패권문제이자 어떤 영향력의 문제이기기도 했습니다. 따라서 저는 한국문제를 남북한의 분단문제로만 보기보다 더 큰 문명사적인 문제까지를 고려해야 한다고 생각합니다.

그 다음 다른 두 개의 한국문제는 사실 너무나 고민이 되는 문제인데요. 일단 하나는 이른바 수동혁명의 문제입니다. 이른바 역사발전의 한국적 경로로서 한국문제죠. 한국의 특수성, 즉 Korean peculiarity라고 해야 할까요? 한국은 동학농민전쟁이 되었건, 3·1운동이 되었건, 8·15해방이 되었건, 4월 혁명이 되었건, 광주항쟁, 6월 항쟁이 되었건 밑으로부터의 저항이 근대 동아시아 어느 나라보다 강력합니다. 그런데 밑으로부터의 혁명이 위로부터의 제국주의면 제국주의, 보수세력이면 보수세력에 흡수되고 수용되면서 진행되는 패턴을 보여줍니다. 이 문제는 알렉시스 드 토크빌(Alexis Charles Henri Maurice Cierel Comte de Tocqueville), 안토니오 그람시(Antonio Gramsci)나 배링턴 무어 등도 고민을 많이 했던 문제인데요. 내장된 갈등이 폭발한다고 하더라도 밑으로부터 저항을 주도한 세력이 집권을 하는 경우는 드물고, 크게 보면 보수세력이 역사국면을 주도해오는 것이지요. 이것이 영국 문제나 미국 문제, 프랑스 문제나 핀란드 문제와 다른 어떤 지점입니다. 제도와 갈등의 괴리가 항상 크기 때문에 이렇게 역동적인 모습인데도 사회와 개인 삶들이 발랄하고, 청명하고, 상큼하지 않고 뭔가 우울하고, 울혈 같은 게 느껴지지요. 6월 항쟁 때 손수건 나눠주고, 물 떠주고, 숨겨주고 하던 유기적 연대가 작동했다 하더라도 보수집권과 함께 곧바로 인간적 연대가 해체되고 이기적인 관계로 되돌아가는 현상이 반복하여 존재하였습니다.

민주화 이후에도 진보와 보수는, 제도나 정책이나 이념의 영역에서 타협보다는 갈등지향적, 양자택일적입니다. 제 식으로 말하면, 갈등과 타협 사이의 괴리, 즉 갈협의 괴리라고 할 수 있는데요. 갈등을 타협할 수 있는 능력만큼 사회는 안정되고 인간 삶도 안정되는 법인데 우리는 반대입니다. 공동체가 갈등수준이 너무 높다보니 삶의 고즈넉한 정일함이나 안온함이 없습니다. 이런 고민을 하면서 '한국문제'로 긴 책 한권 분량을 써 놓고는 최종 마무리를 못하여 아직 밖에 내놓지는 못하고 있습니다. 뒤르케임(Emile Durkheim) 뿐만 아니라 짐멜(Georg Simmel)이나 코저(Lewis Alfred Coser), 심지어 프로이트(Sigmund Freud)와 제임스 매디슨(James Madison)까지 끌어와 이런 연대와 갈등의 메커니즘을 나름대로 해석해보려 고민하고 있는데, 아직은 미진한 부분이 있습니다. 여하튼 저는 그런 특성을 한국문제의 하나로 보고 있습니다.

네 번째 한국문제는 인간조건과 인간실존의 괴리 문제입니다. 이것은 이미 오래전에 책을 다 써놓고 한 2년째 출간을 못하고 있다가 이제 곧 출간 작업을 시작합니다. 무슨 얘긴가 하면 기술이나 경제, 물질의 발전을 이룬 사회는 대략 인간의 실존, 즉 생명이나 복지나 자유나 평등도 어느 정도 근사하게 같이 발전합니다. 그런데 한국은 경제발전 세계 11위, 국방력, IT나 전자정부 지수는 1등을 하였고 수십 년 동안 중화학, 전자, 조선, 철강 다 세계 최고 수준에 들 정도로 인간 조건이나 물질발전은 이루었는데 동시에 자살률 세계 1위, 저출산률 세계 1위를 10년 넘게 지속하고 있습니다. 생명지표가 최악임을 보여주는 자살과 저출산 쌍둥이 금메달을 이렇게 오래 1등하는 국가는 우리밖에 없습니다. 게다가 남녀 성평등 지수나 노인 빈곤률 등 포괄적으로 말해서 인간 존엄지표가 이렇게 지속적으로 나쁜 사회가 인류 역사에 과연 있었는가라는 질문을 하게 됩니다. 제가 세월호 참사나 이런 문제를 간단한 문제로 보지 않는 이유는 그간 우리가 인간조건의 발전을 대한민국이라는 국가의 발전이라 착각해온 건 아닌지 하는 문제의식 때문입니다. 우리사회는 식민지를 경험한 국가 중 유일하게 OECD에 들어갈 정도로 분명히 발전을 하였는데, 우리네 삶은 여전히 전쟁 같은 삶을 살고 있습니다. 말하자면 앞의 두 문제가 보다 '밖의 문제'로서 한국문제 즉, 국제관계문제이고 문명문제라면, 뒤에 말씀드린 두 가지 문제는 한국사회의 '내부'동학이나 특성과 연관됩니다. 각각은 다른 문제지만 우리가 파악하건 파악하지 못하건 상당한 정도로 연결되어 있겠지요. 저는 특히 거꾸로 접근을 하고 있는데요. 맨 뒤의 인간문제부터 풀어가려는 절실한 노력이 없이 한국의 경제발전이 계속 된다고 하더라도 인간 실존의 참혹한 현실은 쉽게 개선될 것 같지 않습니다.

몇 년 전 팽목항의 현장에서 기고문을 쓸 때, 나중에 기자가 제가 너무 슬퍼서 혹시 실수한 것 아니냐고 했던 질문이 있습니다. 이라크 전쟁 10년 동안 사망한 숫자보다 같은 기간 한국의 자살자 숫자가 많다는 내용을 믿지를 않더라고요. 당시 세계 최악의 전쟁에서보다 한국사회에서 더 많은 자살자가 생겨나고 있는 것이 현실이지요. 홉스(Thomas Hobbes)의 표현을 빌리자면 우리 사회는 국가상태나 문명상태 보다 사실상 자연상태, 야만상태에 가깝습니다.

전 나름대로 이렇게 네 가지 축으로 한국문제를 생각하고 있습니다. 단순히 분단문제, 통일문로 단순화하는 차원을 넘어서고 싶은 생각입니다. 한국문제가 선생님 하시는 인문학적 지평으로 나아가지 못하는 것도 민족문제나 국제관계나 정치문제로만 보아서 그런 것 아닌가 하는 생각도 해보았습니다.

김명희 선생님 감사합니다. 저도 언제가 다른 선생님께 '〈한국문제〉라는 제호의 저널을 만들어보자'라고 제안을 했더니 별로 제목이 신선하지 않다는 즉답을 들은 적이 있습니다. 그러던 중 선생님께서 같은 키워드를 화두로 고민을 하고 계시다는 것을 알게 되어 굉장히 힘이 났습니다. 그러면서도 어떤 층위로 이 문제의식을 발전시켜야할지 방향을 잡지 못하고 있던 터였는데요. 선생님 말씀이 큰 도움이 되었습니다.

박명림 앞으로 차차 같이 공부하며 말씀을 나누시죠. 저도 함께 배우고 싶습니다. 비코(Giambattista Vico), 쥘 미슐레(Jules Michelet), 페르낭 브로델(Fernad Braudel)와 같은 거인들은 자기나라 문제인 이태리 문제나 프랑스 문제를 유럽문제나 보편적 인간문제로 이해하면서 자기는 이태리 학자나 프랑스 학자가 아니라고 인식합니다. 그들처럼 우리가 한국문제를 인간문제로 천착하면서도 한국학자가 아닌, 보편적인 인문학자로 나아갈 수 있는가에 결국 한국학 나아가 한국 학문의 성패가 달려있다고 해도 과언이 아닐 것입니다. 저는 결국 한국문제의 실질적인 해결도 이 인식지평에 도달하느냐 못하느냐에 달려있다고 봅니다.

김명희 　 자연스럽게 '보편적 한국학' 얘기로 넘어가는 것 같은데요. 선생님께서는 방금 한국학의 핵심적인 주제가 '한국문제'이고, 이것에 대한 규명이 학문적으로도 실천적으로도 중요하다는 얘기를 하셨습니다. 여기서 한국문제는 비교문명사적, 세계문명사적인 문제이면서도 가장 깊은 인간의 문제까지를 포괄하는 것이지요. 이와 함께 선생님의 학문적 작업에서 또 중요한 개념 중 하나가 '현대 한국'이라는 개념이 아닐까 싶습니다. 여기엔 어떤 방법론적인 문제의식이 있다고 보입니다. 말하자면 선생님은 '현대한국'이라는 개념을 통해 특정한 역사적 시공간을 '학제적 역사사회과학'의 연구 대상으로 상정하는 것으로 보입니다. 이러한 개념이 기왕의 역사학 또는 사회과학의 문제영역 및 접근방법과 차이가 있다면 어떤 것인지요?

박명림 　 정말 놀랍습니다. 이 문제는 아직 아무도 저에게 질문하지 않았는데, 선생님만 예리하게 질문을 하셨습니다. 우선 저는 두 가지 개념을 통합하고 싶었습니다. 역사학에서는 흔히 '한국현대사'라는 개념을, 한국 사회과학계에서는 '한국사회', '한국국가'와 같은 개념을 쓰는데요. '한국현대사'는 역사적이고 시간적인 개념에 초점을 두는 것이고, '한국"사회'는 둘 다 공간을 뜻합니다. 현대한국은 현대라는 tempo, 즉 시간 개념과 함께 한국이라는 topos, 장소 개념이 함께 담겨 있어 시간과 공간을 동시에 교직시키기 위해 쓰고 있습니다. 이 개념을 통해서 단지 시공간을 함께 보는 것이 아니라 현대라는 역사학적이고 시간적 개념과 한국이라는 사회과학적 개념을 엮어내고자 하는 의도입니다. 선생님 표현을 빌리면, 역사사회과학 또는 비교역사사회과학의 가능성을 고민해본 것입니다. 역사학이 주로 쓰는 한국현대사라는 개념과 사회과학이 주로 쓰는 한국사회라는 두 개념은 서로 만나야 하는 개념이라는 뜻에서요. 저로서는 이 개념을 꽤 오래 전부터 의식적으로 써왔는데 아무도 묻지 않으시더군요. 그런데 브로델(Fernand Braude)은 이미 두 층위를 통합해서 쓰고 있더군요. '현대 프랑스'와 같이 말입니다. 이

대가는 역사학자임에도 역사학과 사회과학 모두를 이해한 분이잖아요? 왜 이분이 현대 프랑스라는 개념을 쓰는지를 살펴보니, 그 분은 역사학을 항상 사회과학으로 생각했기 때문이었습니다. 기존 역사학에선 한국사회라는 개념을 쓰기 힘들고, 기존 사회과학에선 한국현대사가 지닌 너무 시계열적이고 단선적인 접근이 불편했다면, 현대한국이라는 개념은 저로서는 글 쓸 때도 편리하고, 인문학적 주제를 다룰 때에도 통용 가능하고, 사회과학적 주제를 다룰 때도 통용이 가능하다는 것을 느끼면서 브로델이 왜 대학자인지를 새삼 깨달았습니다. 그 역시 의식적으로 쓰더라고요. 개념, 이론, 구조, 세계가 부재한 우리 국사학으로서는 도저히 도달할 수 없는 경지가 아닐까 싶습니다.

김명희 예, 어떤 뜻인지 잘 알겠습니다. 같은 맥락에서 『역사와 지식과 사회』에서 광주항쟁 이후의 시점에서 한국전쟁 연구사를 되짚으며 한국전쟁 연구에 '인문학'의 참여가 학제적 · 융합적 · 통섭적 한국전쟁 연구에 열어놓은 가능성을 높게 평가하신 점, 매우 인상적이었습니다. '사회인문학'에 대한 입론도 같은 문제의식의 연장이라 미루어 짐작하는데요. 여러 면에서 '통일인문학'도 유사한 지향을 공유하고 있다고 봅니다. 남과 북을 아우르는, 그리고 근대적 분과학문의 체계를 벗어난 통합한국학을 전망하니까요. '통일인문학'의 전망과 가능성에 대한 선생님의 의견과 조언을 잠시 듣고 싶습니다.

박명림 앞의 문제는 비교적 간단히 말씀드릴 수 있는데 이 문제는 좀 더 중요한 문제인 것 같군요. 통일인문학은 제게 두 가지 의미로 받아들여졌습니다. 하나는 통일문제를 인문학의 영역에서 본격적으로 연구를 하겠다는 관점이 우선 반가왔습니다. 통일문제가 정치학이나 국제관계학의 관점에서만 연구되어 온 오랜 관행에서 통일문제를 인문학적인 시야, 범주, 접근으로 포착해 냈다는 게 제겐 굉장히 신선하게 다가왔습니다. 이 점은 한국의 통일연구에 한 획을 그었다고 저는 생각합니다.

　　제일 첫 번째가, 단일 분과학문인 것 같습니다. mono-disciplinary라고 부르는. 이건 일반적인 학문체계일테고 이걸 넘어서자는 제안 중 하나가 multi-disciplinary라고 불리는 다학문적 접근이겠죠. 여러 개의 분과를 기둥 삼아 함께 연구하는 방법을 말합니다. 다음의 단계가 cross-disciplinary 내지 trans-disciplinary, 즉 분과초월적 학문 단계일텐데요. 단일 분과학문을 넘어 서로 다리를 걸친다는 의미가 아닐까 싶습니다. 그 다음이 inter-disciplinary, 즉 학제적 융합연구일텐데요. 이것은 상호 침투한다는 의미에서 초(超)분과적 접근보다 좀 더 긴밀한 개념이겠죠? 그 다음 가장 큰 학문단계는 통(通/統)학문, 즉 uni-disciplinary라고 생각합니다. 제가 사회인문학이라는 말을 처음 고안할 때 궁극적으로 유념하였던 것도 분리할 수 없는 인간현실에 대한 통학문적 접근이었습니다. university도 사실 거의 같은 의미인데, 그것이 대학(大學)인 이유는 하나/크다라는 말과 되다/귀결되다라는 말이 결합되었기 때문입니다. 그전까지 배운 게 대학에 들어오면 결국 하나로 귀결된다, 하나로 배운다 대략 이런 뜻이 되는데요. 인간의 문제가 곧 신의 문제고, 우주와 자연의 문제라는 뜻에서 university인데 결국 통일인문학은 인문학을 통학문으로 사유하는 것을 지향하고 있지 않나 싶습니다. 물론 통일인문학의 학제연구를 통학문 단계, 즉 통합적 인문학, 통일적 인문학 단계로까지 밀어 붙이려면 더 노력을 해야겠지만, 크게 기대가 되는 부분입니다.

김명희 자연과 사회, 인간의 문제에 대한 연구가 통합 학문이 되어야 한다는 견해에 공감합니다. 그리고 방법론의 차원에선 선생님 작업을 이끌고 가는 패러다임이 "역사적 사회과학"으로 요약될 수 있다고 생각합니다. 전통주의/수정주의, 반공주의/급진주의로 양분된 기왕의 협애한 접근을 넘어 또 특수주의를 넘어 한국적 보편을 추구하는 – 방법의 문제에 천착하셨던 선생님의 고투에 감명을 받았습니다. 자유, 인권, 민주주의, 평등, 평화와 같은 보편적 가치기준에서 비판의 준거를 찾고 통일 이후의 관점에서 현대한국의 분단시대를 서술하려는 노력이라고 보았고, 보다 궁극적으론 '한국적 문제의식'이 지역 및 세계사 수준에서 '보편 언어'로 교통할 수 있는 이론적·방법론적 모델을 구축하는 것이 선생님의 학문세계를 추동해온 큰 줄기였다고 보입니다.

하지만 최근 역사학의 행보는 비어있는 사실의 발굴이라는 실증(주의)적 연구 관행과 자국사 중심의 시각에서 크게 벗어나지 못하고 있는 형편입니다. 이러한 경향은 비단 남한의 국사학만이 아니라, 북한의 조선학도 사정이 크게 다르지 않다고 보입니다. 선생님도 사실(fact)과 의견(opinion)에 대한 논의에서 강조하신 바 있듯, 이론으로부터 자립적인 사실이나 관찰은 없다고 생각합니다. 마찬가지로 어떤 의견도 합당한 사실판단에 기초하지 않는다면 힘을 갖지 못합니다. 사실과 가치가 합당한 관계를 맺지 못하고 착종될 때 역사적 진실에 입각해 상생의 미래를 모색하기란 매우 어려울 수밖에 없습니다. 최근 국정교과서 문제나 일본군'위안부'문제 등 역사서술논쟁이 처한 딜레마도 이와 무관하지 않다고 보이는데요. 결국 '방법의 문제'는 한국사회 현실에 적합한 지식, 이론, 방법의 생산을 모색하는 사람들이 여전히 씨름해야할 화두인 듯합니다. 이를 극복하기 위해 남한의 역사학과 사회과학은 주제와 방법론, 연구와 교육의 측면에서 어떠한 노력이 필요할지요? 그리고 통일 '이후' 공통의 역사서술과 보편적 한국학을 전망하면서 남북 공히 유념해야할 과제가 있다면 무엇일지요?

박명림 선생님 표현을 빌리자면 비판적 실재론이겠죠. 방법론이, 거기서 출발해야한다고 봅니다. 역사학이 국사학을 벗어나지 못하면, 즉 국가 단위의 국사를 중심으로 사유를 하게 되면 자기를 객관화시킬 수가 없기 때문입니다. 이것이 비코(Giambattista Vico)가 고민했던 문제고 베버(Max Weber)와 뒤르케임이 필생을 고민했던 문제가 아닐까 싶습니다. 비판이라는 것도 결국 과학이라는 뜻인데, 역사학은 과거를 다루지만 현재를 비판하는 과학성을 터득해야만 과거를 제대로 볼 수 있고 실재에 다가갈 수 있으니까요. 역사학이 결국 현실 학문일 수밖에 없다는 점, 브로델이 강조하듯 지금 발을 딛고 있는 현장에서 과거를 연구하는 현재의 학문이라는 인식이 필요한 것 같습니다.

김명희 사회과학자들도 문제가 있지 않나요.

박명림　사회과학자들은 너무 계량적이고, 통계화되고, 너무 규격화 되는 경향이 있죠. 지금의 수많은 통계조차 시계열적인 역사 경로성을 딛고 만들어지는 건데도 많은 통계 연구는 역사에 무관심합니다. 어떤 점에서 우리 사회의 인간현실이 너무 어려워진 이유도 사실은 사회과학, 그 중에서도 특히 경제, 경영, 법, 정치와 같이 권력, 자원 또는 규칙을 다루는 학문들이 지나치게 현실에 곧바로 영향력을 행사하려고 해서 생긴 부분도 있습니다. 물론 인간현실에 무관심한 채 무의미한 게재용 학술논문을 양산하는 직업적 생존적 생산행위를 학문으로 착각하는 경우는 말할 필요조차 없겠지요.

민주주의 문제이건, 사회복지이건, 공공성문제가 되었건 이런 문제들의 해결을 위한 시도들은 좀 더 포괄적인 차원의 역사적이고 사회적인, 또 인간적인 문제의식을 담아서 정책에 반영되어야 합니다. 그러나 보수를 반대하는 진보적 연구결과나, 진보를 반대하는 보수적 통계나 지표를 발견하면 정치와 권력을 통해 즉시 정책화하려 시도하지요. 그 과정에서 학문담론의 독자성은 상실되고, 오직 권력과 미디어가 주도하는 학문만이 살아남게 됩니다. 그것은 결국 학문담론이라기 보다는 권력담론, 진영담론과 미디어현상을 넘기 어렵지요. 민주화 이후 한국사회의 가장 큰 문제의 하나는 학문영역의 자율성과 독자성의 전면적인 붕괴입니다.

다시 말해서 지식과 권력, 학문과 정책 사이에는 굉장한 거리가 있는데도, 아주 작은 정책적 발견을 하거나 통계적으로 유의미한 결과가 나오면 그것을 바로 대선캠프나 정부 정책에 반영하지 못해서 많은 사회과학자들이 조급해 하는 형국이죠. 그 같은 학문관행이 바로 오늘 한국의 현실로 나타나지 않았나 싶습니다. 너무나 작고 미시적인 이론, 작은 통계들이 인간적인 고민 없이 큰 영향력을 행사하고 있다는 것이 정말 큰 문제인 것 같습니다.

저는 한국현실에 대한 지식사회의 중심 대응이 어쩌다가 '5년 단임 지식', '5년 단임 담론', 또는 '진영학문', '진영논리'로 전락했는지 부끄럽고 침통할 뿐입니다. 국가의 역사해석, 국정교과서를 가장 반대하던 분들이, 권력이 바뀌면, 곧바로 그걸 주도하던 국가기관들의 책임자나 담당자로 대거 변신하는 지식현실에서 어떻게 자율적이며 보편적 학문체계가 가능하겠습니까? 단지 진영만 바뀐 권력학, 국가학일 뿐이지요. 학문행위의 준거가 진리와 보편이 아닌 진영과 권력이었던 것이지요. 실로 참담할 뿐입니다.

김명희 정말로 깊은 고민이 필요한 문제를 말씀해주셨습니다. 질문의 방향을 조금 바꿔보겠습니다. 선생님께서는 사료를 대단히 중요시하는 학자로 유명하신데요. 그러면서도 어떻게 사료를 숭배하지 않고 사료를 통해 사실들의 관계를 보고 이로부터 나아가야할 방향이나 가치를 도출하는 방법론적 관점을 세울 수 있었을지요? 특히 『전쟁과 평화』에서 기존의 선험적/연역적인 접근 방법을 지양하면서 사실들의 관계에 입각해 진실을 추구하는 '새로운 방법'으로 베이컨의 '참된 귀납법'을, 또 '현재를 위한 유추'로서 '반추'와 '전망'의 결합을 강조하신 대목에선 역사사회과학의 방법론을 세우고자 하는 선생님의 문제의식을 읽어낼 수 있었습니다. 저는 비판적 실재론을 통해 역사적 사회과학의 가능성에 대해 제 나름대로 고민해 왔습니다만, 선생님께서는 어떤 학문적 배경과 자원을 통해 그러한 관점을 구축하셨는지 궁금합니다.

박명림 역사사회과학, 역사적 사회과학이라고 말씀하셨지만, 다른 한편으로 저는 정치인간학이라고 할까, 아무튼 인간학에 관심이 많은데요. 참된 귀납을 통한 개별 인간문제의 전체적 접근과 해결을 말합니다. 한국전쟁 연구의 경우도 3부작의 마지막 저술인 결과와 영향 부분에서 이 내용을 담아보고 싶은데, 아직 쓰지 못했습니다. 부제는 '평화의 조건'입니다. 한국전쟁이 미친 국제적 정치적 군사적 영향은 썼습니다만, 전체 인간들 개개인에게 미친 정신적 현실적 영향은 아직 못 쓰고 있는 거죠. 이것을 쓰게 된다면 평화연구와 분단연구, 사회연구와 인간연구에 좀 더 도움이 되지 않을까 생각하고 있습니다. 한국전쟁이 정전 이후에 미친 영향을 두 권의 책으로 쓰고 있는 부분입니다.

저는 연역과 귀납을 생각할 때마다 science를 처음 번역할 때, 루쉰(魯迅)이 왜 격물치지학, 격치학이라고 옮겼는가 생각해보니 깊은 뜻이 있었지 않았나 싶습니다. 저는 그것을 참된 귀납이 곧 연역이고, 참된 연역은 곧 귀납이 아닐까 모순적으로 생각해보았습니다. 격물치지는 바로 《대학(大學)》에 나오는 격물(格物)·치지(致知)·성의(誠意)·정심(正心)·수신(修身)·제가(齊家)·치국(治國)·평천하(平天下)의 이른바 8조목 중 첫 두 조목이 아닙니까? 각 사물의 이치를 그 궁극에 이를 때 까지 탐구한다는 말로 알고 있습니다. science라는 말은 나누다는 뜻과 연관되는데, 학문은 나누고 쪼개서 더 이상 쪼갤 수 없을 때까지 나누다 보면 마지막에 남는 것은 본질이고 전체이고 실체겠죠. 개인이라는 말도 더 이상 나누지 못하는 존재(individual)를 지칭하는 것과 같은 원리죠.

저는 한국전쟁을 연구하던 초기에 이 거대한 구조, 사건, 정책 결정이 실제로 좌우하는 것은 인간 한 사람 한 사람의 삶이라는 것을 보여주고 싶었습니다. 자료나 증언이나 답사를 저는 모두 낱낱의 구체적 현장이라고 생각을 하였습니다. 셀 수 없이 많은 그들 구체적 현장과 자료로부터 시작하여 하나의 전체로서의 전쟁을 그려내며, 다시 전체에서 한 사람의 구체적 삶으로 귀결되는 연환 고리를 사실화처럼 보여주고 싶었습니다. 네, 하나의 사실화였습니다. 그리하여 언젠가 공부가 깊어지면 실경산수(實景山水)와 진경산수(眞景山水) 둘을 하나의 연구에서 통합하여 함께 그려내고 싶은 머나먼 학문적 꿈이 있습니다.

아직은 너무 부족하여 나중에 어떻게 기록되고 평가받을지는 모르지만 제가 처음 한국전쟁을 공부할 때는 전쟁의 결정·시작·전개과정·귀결 못지 않게 그 전체 역사 안에 살아있는 한 사람 한 사람의 삶, 생각, 고민, 대응, 고난, 죽음에 대해, 구체적인 휴머니티에 대한 고민을 담아야 한다는 생각을 갖고 있었습니다.

그래서 저는 science를 좁은 의미의 자연과학, 과학으로 이해하는 것에 동의하지 않습니다. 저는 science를 '학문'으로 번역합니다. 물음을 배운다는 뜻의 '학문'은 보다 보편적인 것, 인간의 삶과 자연과 생명과 우주에 대한 모든 질문을 포괄하는 어떤 것이라고 생각합니다. 초보적인 수준이지만 저도 문학과 역사를 제법 좋아해서 한국전쟁을 공부할 당시, 음악과 문학, 철학과 예술을 포함한 여러 분야에 조예가 깊으신 최장집 선생님과의 오랜 대화를 통해 상당히 많은 통합적 영감을 가르침 받곤 하였습니다.

김명희 예. 그렇군요. 『한국전쟁의 발발과 기원』에서도 모든 학문, 모든 사회과학이 궁극적으로 닿아야할 지점은 인간이라고 강조하신 대목을 읽었습니다. 어떤 점에서 선생님은 통섭적인 현대 한국 연구, 한국전쟁 연구를 시도하신 선구자라는 생각도 드는데요?

박명림 선생님이 그렇게 봐주시니 감사합니다. 그러나 저는 제가 선구자라고는 전혀 생각하지 않습니다. 저는 정말 운이 좋았어요. 우선은 무엇보다도 서구의 최고 이론을 섭렵하신 최고의 선생님을 만났지요. 다음으로는 석사논문 주제를 잘 잡았고, 그 주제를 그 엄혹한 시절에 거리낌 없이 받아주신 분도 지도 교수님이셨지요. 제주를 직접 방문하여 젊은 날 때 이르게 인간들의 절대비극의 현장을 체험한 것도 큰 충격이었습니다.

특히 지도교수님은 한국전쟁을 평생의 학문주제로 택하라고 끝없이 격려해주셨지요. 많은 분들이 한국전쟁으로 어떻게 박사논문을 쓴다는 얘기냐고 반문할 때, 최장집 선생님은 2차대전과 중국혁명에 대한 서구의 큰 선구적 연구들을 읽게 하시며, 그에 비하면 오히려 너무 늦었다고 격려해주고 이끌어주셨으니까요. 당시 건네주거나 복사해주신 그 분야의 여러 고전적 저작들은 아직도 제 책장의 어딘가에 꽂혀있습니다. 또 외교, 냉전, 민족주의, 민주주의, 노동, 농민, 역사사회학에 대한 주요 이론 저작들을 읽게 하시며 한국전쟁 연구의 토대를 닦아 주셨습니다. 특히 역사사회학과 농민·농민운동에 대한 포괄적인 심층강의는 한국전쟁을 비교역사적으로 보는 눈을 뜨게 된 결정적인 계기였습니다.

한국전쟁에 대한 브루스 커밍스의 대작도 귀국 직후 바로 강의해주시고, 원문 복사본을 직접 건네주며 꼼꼼히 읽히셨지요. 저는 당시 건네주고 읽히신 그 원문을 아직도 보관하고 있습니다. 당시 80년대 초반에 정규강의실에서 브루스 커밍스의 원문 저작을 읽힌 분은 오직 그분 밖에는 없었습니다. 물론 매우 분석적인 동시에 비판적으로 읽히셨지요. 사실 거의 절반은 최장집 선생님이 하신 거나 마찬가지죠. 저는 거기에 단지 자료와 답사와 현장을 합쳐서 사람냄새가 나는 연구가 되도록 하나의 구조물로 직조하였을 뿐이 아니었나 생각합니다.

통일로 가는 길과 통일 '이후'의 전망들

김명희 좋은 선생님을 두신 것, 정말 부럽습니다. 이제 본격적으로 통일의 과정과 통일 이후에 대한 논의로 본격적으로 넘어가 보겠습니다. 선생님께서는 통일을 종착점이 아닌 과정으로 사고하실 것을 강조해오셨습니다. 그리고 최근 평화와 통일의 관계에 대한 사유의 전환을 제안하시며, "평화를 목적으로 평화적 방법에 의한", '평화적 보편통일론'을 말씀하신 바 있습니다. 이는 목적론에 경도되어 있는 통일 담론을 방법론의 차원으로 이동시키는 효력을 갖는 것 같습니다. 하지만 자칫 단계론적 사고에 익숙한 이들에겐 '선평화 후통일론', 또는 '통일 없는 평화론'으로 받아들여질 여지도 있을 듯합니다. 어떻게 '평화를 수단으로 한 평화의 추구'가 통일의 과정이자 방법론이 될 수 있는지 선생님의 견해를 듣고 싶습니다.

박명림 저는 어떤 관념이나 개념 자체보다는 그것의 현실적 존재 양태인 사실성과 현실성을 늘 고민하기 때문에 언어에 민감한 편입니다. 이 점에서 제 의견이 만약 '선평화 후통일론'이라던가 '통일 없는 평화론'이렇게 받아들여지더라도 좀 감수해야하지 않을까 싶은데요. 그런데 저는 그건 아니라고 생각합니다.

아까 선생님께서 '사실'을 말씀하실 때 번뜩 떠오른 게 사실적 진실과 해석적 진실을 구분하여 언급한 한나 아렌트(Hannah Arendt)입니다. 어떤 얘기냐면, 다소 아리스토텔레스적이지만 목적은 과정에서 비로소 드러난다고 생각하거든요. 아마도 이런 문제의식은 전쟁의 비극과 폭력을 저지해야한다는 문제의식에서 비롯된 것인지도 모르겠습니다. 김일성의 국토완정론이나 이승만의 북진통일론이 그러했듯, 저는 극단적인 이념대결을 하는 사회에서 통일 담론 자체가 내장하고 있는 어떤 폭력성, 억압성, 획일성을 넘어설 수 있는 경로를 고민하지 않을 수 없습니다. 그게 바로 통일에 반대되는 지점에 위치하는 평화라고 생각합니다.

심지어 독일 통일의 한 설계사였던 에곤 바(Egon Karl-Heinz Bahr)는 명확하게 통일은 내부문제라고 얘기하지 않습니까? 그는 서독이 동독의 대안이 될 수 있는, 즉 통일이 가능한 출발은 서독 내부의 문제라고 보더군요. 그것은 대연정 – 내부 대연합=내부 대타협을 말하지요 – 을 추구할 때의 빌리 브란트(Willy Brandt) 역시 같은 생각이었습니다. 내부의 연합, 관용, 공존, 평화의 정도가 곧 분단 상대, 적대 상대와의 그것을 가능케 하는 징표가 아닐 수 없는 것이지요. 제가 독일을 처음 공부할 때 가장 놀란, 매우 정확한 진단이었지요. 우리 내부가 관용과 평화, 자유와 평등, 인권과 복지가 넘치는 사회가 되면 자연스럽게 통일이 된다는 거죠. 대내 평화가 대외 평화의 선결요건인 것입니다.

저는 그래서 통일을 남북문제로 접근하기 이전에 거쳐야할 단계가 남남통합, 남남연대, 남남평화라고 생각합니다. 또 남한의 복지와 자유와 평등이라고 생각합니다. 예컨대 남한을 체재 대안으로 여긴 북한주민, 탈북자들이 3만이 아니라 30만, 130만이 될 수 있는 자유롭고 평등하며 평화로운 복지사회를 만들 수 있다면, 그것이 곧 통일로 가는 지름길이 되는 거죠.

저는 독일통일 직후부터 오랫동안 독일학자들과 독일통일에 대해 정말 많이 담론해왔습니다. 그들은 독일 통일을 '평화통일', '민주통일', '점진통일', '아래로부터의 통일', '동독주도의 통일'이라고 말합니다. 지극히 맞는 말입니다. 20세기 최대의 평화적 체제변혁이었지요. '독일의 분단'이 인류 최대의 폭력현상이었던 2차세계대전의 결과였던 것에 비하면, 가장 평화로운 '독일의 통일'은 충격적인 세계사적 일대 역전현상이 아닐 수 없습니다. 결과만 보고 독일통일이 서독주도의 흡수통일이라고 해석했던 한국사회의 무지하고 왜곡된 민족주의 담론에 대해 독일학자들이 정면에서 항의까지 했던 적도 수차 있었습니다.

그런데 우리는 통일을 남북관계로만 바라봅니다. 아직도 민족통일이라는 말이 쓰일 정도니까요. 저는 이런 관점이 심각한 문제라고 봅니다. 통일은 남북관계가 아닙니다. 남한사회 내부와 북한사회 내부가 각기 얼마나 변화될 수 있느냐에 달려 있는 문제입니다. 통일과 북한문제를 둘러싼 남한내부의 갈등과 대결은 사실 정신분열에 가깝죠. 그래서 우선 저는 통일문제가 남북관계 이전에 남남문제, 북북문제, 즉 남한 내부의 민주주의 문제이고, 북한 내부의 민주주의 문제라고 여깁니다. 또 각각 내부의 관용의 문제라고 이야기합니다. 각각의 변혁을 통해, 예컨대 탈북자들이 남한에 내려오지 않아도 북한의 민주주의와 자유·평등·복지의 수준이 남한과 비슷해지면 저는 그것이 사실상 통일로 가는 큰 길이라고 생각합니다.

평화가 통일이라는 것은 다른 말로 평화가 곧 통일로 가는 과정이라는 의미입니다. 또 더 나아가 평화가 가능하다면 굳이 통일은 불필요하다는 말이기도 합니다. 아까 평화가 연대와 결속이라는 말에서 왔다고 말씀을 드렸는데요, 실제로 남북한이 공존하고 우애하고 결속하는 만큼 평화가 이루어진다고 생각합니다. 굳이 완전한 1민족 1국가 1제도 1체제를 갖추지 않아도 평화는 가능하다는 거지요.

이 점은 깊은 이해가 필요한 부분이라 보이는데요. 저는 분단은 악이고 통일은 선이라는 이분법은 오류라고 생각합니다. 저는 분단과 통일의 이분법과 양자택일 자체도 오류라고 봅니다. 분단과 통일 사이에는 분명 평화라는 넓은 또 다른 영역이 있다고 봅니다. 그것은 정치의 영역이자 외교의 공간이기도 합니다. 평화를 통한 공존의 공간이기도 한거죠.

아까 한국문제의 네 층위 가운데 하나로 갈등의 제도화 수준이 너무 낮다고 말씀드렸던 것도 같은 맥락입니다. 북한과의 통일 이전에 남한 내부의 통합, 남남통일을 고민해야한다는 거죠. 남한 내부의 연대성이 높아지지 않고는 정책으로서의 통일을 추구할 수 있을지 의문입니다. 내부의 진보세력과는 타협·통합하지 않으면서 적대세력이자 침략국가인 북한과는 통일을 한다? 내부의 보수세력과는 타협·통합하지 않으면서 적대세력이자 침략

국가인 북한과는 통일을 한다? 그런 인류 역사는 없었습니다. 이런 남남분열 상태에서 북한과의 통일은 불가능합니다.

지금은 구서독지역보다 구동독지역이 출산률도 높고 유입인구도 더 많습니다. 독일 사람들은 이런 현상을 '두 개의 역전'이라고 부릅니다. 그러나 자살 세계1등, 저출산 세계1등을 포함하여 이렇게 인간 격차가 심각한 사회에서 북한주민들을 우리가 받아들여 통일을 이룩한다는 것이 과연 가능할까요? 게다가 오늘날 북한은 핵국가를 선포하여 통일을 원천적 전면적으로 불가능하게 만들어 놓았습니다. 우리가 북핵을 받아들이지 않는 한, 남한과 북한은 북핵의 개발과 함께 사실상 준영구분단상태로 들어갔다고 보는 것이 현실적입니다. 즉 이제 통일은 비사실적이며 비현실적이라는 점에 냉정히 눈을 뜰 필요가 있습니다. 우리는 의사 출신 탈북자가 청소부로 변전하여 유리창을 닦다가 추락사하는 사회입니다. 아무리 짧게 잡아도 20년, 길게는 30년의 긴 시간 동안 탈북자가 3만 명밖에 안 된다는 사실을 아무도 지적하지 않습니다. 1년에 1000명밖에 안 들어오는 셈이죠. 한 사람 한 사람은 목숨을 건 탈북이지만 인구학적으로는 의미를 갖기 어려운 미미한 이동입니다. 이것이 얘기하는 바는 남한은 아직 통일을 말하기엔, 남한 사회가 북한주민한테 삶의 대안이 되기엔 턱없이 멀다는 이야기기도 합니다. 불행하게도 저는 이런 얘기를 이제 조금 분명히 말하기 시작했습니다.

김명희 예. 여러 연구결과나 구술을 들어보면 통상 알려진 것보다 북한의 자살률은 심하지 않습니다. 남한에 와서 자살충동을 느끼고, 자살을 시도한다는 것 자체가 너무나 큰 역설이고 끔찍한 일이지요. '먼저 온 통일의 디스토피아'를 극명하게 보여주는 사례가 남한거주 탈북자들의 삶과 자살률인 듯합니다.

박명림 동의합니다. 정확한 말씀입니다. 제가 개성공단을 폐지하지 말고, 제2의 개성공단을 내부에 만들라고 정부에 제안했던 것도 같은 이유입니다. 제2의 개성공단을 내부에 만들어서 개성공단에 진출했던 기업들을 남한 내부에서 가동시키고 그곳을 탈북자들의 안정적인 직장으로 만들어 고용과 적정 임금(appropriate wage)을 보장한다면, 3만 명은 충분히 먹고 살 수 있습니다. 개성공단 기업들에게도 너무 좋구요. 만일 그렇게 되면 더욱 많은 탈북자가 넘어올 겁니다. 그분들 한 분 한 분의 삶을 다 안정시키는 정책 설계가 꼭 필요합니다. 일부 정부 부처는 제 아이디어를 너무 좋아합니다.

재통일인가 신통일인가, 우리 세대의 과제

김명희　예. 선생님의 '평화적 보편 통일론', 즉 '평화라는 수단에 의한 평화의 추구'는 통일을 부정하는 것이라기보다 통일이 남한 사회 내부의 민주주의 문제고, 연대의 문제라는 것을 환기하는 효력을 갖는 것 같습니다.

박명림　예. 그래야 북한 인권문제나 3대세습이 갖는 독재와 억압의 문제 등을 정확히 비판해낼 수 있으니까요. 저는 실제로 북한학자들 만났을 때 세습문제 등을 냉정하게 비판하였습니다.

김명희　저도 비슷한 고민을 하고 있습니다. 역사를 공부했고 앞으로도 역사를 공부할 사회학도로서 잔혹한 전쟁범죄와 폭력의 유산을 어떻게 청산할 것인가의 문제를 고민한다면, 과연 우리를 오랫동안 사로잡아왔던 통일이라는 '가치'가 장기지속력을 갖는 미래지향적 '가치'가 될 수 있겠는가라는 고민입니다. 물론 모든 가치는 시공간적 맥락 안에서 그 의미와 생명력을 갖는 것이겠지만요.

박명림　선생님과 저희 세대의 임무라고 생각합니다. 왜냐하면 전쟁을 경험한 세대는 통일을 열망하지만 그것은 반공·반북과 연결된 통일열망이고, 우리 다음 세대는 북핵이나 북한세습, 인권유린 등을 봤기 때문에 북한은 귀찮은 존재라는 혐북(嫌北)과 염북(厭北) 사상이 아주 강합니다. 그 세대는 통일에 대한 반대여론도 아주 높지요. 두 세대 모두 강력한 실존적 근거가 있는 사상지표들입니다. 그래서 저는 평화라는 보다 보편적인 가치를 매개로 반북세대와 혐북세대를 이어줄 의무가 저희 세대에게 주어져 있지 않나 생각합니다. 즉 저는 두 세대의 연결고리 역할을 하는 것이 저희세대의 무거운 임무라고 생각합니다.

제가 기본적으로 전후의 국제문제인 통일문제를 각각의 내부문제, 내부 타협역량에 달려있다고 일종의 생각의 근본적인 전환을 이루게 된 것은 단순히 독일사례만 준거로 한 것은 아닙니다. 앞서 말씀드렸듯, 전후의 모든 연합점령국가, 분할점령국가의 사례들을 하나하나 공부하면서 얻게 된 깨달음입니다. 예컨대 나치 협력국가인 핀란드나 오스트리아, 파시스트 국가인 이탈리아가 점령되었을 때 우리보다 결코 더 나은 상황이 아니었음에도 불구하고 우리보다 훨씬 빠른 시간 안에 평화와 통일을 이룬 힘은 무엇일까 이런 문제죠. 서로 다른 세력이 연립·연합을 하니까, 다시 말해 내부에서 하나가 되니까 최악의 외부 환경에도 불구하고 내부 상대방의 의견을 존중하며 평화를 달성할 수 있었습니다. 이런 점에서 역사학은 가정의 학문이라고 하는 오래된 잠언은 타당한 이야기입니다. 수많은 다른 경로가 있었음에도 불구하고 왜 그 경로들로 가지 않고 실제의 그 경로로 갔을까? 이에 대한 해답의 추구가 역사학인 것이죠.

통일을 위해서는 1945년-46년의 운명적 순간에 이승만과 김구는 당연히 평양을 방문했어야 했고, 김일성은 서울로 와서 이승만을 만나야 했습니다. 그리하여 서로 대화와 타협을 해야 했습니다. 그것은 동아시아 7년전쟁, 청일전쟁, 러일전쟁 때의 반복된 한반도 국제분할의 움직임들과, 제국주의에 의한 국제망국의 역사를 알고 있는 그들로서는 반드시 가야할 길이었습니다. 좌우, 공산-민족 세력의 대화와 타협은 국제규정요소인 미소 분할점령 상태를 넘기 위한 필연적 숙명이었습니다. 역사적 순간이었던 것입니다. 그러한 내부 극복의 경로가 오스트리아고 핀란드이고 이탈리아의 경로였습니다. 훗날은 독일의 길이었구요.

그러나 이승만, 김구, 김일성… 그들은 전혀 그렇게 하지 않았습니다. 대신 그들은 1945-46년의 그 운명적 순간에 각기 자기 중심으로 배타적인 권력을 장악하고자 상대방을 증오하고 배제·타도하는데 앞장섰습니다. 국제분할점령을 민족분열과 대결로 상승·전화·고착시키는데 누구보다도 선두에 섰습니다. 그리하여 한반도를 세계냉전의 진앙으로 만들어 버렸습니다.

나중에는 한국전쟁을 통해 세계시민전쟁의 선두국가로 만들었구요. 이탈리아, 오스트리아, 핀란드, 독일과 같은 나라들이 어떻게 분단과 전쟁을 넘어섰는지를 살펴보면, 그 운명적 순간에 내부의 중대한 결단들이 있었지요.

김명희 결국 '정치'의 영역이 중요하다는 거군요.

박명림 그렇습니다. 저는 외부 요인은 내부요인을 통과하지 않고 삼투되지 않는다고 봅니다. 서로 침투하지 않는다는 뜻입니다. 미소는 상호 영향력의 확보와 구축을 위해 경계국가와 경계지역을 당연히 분단시키려고 했지요. 그러했기에 국제문제에 정통한 이승만은 공부를 많이 한 사람으로서 동아시아 7년전쟁, 청일전쟁, 러일전쟁의 비극 사례를 매우 잘 알고 있었습니다. 그런데도 그는 평양에 가지 않았습니다. 아니 갈 생각조차 하지 않았습니다. 마땅히 평양에 갔어야 하고 소련군정과 김일성을 설득했어야죠. 35년 식민지를 겪은 나라에서 남북 분단만은 절대로 안 된다고. 국제상황에 대한 지식이 빈약하고, 허황되게 미군정 타도와 대한민국 임시정부 봉대를 주창한 김구는 더 말할 필요조차 없지요. 소련군정의 분단노선을 가장 앞서 충실히 수행한 김일성은 아예 언급불능입니다.

김명희 예. 어떤 말씀인지 알겠습니다. 연관된 문제라서 마저 여쭙자면, 선생님께서는 남한과 북한이라는 두 '역사적 국가'의 통일이 재통일(reunification)이 아니라 신통일(new unification)일 수밖에 없다는 견해를 피력하신 바 있습니다. 이 또한 기존의 국가건설과정이나 한국전쟁의 부정적 유산을 극복하기 위한 방법론적 숙고를 담고 있다 보입니다. 다소 논쟁적일 수 있는 이러한 문제설정의 학문적 근거는 무엇인지요?

박명림 사실 이 이야기를 하면, 역사학자들로부터 따가운 비판을 받지만, 동시에 통일문제를 다시 고민해보게 되었다는 말씀도 많이 듣습니다. 재통일이라고 해도 개념적으로는 맞습니다. 문화나 언어나 종족이나 혈통, 이른바 시원적인 요소에서 단일 민족, 단일 공동체의 역사를 갖고 있기 때문에 재통일이라 해도 맞지요. 그러나 현실은 아닙니다. 즉 통일이 국민의 통일이고, 국가의 통일이고, 헌법의 통일이고, 주권의 통일이라고 본다면 국민이나 국가나 주권이나 헌법에서 남한과 북한 국민은 단 한 번도 같은 근대국가, 같은 근대국민, 같은 근대주권, 같은 근대헌법 아래서 살아본 사람들은 아니지 않습니까. 따라서 저는 신통일이 맞다고 생각합니다. 대한민국 국민과 조선민주주의인민공화국 공민은 단 한 번도 같은 근대 국가의 국민인 적이 없었죠. 식민국가가 근대국가일 수도 없고, 임시정부는 망명정부였고, 대한제국이나 조선을 근대국가로 본다면 너무 역사주의적이고 결정론적인 이야기가 될 테고요. 그래서 저는 통일의 당위와 추동력이라는 측면에선 정의적이고 정서적인 재통일을 추구하되, 통일의 현실적 요청과 이익, 방법론은 신통일로 생각해야만 두 국가가 새롭게 한 나라를 만들어갈 수 있다는 생각을 갖고 있습니다.

사실 이 문제는 제가 굉장히 고민을 많이 한 문제인데요. 통일 이전부터 분단국가를 넘어 어떻게 영토나 헌법이나 주권을 보다 이상적이고 보편적인 정상국가, 평화국가로 만들 수 있을까의 철학적인 동시에 현실적인 문제입니다. 단순히 그냥 두 분단국가를 한 나라로 합치는 것을 넘어서 먼저 두 독립국가·주권국가·보편국가가 공존하는 평화상태를 만드는 것을 상념한 것입니다.

이를테면 우리 헌법의 영토조항과 통일조항, 대통령 선서, 국군의 의무는 모두 헌법현실과 헌법규범이 지극히 모순적입니다. 이런 헌법은 아일랜드나 대만, 독일 헌법을 예로 들지 않더라도, 이미 헌법상 완전국가, 통일국가를 상정하여 자기모순일 뿐만 아니라 실제로는 국가보안법체제에 가깝습니다. 따라서 신통일 개념으로 접근할 때 남한과 북한이 각각 UN회원국으로서 근대주권국가임을 상호 인정하고 민족국가, 민족통일, 특수관계 일방주의를 분명하게 벗어나자는 이야기입니다. 남북관계의 특수성을 넘어 보편성을 확보하자는 것이지요. 두 개의 주권국가로서 독립 공존하는 것입니다. 종족과 문화, 언어와 민족이 하나였던 오랜 시원적 요소는 단지 역사적 국가의 개념으로 전통 확인에 그쳐야지 그것에 바탕해 민족통일의 당위성을 실현하려는 시도는 사실 위험하기까지 하다고 생각합니다.

제가 때 이르게 한반도 평화협정 초안을 만들어 여러 나라의 당국 및 민간단체와 수차 논의를 진행한 연유도 두 국가의 독립공존을 통한 한반도 문제의 정상화와 보편화에 그 목적이 있었습니다. 민족분단과 민족통일 관념의 굴레에서 벗어나지 못하면 분단과 통일의 대상인 상대방이 형제인 동시에 원수가 되기 때문에 결국 흡수나 타도의 대상이 될 수밖에 없습니다. 따라서 민족통일 관념을 벗어나서 보다 근대적인 국민이나 헌법이나 주권의 공존으로 나아가다 보면 서로를 인정하는 근본영역이 확보되어 평화의 영역이 훨씬 넓어지지 않겠는가 생각합니다. 물론 그렇다고 하더라도 인권, 민주, 자유, 평등, 복지, 평화… 의 보편가치에서 탈락한 북한이 남한과 가치경쟁을 하는 것은 전연 불가능하다고 봅니다.

김명희 여기서 약간 쟁점을 분명히 하자면, 신통일이라고 했을 때에는 여하튼 헌법을 공유한다는 건가요? 하나의 헌법을 공유하는 두 정치체가 생겨나는 개념인가요?

박명림 통일국가가 완전한 하나의 헌법을 통해 존재하면 더욱 좋겠지만, 중간단계도 얼마든지 가능하다고 봅니다. 알투지우스(Johannes Althusius), 칸트(Immanuel Kant), 제퍼슨(Thomas Jefferson), 매디슨, 빅토르 위고(Victor Hugo), 안중근, 처칠(Winston Leonard Spencer Churchill), 간디(Mohandas Karamchand Gandhi)의 오랜 연합과 연방의 구상들, 그리고 오늘날에는 유럽연합의 사례도 존재합니다. 칸트나 매디슨을 원용하여 개념화하자면 '공화적 평화'(republican peace)라고 할 수 있겠지요. '민주적 평화'(democratic peace)라는 국제학계의 오랜 오독을 저는 언젠가는 상세히 반박할 구상으로 있습니다.

서독 기본법 23조와 146조, 독일기본조약을 보더라도 평화와 공존, 통합과 통일의 경로를 모두 열어두지 않았습니까? 완전한 통일이라면, 두 국민이 한 체제의 통일을 이루거나 남한체제가 훨씬 많이 반영되는 통일이 되겠지만, 이제부터는 분단과 통일 사이에 몇몇 층위를 나누면 좋겠습니다. 그리하여 '한반도 평화협정'과 '남북기본조약' 다음으로 제가 만들고 있는 '한반도 통일헌법'은 대단히 복잡합니다. 주권과 초주권(supra-sovereignty)을 함께 고려한 건데요. 국가의 대외적 대표성과 안보, 영토, 정부 역할, 의회 구성, 교류협력 등의 문제가 각각의 수준에서 어떻게 주권적으로 접합할건 가가 가장 관건일 듯합니다. 제가 생각하고 있는 것은 이른바 보충성을 반영한 '불균등 통일'인데요.

이를테면 남한과 북한이 중국이나 과거의 동서독, 유럽연합 정도의 왕래를 하는 단계에선 이산가족을 포함해 사실상 사람의 통일은 달성된 것이라 볼 수 있습니다. 실제로 그 정도의 왕래의 자유만이라도 주어진다면요. 물론 언어표기 같은 것은 더욱 빨리 합의할 수도 있다고 봅니다. 다음으로 경제부문입니다. 저는 전체 경제체제의 통일이 아니라 남한과 북한, 북한과 세계의 변경지역 공동경제구역을 통한 공동평화(Pax Consortia)를 구상합니다. 군사대치 중인 변경지역을 경제연합을 통해 변경지역평화—경계지역평화로 연결시키는 인류의 오랜 구상이지요. 예컨대 금강산, 개성공단, 한반도평화공원, 서해평화협력지대, 나선지구 등 각각의 변경지대에서 상당한 정도의 경제통합을 이루면, 이를테면 개성공단이 10개 정도가 되면 이거는 상당한 정도로 경제 통합이 이루어진 사실상의 변경평화상태이죠. 물론 끝으로는 정부구성과 주권과 결국 군대의 문제로 귀결이 되겠지요. 그것은 여러 연합평화경로들의 한결같은 공통의 문제였습니다. 독일 통일 과정에서도 두 독일 간에 마지막으로 문제가 된 것은 과거청산 문제와 군대 문제와 동독 지도부의 처리문제였습니다. 현장 답사와 인터뷰를 하면서 이 때 특히 많이 놀란 것은 동독의 지도부와 관련한 비밀사항들이었습니다. 언젠가는 상세히 연구하여 원용할 생각으로 있습니다. 독일 통일 과정에서 내부적 합의에 도달하는 두 국가 지도부의 지혜의 과정은 정말 놀라왔습니다.

공화국이라는 고전고대의 개념을 근대들어 프랑스는 republic이라고 번역하였지만, 그에 앞서 영국은 common wealth라고 번역하여 사용하였습니다. 공동의 복리를 추구하는 인간 공동체라는 뜻으로 알고 있습니다. 영국 사람들은 국가, 공화국이라는 이름을 쓰면서도 연대와 연립, 연합과 연방을 생각한 거지요. 이것은 근대 초기 네덜란드나 스위스, 훗날의 미국도 마찬가지였습니다. 이런 것처럼 저는 남북한의 통일도 남한과 북한, 특히 북한의 보편적인 변화 및 변혁과 함께 가면서 내부로부터 이루어져야 한다고 생각합니다. '신통일'은 이러한 맥락입니다. 우리는 인간역사에서 처음 등장한 개념이요 실체인 '민주공화국'에서 '민주'와 '공화'가 사상적 역사적으로 과연 어떻게 만나게 되었는지를 깊이 천착하지 않으면, 연대와 연합과 평화를 통한 참된 '민주공화국', '민주공화 상태'의 추구는 불가능하다고 봅니다.

김명희 예 그렇군요. 통일인문학연구단이 제안한 개념 가운데 '민족공통성'이라는 개념이 있습니다. 'National Commonality'뭐 이렇게 영역을 하는데요. national도 문제고 commonality도 논란이 많이 됩니다. 그런데 그 문제의식의 기원은 선생님과 많이 다르지 않다고 보입니다. communality란 개념이 하나의 동질성을 뜻하는 게 아니라 A랑 B가 만나서 새로운 것을 만드는 생성적이고 창발적인 과정을 포착하기 위해 쓴다면요. 선생님께서 주창하신 신통일도 여러 형태로 열려있는 과정에 대해 사고할 수 있는 여지를 준다는 생각을 했습니다. 내부 민주주의와 변혁 없는 남북통합은 가능하지도 않고, 훨씬 더 많은 비용과 시행착오를 수반한다는 점에서 바람직하지도 않다는 생각에 동의합니다.

박명림 선생님 말씀에 동의합니다. 'National Commonality'도 신선하게 다가옵니다. 다만 저로서는 민족공통성을 일종의 민족 단위의 시대적 공통감각(sensus communis)으로 이해하고 싶습니다. 즉 종족적 공통감이 아닌 시대적 공통감으로 나아가길 희망하는 마음입니다.

역사와의 화해, 가장 어려운 장 : 가해-피해 사관을 넘어서

김명희 결국, 통일문제는 곧 민주주의의 문제이고 평화의 문제라는 결론에 이르게 되는데요. 이와 관련해 남은 질문을 마저 드려야할 것 같습니다. 최근 선생님께서는 피해자 사관에서 벗어나 피해-가해 사관을 융합하는 역사적 반성의 시각을 새롭게 제안하신 바 있습니다. 한국전쟁기 민간인 학살과 민간 수준에서 진행된 상호보복학살, 내면화된 군사주의, 기층 수준에서 진행되는 역사심리적 분단선과 심성화된 적대를 떠올린다면, 이는 통일 이후의 과정에서 남북 공히 모두 대면하지 않을 수 없는 내적 과제라 보이는데요, 선생님께서도 한국전쟁에 대한 정치사회학적 연구라고 할 수 있는 『전쟁과 평화』의 제3장 마지막 절에서 "역사와의 화해"가 "가장 어려운 장"이라고 제목을 붙이신 것은 이러한 문제를 염두에 두고 계신 것이라 보입니다. 이러한 역사적 반성과 화해를 위해, 추구해야할 보편적인 가치는 무엇이고 연대의 기본 단위는 무엇이어야 할까요? 이에 대한 선생님의 견해를 보다 자세히 듣고 싶습니다.

박명림 네. 종종 너무도 충격적이라는 반응을 자주 듣곤 하였습니다만, 가해-피해 사관의 융합과 통합은 부족한대로 아주 오래된 생각입니다. 그 바탕은 제가 자주 읽는 오디세이나 노자, 성서까지 올라갑니다. 가해-피해사관을 넘어서자는 것은 남북 사회만이 아니라 한국문제, 또는 인간문제 전체와 관련된 것인데요. 저는 물론 두 사관의 통합을 추구합니다. 현실에서는 그것이 우선입니다.

그러나 미래를 생각할 때 그 철학적 바탕은 크게 다릅니다. 평화와 화해를 향한 제 삶의 궁극적인 사유와 실천이기도 합니다. 유성룡, 이순신, 안중근, 민영환의 말과 글들을 보면 자신들의 죄를 고백하는 부분들이 있습니다. 처음 읽을 때는 너무도 놀랍고, 책을 놓고 덮어야할 만큼 숙연해지는 장면들입니다. 무슨 뜻이냐면 스스로 자강하지 못해 침략을 받게 되고 백성들을 죽음에 직면하게 한 상태에 대한 자기 죄의 절실한 고백입니다.

저는 함석헌선생님께 직접 배운 세대이지만, 또 그분을 마음 깊이 존경하지만, 그분을 비롯한 많은 앞 세대 학자들의 민족주의 사관이나 피해사관, 수난사관을 수용하지 않습니다. 한나 아렌트처럼 저는 외려 반대입니다. 언젠가는 전체 한국사를 통론할 기회가 있을 줄 압니다. 한국전쟁 역시 저는 완전히 다르게 봅니다. 지금 마무리하고 있는 한국전쟁연구의 마지막 권 부제 제목을 『평화의 조건』이라고 썼는데요. 거기서 중요한 내용 중 하나가 한국민족은 가해민족이라는 겁니다. 한국민족은 항상 국제분단의 피해 때문에 전쟁이 된 것처럼 얘기하지만 분단되었다고 전쟁한 나라는 몇 나라 안됩니다. 분할 점령되었다고 분단에 이어 전쟁까지 치른 나라는 더더욱 드뭅니다. 아까 말씀드렸다시피 이승만, 김일성이 상호 방문하지 못해 세계냉전을 앞당겨 고착시키고 전쟁까지 치르면서 얼마나 무고한 세계 청년들이 죽어야 했습니까. 한국전쟁으로 인해 한국과 아무런 관계가 없는 아프리카, 라틴 아메리카, 유럽, 동남아, 터키… 세계 청년들이 얼마나 많이 와서 죽었습니까. 우리는 그 사실에 대해 사과하거나 반성한 적이 없습니다. 20세기 전반의 시점에선 독일과 일본과 이태리가 가장 큰 가해 민족이었지만, 20세기 후반 의 두 한국, 특히 북한은 명백히 선두에 선 세계가해민족입니다. 그뿐입니까? 일본과 독일, 특히 일본이 철저한 과거청산을 하지 못하고 세계에 당당하게 복귀할 수 있었던 것도 한국전쟁 때문입니다. 전범국가 두 나라를 국제사회에 무임 복귀시킨 민족의 하나도 한국인들입니다. 미필적 범죄행위입니다.

저는 우리가 인간에 대해서 현실적으로 공존하고 포용하며, 마음속으로 서로 사랑하고 긍휼히 여기지 않는다면 피해사관을 결코 넘어설 수 없다고 봅니다. 우리 사회는 모든 사람은 평등하고 고르다는 생각과는 너무나 거리가 먼 사회에요. 왜 세계 먼 곳의 젊은 생명들이 한국문제로 인해, 그들의 통일열망과 통일전쟁으로 인해 이 땅에 와서 숱하게 죽어가야 했습니까? 이러고도 우리가 과연 언제까지나 피해사관을 지속해야합니까? 우리, 우리 문제로 인한 세계시민들에 대한 피해에 눈을 뜨지 못하면 세계문제로서의 우리 문제를 향한 그들의 참된 협력은 얻을 수 없다고 봅니다. 세계문제인 우리문제의 해결도 불가능합니다.

'국가를 위한 유공'과 '국가에 의한 희생'을 통합하자는 저의 오랜 주장도 같은 원리입니다. 둘이 왜 똑같은 얘기냐 하면 한국전쟁에서 국가를 위해서 죽어간 사람과 국가에 의해서 학살당한 사람의 경우, 하나는 소극적 책임이고 다른 하나는 적극적 책임 일뿐 국가 책임이라는 점에서 양자는 본질적인 차이가 없는 겁니다. 즉 국가공동체가 공유한 공통의 책임이라는 것이지요. 제주4·3 때 살기 위해서 해병대에 들어간 사람과 살기 위해 산으로 가서 무장대가 된 사람 모두 내면은 동일한 국가유공자인 동시에 국가희생자입니다. 같은 희생자들도 누구에 의해 죽었느냐는 문제 하나로 누구는 국립묘지에 유공자로, 누구는 평화공원에 희생자로 모셔졌지요. 같은 가족들조차 그러합니다. 이는 제가 대면하였던 세계 인간역사의 가장 고통스런 비극의 하나입니다. 둘의 생명도 죽음도 실제로는 아무런 차이가 없지요. 이 비극은 제게는 역사의 안티고네가 아니라 현실의 안티고네입니다. 제주 '영모원'이라는 곳에 가면 유공자와 희생자들이 한 위령단에 같이 모셔져 있습니다. 국내와 해외의 국제회의에서 이 사례얘기를 할 때마다 다들 놀랍니다. 가해와 피해 사관을 벗어나 죽음을 차별하지 않는 사회가 결국은 삶을 차별하지 않는다고 봅니다.

십여 년 전 일본에서 강연했을 때도 저는 미안하다는 말로 시작했습니다. 우리가 약해서 당신들의 침략을 받고, 또 북핵 문제 때문에 일본이 평화헌법 고치려는 명분을 삼아 군국화되는 것은 평화를 이루지 못한 우리에게도 상당 부분 책임이 있다고요. 일본 사람들이 처음에는 무슨 얘기인지 전혀 못 알아 듣더군요. 맨날 비판만 하던 한국 사람이 다른 각도로 사과를 하니까요. 일본의 최악의 반인도적 반인륜적 범죄행위야 시효도 없을만큼 더 말할 필요도 없지요. 그들은 제 말뜻을 나중에야 알아듣고는 머리를 숙인 분들이 있었지요. 지난해 샌프란시스코체제에 대한 미국 콜럼비아 대학에서의 국제회의 때도, 제가 샌프란시스코 체제는 미국과 일본이 만든 것이지만 그 등장의 기원은 한국전쟁, 한국민족의 통일전쟁에 있기 때문에 일본이 국제사회에 징벌없이 복귀를 한 데는 우리의 책임도 크다는 이야기를 했습니다. 한국전쟁이 세계에 미친 부정적 영향의 하나는, 수많은 생명을 죽게 하였을 뿐 아니라 전쟁범죄국가의 처벌없는 등장을 촉진하여 세계의 평화윤리, 국제법체계와 도덕가치, 그리고 세계시민법 목적을 무너뜨리고 오직 이념대결 일변도로 나아가도록 만든데 있지 않나 싶습니다.

김명희 선생님 말씀을 듣다보니 제가 잘못 이해했던 부분이 있는 것 같습니다. 가해자와 피해자의 화해가 아니라 가해자로서의 역사에 대한 반성이 필요하다는 것이 선생님 이야기의 핵심이군요.

박명림 아닙니다. 선생님 말씀도 맞습니다. 저의 생각은 그래야만 가해-피해의 이분법 사관을 넘어 가해와 피해의 통합적 사관으로 간다는 이야기죠. 한국사회에 존재하는 너무나 많은 피해자들에 대해서 포용하지 못하는 것도, 내면화한 피해사관으로 인한 내외의 가해행위에 대한 지독한 무반성에서 시작된다고 봅니다. 현대한국 시기 동안의 수십 년을 넘어, 누천년 동안 켜켜이 찌들어왔던 피해사관을 넘어설 때만이 우리가 진정 화해와 평화를 위해, 세계시민이자 주체로서 한 걸음 더 나아갈 수 있다고 봅니다.

조망과 개입, 학문과 실천의 유기적 결합

김명희 예 선생님. 너무나 중요한 이야깁니다. 저도 가해자-피해자 이분법을 넘어서는 관점에서 4·3, 한국전쟁, 5.18, 궁극적으로는 세월호의 치유 모델을 비교하는 작업이 중요하다고 생각하고 있습니다. 이건 궁극적으로 사회적 치유의 로드맵을 마련하기 위한 구상입니다. 가해자로서의 자기 역사에 대한 반성을 통해서만 고통 받는 피해자를 실효적으로 지원하고, 보다 장기적으로는 폭력과 재난의 악순환을 예방할 수 있을 것 같습니다.

그런 점에서 피해자도 아니고 가해자도 아닌 중간영역에 있는 존재로서 지식인의 위치와 역할에 대해 그 어느 때보다 많은 생각을 하는 시간을 살고 있는데요. 마지막으로 여쭙겠습니다. 선생님께서는 연루와 이격을 통한 조망과 개입, 학문과 실천의 유기적인 결합을 강조하신 바 있는데요. 지식인으로서 선생님께서 구상하고 계신 학문적 작업과 앞으로의 삶의 계획이 궁금합니다.

박명림 참으로 어렵고도 복잡한 문제이군요. 저는 이렇게 생각합니다. 제가 만약 지식인이라면, 일종의 공공 지식인이겠죠. 인간과 사회의 공적 문제에 대해 연구한 결과를 공동체에 대해 제기하고 토론하는 시민이라는 의미에서요. 그런 점에서 저는 제가 생각해온 '학자시민', 또는 '시민학자'라는 표현을 좋아하고 추구합니다. 한 사람의 일반 시민의 상식과 관점에서, 시민적 문제를 위해 공부하는 사람 정도가 되지 않을까 싶습니다. 만약에 요구되는 전문성이 있다면 시민적 전문성 정도가 되지 않을까 싶습니다. 이것은 4·3이나 세월호, 한국전쟁이나 일본군 성노예와 '위안부'문제 등의 문제에서 왜 우리가 보편적인 관점에서 바라봐야 하는가의 문제이기도 한데요. 이 부분에 대해선 전 확고한 생각을 갖고 있습니다. 몸이 아파보면 잘 알잖아요. 우리 몸에서 제일 중요한 데가 지금 아픈 곳이다, 아픈 곳이 가장 중요하다는 점을요. 한 가정에서도 가장 중요한 사람은 엄마나 아빠가 아니라 지금 아픈 사람입니다. 한 공동체에서 가장 중요한 사람은 지금 울고 있는 사람이고 곤고한 자들입니다. 그들의 울음이 적은 사회일수록 좋은 사회겠지요.

따라서 저는 학자로서는 조망을 하되, 시민으로서는 개입을 하는, 다시 말해 학자로서는 학문을 하되, 시민으로서는 실천을 하는 삶을 계속 살아보려 합니다. 제주4·3이든 한국전쟁이든 늘 마지막 종착점은 인간의 문제였습니다. 제주 4·3을 민중항쟁이라고 명명하자 그분들이 폭도가 아님을 명확히 하는 성격전환이 이루어졌습니다. 한국전쟁의 경우에도 6·25담론과 6·25기념식을 폐지하자고 제안하면서도, 육체적인 협박도 많이 받았습니다만, 오히려 참전자들의 수당을 지급하여 그들의 희생에 대해 실질적인 보상을 해야한다고 주장하였습니다. 궁극적으로는 아까 말씀드렸듯 유공과 희생을 통합하자는 뜻이었지요. 한반도 평화협정을 기안했을 때도 6·25 기념보다는 7.27 정전을 기념하자는 제안했고, 이는 전쟁 발발을 기념하는 관행을 벗어나 7.27 정전을 기념하는 것에서부터 새로운 평화와 통일과 화해의 과제를 실천해보자는 뜻이었지요. 여하튼 지금은 군대를 제외하고는 6·25기념식을 하지 않지요. 그러면 '학자시민'으로선 굉장한 보람입니다.

물론 제가 혼자 한 것은 결코 아니지만요.

학문적으로는 조금 큰 꿈이 있습니다. 읽을 것들이 너무 많아서 오랫동안 저는 연구실에서 일주일에 하루 이틀은 밤을 새우곤 합니다. 물론 1, 2년 전부터는 매주 그렇게 하지는 못합니다. 어떻게 보면 지식인들은 큰 혜택을 받고 있습니다. 제가 받은 혜택을 우리 문제를 해결하는데 조금이라도 돌려 드리고 싶습니다. 한국문제의 네 층위에 대해서 각각 나름대로 괜찮은 연구 와 해법을 제시하고 싶은 것도 같은 맥락입니다. 그 과정에서 아직은 우리 사회에서 취약한 평화학이나 화해학, 치유학, 또는 인간학이랄까요? 그런 것을 구축하는데 기여하고 싶습니다. 저는 정치학도로 출발했으니까 정치 를 중요하게 생각합니다. 그 점에서 정치인간학, 이런 학문 영역이 우리 사 회에 제대로 자리를 잡았으면 좋겠습니다. 막스 베버에 관한 글을 읽다 보 니까 누군가가 베버가 한 필생의 작업을 '인간성의 운명'('fate of humanity') 에 대한 탐색이라고 한 마디로 요약을 한 게 있더군요. 머리를 때리는 어떤 말이었습니다. 관료화나 합리화, 즉 근대화 과정에서 휴머니티의 명운이 정 녕 어디로 갈 것인가의 문제를 베버가 고민했던 것처럼, 현대한국문제를 공 부하는 한 사람으로서 지금과 미래에 우리들 인간성의 경로가 과연 어디로 향해야할지의 문제가 제 마지막 고민이 될 것 같습니다.

그래서 현실에서 이룰 수 있는 최적의 인간평화의 경로에 대한 나름의 해 법을 궁구하여 내면평화와 외면평화, 개인평화와 사회평화, 국가평화와 세 계평화, 영혼의 평화와 실존의 평화와 같은 것들의 조건이 통합된 보편적 영구평화가 가능한 공동체를 제안해 보고 싶습니다. 덧붙여 우리가 사는 여 기의 문제에 대한 구명으로부터 그 작업을 시작해보고 싶습니다. 이곳은 경 계국가이기 때문에, 경계국가에서 평화가 이루어지면 경계국가를 가로지르 는 양쪽이 모두 평화로워지기에, 주변세계가 평화로워지는 이치 때문입니 다. 그래서 저는 이 땅의 평화가 곧 우리들의 평화이고 세계평화로 가는 길 목이라고 생각합니다. 통일인문학이 소중한 이유도 인문학의 지평을 넓히 면 이곳에서의 삶에 평안이 오고 일본이나 중국도 저희와 평화롭게 함께 갈 수 있기 때문 일테고요. 그런 생각으로 나름대로 바쁘게 살면서 일주일에 한 두 번은 집에도 못 들어갑니다만, 이런 소망을 이루는 게 가능할지는 모르겠습니다.

김명희 마지막으로 방법론 연구자로서 제 소감을 말씀드리자면 『한국전쟁의 발발과 기원』에서 한국전쟁 연구방법(론)을 비판적 합리주의, 또는 비판적 현실주의(critical realism)로 개념화하셨던 것을 뒤늦게 보았습니다. "이상을 추구하는 과정에서 도덕과 현실을 결합하는 관점", "도덕적 입장에서 현실을 비판하고 대안을 추구하되 이를 현실적 고려 속에 추구하는" 관점이라 하셨는데요. 선생님과의 대화를 통해 한국전쟁 연구, 그리고 현대 한국연구는 기본적으로 '역사적 사실'에 대한 연구인 동시에 '가치에 대한 연구'일 수밖에 없다는 점을 새삼 깨닫게 되었습니다. 선생님과의 오늘 대담이 분단극복과 통일 이후를 고민하는 많은 이들에게 새로운 통찰과 희망을 줄 수 있을 것이라 믿습니다. 오랜 시간 귀한 말씀 정말 감사합니다.

3부

분단을 넘는 해외 지식인의 통일 사유

인터뷰이 : 정경모

대표적인 재일 통일운동가로, 1989년 문익환 목사와 방북하여 김일성주석을
만나고 4.2공동성명을 기초한다. 한국전쟁과 휴전 후 유엔군 군사정전위원회
소속으로 근무하던 중 미군의 비인도적인 침략성에 반발하여 1956년 사퇴한
다. 1970년 박정희 정권의 탄압으로 일본에 망명하여 활발한 문필활동을 통
해 조국의 민주화와 통일운동에 매진한다. 1973년 『민족시보』 주필을 역임했
으며, 1980년 "씨알의 힘"이라는 사숙을 열어 남북통일의 이론적 틀을 제공하
고, 재일조선인 문제에도 천착하면서 재일조선인 사회의 대표적인 통일운동
가이자 이론가로 활약한다. 저서로 『일본인과 한국인』, 『한국민중과 일본』, 『찢
겨진 산하』, 『시대의 불침번』 등이 있으며, 역서로 『한국전쟁의 기원』이 있다.

인터뷰어 : 김종군

건국대학교 통일인문학연구단 HK교수 및 대학원 통일인문학과 교수로, 한국
고전문학을 전공하였다. 인문학적 통일 연구에 집중하여 남북의 고전문학과
민속학 연구 성과를 비교하고, 북한의 이야기문학을 대중에게 소개하면서 통
일문화콘텐츠를 연구 개발하고 있다. 저서로는 『고전문학을 바라보는 북한의
시각』(전 3권), 『우리가 몰랐던 북녘의 옛이야기』, 『남북이 함께 읽는 우리 옛이
야기』 등이 있다.

진정한 통일운동의 길

일시 : 2016년 8월 3일
장소 : 정경모선생 자택(일본 요코하마시 고혹구 히요시혼쵸 1-16-9)

통일운동가로서 고단한 삶의 여정

김종군 저희는 건국대학교 통일인문학연구단에서 한반도 통일 문제를 인문학적인 관점으로 연구하고 있습니다. 오랜 시간 재야에서, 그것도 일본에서 조국의 통일에 대해 고민하시는 선생님을 뵙고 고견을 듣고자 이렇게 찾아뵈었습니다.

정경모 어려운 일 하는군. 당국으로부터 환영을 받는 통일문제 연구는 아무런 필요가 없고, 관으로부터 주목을 받는 연구는 하기 힘들고 그런 거야.

김종군 예 그런 것 같습니다. 저희도 정치 현안을 민감하게 다루지 않더라도 '통일'이라는 키워드를 연구 주제로 삼는다는 이유로 국가 기관이나 일반 시민들의 항의를 종종 받기도 합니다.

김종군 선생님 이 댁에서 오래 사셨습니까?

정경모 오래 살았지. 마당도 자네들이 온다고 그래서 정리했어.

김종군 선생님께서는 대한민국 국적을 가지고 계시면서도 현재 한국 내 입국이 불허된 상황인 것으로 알고 있습니다. 타국 땅에서 이렇게 오래 지내시면서 고국에 대한 그리움도 클 듯하고, 일본 내에서 부당한 처우를 받으셨을 듯한데, 고단한 삶의 여정을 듣고 싶습니다.

정경모 문익환 목사 주례로 일본 여성하고 결혼한 게 1951년이었어. 게이오 대학에 유학할 때 만난 하숙집의 딸이야. 참 이상스런 인연이었어.

김종군 그러면 선생님께서 51년에 결혼하실 때 사모님께서도 같이 한국에 들어가셨나요?

정경모 그 후에. 내가 GHQ(General Headquarters/연합군 최고 사령부) 그만두고 한국으로 돌아간 후에. 두 번 왔나?

김종군 그럼 사모님께서도 국적을 한국 국적으로 바꾸시고요?

정경모 그렇지. 그건 무슨 다른 생각이 있어서 그런 게 아니라, 그때는 한국 국적이 아니면 한국에 갈 수가 없으니까. 그래서 일본 국적을 버리고 한국 국적으로 바꾸었지.

김종군 사모님은 연세가 어떻게 되시나요?

정경모 동갑이야.

김종군 선생님과 동갑이세요? 사모님도 정말 정정하시네요.

정경모 자기 마누라 자랑하는 사람은 팔불출이라는 말이 있던데, 내가 이 오랜 세월을 살아오면서, 이 일을 하면서 행복한 일이 있을 수가 없었잖아? 그런데 저 여인한테 '내가 다시 돌아올 테니 기다리라'고 말하고 기적적으로 돌아올 수 있었던 것, 그리고 여기 와서 결혼을 할 수 있었던 것이 나한테는 가장 행복한 일이었어. 나는 1924년에 영등포에서 태어났어. 그때는 영등포가 서울이 아니고 시흥군이었어. 그곳에서 자라고, 중학교도 영등포에서 다녔어.

김종군 선생님의 생애를 이 책(정경모, 『시대의 불침번 : 정경모 자서전』, 한겨레출판, 2010)으로 보니 처음에 자연과학도로 사시고, 미국 유학 중에는 의학을 하셨고요.

정경모 의사 되려고 일본에 온 거야. 게이오 대학에. 그때 예과가 2년이었거든. 예과를 마친 그 해에 해방이 되었어. 그러니 집에서 빨리 돌아오라고 그랬을 거 아니야? 그래서 장모님, 나중에 장모님이 될 분에게 내가 꼭 돌아오겠으니 걱정하지 말라고 그랬어. 그런데 이상하게도 돌아오게 되었어.

김종군 그럼 해방되고 서울에 들어가셨다가

정경모 해방은 서울에서 맞이했지.

김종군 해방을 서울에서 맞이하시고, 그 다음으로 미국은 몇 년에 가셨습니까?

정경모 47년.

김종군 아, 2년 정도 한국에 계시다가

정경모 47년에 여운형 선생 돌아가신 직후였어.

김종균 당시에 엄청 혼란스러웠지 않습니까? 친일파 문제라든지, 좌우 이데올로기 갈등도 있고요. 그때 선생님께서는 어떠셨습니까?

정경모 혼란스러운 시기였어. 앞으로 어찌될지 알 수도 없고.

김종균 선생님께서 그렇게 의학 공부를 하셨는데, 한국전쟁 이후에 맥아더 사령 부로 들어오시는 과정에서 이전에 계획했던 의사로서의 삶을 접으신 것인 가요?

정경모 목사가 되려고 했는데 목사도 안 되고, 의사가 되려고 했는데 의사가 안 되 고, 그러면서 나이가 90이 넘었어. 이상스러운 인생길이야. 이제 살만큼 살 았으니까 죽을 준비를 해야 되는데 말이야.

김종균 걷는 것이 조금 불편하십니까?

정경모 조금이 아니라 굉장히 불편해.

김종균 어떻게, 뇌경색이 있었던가요? 아니면.

정경모 뇌경색은 20년 전에 뇌경색을 했지. 94년에 내가 일흔 살 되던 나이에. 이 상스럽게 같은 해에 문 목사가 돌아가시고, 내가 뇌경색으로 쓰러지고. 김 일성 주석도 같은 해에 가셨지.

김종군 그러게요.

정경모 그래서 94년이라는 해가 내게 있어서는 이상스러운 일들이 많이 일어났지.

김종균 95년을 통일 원년으로 만들자고 문 목사님께서도 김 주석하고 만나서 말씀 하셨다고 책에서 보았는데, 다들 그 전에 그런 일들이 있었네요. 선생님 집 안이 원래부터 기독교 신자셨습니까?

정경모 부친께서 개척교회 목사를 하셨어. 그 후에 개척교회 목사를 그만두시고 영 등포교회 장로를 오래 하셨지.

김종균 그러면 선생님께서도 젊은 날에 계속 교회에 나가고 하셨습니까?

정경모 젊었을 때야 열심히 다녔지.

김종균 교류하시는 분들도 문익환 목사님도 계시고 하셔서.

정경모 그것도 이상스럽게 말이야, GHQ(General Headquarters/연합군 최고 사령부)에 있다가 미국사람들이 하는 여러 가지 일에 대해서 반대하면서 통일운동을 시작하는데, 그게 문 목사와 박형규 목사, 그리고 나 셋이었어. 그렇다고 내가 철저한 기독교 사상, 신앙을 지닌 건 아니야. 나이 먹으면서 이상하게 예전에 가지고 있던 기독교 사상이 마음에 들지 않더라고.

김종군 문익환 목사님과 박형규 목사님 두 분은 목회활동을 하시면서 통일운동을 하셨는데, 지금 한국의 개신교의 활동 자체는 지극히 반공 논리를 가지고 스스로 보수를 자처하고 있습니다.

정경모 기독교는 전부 반공주의자야. 반공주의자는 반통일주의자라고. 그러는 동안 한국의 기독교에 대한 내 스스로의 방향, 한국식 기독교에 대한 반감이라고 할까? 예전처럼 일요일이라고 성경책 끼고 가는 그런 식의 기독교는 그만두었지. 젊은 날에는 나도 목사가 되려고 그랬는데, 목사도 안 되고, 그렇다고 의사도 안 되고 말이야. 그렇게 이상스럽게 일생을 보냈어. (조사자가 들고 있는 책을 보고) 그 책이 요즘 나온 것인가?

김종군 이 『찢겨진 산하』는 86년에 거름출판사에서 나온 것입니다.

정경모 (일본책 『찢겨진 조국산천』을 건네주며) 이게 일본어 원어야. 그걸 말하자면 나한테 아무런 승인도 받지 않고 해적판으로 나온 게 그거(『찢겨진 산하』, 거름사)였어. 거름사인가?

김종군 예, 거름사입니다.

정경모 내게 한 마디 양해도 없이 자기네들이 펴냈지. 그런데 돈을 많이 벌었다고 하더만.

김종군 예, 이 책이 당시 필독서였습니다.

정경모 내게 왜 인세를 물지 않느냐고 한 번도 책망해본 적은 없지만. 운동에 많이 도움이 되었다고 하더라고. 빵잽이라고 하잖아? 형무소에 들어오는 학생들, 원래 있던 사람들은 이 책만은 뺏기지 않고 감추어 두었다가 새로 빵잽이가 들어오면 꼭 이 책을 보여주었다고 하더라고.

김종군 선생님께서 이 『찢겨진 산하』에서도 그렇지만 백범 선생님이나 몽양 선생님이나 장준하 선생님을 이야기하셨습니다. 지금 한국의 분단체제 속에서 북을 바라보는 시선과는 판이하게 다르고 하니까, 고등학교까지 학교 교육을 받고 대학에 오게 되면 역사 인식을 달리할 수 있는, 인물 평가나 해방정국, 분단사 자체에 대한 시각을 달리할 수 있는 책이었던 것 같습니다.

정경모 그 책을 읽으면 학교에서 받는 교육과는 영 딴판이지. 이 책을 써서 내면서도 이 책을 읽고 이것이 옳은 사상이라고 생각하는 사람은 살기가 힘들었을 거야. 이런 책이 나옴으로 말미암아 플러스가 되고 마이너스가 되기도 했어. 이런 책을 쓴 정경모가 일생동안 고생스러웠어. 내 아내는 조선 사람이랑 결혼해서 일생동안 고생을 하면서 지내왔지.

김종군 선생님의 『찢겨진 산하』나 다른 글들을 보면 문학적인 소양이 높으신 것 같습니다. 그 세 분이 천상에서 만나 우리가 생각하는 한반도 문제들을 이야기할 것이라고 누가 생각을 하겠습니까. 역사적인 맥락 속에서 이야기를 얽어내는 역량이 대단하신 것 같습니다.

정경모 역사는 사람이 영위한 활동의 기록이니까. 사람이 어떠한 활동을 했든 간에 그 안에는 틀림없이 문학이 있는 거 아니겠어?

김종군 선생님께서 한국전쟁 당시 맥아더 사령부로 가시고, 56년까지 연합군 군정 위원회에서 근무하셨는데, 그곳을 그만 둔 이유가 있었던 것인가요?

정경모 내가 군사재판을 받았어. 내가 무슨 반미 발언을 했을 거라고는 생각할 수 없었고, 그런데 장소가 그런 장소니 그 사람들하고 같이 술도 먹고 그럴 것 아니야? 그럼 자기도 의식하지 못하는 순간에 미국에 대한 비판적인 말을 했겠지. 술도 먹고 그랬으니까. 하루는 날더러 나오라고 하더니 대여섯 명이 모여 있어. 그러고는 통고를 하는 거지. "Your presence in such a sensitive post as Panmunjom is incompatible with the best interests of the U.S.(당신 같은 사람이 판문점 같은 예민한 곳에서 근무하는 것이 미국의 국익에 좋지 않다.)"

그래서 거기서 쫓겨 나온 거야. 그때는 뭐 매카시즘이 한창인 56년 아닌가. 그러니 여간한 사람 아니면 그런 조직에서 일할 수가 없을 때지. 그때는 메이슨 노먼 같은 양심적인 학자도 자살을 했어. 그리고 찰리 채플린, 그 사람이 공산주의자가 될 수 없잖아. 그런데 영국으로 쫓겨나고. 그리고 정경모도 거기서 추방을 당하고 한국으로 돌아오고.

그런 세상을 살았는데, 지금 와서 되돌아보면 그것이 나로서는 당연한 길이었어. 내가 미국사람한테 고개 숙이고 살았다면 내가 통일운동을 할 수 없었지. 통일운동을 하면서 미국을 추앙하는 것은 말하자면 있을 수 없는 것이거든. 그런데 미국사람들이 처음 들어왔을 때는 정말로 미국 사람들 덕분에 해방이 되었다고 내가 믿었지. 그 사람들이 가져온 해방이라는 것은 해방이 아니라 분단체제잖아? 분단체제라는 것은 일제의 식민지 지배보다 더 악랄한 것이야. 일제의 식민지 치하에서는 적어도 부자지간에 서로 죽이고 그런 것은 없었어. 그런데 분단체제 때문에 아무 죄도 없는 사람들이 서로를 죽이고 그러게 되더라고.

이 나라에 분단체제가 어떻게 생기게 되었느냐. 미국 사람들도 내전을 한

번 치뤘잖아? 그게 남북전쟁이야. 1861년부터 4년 동안. 링컨이 그 전쟁이 끝난 다음에 유명한 게티스버그 연설을 했지. 그럼 남북전쟁은 무엇 때문에 일어났지? 『Uncle Tom's Cabin』이라는 책에 아주 자세히 나와 있어. 흑인 노예들이 얼마나 지독하게 박해를 받고 있는지. 그것 때문에 그 책이 많이 팔렸어. 그러니까 흑인 노예의 해방을 위해서 남북전쟁이 시작된 거라고 다들 생각하고 있지. 그런데 그게 아니었어. 그때 북쪽이 주장한 것은 보호무역이야. 이제 미국이 공업화가 시작이 되었잖아? 기존의 구라파에 있던 공산품이 미국으로 올 것 아니야. 그런데 북쪽으로 무제한으로 공산품이 들어오면 나라의 경제가 성립이 안 되잖아. 그러니 할 수 없이 보호무역을 그 사람들이 주장하게 되지. 그때 남쪽의 주요 산업이 무엇이냐면 면화란 말이지. 남쪽 사람들은 값싼 노예의 노동력으로 면화를 재배하고 채취해서 관세 없이 영국으로 수출했거든. 영국 사람들은 관세 없이 수입한 면화로 면제품을 만들어서 또 관세 없이 미국의 남북으로 수출을 했어. 그러니 이게 꼭 경제 문제야. 북쪽 사람은 보호무역, 남쪽 사람은 자유무역. 그것 때문에 북쪽하고 남쪽이 그 처참한 전쟁을 치룬 것이지.

일본만 하더라도 내전을 치루지 않았어? 일본이 내전을 치룬 때가 언제인가, 잘 모르지? 자기 나라 남북문제를 생각하려면, 미국은 무엇 때문에 남북전쟁을 치렀는지, 일본 사람들은 무엇 때문에 남북전쟁을 치렀는지 알아야 해. 그때 일본은 명치유신이라는 게 생겼지. 말하자면 조슈와 사쓰마두 현이 손을 잡고 도쿠가와 막부를 무너뜨렸다고. 막부 사람들은 자기들이 기득권이니까 그것을 또 지켜야 할 것 아니야. 그래서 막부를 치느냐, 막부를 보호하느냐로 전쟁이 일어난 거야. 우리가 남북문제를 생각할 때는 단순히 한국의 문제뿐만 아니라 다른 나라의 경우도 늘 염두에 두어야 해.

고려대학에서 역사를 가르치는 강만길 교수, 그가 쓴 글도 읽어보았어. 우리나라의 분단체제가 어떻게 완고하게 굳어져 갔는가. 김성수 집안의 영향이 이전에 굉장히 많았을 것이라고. 내가 생각했을 때에는 강만길 선생이라고 해서 남북문제에 대해서 크게 이야기한 게 없잖아?

김종군 김대중 대통령 시절에 수행도 하고 이후 직책을 지내고 했지요. 그리고 그 후로도 분단문제에 대해서 피력을 했지요.

정경모 그 양반이 나한테 책을 보내오셨어. 『역사가의 시간』이라는 두꺼운 책을. 강만길 선생이 역사가로서는 훌륭한 분이고 박학한 분이야. 그런데 그 책을 보면 해방 이후 한국의 역사는 한국 사람끼리 만든 역사인데, 일본 사람들은 거기에 어떤 영향을 미쳤는지, 미국 사람들이 어떤 생각을 가지고 한국으로 들어와서 분단체제를 만들었는지에 대해서 일언반구도 없어. 한홍구 교수만 하더라도, 내가 한홍구 교수의 책을 여러 권 읽었는데, 민주화 운동에 대해서도 여러 권 썼더라고. 이한열 사건이 일어났을 때는 내가 없었는데 한홍구 교수가 쓴 여러 책을 읽고 많이 알게 되었어. 4.19 때는 내가 서울에 있었어. 그때 학생들이 총 맞고 100여 명이 죽고 그랬어. 한홍구 교수의 책에도 일본 사람이 우리나라 문제에 어떻게 관여 했는지, 미국 사람들이 어떤 이해관계로 우리나라에 와서 체제를 만들었는지 나와 있지 않아. 그런데 내가 강만길 선생이나 한홍구 교수를 탓할 수가 없어. 그 사람들이 나같이 했으면, 강만길 선생이 아마 고려대에 있기 힘들었을 거야. 한홍구 교수만 하더라도 어디 가서 교편을 잡고 교수하기 힘들었을 거야. 당신들 (조사자들)도 마찬가지야.

김종군 아마도 선생님께서는 미군정 체제라든지 내부에서 너무 많은 것을 보셔서 그런가 봅니다.

정경모 자네들 조지 캐넌(George Kennan)을 아나? 한국사람 중에서 자기 민족의 남북문제를 해결해야겠다고 생각하는 사람은 그 조지 캐넌을 일생 동안 잊으면 안 돼. 일본사람들이 우리나라를 점령하고 있을 때 '가쓰라―테프트'밀약이 있었어. 그때 미국은 필리핀을 집어먹었어. 비로소 미국이 제국이 된 거라고. 일본은 일본대로 조선 땅을 집어먹으려고 하는데, 양자간에 어떤 협상이 이루어졌냐하면, 일본이 필리핀을 건들지 않으면 조선 땅을 구워먹든 주워먹든 마음대로 하라는 것이었어. 그것의 재판(再版)이 조지 캐넌의 구상이야. 조지 캐넌이 미국 국무성 정책위원회의 위원장이 된 것이 1947

년, 한국전쟁 일어나기 직전이었어. 미국에서는 소련이 한반도를 타고 내려오는 것을 어떻게 막느냐는 것이 문제였거든. 조지 캐넌이 쓴 설계도라고 할까, 조선 문제에 대해서 미국이 어떤 자세를 취했는가? 소련의 남하를 막기 위해서는 조선을 다시 한 번 일본 사람들 손에 맡겨야 한다는 거였어. 거기에 덧붙여서 자기들의 밸런스, 힘의 밸런스를 위해서 조선 문제를 다뤘던 예는 옛날에도 있었다고.

지금 남북문제를 해보겠다고 둘이서(조사자들을 가리키며) 찾아왔는데, 둘다 조지 캐넌(George Kennan)의 이야기를 모르고 있어. 그렇다고 해서 내가 거기에 대해 실망하거나 하는 것은 아니야. 그런데 내가 찾아오는 사람마다 같은 이야기를 물어봤어. 조지 캐넌을 확실히 알고서 오는 사람이 별로 없었어. 한국전쟁은 조지 캐넌 때문에 일어난 것이라고 말할 수 있어.

그런데 강만길 선생이 쓰신 글에도 한 마디 나오지 않아. 한홍구 교수가 쓴 글에도 이 이야기는 한 번도 안 나와. 이게 중요한 것인데 말이야. 왜 그럴까? 강만길 선생이 이 정경모처럼 말해버리면 아무리 강만길 선생이라고 하더라도 고려대학에 남아 있기 힘들었을 거라고. 한홍구 교수도 어디 가서 교수 노릇 하기 힘들 거야. 당신들 두 사람도 내 책을 읽고 이해를 하라고. 발언을 조심하면서. 조선 문제의 핵심이 거기에 있어.

김종군 그럼 강만길 선생이나 한홍구 교수가 조지 캐넌의 설계도에 대한 사실을 알면서도 일부러 언급을 피한다는 말씀이신가요?

정경모 강만길 선생이나 한홍구 교수가 이것을 모를 리가 없단 말이지. 하지만 겉으로 이야기한 일은 없잖아. 그렇다고 그 사람들을 탓하는 것은 아니라고. 이게 조선 문제의 핵심인데, 한국의 현대사 줄거리를 타고 내려오면 제일 처음 돌아가신 분이 여운형 선생이야. 그 양반이 내년이면 돌아가신지 70년이 된다고. 여운형 선생을 말하면 김구 선생을 거명해야 하겠지. 김구 선생이 언제 돌아가셨냐 하면 6·25가 나기 전 49년 6월 26일에 돌아가셨어. 6·25 전 해 6월 26일. 그 당시에 조지 캐넌 같은 사람을 말하지는 않았지만, 우리나라가 미국 탓으로 이렇게 되었다고 김구 선생도 이야기 했고, 여운형 선생도 이야기를 했어. 그래서 두 분이 다 그렇게 해서 돌아가셨어. 이게 그렇게 힘든 문제야. 내가 이 이야기를 하면서 꿩장히 조심스럽게 해야 한다고 생각했었어. 절대로 표면상으로 나타내면서 크게 언급하진 말라는 거야. 당신들처럼 다른 사람들을 가르치는 입장에 있는 사람들은 조지 캐넌의 이름쯤은 알아두어야 해.

여운형 선생이 1947년 7월 19일에 돌아가셨어, 총에 맞아서. 그 뒤에는 김성수 집안의 힘도 있었다고. 결국은 김성수하고 맞서게 되면서 그렇게 된 거지. 이게 그렇게 힘든 문제야. 맞다 해도 외부적으로 이런 이야기를 하는 게 힘든 거지. 외부적으로 말하는 것은. 그래도 한국전쟁이 어떻게 일어났고, 어떻게 해야 남은 문제가 해결될 것인지 고민하려면, 여운형 선생, 김구 선생, 장준하가 무엇 때문에 죽었는지 알아야 해. 장준하가 죽은 다음에 문익환 목사가 일어났단 말이지. 자기 입으로 이런 말을 하는 것이 외람스럽지만, 문익환의 사상을 계승할 사람이 누구인가 했을 때, 문익환하고 평양을 같이 가서 4.2 공동선언을 낸 사람이 누구야?

김종군 선생님이십니다.

정경모 여운형도 그렇고, 김구도 그렇고, 장준하도 그렇고. 모두 죽임을 당했어. 문익환 목사는 한국에서 총을 맞아 돌아가신 게 아니란 말이지. 일본에 한민통(재일한국민주통일연합)이라는 게 있었어. 그 한민통 때문에 돌아가셨어. 그렇다고 내가 자네 둘에게 생명을 걸어야 통일운동을 한다고 말할 생각은 없어. 다만 조심하라는 거야.

이부영씨에게 전화가 왔었어. 여운형기념사업회를 하고 있는. 그 양반이 내가 쓴 글을 읽고 그랬거든. 내년(2017년) 7월 19일이 여운형 선생 돌아가신 지 70년이 되는 해라고. 그런데 내가 거기 안 갈 것을 알거든. 나는 한국 땅을 두 번 다시 밟지 않겠다고 선언을 했단 말이야. 내가 그 땅을 다시 갈 수도 없고, 갈 생각도 없다는 것을 이부영씨가 알고 있을 것이란 말이지. 나한테 미리 이야기할 필요도 없는 말이야. 그런데 그 70주년 기념식을 하면 맨 앞자리에 자리를 만들어 놓고 여기에 정경모가 앉을 자리라고 쓰겠다고 해.

정경모만 하더라도 고생고생 하면서 일생을 보냈어. 이렇게 이상스러운 한국 사람과 결혼을 하지 않았다면 너끈히 편하게 살 수 있었던 내 아내는 밤낮으로 쪼들리는 생활을 해 왔어. 나는 한국 사람으로서 남북문제에 대해서 다루려면 본질적인 문제를 다루어야 한다고 생각해. 하지만 그렇게 하면서 사회적으로도 출세하고, 경제적으로도 잘 살아간다는 것은 있을 수 없는 것이거든.

당신들 두 사람이 한국문제에 대해서 알고자 나를 찾아온다고 하는데 걱정이 되더라고. 해야 할 말을 안 할 수도 없는 것이고, 또 해야 할 말을 다 한다면 그것이 당신들한테 어떤 영향을 미칠지 모르는 일이잖아. 굉장히 조심스럽단 말이지. 여운형 선생, 김구 선생, 장준하 이런 사람들의 뒤를 밟지 않도록 조심하라는 것이야. 통일을 생각하는 사람이라면 우리나라의 분단체제가 어떻게 해서 생겼는지 그 진실을 알아야 해.

내가 1956년 미국사람들과 판문점에서 있을 때야. 그때 내가 미국사람들에게 75년 4월에 끝난 월남전쟁에서 왜 미군이 질 것인지 술자리에서 예언을 했어. 월남 사람들이 이기는 것이 당연하지 않느냐고 말이지. 월남을 미국이 17도 선에서 분단을 해서 북쪽을 괴뢰로 보았는데 북쪽으로 흡수가 되었다고. 훌륭하게 싸웠다고 말할 수 있잖아? 얼마나 사람들이 용감해. 월남 사람들이 처음에는 미국에 대해서 적개심을 가지면서 싸움을 했다고. 그거 당연한 거 아닌가? 왜 아무 죄도 없는 남의 나라에서 17도로 선을 그었냐는 것이지. 그래서 남북이 서로 죽이고 하게 되었잖아. 이게 무어냔 말이지. 내가 그런 이야기를 언제 했는지 기억이 나지는 않아. 하지만 언제가 되었든 미국 사람들이 알아듣게 내가 이야기를 했겠지.

우리나라도 마찬가지야. 우리나라가 무슨 잘못을 해서 38선을 그었냐는 말이야. 38선을 누가 그었느냐? 그것도 내가 책에 썼지만, 38선 그은 것을 스탈린하고 미국이 서로 의논한 것이 아니었어. 스탈린은 알지도 못했어. 미국이 혼자서 처리한 거야. 미국 단독으로 38선을 긋고 처리해서 이 비극을 가져온 거라고.

월남에 17도선을 그었을 때 미국이 호치민과 의논을 한 일이 있어? 미국에서 멋대로 그은 거야. 38도선을 멋대로 그었듯이. 지금 아프리카. 사람들이 왜 고생을 하고 있겠어? 아프리카 지도를 봐. 분단선이 이리로 갔다가 저리로 갔다가. 전부 다 구라파 백인들이 한 짓이야. 그것 때문에 아프리카 사람들이 아직까지도 그 고생을 치르고 있는 거야. 제국주의라는 것은 남의 나라 땅을 멋대로 분단하고 지배하는 것, 그것이 제국주의야.

지금 이야기하는 것은 사실을 깊이 깨닫되, 다른 사람 앞에서 의심을 받도록 하는 것은 삼가라는 말이야. 정경모는 아는 척을 해야 하기 때문에 이러는 거야. 내가 무슨 사회적인 명망을 바라는 것도 아니고, 경제적으로 다들 편히 살 때 나는 그렇지 못했어. 그렇지만 내가 그들한테 붙들리지도 않고, 그 무서운 고문 같은 것 받지 않았어. 나는 그들한테 따귀 한 대 맞지 않았어. 그러니 그자들은 굉장히 안타까워할 것이라고. 정경모 그자를 한 번 끌어다가 따귀도 때리고 짓밟고 그랬어야 할 텐데 그럴 수가 없었어. 말하자면 내가 굉장히 현명하게 그자들에게 붙잡히지 않도록 행동한 것이지. 그러면서도 하고 싶은 말은 다 했어.

김종군 선생님 책을 보면 '제 2의 해방'이라는 용어가 많이 등장합니다. 지금도 한
국에서는 사회적 갈등이 야기되는 과정에서 계속해서 다시 대두되는 담론
이 친일파를 척결하지 못한 부분에 대한 것입니다. 결국 남한 내의 갈등 요
인이 이로 인해서 촉발된다고 보는 것이지요. 선생님께서는 한국의 친일파
문제를 어떻게 보십니까?

정경모 친일파를 척결해야 한다고 말한 사람이 바로 김구 선생이었어. 여운형 선생
이었고, 장준하였고, 문익환 선생이었지. 그런데 그 사람들은 다 불행하게
죽었다고. 친일파를 옹호하면서 그 물결을 탔던 사람들이, 구체적으로 이야
기해서 안됐지만, 말하자면 김성수, 김성수 집안이야. 동아일보의 김성수.
나중에 박정희가 나오면서 김성수 집안의 덕을 가장 많이 본 것이 조선일보
였어. 조선일보의 선우휘. 선우휘의 앞잡이로 일본에서 정경모가 못된 놈이
라고 선전하고 다닌 사람이 지명관이야. 그 사람이 철저하게 나를 괴롭혔어.

김종군 선생님께서 일본에 오신 후로 잡지사의 주간도 맡으셨고, 『씨알의 힘』이라
는 조직도 만드시고 잡지도 발행하셨습니다. 그런데 이런 선생님의 삶은 지
극히 반일적인 삶이라고 평할 수 있을 듯합니다. 일본에서 오래 거주하셨는
데, 일본 내에서 위협을 느끼시거나 한 적이 있습니까?

정경모 지금 그런 세력이 기승을 부리고 있어. 황석영이가 쓴 『장길산』이라고 있지
않아? 그게 총 10권이라고. 내가 12년이 걸려서 번역을 했어. 그런데 그것
을 지금 낼 수가 없어. 그것을 맡아서 낸다는 출판사가 일본 내에 없어. 왜
그런가 하면 『장길산』 그 자체가 사상적으로 반일은 아니야. 하지만 정경모
가 그렇다는 것이지. 나한테는 그런 눈에 보이지 않는 압력이 가해져 오지.

김종군 저희가 인문학적인 통일을 이야기하면서 재일 조선인, 재중 조선족, 재러
고려인 등 코리언 디아스포라까지 모두 포함해서 통일의 주체가 되어야 한
다고 말하고 있습니다. 선생님께서는 한국 국적을 가지고 계신 상태로 일본
에서 살아가는 망명객의 입장이신데요, 일본에 있는 우리 민족들을 보면 국

적 문제라든지 총련계통과 민단계통의 갈등 등이 보입니다. 선생님께서는 이런 갈등과 소통에 대해 어떤 시각을 지니고 계신지요.

정경모 통일과 관련된 일을 하다보면 적이 굉장히 많이 생겨. 기독교를 했었으니까 말을 하자면, 예수가 서른세 살에 돌아가셨는데 3년 동안 일을 하시다가 돌아가셨어. 그런데 주위에는 바리사이파·사두가이파 사람들 같은 적뿐이었어. 그게 질투라고. 나는 일본의 우익에게서도 질투를 받고, 여기서 한국적인 운동을 하면 김대중씨가 만든 한민통이라는 조직에게서 철저하게 얻어맞았어. 그자들은 말하자면 좌익 아니야? 지명관이는 우익이고. 좌우 양편으로부터 철저하게 얻어맞았어. 따귀를 때린 사람은 없어. 내가 고문을 받은 일도 없다고. 그러나 사회적으로 활동을 하지 못하도록 철저하게 압박한 곳을 대자면 우선은 한민통이야. 그리고 일본의 우익들과 지명관이. 내가 읽은 책 중에 '조·아·세'라는 책이 있어. 무슨 말이냐, 『조선일보 없는 아름다운 세상』이라는 것이야. 이것은 선우휘를 철저하게 깬 글이야. 지명관이가 선우휘의 부탁을 받고 일본 땅에 와서 정경모를 깨부수는 것을 자기 사명으로 삼았어. 이런 일이 정말로 좁고 험한 길이라고.

1989년 4.2 공동 성명과 북핵 문제

김종군 선생님께서 1989년에 문익환 목사님과 함께 가셔서 김일성 주석을 만나기 쉽지 않은 상황인데 만남이 성사된 것은 대단한 성과입니다. 그것이 '총련' 쪽과 교류를 함으로써 이루어진 것인지, 이루어질 수 있었던 과정을 말씀해 주시길 부탁드립니다.

정경모 그때 이야기는 책에 있어. 그때는 한민통 사람들이 활발하게 활동할 때야. 당시 한민통에도 알리지 않았고, 총련에도 알리지 않았어. 그런데 그때 나온 성명이 '4.2 공동성명'아니야? 이것이 나오면서 비로소 남쪽에서 간 문익환 목사와 북쪽의 김일성 주석이 함께 연방제를 하자는 말을 한 것이지. 한쪽이 한쪽을 때려눕히거나 때려눕힘을 당하는 것 없이 연방제를 하자는

데 뜻을 같이 했어. 성명문은 9개 항목으로 길게 작성됐지만 주요 내용은 첫째, 민주는 민중의 부활이요, 통일은 민족의 부활이니만치 이 둘은 분리될 수 없는 일체이다, 둘째, 통일에 관한 남북 간 대화의 창구는 널리 개방되어야 하며, 당국자들 사이의 독점에 맡기지 않는다, 세 번째는 통일이 평화적으로 이루어질진대 연방제는 거치지 않을 수 없는 경로인데, 이의 실시는 단번에 할 수도 있고 점차적으로 할 수도 있다라는 것이었어.

　김대중 전 대통령이 같은 말을 하지 않았어? 그런데 김대중 전 대통령은 늘 군부가 무서웠어. 사형선고를 두 번이나 받았으니 그럴 만도 하지. 자기의 용기로 38선을 건너서 김정일 위원장을 껴안는 일은 불가능했을 거야. 자기의 동지였던 문익환이 길을 놓아준 것이지. 그러니 김대중 전 대통령도 북을 다녀온다고 해서 궁지에 몰리지 않을 것이라고 생각하게 된 것이야.

　내가 이런 일을 하면서 '너는 무엇을 남기고 죽느냐?'고 물을 때, 꼭 하나만 말하라고 한다면 문익환 목사와 평양을 가서 김주석을 만난 일, 그리고 그때 연방제를 시인한 4·2 공동성명을 낸 일이라고 감히 대답하겠어. 4.2 공동성명 뒤에 김대중 전 대통령이 〈6.15남북공동선언〉을 내지 않았어? 김대중 전 대통령이 어떻게 겁도 없이 38선을 건넜을까? 겁이 있었지. 그러나 자기 동지였던 문익환 목사가 갔으니 넘을 수 있었던 것이야.

김종군　북핵 문제는 한반도의 상황을 경색시키는 주요 요인으로 보입니다. 북핵 문제를 해결하려면 무엇인가 대승적인 결단이 필요할 듯한데, 선생님의 생각은 어떠신지요?

정경모　핵 문제에 대해서는, 1994년에 문익환 목사가 돌아가셨어. 개인적으로는 내가 1994년 2월에 뇌경색 수술을 했어. 그런데 1994년 5월 18일이었는데 미국 펜타곤에서 이북을 치기 위해서 작전계획 5027을 시뮬레이션 했어. 그때 미국 대통령이 클린턴이었는데, 북한에 핵미사일인 '로동미사일'이 있었어. 그러니 클린턴이 괘씸하다고 생각했을 거 아니야? 그래서 작전계획 5027에 의해서 전쟁을 했을 경우에 어떤 결과가 나올지 시뮬레이션을 했다고. 내 글에 그 시뮬레이션 이야기가 나와. 항공모함 5척, 전함 200척, 항공기 1200기. 그때 당시에 미국이 가지고 있는 전력의 반을 거기다가 투입하려고 했어.

남북문제를 생각하는 사람치고 1994년 5월 18일을 잊으면 안 돼. 그때는 정말 전쟁 나려고 했거든. 5월 18일에 시뮬레이션을 하고 나서 다들 한숨을 쉬었다는 거야. 도저히 그 막대한 전력을 동원했음에도 쉽게 해결할 수 없었다는 거지. 미국이 90일 동안 작전을 한다고 했을 때 미군 사망자 5만 명이야. 이 숫자는 미국이 1965년에 북폭을 시작하고부터 베트남 전쟁이 끝난 1975년까지 10년 동안 미군이 죽은 숫자 5만 명과 같은 거야. 미국이 무슨 전략을 썼는지 모르지만 단 90일을 시뮬레이션 했을 때 미군 피해가 5만 명이야. 그리고 보통 60만 명이라고 하는 한국군의 8할이 없어진다고 했어. 또 서울에 사는 사람들 100만 명이 죽어. 자세한 이야기는 돈 오버도퍼(Don Oberdorfe)가 쓴 『Two Korea』에 나와.

이런 결과를 듣고 클린턴이 '도저히 싸우면 안 되겠다'고 했고, 다들 한숨을 쉬었다는 거야. 전쟁이 아니라 다른 방법으로 해결해야겠다고 한 거지. 그게 바로 5월 18일이야. 김영삼 전 대통령이 이 이야기를 듣고 클린턴(Bill Clinton)한테 전화를 했어. '우리는 그만한 피해를 입으면서 한국을 동원할 수 없다'고 말한 거지. 어쨌든 그래서 카터(Jimmy Carter) 전 대통령이가 38선을 건너가지 않아? 카터가 자기 부인과 함께 건넌 것이 1994년 6월 14일이었어. 넘어가서 김일성 주석을 만난 거지. 그래서 양쪽에서 전쟁을 그만두게 된 것이야.

14일에 김일성 주석을 만나서 이야기를 하고, 대동강에 배를 띄워서 김일성 주석과 카터 전 대통령이 이야기를 또 하는데 그게 15일이었어. 6월 15일이지. 이 날짜가 또 왜 중요하냐면, 김대중 전 대통령이 평양에 가 김정일 위원장을 만나 선언서를 발표한 날이 6월 15일이지 않아? 역사라는 것이 우연한 날에 결정되는 것이 아니야. 카터가 김일성 주석과 6월 15일에 대동강에서 이야기를 했어. 그리고 몇 해 후에 6월 15일에 김대중 전 대통령과 김정일 위원장이 만나서 〈6.15남북공동선언〉을 냈지.

김종군 선생님 글을 보다보니 오바마(Barack Obama) 대통령과 힐러리(Hillary R. Clinton)에게 기대를 거셨다고 하는 부분이 있었습니다. 어떤 부분에서 그렇게 생각하게 되셨는지요?

정경모 오바마 대통령이 핵 없는 세상을 만들겠다고 하지 않았어? 그래서 그런 거지. 하지만 그 약속은 모두 없어진 약속이 되었지. 오바마보다 오바마의 국무장관이 힐러리였잖아? 힐러리의 남편이 클린턴이라고. 클린턴이 대통령 그만두고 나서 차기 대통령이 고어(Al Gore) 부통령이 당선될 줄 알았는데 그게 아니고 부시가 되어버렸지. 그때 국무장관은 올브라이트(Madeleine Albright)였어. 2000년 10월 10일에 평양에서 미국으로 조명록이라는 사람이 와. 그 사람이 바로 제2인자야. 그 사람이 9일에 들어와서 10일 아침을 올브라이트하고 같이 먹어. 그때 올브라이트한테 뭐라고 그랬냐면 미국하고는 전쟁하지 않는다. 전쟁 이야기를 하지 않는다고 했어. 그랬더니 올브라이트가 조명록한테 뭐라고 했냐면 '만일 북한 문제를 이 시기에 해결하지 못한다면 우리는 정치가로서의 자격이 없다'라고 말했어. 그래서 그 후에 올브라이트가 평양에 가지. 김정일을 만나고 온다고.

그리고 클린턴 자신이 평양에 가려고 했어. 그런데 이상하게도 베트남을 거쳐서 평양에 가려고 하거든. 이건 미국이 치른 그 어마어마한 베트남전쟁과 한국전쟁이 동질성을 갖고 있다는 것을 자기가 인정했다는 소리야. 하지만 결국 클린턴은 평양에 가지 못했지. 왜 못 갔느냐, 클린턴은 부통령이었던 고어가 부시(George W. Bush)에게 진다는 것은 생각도 하지 못했었거든. 부시가 대통령이 되는 바람에 가지 못하게 된 거지. 부시가 클린턴을 찾아와서 깔보는 식으로 '가고 싶으면 가보라'고 했다는 거야. 이건 가지 말라는 말보다 더 심한 이야기이지. 그런 상황에서 클린턴이 평양에 갈 수 없었던 것이지.

물론 힐러리는 힐러리고 클린턴은 클린턴이니까 똑같지는 않겠지. 하지만 클린턴은 자기 임기 내에 한반도 문제를 해결하려고 했어. 무슨 말이냐 하면 남북문제가 절대 해결할 수 없는 것이 아니라는 말이야. 해결할 수도 있었던 거야. 그게 바로 이 때야. 그 후에 오바마가 대통령이 되었을 때, 힐러리가 국무장관이 되었는데, 클린턴과 힐러리는 별개이지만, 어쨌든 부부 관계이니 서로 북한 문제에 대해서 이야기가 오고 갈 기회가 있었을 것 아니야? 그래서 약간은 자기 남편의 이야기를 듣고 힐러리가 올브라이트와 같은 역할을 해주지 않을까 했었던 것이지. 그 시기에 쓴 글 중에 힐러리에게 약간 희망적 시선을 주었던 것이 있다면, 이런 이유때문에 그런 거야.

한 가지만 더 이야기하자면, 부시가 대통령이 되었어. 대통령이 된 다음에 자기가 무슨 정책을 수행할지 밝히는 'State of Union(신년 국정 연설)'에서 북한, 이라크, 이란 이 세 나라를 'Axis of Evil'로, 악의 축이라고 했다고. 그러니까 당시 이란 대통령 라프산자니(Akbar Hashemi Rafsanjani)는 '미국은 몸집이 공룡 같으면서도 두뇌는 생쥐만도 못하다'고 했어.

부시가 무슨 짓을 했느냐, 부시 때문에 지금 미국이 망해 들어가고 있는 거야. 9.11 테러가 발생한 다음에 먼저 아프가니스탄을 공격했어. 그 다음에 이라크로 쳐들어 간 거야. 그런데 아프가니스탄을 공격했을 때, 아프간 사람들이 오사마 빈라덴(Osama bin Laden)이라는 이름이라도 알고 있었을까? 알카에다라는 것이 무엇인지도 몰랐을 거라고. 그런데 부시는 오사마 빈라덴이 동굴에 숨어 밥을 지어 먹으면 연기가 날 거 아니야, 그 연기를 찾으면 바로 밑에 오사마 빈라덴이 있을 것이라고 생각을 했어. 그런 생각으로 아프가니스탄을 쳐들어 간 거야. 그 다음이 이라크인데, 이라크전쟁을 시작하는 바람에 미국이 어떤 나라가 되었어? 이라크를 공격했을 때 후세인(Saddam Hussein)을 죽이는 것이 국제법에 위반된다고 하는 사람이 있었을 거야. 그런데 미국이라는 나라가 힘을 가지고 있는데 국제법이 무슨 상관이야. 그러면서 이라크를 들어갔는데 그 결과로 이라크 사람들이 얼마나 비참해졌어.

그뿐만이 아니야. 후세인을 죽였어. 후세인이 수니파 아니야? 수니파를 전부 쪼개놓았단 말이야. 그런데 이란이 수니파야. 결국 이라크가 이란이란 손을 잡기 시작했어. 아무 것도 아니었던 이란의 수니파가 거대한 세력이 되어버렸다고. 그리고 후세인 때문에 이를 갈던 사람들이 이제 IS가 된 다고. 부시의 이런 결정들 때문에 미국이 이러지도 못하고 저러지도 못하는 상황에 놓이게 된 거야.

내가 쓴 이야기들 중에서 5.18이 일어나게 된 이유에 대해서 쓴 것이 있어. 그것도 이란 상황과 연관이 있어. 이란에서 학생들이 대사관을 점령하고 혁명을 하지 않았어? 그런데 여기 한민통에서도 곽동의라는 자가 있어. '한민통의 차지철'이 곽동의였어. 이 자가 박정희가 죽은 다음에 젊은 사람들을 끌고 한국대사관에 가서 '박정희가 죽었으니 대사관은 우리 것이다, 내놓아라'는 식으로 했어. 그 자리에 허문도가 있었어. 허문도는 한민통과 김대중의 관계를 다 알았을 거 아니야? 그거를 이제 귀국해서 다 보고를 했을 테지. 그래서 승강기처럼 출세를 하게 되었어. '한민통의 차지철'이라는 그 못난이 때문에 그렇게 되었어. 5.18과 이란사태의 연관성은 아무도 생각하지 못했을 거야. 더군다나 그것이 한민통 때문에 일어났고, 한민통의 차지철 때문에 일어났다는 것은 아무도 모를 거야.

정경모 여기 와서 나한테 들은 이야기들이 들을만한 가치가 있었는지 모르겠어.

김종군 한국의 제도권 내에서 교수를 하든 여러 활동을 하는, 어느 정도 진보적인 생각을 함에도 제한적일 수밖에 없는 사람들보다도 훨씬 더 한국전쟁과 분단에 대한 내부 상황을 잘 알고 계시지 않습니까? 선생님께서 생각하시는 통일운동이나 통일에 대한 부분들, 다른 사람들이 잘 모르는 사실들을 밝혀야 한다고 생각하고 계시지요. 그렇기 때문에 망명객이 될 수밖에 없었을지도 모르겠습니

264

3부 · 분단을 넘는 해외 지식인의 통일 사유

다. 하지만 선생님의 생각을 들으면서 그런 부분들이 참 가치 있다고 생각하게 되었습니다. 내년에 몽양 선생님 서거 70주년 행사에 한 번 참석하시지요? 이부영씨가 정식으로 청하면 되지 않을까요? 한국에 한 번 오셔야지요, 선생님.

정경모 나는 아직도 기소유예의 신분이야. 가면 붙잡혀. 그럼 정경모가 무슨 죄를 그렇게 많이 지었나? 자기 민족의 문제에 대해서 철저하게 생각하고, 이렇게 되어서는 안 되겠다고 생각했던 것이 나를 죄인으로 만들었어. 한국 땅에 가면 김포공항에서 내가 붙잡힌다고. 내가 오늘 이야기를 많이 했네. 통일운동 연구를 하겠다니 내가 한 말들 귀담아 듣고 열정을 가지고 하길 바라네.

김종군 선생님. 오늘 귀중한 말씀 주셔서 고맙습니다. 부디 건강하셔서 서울에 오시기를 바랍니다.

인터뷰이 : 박문일

조선족의 저명한 사학자, 교육자이며 사회활동가. 연변대 역사학과 학과장, 교무처장, 조선문제연구소장, 총장, 중국조선사연구회 회장을 역임. 제6기, 제7기 전국인민대표대회 대표. 2000년 KBS해외동포상 수상. 현재 중국조선사연구회 명예회장, 중국조선족민족사회회 명예회장, 학락연구회 명예회장 연변인물연구회 회장, 한국해외한민족교육진흥회 해외고문 등 직을 맡고 활발한 사회활동과 학술연구활동을 진행하고 있다. 주요 연구저서들은 『중국조선족 역사발자취』(총 8권), 『조선간사』, 『중조일관계사』 등이 있다.

인터뷰어 : 허명철

연변대학교 사회학과 교수, 민족연구원 부원장, 사회학과 학과장, 민족학연구소장을 역임. 조선족생활문화, 지역사회발전, 한민족공동체 등 분야에서 학술연구를 진행. 주요 연구저서들은 『전환기 연변조선족』, 『통일시대 근현대 민족정신사 연구』, 『조선족사회의 변동과 가족생활』 등이 있다.

한반도 분단에 대한 디아스포라 지식인의 사유

일시 : 2017년 3월 18일
장소 : 중국 연변대학 박문일 전 총장 연구실

조선족 역사학자가 바라 본 분단의 비극

허명철 선생님께서는 연변대학에서 조선 역사를 전공하셨고 줄곧 이 분야에서 연구를 진행하여 오셨습니다. 또한 연변대학이라는 독특한 지정학적 장점을 활용하여 남과 북을 두루 살펴보셨고 많은 민족교류 사업을 추진하셨습니다. 특히 최근엔 연변대학에서 통일학 연구를 진행하시면서 이러한 민족사적 연구의 중요성을 강조하였습니다. 먼저 동포학자로써 통일 문제에 대해 어떠한 시각을 갖고 계시는가에 대해 여쭤보고자 합니다. 선생님께서는 남북분단을 '민족의 비극, 민족의 아픔'이라고 하셨는데 이 아픔에 대해 구체적으로 어떻게 이해하고 계시는지 궁금합니다.

박문일 이 질문을 받고 많은 고민을 했는데 확실히 지금 남과 북 사이의 문제는 이미 국경을 떠나서 동북아시아의 변화를 동반하는 문제이며, 동시에 전 지구촌의 중요한 문제라고 생각합니다. 조선반도의 통일 문제는 점점 더 조선반도 뿐만 아니라 동북아시아, 더 나아가 전 지구촌에 큰 영향을 끼치는 문제로 변화하고 있다고 생각합니다. 그런데 통일 문제를 사고할 때 역사적으로 볼 때나 오늘날 한반도를 중심으로 중국과 미국이 대립하는 현실과 연결시켜 볼 때, 조선족에게 남북 분단은 큰 비극이고 모국에 관심을 갖고 평화를 갈망하는 동포들에게도 골치 아픈 문제입니다.

허명철 그럼 먼저 조선족으로 살아오신 선생님 개인의 생애에서 분단은 어떤 의미였는지 회고해주시겠어요?

박문일 저의 인생과 연결시키자면 조선반도의 분단은 첫째, 38선 분단과 함께 고통 스러운 문제였습니다. 1945년 광복이 되니깐 모국은 말할 것도 없지만 연변 지역 사회의 동포들도 환호하며 박수를 함께 치고 부둥켜안고 만세를 불렀지요. 곧이어 적지 않은 사람들이 '고국으로 돌아갑시다'라고 말했어요. 당시 우리 조선족은 '거민증'을 갖고 있었는데 고국으로 돌아가자는 바람이 불기 시작하면서 새로운 모국 건설에 참여해야겠다고 마음 먹는 사람들이 늘어났지요. 다른 한편으론 '이 땅은 우리가 개척한 것이고 이 땅을 우리가 지켜야 된다'고 생각해서 떠나지 않으려는 사람들도 있었습니다. 그렇게 고국의 새로운 건설 과정을 갈망하고 있으면서 늘 기쁜 소식이 들려오기를 기다리고 있었지요.

그런데 점점 조선반도가 확실히 '분단'되어 간다는 사실이 알려지면서 조선족들도 큰 충격을 받았어요. 만주로 이동한 우리 선인들의 독립운동이 이처럼 남과 북이 갈라지는 독립 조국을 원한 것은 아닌데 싶어서 그 충격은 아주 컸어요. 또 그런 비극 속에서 큰 상심을 하고 5년도 안 되어서 두 번째 충격으로 '6·25전쟁'이 폭발하였는데, 그 동족상쟁의 과정은 그때 당시 분위기로 말하자면 역사적으로 만회하기 어려운 충격을 받은 것이에요.

그때 저는 대학교에서 공부할 때였는데 공부를 그만두려고 마음먹었는데 중국 정부에서 조선족 학생은 무조건 학업을 유지해야 한다고 통보하였습니다. 그래서 동족상쟁의 비극이 준 심정적 타격은 정말 제 골수에까지 미쳤어요. 그런 와중에 공부하면서 '그래도 우리 민족의 희망은 있다'고 생각하려고 계속 노력했어요. 그래서 어느 샌가 미래에 다가 올 '희망의 고개'를 바라보는 것이 저와 동포들이 가진 하나의 입장이 되었습니다. 또 연구 과정에서도 동족상잔의 역사를 심각한 교훈이자 주제로 삼았어요.

허명철 저도 조선족 사학자로서 그랬지만, 분단의 과정을 지켜보고 연구하는 것은 조선족 동포들에게도 참 고통스러운 과제였습니다. 선생님은 그 반대로 분단을 극복해나가려는 과정도 옆에서 지켜보셨을 것 같습니다.

박문일 세월이 흘러 1990년대 초반 김일성과 김영삼이 정상회담을 준비하는 과정에서 지속적으로 당국자들과 상의했어요. 당시 저는 서울대학교에 있었는데 이홍구 총리가 저한테 어느 날 전화가 와서 '박 총장님, 개성에서 어제 돌아 왔는데 곧 만남이 성사 될 것 같다'는 것이에요. 그 말을 듣고 금방 눈시울이 붉어졌지요. 이제 큰 역사적 시간의 고비를 넘어가게 되는구나라고 생각했어요.

그때 북도 그러했지만 남쪽에서도 신문에서 김일성과 김영삼이 어떻게 만나는가, 무슨 이야기를 할 것인가를 연일 보도했지요. 그 소식에 감격했던 저는 당시의 신문을 오려서 아직도 가지고 있어요. 기억나는 것 중에 하나는 당시 언론에서 두 정상을 비교하면서 첫째 키를 비교했어요. 김일성의 키는 얼마이고 김영삼의 키는 얼마인데 김일성이 더 크니 만날 때 김일성은 김영삼을 내려다보게 되고 김영삼은 김일성을 올려다 보게 될 것이라는 거에요. 94년 당시만 해도 그런 문제까지 신경 쓰면서 서로 자존심을 양보하지 않으려 했지요.

두번째는 둘의 몸무게를 비교했어요. 체중 차이가 얼마인데 김일성이 손님을 만나 악수하는 습관이 손을 잡아 자기 쪽으로 끌어당긴다는 거에요. 그래서 남쪽 언론은 김일성이 악수하며 앞으로 당기면 김영삼이 끌려갈 가능성이 있다는 걱정까지도 했지요. 세 번째 비교점은 김일성의 어술은 보통 어술이 아니라는 것이었어요. 그는 대단한 웅변가이고 글로 남긴 서술 자료가 방대하다. 물론 김일성이 전부 썼다고 말하기는 어렵지만 상당한 필력과 말솜씨를 갖춘 사람인데 김영삼이 만나면 언어가 부족해보이지 않겠냐는 모습을 상상해가면서 보도하는 거에요. 그처럼 김영삼이 사전에 준비를 많이 해야 한다는 의미였겠지요.

허명철 당시 북쪽의 상황은 어떠했는지요?

박문일 남북 모두가 그 역사적인 회담에 이목을 집중시키고 있는데, 당시 연변대학 울타리 안에도 많은 사람들이 그에 대해 관심을 갖고 할 수 있는 역할을 알아보고 있었어요. 마침 길림성 교육고찰단의 일원으로 북쪽에 방문할 기회를 갖게 되었어요. 고찰단 성원으로 연변대학에선 제가 꼭 참여해달라고 요구를 받았지요. 그러지 않아도 북에 가서 상황을 보고 싶었던 저는 한없이 좋았어요.

　당시 삼합을 거쳐 회령으로 들어가기로 계획해서 삼합에서 대기하고 있는데 점심시간이 다되어도 북에서 영접하러 나오지 않았어요. 곧 12시가 되자 방송에 김일성이 작고했다는 소식이 속보로 떴어요. 황망해하던 차에 한참 후 북에서 사람이 나와서 정황이 이러하니 영접하기 어려운 점 양해를 바란다고 하더군요. 그 일이 1994년 7월 8일이죠.

허명철　네. 갑작스러운 김일성의 사망으로 남북회담이 무산되고 긴장감이 조선반도 전체에 다시 커졌지요.

박문일　이제 먼 길을 돌아 희망의 봉우리를 넘어갈 수 있다고 생각했는데 저는 거기서 또 크게 좌절했습니다. 그때 북쪽 내부 소식에 의하면, 북 전체가 대성통곡을 하고 있다는 것이었어요. 역사상 보기 드문 통곡이었는데, 북쪽 학자들의 해석에 의하면 첫째 전 인민이 가지고 있던 수령에 대한 애착, 정말 태양으로 모시던 수령이 돌아갔다는 충격과 슬픔이 컸다는 거에요. 두번째는 분단의 역사를 극복하고 '통일강국'을 이루어나가려던 기대감이 금방 절망감으로 바뀌면서 더 통곡하게 되었다는 거에요. 오랫동안 서로 싸우다가 이제 두 체제의 정상이 만나서 금방 통일의 길로 나아갈 것 같았는데, 김일성이 급사하니 꿈꾸고 있던 희망의 봉우리가 허물어졌다는 거에요.

　그 사건은 저에게 또 하나의 새로운 시기가 도래했다고 인식하게 해주었습니다. 그리고 머지않아 점차적으로 김일성과 김영삼이 만나서 이루지 못했던 계획을 그 후계자들이 만나서 닦아갈 것이라고 믿고 싶었어요. 저 뿐만 아니라 많은 사람들이 그 미래의 방향을 제시해 주고 있으니깐 시간은 물론 많이 걸리고 늦어지겠지만 그 대화와 평화의 길로 나아갈 것이라고 믿었지요.

조선반도에 대한 전망과 한국 지도자들에 대한 부탁

허명철 1990년대 중반 이후 남북관계의 변화에 대해서는 어떤 관점을 갖고 계시고, 어떤 활동을 하셨는지요?

박문일 그 이후엔 강하게 품고 있던 그 희망이 점점 실망으로 변하는 과정이었지요. 먼저 '개성공단'이 더 활성화되지 못한 것과 갑자기 문을 닫게 되는 과정이 너무나 아쉬워요. 현대 그룹의 정주영 회장이 1990년대에 연변대학을 다녀간 적이 있습니다. 당시 정주영 회장은 대통령 선거에서 실패하고 몹시 고통을 겪고 있을 때였는데, 연변에서도 만나고 서울에서도 만났지요. 그래도 당시 정주영 회장은 남북관계 개선을 통해 국가와 민족의 큰 희망을 보고 있었어요.

　　최근 개성공단이 문을 닫은 후 남은 남대로 북은 북대로 많은 유 · 무형적 손실을 입었다고 생각합니다. 1990년대에 만났던 대우 그룹의 김우중 회장도 저에게 말하기를 북한 노동자들의 소질과 기술이 보통이 아니고 남쪽의 노동자와 비교해도 노동 숙련도가 높다고 하더라구요. 왜 그런가 물으니 북의 노동자들이 자신이 맡은 노동에 대한 훈련을 더 많이 한다고 하더 군요. 또 말하지 않아도 알겠지만 조직 규율성이 더 강해서 노동력이 중요 한 산업에서는 북쪽에서 생산되는 상품의 품질이 남쪽보다 더 우수하고 경 비는 저렴해서 세계 시장에서 개성공단 상품의 판로가 밝다고 전망했지요. 김우중 회장은 북을 당시 13번 다녀왔다고 했는데 여러 번 가다보니 더 자 세히 보고 싶어서 비행기가 아닌 기차를 타고 중국에서 북으로 들어갔다더 군요. 그런데 같이 방북했던 남쪽의 기자들은 다녀와서 쓰는 것이 모두 북 을 욕하는 것뿐이어서 있는 그대로 알리고 싶어서 직접 북한 기행문도 썼다 고 말했어요. 제게 보내준 그 기행문을 저는 복사해서 북에 전달하기도 했 어요. 저는 그런 식으로 남북교류 통로가 넓어지고 다시 희망을 가질 수 있 기를 바랐어요.

허명철 최근 남북문제에 대한 한국의 대응을 어떻게 바라보시는지요?

박문일 개성공장이 문을 닫은 후 한국의 통일준비위원회가 정말 통일을 위해서 일 하고 결정하는 기관인가 심각하게 의심하기 시작했어요. 마침 통일준비위 원회의 한 고위 인사가 저한테 연락이 와서 같이 식사를 했었지요. 동석한 사람은 나선시에서 온 미국 국적의 한국인인데 나선과 연길에 사무실을 둔 미국 무역국 책임자였어요. 저는 미국에서 북에 무역 관련 사무실을 꾸렸다 는 것에 놀랐어요. 그런데 그 분이 말하길, 자신은 한국에선 '빨갱이'로 몰 린다고 토로하더군요. 그리고 북은 무역의 문을 조금씩 열길 원한다는 것이 었어요.

　미국은 이처럼 북과 대립각을 세우면서도 이렇게 미래를 준비하고 있는 데 한국은 왜 개성공단 문을 닫아버리는가에 대해 충격을 받았어요. 특히 최근 나락으로 떨어지는 남북관계에 대해 저는 큰 우려를 갖고 있어요. 북 의 핵과 미사일 개발, 미국과 남이 함께 벌이는 군사훈련, 중국과 갈등을 일 으키는 사드(THAAD) 문제 등 지금의 일촉즉발의 상황에서도 한국 정부는 더 독단적으로 결정을 하는 것을 보고 더 큰 실망감을 느끼지 않을 수 없었 지요. 특히 연길과 북의 핵 실험장은 인접하고 있기 때문에 큰 폭발이 일어나게 되면 중국의 동북 지방은 직접적인 영향을 받게 됩니다. 핵실험으로 인한 북의 작은 지진도 여기에선 여파가 크게 다가오는데 말이죠.

오늘날 남북이 더 심화시키고 있는 이런 예고된 비극은 정말 조국의 독립과 강국 건설을 위해 목숨을 바쳤던 선인들 입장에서 생각하면 전혀 생각하지 못했던 최악의 역사예요. 그래서 점점 더 심화되는 조선반도 분단의 문제를 정말 해결해나가지 않으면 우리 민족과 고국의 장래는 없다고 생각합니다. 이 민족사적 비극에 대한 고통은 시간이 아무리 지나도 계속 아픔을 줄 것이기에 바꾸지 않으면 안 된다는 것이 저의 생각입니다.

허명철　그렇다면 선생님이 전망하시는 조선반도의 희망적인 전망은 어떤 방향인지 여쭙고 싶습니다.

박문일　저는 이런 정황에서 반도의 전망은 여전히 두개의 길을 앞에 놓고 있다고 생각합니다. 하나는 이런 비극의 역사를 계속 연장하는가의 문제고, 다른 하나의 길은 이런 분단의 역사에서 통일의 역사로 일대의 전환을 이루어내는 가의 문제입니다. 자명한 이야기겠지만 이 두 가지 길의 결과적 차이는 분명합니다. 첫 번째의 길은 민족의 자멸일 뿐이고, 두 번째의 길은 민족의 흥성을 전망할 수 있는 발판을 마련하게 됩니다.

앞에서 말했듯이 애국선열들이 목숨으로 독립에 헌신했던 것을 우리가 잊지 말고 그 완수하지 못한 독립의 꿈을 실현시켜 나가는 것이 중요합니다. 그와 달리 실현되어 버린 지난 역사는 해방 이후 북진통일과 남공통일의 대립이고, 결국 동족상잔이 이후의 민족현대사를 결정 지어버리는 역사가 되었습니다. 그 연장선에 있는 지금의 당대사도 일촉즉발의 형세 속에 있습니다.

근대사는 민족상쟁, 당대사는 일촉즉발. 이런 위기 속에서 저는 오늘날 남쪽에서 집권하고 있는 지도자들에게 정말 부탁의 말을 하고 싶습니다. 한국의 희망은 먼저 자주국방을 견지해야 한다는 점에 있습니다. 지금 한국은 사실상 미국의 동북아 군사기지 역할을 하고 있어요. 이것은 미국의 20세기 내내 계획했던 아시아 책략의 실현입니다. 제2차세계대전의 종결 이후 미국이 앞으로의 형세에서 제일 중요하게 고려했던 것은 바로 중국에 대한 포위 작전입니다. 중국을 포위하여 묶어두는 것이 지금까지 이어져 오고 있는 책략의 핵심인 것입니다. 군사 전략기지를 태평양으로 옮긴 이후 2향후 21세기에도 미국의 목표는 중국에 대한 포위일 것입니다.

근간에 한국에서 일어나는 일련의 사건들도 모두 이 흐름과 연관되어 있어요. 조선반도는 하나의 '동대문'인데, 미국의 입장에서 동방을 봉쇄하는 전략은 이 문을 '중국의 관문'이 아니라 '미국의 관문'으로 만드는 것이에요. 한국 정부는 이 점을 잘 검토하여 계속 일관적인 판단을 견지해야 합니다.

북은 핵 개발을 위해 희생하고 소모하는 것이 아주 많습니다. 남은 미국의 군사기지 역할을 유지하기 위해 희생하고 투입하는 것이 아주 많습니다. 한국 통계자료를 보면 2006년부터 2016년까지 한국에서 미국의 군사물자를 사들인 것이 중국의 인민폐로 환산하자면 2,115억원에 이릅니다. 저는 한국에 머무를 때 당국자의 제안을 받고 미군 군사기지에 가본 적이 있어요. 그 안에서 해산물 중심의 저녁식사를 했는데 그 식재료는 한국산이 아니라 모두 태평양에서 가져온 것이라고 하더군요. 기지 안의 상점에선 상품 품질이 좋고 아주 저렴하여 어떤 한국인들은 여기서 물건을 사다가 밖에 나가서 팔기도 한다더군요. 그런데 그 모든 기지 유지를 위한 여건은 한국정부와 한국인들이 사실 부담하는 것입니다. 한국에서는 그런 미군기지가 차지하고 소모하고 있는 것들이 너무 익숙하겠지만 이제라도 모든 것을 새롭게 볼 필요가 있습니다.

허명철 한국이 미국과의 권력 관계에서 가져야 할 전향적인 큰 그림에 대한 말씀인 것 같습니다. 그렇다면 남과 북이 직접 접촉하고 만나는 것에 대해서는 어떤 관점이 필요하다고 보십니까?

박문일 저는 남과 북이 접촉할 때는 어떤 의미에서는 아픔을 다시 느끼게 되더라도, 또 때로는 다투면서라도 계속 만나서 대화해야 한다고 생각합니다. 물론 제가 입수하고 있는 정보에 의하더라도 사실 북도 끊임없이 변하고 있습니다. 더군다나 그 변화의 속도를 올려서 더 빨리 변하려고 노력하고 있습니다. 북의 전략 자체를 모두 핵개발이라고 보아서는 실제의 변화를 알 수 없습니다.

저의 친척도 계속 북에 있는데 조카들이 와서 말하길 북쪽 사회도 이전에 비해 확연히 변하고 그 속도가 빨라지고 있다고 합니다. 물론 주민들이 정권이나 국가에 대해 마음대로 평가나 비판은 할 수 없는 상황이지만, 북쪽 정부 차원에서도 이런 일은 잘하고 있고 저런 일은 못 하고 있다는 것에 대한 자체 평가는 수시로 하고 있다는 것입니다. 그런 점이 옛날과는 다르다고 합니다. 이젠 핸드폰도 널리 쓰고 있고 연변대학 교원들이 북에 다녀와서 전해는 말을 듣더라도, 지난 해에 간 것과 올 해 간 것 사이에도 많은 변화가 느껴진다고 합니다. 옷차림, 대화 주제, 시설과 건물 등이 많이 변하고 있다는 거에요. 특히 북의 건축공학 수준은 이전부터 비교적 높다고 알고 있습니다.

허명철 한국은 남북관계 개선을 위해 좀 더 구체적으로 어떤 노력이 필요하다고 보십니까?

박문일 저는 한국 정부가 북이 변하고 있다는 것을 좀 천천히 믿어주고 그 흐름을 더욱 촉진하기 위해 다방면의 접촉을 늘려야 하고 대화를 지속적으로 해야 한다고 생각합니다. 물론 남북 교류와 접촉의 여러 분야들에서 대부분 한국이 우세하고 북이 열세에 있지만, 한국이 자기가 강한 것과 상대가 약한 것에 우쭐해 하는 것이 아니라 항상 북과의 교류에서 좀 더 우월한 부분에서 북을 도와주고 배려한다는 마음을 갖는 것이 중요하다고 봅니다. 어떻게 보자면 북과 교류할 때 지고 들어가는 부분이 필요하다는 것입니다. 사실 져주고 들어가는 것이 결과적으론 이기고 들어가는 것입니다. 그것은 더 나은 장래를 만들어가기 위해 사전에 먼저 씨를 뿌리고 투자하는 것과 같기 때문입니다. 저는 남이 이런 입장에서 북을 대했으면 하는 바람을 갖고 있어요.

둘째로, 경제 분야는 물론이고 문화 분야에서도 교류를 선행해야 한다고 봅니다. 딱딱하고 복잡한 정치나 사회 문제들보다 먼저 접촉하고 이해하기 쉬운 것이 이러한 문화 분야입니다. 그런데 최근 10여년 간 남쪽에서는 이

분야에 대한 교류를 모두 막고 있었어요. 심지어 당국은 최근 '두만강 포럼' 학술대회에도 한국 학자들이 북쪽 교수를 만나는 것을 꺼려했어요. 저는 이런 문화적 학술적 교류를 먼저 이루어나가면 정치적 교류는 뒤 따라서 가게 되어 있다고 봅니다.

　이런 점에서 하루 빨리 이산가족 상봉의 문을 다시 열어야 한다고 생각합니다. 이전에 일어난 불미스러운 사건들은 그 당시의 사건이고 거기에서 서로 약속했던 것을 지금 다시 승인하지 않는다고 서로 인정하는 것이 우선 필요합니다. 그리고 앞으로 함께 약속하고 승인해 나갈 것을 믿으면서 서로 양보할 부분을 찾지 않으면 안 됩니다. 양보는 사실 조금 더 우세한 자의 여유를 보여주는 것입니다.

허명철 선생님께서는 한민족 동포들과의 차원에서는 어떤 변화가 필요하다고 보시는지요?

박문일 저는 한국에 통일학연구원을 제대로 설립했으면 좋겠어요. 그리고 거기서 해외에 나가 있는 여러 동포들의 접촉과 교류를 더 중개해 주고 그분들의 조언을 잘 받아들이면 좋겠습니다. 재일조선인도 조총련과 민단이 갈라져 있는데 한국이 민단을 통해서만 조총련과 접촉해왔는데, 한국 정부가 조총련과 직접 소통하면서 그들의 방문을 활성화 하도록 전향적인 자세를 취할 필요가 있습니다. 즉 민단의 이야기뿐만 아니라 조총련의 이야기도 많이 들어야 한다는 겁니다. 비록 조총련 사람들의 이야기는 귀에 박히는 마음에 드는 말이 별로 없겠지만 더 많은 접촉 속에서 북쪽과도 이해가 늘어나고, 재일조선인들 사회에도 평화가 깃들 것이라고 봅니다. 조총련 입장에서도 한국에 대한 인식은 직접 대면하는 것과 그렇지 않은 것의 사이에는 많은 차이가 있을 것입니다. 한국의 인식도 많이 바뀔 수 있지만 조총련 사회도 더 많이 바뀌고 활력을 찾을 수 있기 때문입니다.

　더불어 외국에 나가 있는 동포들과의 접촉 기회를 통해 통일의 여건을 만들어가는 활동이 더 많이 추진될 필요가 있습니다. 가만히 앉아서 최적의 만남을 기다리지 말고 먼저 찾아다니면서 만남을 준비할 필요가 있습니다.

예전에는 심양에 있는 한국 총영사관 인사들과도 자주 만남을 가졌는데 지
금은 그 분들을 전혀 볼 수 없습니다. 한 마디로 지고 들어가는 것이 결국
이기는 것이라는 말씀을 드리고 싶습니다.

조선족 사회의 분단극복에 대한
기여와 통일학 연구의 확장

허명철 선생님께서는 지금까지 말씀하신 전망을 갖고 조선족의 입장에서 통일학
연구를 폭넓게 진행해오셨다고 생각합니다.

박문일 중국 정부는 물론이고 연변대학도 조선반도의 통일 문제에 대한 연구의 중
요성을 잘 알고 반도의 상황을 주시하고 있다고 봅니다. 특히 연변대학의
연구자들은 남북 모두에 편견을 많이 갖고 있지 않습니다. 조선반도의 조선
족 이주가 갖고 있는 문제를 포함해 분단과 통일 문제를 놓고 한국 정부나
학계가 중국과의 의견 교류와 연변대학과의 접촉을 더 활성화했으면 좋겠
습니다.

조선반도 통일에 대한 중국의
관심은 미국이나 유럽보다도 훨
씬 역사적 경험에 영향을 받은 것
입니다. 중국은 조선의 인민들과
함께 독립투쟁을 벌였습니다. 예
전에는 중국이 8년 항일을 했다
고 말했지만 이젠 14년 동안의
항일 투쟁으로 관점이 바뀌었습
니다. 일본인들을 조선반도뿐만
아니라 중국 대륙에서 몰아내기
위한 항일투쟁을 중국과 조선의
인민들이 최소 14년 동안 함께

벌인 것입니다. 김구가 대륙 남방에 들어와 싸우고 동북에는 김일성이 하고 이런 식으로, 중국과 조선의 선인들은 함께 일제에 대항해 역사를 쌓아왔던 것입니다.

조선족의 입장은 물론이고 중국도 분단의 비극이 계속 유지되기를 바라지 않습니다. 지리적으로 제일 가까운 반도에서 일어나는 통일 과정에서 중국이 제일 중요한 위치에 있다는 점을 잘 알고 있습니다. 이처럼 중국과 조선족 사회가 한반도의 통일을 각별하게 중시하고 있기 때문에 한국과 중국이 향후 외교 관계를 잘 유지해 가야 합니다.

그런 점에서 서로의 울타리를 유지하는 연변대학은 통일학 분야에서 국내외적으로 주요한 영향력을 가지고 있는 학교입니다. 중국조선역사연구회, 중국조선문학연구회, 중국조선어문연구회 등 조선학(한국학) 연구기지 설립도 연변대학에서 비롯된 것이 많지요. 몇 년 전엔 한국 교육부에서 비준한 조선반도연구원이 연변대학에 건립되기도 했구요. 1989년에 조선학 교류 국제학술회의에 34개국에서 온 100여 명의 학자들이 참가했던 경험을 되살려 나가는 것이 필요합니다.

허명철 연변대학은 현재 김일성종합대를 비롯해 한국의 서울대, 고려대, 연세대, 제주대 등과도 협력하며 한국학과 조선학을 통합하는 통일학의 공동 연구를 모색하고 있습니다. 또 연변대학은 조선족 사회가 중재적 역할을 수행하는 남북 공동학술회의를 오랫동안 진행해왔습니다. 앞으로도 연변대학은 남북통일을 위해 기여하고 관련 연구를 지속해야 할 텐데요, 향후 연구의 방향은 어떤 쪽으로 더 진행되어야 한다고 보시는지요? 또한 대학 차원에서 진행되는 학술 연구 차원을 벗어난 조선족 사회가 다양한 교류와 협력을 위해 어떤 활동을 해야 한다고 보시는지요?

박문일 우선 남과 북의 사람들이 만날 때 남북 사이에 케케 묵은 오해가 많은데 이것을 해소하는데 적극적인 도움을 주는 것이 우리 조선족 연구자들의 주요한 사명이라고 생각합니다. 남쪽 사람을 만나면 북이 변하고 있는 정황을 많이 이야기하고, 북쪽 사람을 만나면 남쪽의 최근 상황을 많이 이야기해야 하는 것입니다. 특히 북이 남에 대해 오해하고 있는 부분을 많이 해소하는데 도움을 주어야 합니다. 즉 남과 북의 만남에서 처음부터 많은 것을 이루려고 하지 말고, 만남의 목적을 둘 사이의 오해를 풀어주는 데에서 시작하고 서로의 실태를 잘 이해할 수 있도록 도와줘야 한다는 것입니다.

둘째로는 남북의 학자들끼리 만날 때 그들이 서로 손잡고 공동의 연구를 수행할 수 있도록 조선족 학자들이 일종의 중매 작용을 해주어야 합니다. 한국 통일준비위원회가 계속 있고 많은 전문가들이 있다 하더라도 그들이 북과의 만남을 준비하거나 지속해나갈 때 구체적으로 할 수 없는 부분도 많습니다. 그런 틈과 사이를 보고 우리 조선족들이 많은 역할을 해야 한다고 봅니다.

인터뷰이 : 박한식

박한식 교수는 정치학박사로서 미국 조지아대학에서 '평화'라는 문제의식을
중심으로 국제관계학을 연구하며 가르친다. 2002년에는 이 대학에서 국제문
제연구소 소장을 맡았으며, 현재는 명예교수를 임하고 있다. 그는 한반도의
남북한 상호존중과 대화, 포용정책이 가장 효과적인 방법임을 몸소 실천하고
입증해온 장본인임을 인정받아, 2010년 세계적인 평화 공헌 상 '간디.킹.이케
다 평화상'(Gandhi, King, Ikeda Community Builder's Prize)'을 수상하였다. 국
내의 저서로는 『선을 넘어 생각한다–남과 북을 갈라놓는 12가지 편견에 대하
여』(부키, 2018)이 있다.

인터뷰어 : 박재인

고전서사와 문학치료 연구로 문학박사를 취득하여, 2015년 가을 건국대 통일
인문학연구단 HK연구교수가 되었다. 통합서사를 통한 정서적 공감을 가능하
게 하는 치유 및 교육 프로그램 개발 연구를 진행하고 있으며, 통일인문학 정
신의 사회적 실천에 주력하고 있다.

한반도 평화와 통일을 위한 재미 지식인의 제언

일시 : 2014년
장소 : 건국대학교 인문학관 통일인문학연구단장실

통일 석학 박한식이 하고 싶은 이야기

박재인 선생님은 과연 어떤 과정과 역경 속에서 지금 현재 통일 석학으로서의 면모를 갖추게 되셨는지가 궁금합니다. 어떤 문제의식이 어느 시점에, 어느 사건을 겪으며 생기셨기에 이 험난한 길로 접어들게 되셨는지가 궁금합니다. 통일을 생각하는 대중이나 통일학 후속세대가 선생님께 살아온 삶에 대한 이야기와 함께 통일 문제에 대한 고견을 청한다면, 선생님은 어떤 이야기를 하고 싶으신가요?

박한식 어떤 이야기를 하고 싶은가 하고 생각해보면, 저는 100% 학자거든요. 그럼에도 평양에 5–60번 왔다 갔다 했던 경험들은 학자로서만 의미가 있는 일은 아니었어요. 물론 북한 사회에 대해서 관심이 있고, 또 의문도 많고 하여 그것을 파헤쳐보자는 학자적인 탐구욕이라는 것이 있어서 간 것은 사실입니다. 하지만 우리가 분단이 되어 오늘까지 바람직하지 않은 방향으로 남북 관계가 진행되어 가는 것을 보면서 '평화'를 생각하지 않을 수 없었습니다. 이산가족, 군사비와 같은 문제처럼, 혹은 최악의 경우 제2의 한국전쟁을 배재할 수 없는 상황으로 몰려가고 있는 상황에서 개인적인 학적 관심보다도 평화를 위해 학자로서의 공헌을 다짐하게 되었습니다.

그런데 이건 반드시 학자의 역할만은 아니죠. 하나의 사람이자, 분단된 나라의 사람으로서 남과 북 둘 다 자신의 조국으로 보는 사람으로서 한 것이지요. 남쪽, 북쪽 사람이 모두 다 친구가 되면 통일이 어렵지 않겠지만,

친구가 되는 일이 쉽지 않아요. 우리나라에서는 흔히 아(我)와 적(敵)으로 가르는 사고방식이 만연하고, 그런 이분법적인 사고와 가치들이 문화로 고착화되었습니다. 해방 이후 전쟁이 일어나면서 군인문화(military culture)가 이 사회에 팽배되어 있으니까요.

제가 미국에 유학을 50년 전에 가서 미국 학자로 활약했습니다. 제가 거기서 극동문제를 가르치고 한 것도 아닙니다. 과학철학과 정치철학을 가르치며 45년 동안 교편생활을 했고, 처음 가서 4-5년 동안은 석·박사 한다고 정신도 없었죠. 그래서 올해 은퇴를 하려고 해서 조국에 와 보는 것이지요. 북에도 가보고 여기도 와보고. 그래서 이 사회를 겪는 데서 오는 소감도 많고 문제점을 피부로 느끼는 점도 많아요.

그래서 제가 삶을 회고하자면, 학자로서 왜 이 길을 걸어왔느냐 하는 것을 우선 정의(define)해야지요. 삶을 회고하는 데 있어서 생활환경이나 한국전쟁, 또 미국에 왜 가서 정치학을 왜 했느냐를 이야기해야 하겠죠. 그리고 북한과 소통한 지 60여 년이 지났는데, 그것이 제 삶에서 아주 중요한 문제입니다.

제가 북한 문제에 빠지지 않았으면 미국에서 학자로서 편하게 살았을 겁니다. 북한 갔다 오는 게 얼마나 어려운데요. 남쪽 정부 눈치, 눈치 정도가 아닙니다. 여기저기서 오는 화살을 다 피해야 되더라고요. 또 평양에 처음 갈 때는 반공교육을 받았으니까 굉장히 무서웠죠. "내가 죽으면 어떻게 하나, 처자도 있는데…"라는 생각도 들고요. 그렇게 위험도 느끼고 현실적으로 말할 수 없이 좌절감도 생기고 했지요. 그럼에도 꾸준히 북한 문제에 몰입하고, 위험을 감수한 뼈아픈 경험이 이제 상당한 성과로 남은 것 같습니다.

저는 그런 뜻으로 이야기를 하고 싶습니다. 함석헌 선생이 '뜻으로 보는 남북 역사'라고 말씀하시기도 했는데, "뜻으로 본 분단, 뜻을 본 통일의 과업"이라고 할까요? 제가 관심을 가지고 있는 테마지요. 정치학적·제도적인 것이 아니라 의식과 문화 등 인문학적인 시각에서 남북의 문제를 조명하자는 거예요.

통일 문제에 있어서 이건 정석이에요. 해가 갈수록 느끼겠지만, 그렇게 하지 않으면 통일이 필요 없습니다. 통일의 도전을 대하는 바람직한 자세에 대해서 하고 싶은 이야기가 많습니다. 그리고 북한과 남한을 어떻게 봐야 하느냐, 남북한의 이질성과 동질성 등 이런 문제들에 대한 통일 문제를 이야기하고 싶습니다.

박재인 예전에 선생님의 특강 때 중국에서 나시고 북을 거쳐 온 소감을 이야기 하시면서, "나는 태생적으로 국제적인 사람이고, 나는 태생적으로 남과 북을 아우르는 사람이다."라고 말씀해주셨는데, 너무 인상적이었습니다.

박한식 저는 원래 고향이 없는 사람입니다. 실향민입니다, 영원히. 저는 자신에게 별명을 붙이기를, 영광으로 생각합니다만 "평화 사람"입니다. 평화를 위한 사람, 평화의 사람, 평화 밖에 모르는 사람. 왜냐하면 평화가 없으면 우리 스스로가 다 고갈됩니다. 그렇다면 평화란 무엇인가? 내가 왜 평화를 갈구하게 되었는가? 이북 사람들이 저에 대해서 상당히 친절하고 자신들의 친구로 대해 주었습니다. 왜 그 사람들이 저를 친구로 대했을까요? 그리고 저는 왜 그 사람들을 친구로 여기게 되었을까요? 친구가 무엇인가? 결국은 제가 보는 견해와 이론이겠죠.

그런 점에서 변증법적 통일론을 말씀드리고 싶습니다. 정(正)과 반(反)은 각각 남과 북이고, 합(合)이 통일인 것이죠. 합은 항상 평화죠. 정과 반은 갈등사이에 있고 합은 평화라고요. 여기서 평화를 만들면 합이 되지만, 하나를 잃으면 성립이 안 됩니다. 그래서 정반합이 평화를 거쳐 더 높은 차원에서 만나는 것처럼 남북이 그렇게 되어야 한다고 생각합니다.

그렇기 위해서는 어떻게 해야 할까요? 저는 '집'이라는 이야기를 자주 하죠. 통일이라는 것은 한 집에 들어가서 비 내리는 날 지붕 밑에 같이 들어가는 것이죠. 그런데 그 안에 방도 달리 쓰고 부엌도 각자 쓰고, 화장실도 각자 쓰죠. 그렇게 하다보면 공동 지출해야 되는 것이 생기죠. 가령 사랑방 지붕에 구멍이 나서 눈이 세면 같이 도와야지요. 그렇게 실존적인 문제가 생기는데, 우리가 힘을 합하자는 것이지요.

그래서 남은 남대로, 북은 북대로 자신들이 잘못하고 있는 지점을 정화하고 극복하지 않으면 정반합은 생기지 않지요. 자기 자체 내에서 문제 해결을 찾는 것, 자기 내재적 모순을 발견하여 해결하는 것부터 시작해야 합니다. 그것이 변증법적인 진화, 발전이지요. 그래서 우리의 통일도 이렇게 접근해야 하는 것입니다. 남은 남대로, 북은 북대로 서로 내재적 모순을 발견하는 일은 인문학적으로 고찰해야 하지, 그렇지 않으면 어렵다는 것이 제 생각이에요. 그래서 그런 인문학적인 방법이 무엇이냐? 북한과 남한을 어떻게 비교하는 것이 옳은 것인가가 굉장히 중요한 문제입니다. 북한의 무엇을 봐야하고 남한의 무엇을 봐서 비교해야 하는가에 대한 질문이지요.

어떤 사람은 북한과 친구가 될 수 있다고 하고, 어떤 사람은 어렵다고 하겠죠. 나는 왜 친구가 되었으며, 왜 나는 동지가 될 수 없느냐 이것을 생각해 보는 것이죠. 남과 북의 이념과 생활을 비롯하여 모든 것이 다른 사람들이라도 좋은 친구들이 되면, 통일은 굉장히 쉬워지죠. 그러나 우리나라는 군인문화에 의해 이분법이 고착화되어서 동지가 아니면 적이라고 하니까, 실질적인 대화나 인간관계가 잘 안돼요.

정치학적으로 조명하자면, 정치 이데올로기라고 말하겠죠. 인문학에 대해선 제가 문외한이지만, 인문학적 관점으로는 양분법으로 가르지 않습니다. 사람이라는 게 다 어느 정도의 차이가 있고, 보수나 진보 혹은 그 이외에 다수가 동시에 있는 것이지요. 그게 민주주의적인 것이죠. 그래서 북한 사람과 남한 사람이 인문학적인 사회를 견지할 수 있도록 생각해보자는 겁니다. 북한과 남한을 어떻게 비교할 것인가를 하나의 관계 맺기 프로젝트가 될 수 있을 것 같아요. 북한과 남한을 인문학적인 입장에서 어떻게 비교하는 것이 옳을 것인가 하는 것이 굉장히 중요한 사안입니다.

남북은 실질적으로 통일을 준비해야 합니다. 통일의 성패는 통일 준비에 있는 것이지요. 준비를 하려고 하면 준비 결과가 어떠리라고 하는 비전이 있어야 할 것 아닙니까? 통일된 조국, 남북, 한반도가 통일된 모습이 어떠리라 하는 것을 설정해야 합니다. 그리고 분배의 정의는 어떻게 준해야 하는가 하는 것을 정해야 합니다. 이게 다 분배의 문제입니다. 그리고 집단과 개인의 관계를 어떻게 정리하는 것이 가장 바람직한 통일 한국의 모습인가. 그런 것에 답하는 것이 통일을 준비하는 것이지요.

북한을 어떻게 바라볼 것인가 : 가장으로서 김일성을 중심으로 한 가족국가

박재인 한반도 정책·남북관계·핵문제를 종합하여 이해하는데 있어서의 출발점은 북한을 어떻게 이해해야 하는가에 있다고 생각합니다. 북한의 실상이 무엇인가를 정확히 짚어내어야 해결점을 모색할 수 있지 않겠습니까? 선생님께서는 북한을 어떻게 바라봐야 한다고 생각하십니까?

박한식 첫째는 북한을 공화국이나 혹은 단순한 세습국가, 독재국가로, 군사 국가로 보는 것은 포괄적으로 이해하지 못한 견해라고 생각합니다. 북한은 '가족국가(Family state)'로 보아야 합니다. 가족국가라는 개념은 세상에 알려져 있지 않습니다. 왜냐하면 가족과 국가는 항상 구별되었기 때문입니다. 그런데 저는 가족과 국가라는 두 개념을 합하여, '북한은 하나의 가족이 확대되어 국가가 되었다'고 봅니다.

국가를 보기 위해서는 가족 문화를 보고, 가족 제도를 보고, 가족 내의 인간관계를 보고, 가족 내의 경제 구조를 봐야 하겠죠. 이 연장선상에서 북한을 이해해야 한다는 겁니다. 북한의 영속성, 즉 변하지 않는 점은 역시 가족국가로 시작하여 가족국가로 지금까지 와서 앞으로도 상당한 기간 동안 가족국가로서 그 명맥을 유지할 것이기 때문이지요.

그렇다면 가족국가란 무엇인가? 그리고 왜 이것이 북한에 정착하게 되었는가? 이것을 분석해야 될 것입니다. 가족국가라는 것은 유교적 시각에서 봐야 합니다. 서구적인 산업사회, 초산업사회나 도시사회에서 보는 가족이 아니고 전통적인 유교 사회에서 발견할 수 있는 가족 양상으로 고찰해야 합니다.

　유교에서 가족이라는 것은 그 질서가 아주 확연히 정립되어 있습니다. 유교 자체가 바람직한 사회질서를 분명히 보여주고 있는데, 삼강오륜에서 그것을 볼 수 있습니다. 삼강오륜이라는 것은 관계를 규정한 것입니다. 덕망있는 관계란 어떤 것인지 삼강오륜에서 만들어졌죠. 유교 경전에 모든 관계가 다 정립되어 있습니다. 유교 문화나 사상에는 인간의 모든 관계를 설명하고 있죠. 부자관계, 부부관계, 군신관계, 붕우관계, 장유로서의 관계와 같은 것이 모두 포함되어 있는데 우리가 상상할 수 있는 이 사회의 모든 관계를 정립해놓은 것입니다.

　유교 문화에서 가족국가를 본다면 가족 문화나 유교 문화가 가족에 미치는 영향이랄까, 가족에 상응되는 어떤 율법을 가지고 있는지 봐야 합니다. 그 때의 가족이란 대가족을 이야기하는 것이니까 장유유서라는 것이 중요합니다. 장유는 나이가 많은 것으로, 즉 단순히 물리적인 시간으로 계산하지 않습니다. 삼촌이 나보다 어려도 삼촌이 내 위입니다. 그러니까 대가족 속에 두 사람을 가져다 놓으면 누가 위인지, 누가 아래인지 결정지어야 하는 것이 유교입니다. 혼선이 없어요. 그런 점에서 북한이 유교문화의 가족제도를 답습했다, 혹은 이행시켰다 하는 것은 곧 북한사회의 모든 사람들 사이에 바람직한 관계가 개념화 되어 있다는 말과 같습니다.

　관계가 정립되어 유지된다는 것은 질서가 있다는 것을 의미합니다. 사회 질서가 있고, 정치 질서가 있어 혼란이 일어나지 않는다는 것입니다. 이것을 모르는 서구에서 볼 때 이건 이상한 관계가 계속 일어나는 것처럼 보입니다. 하지만 이상한 게 아닙니다. 이런 관계와 질서가 있는 가운데는 책임의 소재가 분명합니다. 그래서 북한을 가족 국가로 보는 이유는, 질서가 있으며 누가 어떤 일을 해야 되고, 어떤 책임이 있고, 어떤 의무가 있는지 다른 사회보다 분명하게 개념화 정립이 되어 있기 때문이라고 할 수 있습니다.

　북한사회가 가족의 양상을 보이는 가운데 무엇보다도 핵심적인 것은 그 출발이 김일성이라는 지도자에서 비롯되었다는 점입니다. 김일성 주석은 1912년에 태어났습니다. 김주석이 북한에서 아버지로서 위치하는 있는 것에는 충분한 역사와 업적이 있습니다. '북한은 곧 김일성을 가부장으로 하는 가족국가다'라고 정립하는 것이 바람직하다고 생각합니다.

그런데 김일성이 살아있을 때만 가족국가가 되었다가 김일성이 죽고 나서 없어지는 것이 아닙니다. 가족이라는 것은 유교 사회에서 영속합니다. 제사를 지내지 않습니까? 그러니까 북한에서도 4월 15일 김일성 탄생일이 되면 나라가 제사를 지냅니다. 축하를 하고 제사를 지내고 온갖 행사를 치릅니다. 우리는 한민족이 단군의 자손이라는 신화 같은 이야기를 하면서, 수천 년이 지나도 우리는 단군의 자손이라는 하나의 상징적인 의식을 가지고 있습니다. 그런 것처럼 '북한(조선민주주의인민공화국)은 김일성에 의한 국가고, 김일성이 만든 국가고, 단군이 영생하는 것처럼 김일성이 영생하는 그런 국가'인 것입니다.

이에 정당성과 정통성을 부여하기 위해 만든 것이 주체사상입니다. 주체사상이라는 것은 정치를 지도하기 위해 만들었다? 물론 그런 면이 없는 바는 아니지만 가족국가의 문화와 위계질서를 확립시키려는 것이 주체사상의 주된 목적이라고 할 수 있습니다. 북한 사람들이 의식하는 주체사상의 창시자는 김일성입니다. 또 주체사상을 구현해내는 것은 지도자들, 김정일 이제는 김정은이 되겠습니다만은 그 분들은 주체사상을 시대에 요구에 맞게 구현시킨 사람들이고, 주체사상의 창시자는 김일성입니다.

오늘날 제가 북한을 많이 다니고 북한을 잘 안다고 하여 사람들은 많이들 묻습니다. "김정은이 권력을 옳게 잡았느냐? 김정일이 권력을 옳게 잡았었느냐?"이런 질문을 하는데, 북한의 권력과 정치 역학의 핵심은 지금 이 시각에도 '김일성'입니다. 북한은 지금까지도 '김일성의 나라'입니다.

외국에서는 이런 점을 잘 이해하지 못합니다. 김일성을 조지 워싱턴(George Washington)이나 한국의 이승만 대통령처럼 생각하면 북한을 알 수 없습니다. 그렇기 때문에 북한을 이해함에 있어서는 김일성의 위상을

'가장으로서의 김일성'으로 상정해야 합니다. 어버이 수령이라 하잖아요, 어버이. 유교 가족 문화에서 말하는 어버이라는 말은 지도자라는 말도 아닙니다. 중국의 격동도 유교적면이 많았습니다만, 유교적인 가족제도는 한반도만큼 강한 나라가 없습니다. 그런 문화를 분석해야 하는 것이 우리가 해야 할 일이죠.

그런데 가족국가 안에서 김일성이 영생한다고 했습니다. 영생은 영원히 산다는 것을 의미합니다. 산다는 것은 변한다는 것을 의미합니다. 고착되어 있는 것이 아닙니다. 그렇다면 김일성의 혼이 주체사상인데 주체사상이 어떻게 변해 왔느냐, 그 변해오는 데서 그 다음 세대들이 어떠한 위치에서 어떠한 역할을 하느냐 하는 것을 봐야 합니다. 그 변화가 중요한 문제이지요.

북한사회의 사상적 기반 '주체사상'의 성립 배경

박재인 북한에서 차지하는 김일성 주석의 위치, 이것을 정확히 이해하지 않으면 북한을 온전히 이해하기 어렵다는 말씀입니다. 현재의 북한사회를 구성하고 있는 사상적 기반은 '주체사상'이고, 그 토대 위에서 김일성 주석을 중심으로 한 가족국가가 성립되었다는 것이지요. '주체사상'이 북한의 사상적 기반으로 자리 잡을 수 있었던 강력한 동인은 무엇이었을까요?

박한식 오늘 날도 그렇듯, 북한이 국가를 세우고 나서 제일 중요한 사안은 국가의 정체성 확립에 있었습니다. 그래야 나라를 만들겠지요. 더군다나 한국과 경쟁 상태에 있었지 않습니까? 한국의 제체와 비교될 수 있는 상황에서 우위를 점할 수 있는 국가 정체성을 확립하는 일이 중요했죠. 그것이 '주체사상'이었습니다.

한국은 이승만 정부 내지 친미적인 자유민주주의 정체성을 띄고 있었죠. 남쪽은 애초부터 국가 성립시기부터 국제적인 발판이 있었습니다. 세계적인 국가랄까, 간단히 이해해서 미국에 어느 정도 의존하면서 시작했습니다. 그러한 남쪽의 정체성에 대응하면서도, 남쪽을 능가할 수 있는 국가 정체성이 필요했던 겁니다. 외세에 의존한 정체성에 대응하는 '우리 자신'을 주체로 하는 정체성이었죠.

그 다음, 주체사상 성립에 중요한 동기는 '반일 사상'입니다. 항일 사상이라고도 하죠. 이를 제외하고 주체사상을 설명하기 어렵습니다. 그것은 김일성 권력의 명분과 정당화를 확립하는 데 있어서 절대적인 의미가 있습니다. 우리가 다 알고 있듯 김일성은 만주에서 유격대를 조직하여 항일운동을 했습니다. 이 점을 부상시켜 "외세 때문에 우리가 나라를 빼앗겼고, 더 이상 외세에 의존할 수 없다. 하여 우리가 주체가 되자."하는 것이 주체사상입니다. 이 점이 주체사상 성립의 중요한 동인이 되었습니다.

박재인 그렇다면 주체사상의 철학적 근간은 어디에 있다고 할 수 있습니까?

박한식 첫 번째는 '인간 중심의 사상'이라고 할 수 있습니다. 이는 자본주의에 항거하기 위한 방향성이지요. 자기들이 보기엔 자본주의가 물질주의에 의존한다 말하는데, 우리가 알다시피 김일성은 마르크스주의를 신봉합니다. 마르크스가 보는 자본주의는 물질에 의해서, 또 시장경제에 의해서 다 결정되는 것이니까 여기에 항거해서 나온 것이 시장경제를 탈피하고 또 시장경제와의 연계를 도피하면서 내는 것, 즉 주체사상이라 할 수 있습니다. 그리고 거기에는 물질 중심이 아니라 인간 중심의 사상이다. '인간이 우주의 중심이

다'라고 하는 철학적 배경이 있습니다.

그 다음 주체사상에서 중요한 것은 주체사상이 '집체사상'이라는 점입니다. 개인주의 사상이 아니라 국가 체제가 하나가 되어야 하고, 국가 밑의 당 위들이 전부 단체적인 의미를 가지고 있는 것입니다. 하여 개인주의는 안 된다고 하는 것이 주체사상입니다. "하나는 전체를 위하여, 전체는 하나를 위하여" 이것이 북한의 사상적 기반에 핵심을 이루고 있습니다.

주체사상은 사회구조를 정치 사회적 조직체, 혹은 생명체라고 봅니다. '체(體)'라는 것은 몸입니다. 몸에는 두뇌가 있어야 되고, 신경이 있어야 되고, 여러 기관이 있어야 하지요. 그렇게 은유하자면 두뇌는 체의 핵심입니다. 두뇌에서 모든 것을 결정하기 때문이지요. 그래서 노동당이 중심이 되어 일사불란하게 움직일 수 있는 조직 체계가 운영되는 것입니다. 두뇌를 중심으로 군, 관료, 교육 등 전부 하나의 유기적 조직체로 구성될 수 있지요.

그 다음 주체사상의 철학적인 배경으로 꼽는 것이 '민족주의 사상'입니다. 언제까지나 이것은 한민족, 조선민족에 의한 사상입니다. 어떻게 보면 주체사상의 저변에 깔려있는 것은 민족이 우위하다, 우세하다는 철학적, 주관적 배경이 깔려있습니다. 그래서 주체사상에 의해 외교정책, 경제정책, 사회, 문화, 교육 이런 모든 정책들이 나타납니다.

그렇다면 주체사상을 하루아침에 만든 것인가? 아닙니다. 주체라는 말은 옛날부터 썼지만 주체사상의 면모가 드러나는 것은 6·25전쟁을 마치고나서 국가가 정리되는 가운데 권력투쟁이 상당히 심각해지면서부터입니다. 사회문화적 배경이 다른 사람들이 각 곳에서 조선 노동당을 조직했는데, 그 주도권을 잡기 위해서 당을 정리하는 작업이 1950년 중반부터 후반까지 있었습니다.

이 때 김일성 주석이 강조한 것이 민족주의 사상입니다. 이러한 철학적 기반에서 "주체다, 자주적으로 해야 된다, 외세를 배제하고 해야 한다"는 정치적 구호가 탄생된 것입니다. 이는 하나의 정치적 구호에 그쳤는데 세월이 지나면서 1960년 중반에는 '인간 중심의 사상'이라는 완전한 하나의 철학적 배경을 가지게 되었습니다.

그러한 철학적 기반을 토대로 주체사상은 세 가지 원칙을 확립시켰다고 볼 수 있습니다. 1)정치에 있어서의 자주성, 2)군사에 있어서의 자주국가, 3)경제에 있어서의 자활, 이 세 가지를 표방해서 현재까지 쭉 정책을 발전시켰다고 할 수 있습니다.

주체사상에서 선군사상에까지

박재인 명확한 설명으로 주체사상의 성립 배경을 이해할 수 있었는데요. 그렇다면 북한은 어떠한 과정을 거치며 현재의 모습이 되었을까요? 주체사상의 정치적 효용성과 이와 더불어 김일성−김정일−김정은으로 이어지는 3세대에 걸친 북한의 정치적 변화에 대해 말씀 부탁드립니다.

박한식 주체사상은 애초에 반(反)외세사상으로 제기되었으나 반드시 외세를 배격하자는 사상은 아닙니다. 현재는 민족이, 북한이 능동적으로 외국의 영향력을 취사선택하여 활용하는 경지에 이르게 되었습니다. 그러니까 '반외세사상'에서 출발하여, 이제는 '외세를 포함하여 자기들이 주도권을 잡는 사상'으로 변했다고 볼 수 있습니다. 주체사상은 인간 중심적인 사상이고, 민족주의고, 외세에 대해서 주체성을 가지자는 면에서 어느 정도 정치적 효용성을 기대할 수 있었다고 생각합니다. 7−80년대에 남한에서도 반응이 있었죠. 소위 '주사파', 주체사상파라고 해서 항간에 부상했다고 볼 수 있지 않습니까?

그러나 우리가 중요하게 생각할 것은 김일성이 정체성을 확립하는데 있어 이것이 하나의 면모에 그친다는 점입니다. 사실 주체사상에 의해서 경제성장이 된 것도 아니고 국방이 강해진 것도 아닙니다.

김일성 세대를 지나서 1994년에 어느 정도 주체사상이 확립되었고, 남쪽과 교류하면서 '남쪽의 과격 진보 인사들과 진보 세력들과 교합이 되겠다'

하는 자신감도 생기고 하여 남쪽과 정상회담을 하겠다고 했지요. 그렇지만 1994년에 별세하였습니다. 그러면 어떠한 연고로 김일성이 김영삼 대통령과의 정상회담을 하는 것에 찬성하였는가. 지미 카터가 그렇게 했죠. 거기에 대해서는 제가 일정 부분 역할을 했기도 하고요. 그러한 근간으로 들어선 것이 김정일 체제 아닙니까?

박재인 김정일 체제의 정치 목적은 어디에 있다고 할 수 있나요?

박한식 그것은 주체성 확립에 있는 것이 아닙니다. 주체성, 정통성, 혹은 자주성을 확립시키는 것은 아버지가 했고, 김정일이 꼭 해야 하는 것은 이제 주권 국가를 지속하는 일이었습니다. 남쪽에는 아직 미군이 있고, 미국과는 반도 협약이 다 되어 있고, 또 급기야는 군사동맹이 되어서 합동군사훈련도 정기적으로 하는 상황까지, 거기에 교묘하게 국제 정치판도가 변했습니다. 냉전을 종식하는, 그러니까 소련이 지상에서 없어지고 동구 사회주의 국가들, 말하자면 북한의 우방 국가들이 전부 사라지는 상황에 이르렀습니다. 한국은 눈부신 경제성장을 이루었고, 소위 아시아 호랑이의 하나로서 성장했지요. 미국과 안보 동맹 관계는 견고했습니다.

이제 북한은 체제 존속을 위해 '안보'가 필요하다고 생각한 것입니다. 김정일한테는 모든 것이 국가 안보입니다. 정책의 중심이, 중력이 안보로 넘어왔습니다. 그런데 물리적인 요건이 부족했지요. 그리고 보니까 안보를 위해서 자주 국방을 표방해야 했던 것입니다.

안보를 위해서는 무기가 있어야지요. 그런데 재래식 무기는 경제력이 있어야 합니다. 또 재래식 무기로는 한국과 미국에 상응되는 정도로 발전시킬 가능성이 없었습니다. 이런 상황에서 역점을 두게 되는 것이 핵무기 개발입니다. 그래서 김일성은 핵무기 자체에 대해서 지대한 관심을 가졌습니다. 왜냐하면 김일성의 경험으로는 막강하다던 일본의 군국주의가 핵에 의해서 하루아침에 날아갔기 때문이지요. 1945년 히로시마·나가사키에 원자폭탄이 터지니까 일본이 항복을 했습니다. 이걸 보고 원자폭탄이 굉장한 위력을 가진 것이구나 생각하고 관심을 가지게 된 것이죠. 그래서 북한에서는 핵물리학자들을 양성시킵니다. 소련 모스크바에 학자들은 보내 연구시키고, 또 소련의 학자들을 데리고 와서 북한에 상주시키며 연구를 하며 핵 과학을 개발한 것이죠.

그것은 김일성 때 이미 시작되었던 일입니다. 그런데 김일성은 핵무기 개발을 착수하지 않았습니다. 그 시작은 김정일 때입니다. 김정일은 1994년에 정권을 잡았지만, 실제적으로 북한 정치에 주도적인 영향을 미치게 된 것은 1980년부터였습니다. 그만큼 오래전부터 당의 선전책을 맡음으로써 상당한 역할을 했습니다. 그래서 자기 아버지가 별세하고 나서 자기는 정권을 잡자마자 자주 국가를 표방하고 핵무기 개발을 집요하게 추진할 수 있었던 것이죠.

물론 김일성이 살아있을 때도 핵무기 개발을 했지만은 그건 김정일의 주도 하에 했다고 볼 수 있습니다. 실질적인 정치 정권은 이미 1980년 후반에 김정일한테 넘어갔습니다. "자주 국방을 존속하기 위해서는 곧 핵무기 개발이 있어야 한다"는 방정식은 김정일의 머릿속에 집요하게 박혀있었습니다. 하여 김정일은 모든 수단을 다 동원하고 모은 것을 무릅쓰고 핵무기 개발에 박차를 가하게 된 것입니다.

미국이나 UN의 제제가 굉장한 경제적, 정치적 문제로 걸려 있으나, 김정일 정권은 모든 것을 눈 감고 핵개발을 진행합니다. 그래서 김정일 때에 국제적인 반대에도 불구하고 세 차계 핵실험을 하지 않았습니까? 위성이라는 명목으로 장거리 유도탄을 개발해서 실험하고 결국에는 장거리 유도탄도 성공시키고, 핵무기도 세 번이나⋯. 이런 상황에서 김정일은 사망한 것입니다.

그런데 김정일 때 제일 중요한 것이 소위 '선군사상'입니다. 군(軍)이 앞서는 사상입니다. 여기에 대해서 철저한 이해를 해야 합니다. 선군사상은 모든 인민이 군을 맹목적으로 따라가는 사상이 아닙니다. "군의 인민화, 인민의 군대화", 이것이 항상 붙어 다닙니다. 인민의 군대화는 것은 군대가 가져야하는 의식적, 사상적 준비가 철저히 되어야 하고, 무기를 사용할 수 있어야 한다는 것입니다.

그래서 북한에 가면 여자 아이들이 큰 무기를 다 들어요. 제가 거기 가서 아이들에게 물어 보면 그렇게 가냘프고 상냥한 여학생들도 총만 가져다주면 다 분해해서 다시 조립시켜 활용하는 능력을 다 가지고 있어요. 그게 인민의 군대화입니다.

또 군의 인민화는 군이 민간 속에서 살아야 한다는 것입니다. 민간 속에서 인민에게 봉사하면서 살아야 한다는 것입니다. 그래서 군에 기술직들이 많습니다. 군에 10년 정도 복무하게 되니까 군에 기술자와 과학자도 있습니다. 하여 군에 있는 기술자들이 민간사회의 부락에 내려가서 민간들에게 봉사하게 되는 것입니다.

예를 들어 집에 필요한 게 있다, 불이 났다는 것은 말할 것도 없고 집에 수도꼭지가 고장 났다고 하면 군대 막사에 요청하면 의무적으로 군이 와서 고쳐주게 되어 있습니다. 그건 군과 민간 사이에 강한 적대심을 없애게 하는 것입니다. 그래서 외부에서 분석할 때 북한의 군이 백만이다, 육십만이다 하는 수치 자료는 의미가 없습니다. 북한 사람 중 총을 들 수 있을 정도의 나이가 된 이상은 전부 군인이라고 생각하면 됩니다. 그건 김일성 때가 아니라 김정일 때 선군사상에서 만든 것입니다.

박재인　그렇다면 김정은 정권은 어떤 문제를 주안점으로 두고 있다고 할 수 있을까요?

박한식　어느 국가든지 세 가지 목표를 달성해야 그 국가가 존속하게 됩니다. 정체성 확립 유지, 그 다음은 안보를 철통하게 해야 합니다. 안보라는 것이 물리적인 안보에 그치는 것이 아니고 정신적, 의식적, 문화적 안보까지 포함하는 것입니다.

　북한은 선군사상이 보편화되면서 이제 하나의 정치 체제, 그 자체가 하나로 똘똘 뭉쳐서 '모든 인민과 군이 합심하여 국방을 할 수 있다. 국방을 하는데 핵무기, 유도탄까지 만들게 됐다.'는 생각을 하게 됩니다. 김정일이 후기에 와서 자신감이 생긴 겁니다.

　그 다음 기필코 필요한 것이 '민생'입니다. 김정일 후기부터 민생에 관심을 돌리자고 생각했던 것입니다. 그래서 김정은 체제로 넘어오면서 민생에 정치적인 역점을 두게 됩니다. 할아버지는 국가의 정체성과 주체사상을 확립했고, 아버지는 선군 사상과 핵개발로 국가 안보를 확보해놓았습니다. 이제 김정은 정권이 시작되었는데 이전 것을 답습해서는 안 됩니다. 이제부터 전개되는 김정은 세대는 정치·사상적인 역학구도가 변화했기 때문에 북한 사회에 상당한 변화가 있으리라고 예상됩니다.

　김정은은 민생을 해야겠다고 생각하지만 모든 국가의 재력이나 힘은 이미 다른 곳으로 몰려 있었습니다. 주체사상을 확립하기 위해 모든 부분에서 이념 교육을 해야 했으니, 그렇게 경제성장에 박차를 가할 수 있는 여유가 없었습니다. 그 다음 선군정치와 무기 개발에 몰두하여 여유가 없었는데 더구나 그 과정에는 국제적인 제제가 있었죠.

　현대사회에서 국가는 경제성장을 위해서 국제 시장에 참가해야 됩니다. 금융, 시장, 판매, 수익까지도 국제적인 시장에 뛰어들어야 하는데, 북한에게는 국제적인 제제로 한계가 있었던 것입니다. 핵무기 개발로 인한 국제

제제가 북한의 경제를 굉장히 어렵게 만들었습니다.

그래서 김정은 체제가 시작되었을 때 북한은 가난한 나라였습니다. 아주 가난한 나라를 이어 받아 경제 문제를 해결해야 하는 중대한 사안이 있었으면서도, 또 한편 안보와 정체성 유지를 소홀히 할 수 없었지요. 남쪽이 있고, 미국이 있고요. 그리고 사회주의 국가의 변화를 참고할 때 안보와 정체성을 소홀히 해서는 안 되었습니다. 28살에 국가의 원수가 된 김정은은 국가 정체성 유지와 안보를 유지하면서 '민생'을 살려내야 할 과제를 눈앞에 둔 것입니다. 굉장히 복합적이고, 어려운 상황에 있습니다.

박재인 그것이 북한 사회에 변화를 촉진할 수 있는 중요한 변인이 되겠습니다.

박한식 그렇죠. 제가 김일성 탄생 100년 기념 행사에 참가했습니다. 그때 김정은은 아주 놀라운 연설을 했습니다. 이제 우리가, 인민들이 더 이상 허리띠를 졸라매고 사는 상황에서는 벗어나야 된다는 이야기를 했습니다. 그 발언은 '북한이 경제 상황이 어렵다'는 사실을 세계에 공포하는 것이었기 때문입니다. 우리가 허리띠를 졸라매고 지금 살고 있다, 살아왔다는 것을 인정하고 공개하는 것입니다.

이제 실익 있는 외교를 시작해야 합니다. 그런데 국제적인 제제가 걸림돌이 되고 있는 상황이지요. 어느 나라든지, 더군다나 발전 도상에 있는 나라들에게 제일 중요한 것이 국제 차관을 빌려오는 것입니다. 이것은 주권을 담보하고 엄청난 돈을 빌려오는 일입니다. 국제적인 제제 속에서 이것은 불가능한 일이지요. 김정은 정권에서는 국제시장에 참여하면서도 세계의 금융시장과 관계를 맺고 그 혜택을 필요로 하면서, 핵 문제에 얽힌 국제적 갈등이 해소되어야 함을 절감한 것입니다.

김정은은 미국과의 관계 개선에 주목합니다. 그 문제를 논외하고 경제성장과 민생 복구가 어렵겠다는 생각을 한 것이겠죠. 물론 미국을 빼놓고도 중국이나 다른 나라들도 있지만, 현재 미국의 입김이 세계 경제에 미치지 않은 곳은 없습니다. 안보 이상으로 경제 문제가 중요하기도 하고요. 현재 북한의 제1, 2, 3의 외교 정책의 목표는 아주 분명합니다. 미국과의 관계 개선입니다. 그래서 향후 미국과의 관계개선을 위한 아주 집요한 노력, 정책이 있을 것입니다.

그런데 미국과 경쟁을 하겠다, 군사 충돌을 해도 우리는 굴하지 않겠다고 주장하는 것은 어느 주권 국가든지 그렇게 나올 수밖에 없는 것입니다. 국내정서가 있기 때문입니다. 북한의 국내 정서는 탁월한 정체성, 또 남한에 비해서 이념적으로 우월하고 또 스스로 국가를 지킬 수 있는 튼튼한 안보를 가진 그런 나라로 성장했다는 점에 집중되어 있습니다. 그런 의식을 견고히 하고 유지하는 가운데 민생을 살려야 하는 것이 김정은 정권의 주요 사안이라고 할 수 있습니다.

이 사안을 성공적으로 해쳐 나가는 일은 김정은 혼자만으로는 안 됩니다. 이제 노동당, 혹은 그 체제에서 아주 현명한 정책을 만들어내기 위해서 국제적 정세를 현실적, 과학적으로 분석하고 그것에 대응해야 하는 도전이 그들에게 있습니다. 이 문제에 있어서 대한민국은 큰 비중을 차지하는 존재입니다. 북미관계와 남북관계는 직결되어 있습니다. 남쪽은 제외하고 북미관계만 개선한다는 것은 전략적 모순입니다. 북미/남북관계의 개선을 동시에 추구하는 것이 김정은 체제의 현명한 노선이라고 생각하고, 또 그렇게 예측하고 있습니다.

사회와 사람, 북한과 남한의 현주소

박재인 선생님의 말씀을 통해서 현재의 북한을 형성한 그 역사와 변천 요인을 확인할 수 있었습니다. 북한 사람들은 얼마만큼 주체사상으로 무장되어 있을까요?

박한식 북한사회를 이해하기 위해서는 주체사상을 어떻게, 어떤 과정과 방법으로 교육을 시켰느냐, 주입을 시켰느냐를 알아야 합니다. 주체사상의 교육 정도에 따라 대략 세 유형으로 나눌 수 있을 겁니다. 주체사상을 제대로 습득한 사람은 조선 노동당의 당원입니다. 그 다음에는 지성인이거나 아직 당원이 아닌 보통 사람이라고 할 수 있습니다. 그 다음에는 육체적 노동을 하는 층으로 나눌 수 있겠습니다.

먼저 조선 노동당 당원입니다. 당원이 된다는 것은 굉장히 어렵습니다. 그렇지만 지금까지 있었던 모든 사회주의, 공산주의 국가 중에 당원의 백분위(percentage)가 제일 높은 곳이 북한입니다. 제 생각에 북한의 전체 인구 가운데 정식으로 당에 적을 두고 당증을 가지고 있는 노동 당원의 비중은 15%가 됩니다. 이건 굉장히 많은 것입니다. 학자들이 비교를 해보면 소련이나 중국엔 당원이 그렇게 많지 않습니다.

노동당 당원의 비율이 15% 정도 되는데, 이들이 가족 중 한 명이라고 생각합시다. 예를 들어서 부인이나 남편이나 아버지나 이런 사람들을 한 사람씩만 있다고 봅시다. 그럼 30%가 주체화, 의식화 되어 있다고 봐야 합니다. 북한 인민의 30%는 주체 인간으로 무장되어 있다고 봐야 한다는 것이죠.

그 다음, 북한 주민들은 주체사상은 계속 공부하죠. 유치원 때부터 계속 공부하지만 의식성이 그렇게 공고하지 못하여 당원으로서 훈련을 받지 못한 사람들, 이런 보통의 지식인들이 상당히 많습니다. 그게 한 40%정도 됩니다. 이 40%는 주체를 위해서 목숨을 바치겠다는 사람들이 아닙니다. 보통 사람입니다. 그런데 그런 사람조차도 조선민주주의인민공화국에 대한 충성심이 굉장히 강합니다.

그 다음에 이제 조금 의식이 희박한 사람들이 있지요. 노동자도 있고, 농민들도 있고, 지성인들 가운데도 있고 그런데 그게 30%정도 된다고 봐야 합니다.

그렇게 본다면 70%는 당에 충성하는 거예요. 그러니까 체제가 쉽게 교란되고 무너지지 않습니다. 당 안에서 권력투쟁이 일어난다는 것은 굉장히 어렵습니다. 왜냐하면 이 당은 가족국가의 당입니다. 가족 체제의 당입니다. 그러니까 집안 안에서 반란이 일어난다는 것은 생각하기가 참 어렵습니다. 만약 집안 안에서 아버지가 술을 드시고 들어와서 아름답지 못한 행동을 할 때, 자식이 어떻게 아버지에게 칼을 들이댑니까. 그러니까 민중 봉기가 일어나고 그런 것은 적어도 북한이 가족 국가로서 존속하는 한 생각할 수 없습니다. 지도자가 정치를 잘못하면 권력 투쟁이 일어나거나 정권이 바뀌고 하는 것은 서구 정치의 양상이고 비(非)유교권에 있는 정치의 현상입니다.

박재인 어떻게 그것이 가능할까요?

박한식 북한의 교육 과정은 상당히 철저합니다. '사로청'이라는 청년 노동 집단이 있습니다. 노동당 당원이 되기 위해서는 우선 사로청의 일원이 되어야 합니다. 청소년들 가운데 의식이 강하고 리더십이 있는 사람들은 대다수 사로청에 들어갑니다. 거기서 몇 년 동안 훈련을 받고 준당원이 되고, 일정한 수련과 검증을 통해 당원이 되는 겁니다. 그래서 북한 지도자들은 모두 주체사상에 의해서 철저하게 의식화, 혹은 생활화 하는 사람이라고 봐야 할 것입니다.

또 주체사상 교육이 지금까지 이렇게 효율적으로 된 이유는 외세의 호전성을 항상 의식하기 때문입니다. 똘똘 뭉쳐서 이런 일을 잘 하게 된 것이지요. 저는 농담으로, 북한을 이렇게 공고한 주체 국가로 만든 가장 큰 공신이 미국이라는 이야기를 합니다. 미국이 북한에 미치는 안보의 위험성 때문에 훨씬 더 의식 교육, 주체 교육이 효과적으로 이루어졌다고 볼 수 있습니다.

어린아이가 탁아소에 가면 자아가 발달되기 이전부터 사상교육을 시킵니다. 음악을 통해서, 예술을 통해서 주체 교육을 합니다. 탁아소에 가서 하루 일정을 쭉 보면 어린 아이들이 김일성 할아버지한테 완전히 충성할 수 있게끔 되어 있습니다.

박재인 우리가 만나야 할 북한 주민들은 바로 이러한 교육 속에서 성장한 사람들이군요. 통일을 전제할 때 사람과 사람의 소통을 위해서 우리가 꼭 알아야 할 문제라고 생각합니다. 그렇다면, '북한 바로 알기'에 못지않게 중요한 것이 우리 자신에 대한 이해인데요. 사상으로 무장된 북한 주민과 만나게 될 현재 우리의 모습은 어떠하다고 할 수 있을까요?

박한식 우리는 나라가 생길 때부터 분단되어 생겼습니다. 분단 전에는 일제강점기 후 미소가 한반도에 들어와 영향을 미쳤지요. 나라가 생길 때부터 외세의 영향이 깊이 반영되어 있던 겁니다. 외세의 영향으로 두 체제가 양립하는 것은 바람직하지 않다고 남과 북이 모두 그렇게 생각했습니다.

6·25전쟁은 외세의 영향으로 빚어진 사건입니다. 국제적인 이해관계가 6·25전쟁에 박차를 가했던 것이지요. 하지만 결국 한반도 내부에 분단 요소가 존재했던 것도 사실입니다. 서로 날을 세우고 국가의 정통성 내지 정체성에 대한 분쟁이 있었습니다.

그러는 과정에서 북은 김일성 사상과 체제가 들어서게 되었습니다. 물론 김일성 세대가 등장하고 세력이 일어나기까지는 북에서도 일정한 진통을 거쳤습니다. 또 남에서는 북과 정반대되는 정치 체제가 들어서게 됩니다. 그리고 결국 권력의 분쟁을 겪으며 들어선 것이 남에서는 이승만 정권입니다.

이승만 정권은 미국과 서구에 밀접한 관계를 가지고, 또 상당히 의존하면서 시작하였습니다. 그러나 이승만 정권이 외국에 의존했다, 주체성이 없다고 단정 지을 수만은 없습니다. 이승만 정권의 핵심은 미국이 표방하는 정치 이념과 같은 것 아닙니까? 자유민주주의라는 그 자체, 개인의 자유, 선택의 자유, 표현의 자유, 행동의 자유와 같은 것을 중심으로 하는 자유민주주의를 표방한 것입니다. 한국의 정치 제도를 정당화시키는 정통성의 기반은 자유민주주의이죠.

남북관계를 보면 6·25전쟁 이전도 그렇고, 그 이후도 핵심을 이루는 것은 정통성 경쟁입니다. 남은 체제가 들어서면서부터 북과 같은 정치 체제는 용납할 수 없다고 생각했고, 남은 남대로 자유민주주의에 의한 선거 등등 미국의 제도를 받아들였습니다. 또 그렇게 하다 보니 미국과 밀접한 관계를 가지게 됩니다. 그래서 미국 의존 일변도가 불가피하게 나타나게 됩니다. 이승만 정권이 들어서게 되니까, 안보도 그렇지만은 경제 원조와 이념적, 교육적 영향을 미국으로부터 받게 된 것입니다.

사실 한국을 움직이는 사람도 그렇습니다. 미국에서 교육을 받았고, 미국에서 교육 받은 사람에 의해서 한국이 움직이고 있습니다. 한국의 엘리트는 미국과 밀접한 관계에 있습니다. 그래서 한국 전체 대중문화도 미국식을 선호하고 생활방법도, 유행도, 의식도, 문화도 전부 미국 방식이 되었다고 해도 과언이 아닙니다. 그런 점에서 북한의 인간상과 한국의 인간상을 보면 상당한 차이가 있습니다. 한국의 정치 문화는 개인주의적이고 실리적인 면이 많습니다.

　한국의 인간상과 인간관계 등은 상당히 복합적입니다. 북한은 유일 체제이지만 한국은 복합적으로 되어 있습니다. 한국은 자유민주주의 사상을 가지고 있지만 동시에 권위주의적인 자유민주주의입니다.

　그리고 한국의 경제 체제는 자본주의입니다. 그러나 서구에서 자연적으로 발생한 자본주의와는 차이점이 있습니다. 국가가 주도하는 자본주의에 의해서 한국의 경제가 성장하였고 유지되어 왔습니다. 이러한 점들이 한국 사회를 대표하는 특징들이라고 할 수 있지요.

한반도의 통일 과제 : 남북한의 이질성과 동질성

박재인 선생님 말씀에 따르면 남북한의 통일 문제 역시 상당히 복합적인 요소가 결합된 사안이라고 할 수 있겠네요. 미국이 세계적인 강국이라고 해서 미국에 의존한 한국이 그러한 것도 아니고, 소련의 붕괴와 함께 북한 체제가 무너진 것도 아니지요. 이데올로기 냉전이 사라졌다고 해서 남북의 분단 문제가 급진적으로 해소된 것도 아니지 않습니까? 한반도의 통일은 독일의 통일처럼 한 편에서 주도권을 잡으며 통일되기에는 어려운 복합적인 변수가 존재하겠지요?

박한식 그렇습니다. 제가 한국의 사회구조를 설명하면서 중점을 둔 바가 그것입니다. 남한과 북한이 어떤 지점에 상충되며, 어떤 지점에 동일성을 가지느냐를 분석해야지 통일이라는 과업을 선명하게 통찰할 수 있다는 것입니다.

　혹자는 통일이 안 와도 된다, 혹은 통일이라는 것은 역사에 맡기고 우리가 노력하지 않아도 된다고 합니다. 분단된 상황에서 각각 잘 살기만 하면되는 것 아니냐는 생각을 가진 사람들이 있습니다. 그러나 분단된 상황에서 잘 살 수 없습니다. 왜냐하면 통일이라는 것은 하나의 지상 과제이고 대명제로 많은 사람들이 받아들이고 있습니다. 더군다나 북한은 100% 통일을 당위적인 문제로 여기고 있습니다. 그래서 앞으로 어떻게 통일의 길을 모색하느냐가 중요할 것 입니다.

해방시기 우리가 분단된 나라로서 분리되어 존속한다는 것은 그 어느 누구도 생각지 못한 일이었습니다. 그런데 실제 분단이 오늘날까지 지속되고 있습니다. 해방시기를 생각해보면, 북에서는 1948년에 김일성 체제가 들어섰습니다. 물론 6 · 25전쟁 이후에 북한에서 권력투쟁도 있었지만, 김일성이 북한의 지도자로 부상된 일은 아주 자명한 사실이었습니다. 그래서 김일성 체제가 들어서서 제일 처음 시도한 일이 '통일'이었습니다.

1948년 5월 민족자 회의라는 이름으로 민족의 지도자들을 총망라하여 평양에 모았습니다. 거기에는 13개 단체의 대표 지도자들이 참가했습니다. 그 자리에는 김구 선생도 오고, 김규식 선생도 오고, 또 김일성을 포함하여 여타 지도자들과 독립운동 혹은 민족 단체들의 지도자들이 모였습니다. 그러나 거기에서도 어떤 합의점을 찾지 못하고 통합된 정치 체제를 이루지 못했습니다. 물론 그 때는 민족지도자 대표 회의가 평양에서 열리고 김일성 주석이 주도권을 잡고 있는 상태였기 때문에 상당수가 거부감을 갖고 있었습니다.

그래서 통일은 점점 멀어져 갔는데, 그 후에 남쪽은 어떻게 되었습니까? 남쪽에서는 급히 정부를 구성하면서 여러 논쟁이 벌어졌습니다. 결국 미국의 지지로 이승만 박사를 세운 것이 아닙니까? 그것도 1948년이죠.

이렇게 세워진 남한 정부가 제일 처음 한 일도 '통일'시도였습니다. 이승만 대통령이 미국과는 처음부터 우호관계로 출발했으니까, 2차 대전의 대표적인 전승국으로서 미국의 힘을 믿고 북진 통일을 해야겠다고 하는 것이 이승만 대통령이 들고 나온 정책의 목표였습니다. 그래서 이 한반도 전체를 남쪽에 의해서 자유민주주의 정체성을 가진 통일 국가를 만들겠다는 생각이 있었던 것입니다.

그러나 얼마 가지 않았습니다. 물론 국내에서는 사회주의, 공산주의를 지지하는, 그리고 궁극적으로는 김일성 주석을 지지하는 세력과 그를 반대하는 세력, 혹은 미국을 지지하는 세력 사이에 많은 갈등이 있었습니다. 그로 인하여 많은 사람들이 생명을 잃기도 하였습니다. 그것은 6·25전쟁으로 귀결되었습니다.

6·25전쟁이 일어나자 남과 북은 급작스럽게 적대관계로 위치하고, 급작스럽게 서로 다른 국가 정체성을 구축했습니다. 북은 소련의 영향 하에서, 급기야는 중국의 영향 하로 들어갔고, 한국은 미국과 서방의 주도하에서, 특히 미국의 주도 하에서 수 십 년을 냉전시기로 지내왔습니다. 냉전시기 때 미소 대결에 하나의 전위대 형태를 유지한 것이 한국과 북한입니다.

냉전이라는 것은 이데올로기의 대결이었고, 가치관의 대결이었고 또 생활방법의 대결이었습니다. 그것이 후대에 와서 변형되었기는 했지만, 대다수 그대로 이전되어서 북한의 공산주의와 사회주의로 발전하게 되었고, 또 내려와서는 주체사상에 의해서 북한적인 사회주의, 공산주의가 만들어지게 되었습니다.

한국은 전쟁을 마치고 나서 폐허가 된 곳에서 일어날 방법이 없었습니다. 그래서 미국의 원조를 계속 받았습니다. 북한도 마찬가지였습니다. 그러다가 1960년 후반까지 북한의 경제 상황이 남한을 앞질러갔습니다. GNP와 생활수준이 남쪽보다 더 앞질렀습니다. 사회주의 체제에서는 분배의 균등이 주안점이기 때문에 굶어죽는 사람들이 별로 없었습니다. 그 대신에 부자도 없고 다 가난했습니다.

그러나 한국은 그렇지 않았죠. 빈부 차이로 인해 사회갈등도 생기고 없는 사람들의 곤욕이 더 심해졌죠. 이 상황 때문에 북한은 통일을 "남쪽 사회를 사회주의화, 공산주의화 자체적으로 시키는 데 우리가 침투를 해서 혁명을 해야 된다"고 생각하게 되었습니다. 그래서 남조선 전복 혁명으로 남조선 스스로가 사회공산주의 되기를 종용하는 정책을 내세운 것입니다.

그런데 남쪽은 북진통일 이외에 다른 방안이 없었습니다. 북한사회로 침투하여 자유민주주의화 한다는 목표도 없이 북단이 고착화되었습니다. 남한은 주어진 여건에서 우리만이라도 경제를 성장시켜야겠다는 생각을 가지게 되는 것입니다.

미국과 소련은 한반도를 분단시키겠다는 의지가 없었습니다. 분단은 남한과 북한의 이익에 맞추어 고착화된 현실입니다.

지금은 남북이 체제와 정치 문화, 정치 제도, 경제 제도, 생활 방법 등에서 현격한 차이를 보입니다. 하지만 그 가운데 동질성이 있습니다. 그것은 유교 문화권이라는 것입니다. 그래서 또 우리 한국은 남북을 합해서 보면 지정학적으로 강대국 사이에 있으면서도 어느 정도 외국과 격리도 되어 있기도 합니다. 하여 한민족만의 정치의식 내지 사회문화적 특징을 지니게 된 것입니다. 우리의 모든 면이 전부 냉전의 중심인 미국과 소련에 의해 요리된 것은 아니라는 말입니다.

박재인 그렇다면 지금 이 상황에서 어떠한 방법이 가능하겠습니까? 사회문화나 정치적으로 하나의 목적을 달성하기 위해서는 목적에 대한 통일된 비전(vision)과 상(狀)이 있어야 하는데요. 남북이 통일되면 어떤 통일 방법이 있을 것이며, 통일 이후에는 통일된 한반도에서 어떠한 정치 체제가 가능하겠습니까?

박한식 분명히 불가능한 것은 두 가지가 있습니다. 한 가지는 북한식으로 해서 대한민국의 체제를 전복을 시켜서 사회주의 혹은 김일성주의화를 실현한 통일 국가를 만들겠다는 것입니다. 그것은 현실적으로 완전히 불가능합니다. 4천500만의 한국 국민들이 그렇게 되지는 않습니다. 수십 년 동안 단련된 생활환경에서 그렇게 될 수는 없습니다.

역으로 북에서 자유민주주의 사상을 가진 사람들이 체제 전복을 해서 민중 봉기가 일어나든가, 군사 쿠데타가 일어나든가 하여 북한 체제가 없어지고 남쪽으로 흡수 되겠는가? 그것도 전혀 불가능합니다. 북한은 동독과 다릅니다. 동독은 구소련이라는 뚜껑을 덮어놨다가 벗기니까 나타난 존재입니다. 그러나 북한은 누가 뚜껑을 덮어놓은 것이 아닙니다. 김일성 체제는 자기 선호에 의해서 주체 국가로 유지, 발전해 왔습니다. 그 체제는 근본적으로 동요되고 도전되고, 또 붕괴 가능성이 있는 것이 절대 아닙니다. 어느 한쪽의 체제로 남과 북이 통일될 수 없는 것입니다.

또한 무력에 의한 통일은 불가능합니다. 양쪽의 군사력이 막강하기 때문에, 군사적 도전은 곧 자멸을 의미합니다. 그런 점에서 통일이라는 과제는 현실적으로 암담하다고 할 수 있습니다. 남한은 군사 무기를 사들이며 전쟁 준비에 몰두하는 일을 정당화하는 국면에 이르렀습니다. 북은 북대로, 국가 수호를 위해서 핵무기를 개발하고 전 인민의 군대화, 전 국토의 요새화를 추진해왔습니다. 현재의 남북은 적대적 관계로 굳어지고 있습니다. 이것은 말로 다 할 수 없는 낭비이고, 역사적으로 대의명분을 찾을 수 없는 적대적 관계입니다. 해외에 있는 저로서는 한반도의 무력 충돌을 반대합니다. 수천 만의 사람들이 생명을 잃는 비극입니다.

박재인 군사문화의 흑백논리가 남북관계의 적대성을 강화해온 것은 분명하다고 생각합니다. 그리고 현재의 남한과 북한은 그러한 흑백문화가 만연합니다. 적과 적으로 대치하는 흑백문화가 만연한 상황에서 평화통일은 많은 충돌을 낳을 것으로 보입니다. 이러한 상황에서 평화통일을 가능하게 하는 방안은 무엇일까요?

박한식 지금까지 제기된 통일을 위한 방법론 중 하나는 "남북이 동질성을 회복한 뒤, 동질성을 바탕으로 하여 통일하자."입니다. 그러니까 통일 과업은 "동질성 민족, 동질성 회복이다."라고 볼 수 있는 것이지요. 이렇게 이야기하는 인사와 분석가들이 많습니다.

그러나 저는 동질성 회복에서 통일의 길을 찾는 것은 잘못되었다고 생각합니다. 동질성에 기준을 두면 경쟁이 있고, 질투가 있고, 거기에는 투쟁이 있을 수도 있습니다. 지금 남과 북에게 동질성 회복보다 절대적으로 필요한 것은 '이질성의 수용'입니다. 이질성을 인정하고 수용할 수 있는 지혜가 있어야한다고 생각합니다.

이질성을 수용한다는 것이 무엇인가 하면, 이질성이 있음에도 불구하고 마땅한 방법이 없어서 그냥 마지못해 같이 살자 하는 말이 아닙니다. 수용이라는 말은 이질성을 받아들여서 자기 스스로가 진보 및 발전한다는 이야기입니다. 그러니까 "이질성을 받아들임으로써 나와 이질된 것 사이의 조화를 이루고, 이것으로 하여금 과거의 '나 혼자'로는 가능하지 않았던 조화와 진보의 단계로 발전해 나간다."는 것이 이질성의 수용이라는 개념에 포함되어 있습니다. 물론 이질성을 수용한다고 해서 모든 게 해결되는 것은 아니지만요. 그럼에도 중요한 점은 이질을 수용한다는 것은 곧 같이 살자는 말이라는 겁니다. '다름'에서 오는 불협화음을 극복하다는 의미이지요.

'극복(überwinden)'이 개념을 철학적, 인식론적으로 고찰해 봅시다. 남과 북이 서로 이질성을 극복하자는 것입니다. 예컨대, 남쪽은 개인주의와 물질주의가 만연하고 자본주의가 중심이 되어 있습니다. 반면 북쪽은 대외적으로 물질주의사회가 아닙니다. 마르크스(karl Heinrich Marx), 레닌(Vladimir Il'ich Lenin) 사상에 근거한 사회주의는 사회의 근간을 이루는 "하위조직(substructure)은 물질이다"라고 하는데, 북한은 하위조직은 물질이 아닙니다. 북한이 표방하는 사회의 근간은 정신과 사람입니다. 그러니까 경제가 어려워져도 국가 권력을 정당화시킬 수 있었지요.

그리고 남쪽은 개인적이지만, 북한은 절대적으로 단체를 중심으로 하는 생활양식을 추구합니다. 또한 남한과 큰 차이를 보이는 것이 가족관계로 사회질서를 유지한다는 점입니다. 아까도 말씀드렸지만, 북한은 가족국가입니다. 그 점에서 실마리를 풀어가야 합니다. 사회주의나 마르크스주의 등에서 북한의 진상을 찾을 수 없는 것이죠.

남북한의 이질성 극복 과제는 '변증법'적 방법으로 가능하다고 생각합니다. 변증법은 동양의 음양사상과 그 근간을 함께 하였고, 서양의 플라톤에게서 정리되면서 철학적은 체계를 이루었습니다. 남북의 통일에 관해 이질성을 극복하자, 수용하자는 것은 곧 변증법적인 착안이라고 할 수 있습니다.

변증법에서는 어느 사회, 집단, 개인이 발전한다는 것이 자신의 취약점을 극복하는 것으로 봅니다. 자기 취약점을 극복한다는 것은 우선 자기 취약점을 발견한다는 이야기입니다. 내가 좀 불안전하다, 잘못됐다 하는 성찰이 없으면 변증법인 진화가 불가능합니다.

그러한 맥락에서 남한의 잘못된 점이 무엇인지, 북한의 잘못된 점이 무엇인지를 봐야합니다. 그래서 그것을 지양해야 합니다. 또한 바람직한 것은 지향할 준비가 되어야 합니다. 이것이 변증법적인 통일 방법입니다.

상대방을 부정하는 것이 아니라 자신을 부정하는 데서 발전이 생깁니다. 자기 자체에서 모순, 내재적인 모순점을 지양하면서 변화하는 것이 변증법적으로 나아가는 것입니다. 자기 자신의 모순을 인정하고 지향함으로써 사회 발전이 되는 것이 변증법적인 발전입니다. 그런데 그렇게 하기 위해서는 상대방이 있어야 합니다. 남한으로서는 북한, 북한으로서는 남한입니다.

남한이 적대관계가 아니라 보완 관계라는 인식에서 찾아야합니다. 나의 장점과 상대방의 장점을 서로 접목시켜 보완관계로 나아가는 것입니다. 평화라는 것은 조화입니다. 조화라는 것은 음악에서도 나오듯이 다른 악기와 다른 악기, 다른 음성과 다른 음성과 같은 것들이 하나의 선율을 만드는 것입니다. 조화가 되기 위해서는 이질성이 있어야합니다.

혹자는 "우리 통일의 급선무는 이제는 민족의 동질성 회복이다."라고 하는데 저는 그렇게 생각하지 않습니다. 민족성 동질을 회복시켜놓으면 또 싸움합니다. 우리나라 사람들 교회 만들어 놓으면 싸움하고, 사촌이 논 사면 배아프다고 합니다. 이게 우리나라의 현실입니다. 남남끼리는 몰라도 집안사람끼리는 문제가 생깁니다. 집안싸움(family squabble)이라고 미국에서도 다 알려져 있습니다. 우리 민족성 동질을 회복하자고 이야기 합니다. 우리가 회복할 동질성이 뭐냐에 대해선 답이 없으면서 민족성 동질성 회복하자는 말만합니다. 듣기 좋으니까요. 동질성이라는 말이 얼마나 로맨틱한 말입니까. 그러면 남북의 민족성 동질성이 구체적으로 어떤 것들인지 생각해 보십시오. 이 사람들 생각 못합니다. 동질성만 절대적으로 필요한 것은 아닙니다.

이질성이 아름답고 중요한 것입니다. 발전의 온 동력은 이질성의 조화에서 생기는 것입니다. 전기도 파워가 되려고 하면 음성과 양성이 작용해야 합니다. 이질과 이질 중에 제일 큰 이질이 무엇입니까? 인간사회 중에 여자와 남자가 이질입니다. 그건 크고 작은 것이 아니고 질적으로 다른 것입니다. 거기에서 조화가 이루어 질 때, 생명이 나오고 이 사회가 발전하고 문화가 발전하는 것입니다.

그것은 물리적으로 A, B 보탬으로써 A와 B라는 것이 아니고, A가 B를 보태면 C가 되어야 한다는 말입니다. 이전과는 질적으로 다른 정반합(正反合)적 진화입니다. 정(正)도 아니고, 반(反)도 아닙니다. 아무리 정만 확대한다고 합이 되지 않습니다. 그런 것처럼 우리가 남과 북을 정반합이라는 변증법적인 논리에서 조화를 시키려고 하려면 새로운 체제와 다른 이념, 다른 가치관, 다른 제도를 창조해야 합니다. 그에 따라 통일을 위한 변증법적 방법론을 구체적으로 구상해야 합니다. 경제적 차원의 변증법적인 통일은 무엇인가? 정책 제도로서는 무엇인가? 이런 문제들을 하나하나 모색해가는 것이 통일 정부를 지향하는 학자들, 전문가들이 그려야 할 설계이겠지요.

통일 과업은 어려우면서도 중요합니다. 우리가 이런 식으로 통일을 해내면 온 세계의 분단관계, 분열관계, 부조화 관계를 해결할 수 있는 하나의 표본을 인류역사에 보여주게 되는 것입니다.

변증법적 통일론의 구체적 방안 : 경제 분야

박재인 변증법적 통일론의 핵심은 그것이군요. 이질성에서 출발하여 조화로 나아갈 때 생명이 나오고 이 사회가 발전하고 문화가 발전한다는 말씀이 매우 인상적입니다. 그리고 그것은 자신의 한계점 내지 결점을 발견하고 개선해 나가는 과정이라고 하셨는데요. 그렇다면 경제 분야에서의 남과 북의 변증법적 통합 과정은 어떤 모습일까요? 사실 정치문화 못지않게 남과 북의 극명한 차이가 보이는 지점은 '경제 분야'가 아닐까 합니다.

박한식 지금 남쪽 경제와 북한 경제는 그 대조성이 이루 말할 수 없습니다. 남쪽은 완전히 개인주의와 자본주의에 의해서 국제시장에 힘입고, 북쪽은 주체사상이라고 해서 자활을 하면서 국제시장에 거리를 두었습니다. 그리고 개인주의에 의해서 경쟁하는 것이 아니고 어디까지나 집단주의에 의해서 경쟁하는 것입니다. 그러니 남북한의 경제적 통합을 고민할 때 개인주의 대 집단주의, 거기에다가 분배의 정의, 평등 분배를 이야기해야 합니다.

칼 마르크스의 사상도 분배의 핵을 두지만 사유재산을 보장함으로써 공유합니다. 모든 것을 공유하게 되면 철저한 평등사회가 되는 것입니다. 이론적으로도 실질적으로도 아무도 재산을 소유하지 않는다는 것이지요. 모두 무(無)의 재산을 가진다고 하면 그게 평등한 사회 아니겠습니까?

숫자로 이야기를 하자면 북한은 평등을, 남한은 발전을 중시하는 것이지요. "평등하게가 아니라 발전되게 분배를 하자." 그래서 투자자들한테는 투자할 가능성이 있게 만들죠. 일정한 불평등을 정당화시키는 것, 즉 성장해야 되는 것이 있어야 자본 축적이나 기술 연구도 되기 때문입니다.

결과적으로 남북은 경제적으로 합쳐질 수가 없습니다. 굉장히 어렵습니다. 그런데 북쪽의 자체적인 모순점이 무엇이며, 결점이 무엇이며, 남쪽은 남쪽대로 결점이 무엇이냐를 따져봐야 합니다. 장점은 많습니다. 이야기한 것처럼 분배의 정의나 발전의 가능성을 최대화시키는 것도 장점이지요.

그런데 남쪽에는 분배의 문제가 적지 않습니다. 해외에서 멀리서 봐서 피부로는 잘 못 느끼지만, 분배의 정의에 문제가 있습니다. 부자들은 말할 수 없이 부자고, 가난한 사람들 수도 많습니다. 그래서 분배의 정의를 좀 더 옳게 해야 하는 것이 남쪽의 과제이고 그게 자체적 모순이라고 할 수 있습니다. 발전 과정에서 어느 정도의 불평등은 전략적으로나 경제적으로 필요하지만, 지금은 부로 인한 부의 축적이 될 지경이니 문제가 여간 심각하지 않습니다. 그래서 이제 통일되는 과정에서 모순을 시정하고 그 모순을 극복하는 방법을 생각해야 합니다.

북쪽의 경우를 말하자면, 아무리 평등이라고 해도 평등하게 가난한 것은 바람직하지 않습니다. 중산층이 많고 어느 정도 평등하게 부유한 사회가 바람직한 것이지, 평등하게 가난한 것은 바람직한 모습이 아닙니다. 평등의 가치가 무색해지는 것이죠.

지금 개성을 보십시오. 중국과 개성 특구의 양상에서 특이한 점을 발견할 수 있습니다. 중국의 경우, 해외의 자본가들이 투자하면 해외의 자본가들이 고용주가 됩니다. 그들은 중국인들과 흥정을 해서 임금을 결정하고 직접 고용합니다. 경제특구에 있는 외국 기업에 고용되어 있는 중국인들은 본토에 있는 사람들보다 상당히 많은 임금을 받습니다. 이렇게 빈부의 차가 나타나게 된 것이 중국이 경험한 경제적 문제였습니다.

"옳다. 특구는 하되 이것은 하지말자", 중국의 경험을 지켜본 북한에서는 경제특구는 실행하되 그 한계점은 방지하기로 합니다. 그래서 개성에서 시작된 것이 외국기업의 임금을 전부 국가가 받아서 국내 임금과 비등하게 주자는 것이었습니다. 그러면 그 사람들이 자신들의 임금을 개성에서 일하는 노동자들과, 남한 노동자들과, 미국 해외 외국의 노동자들과 비교할 수 없었기 때문입니다. 이것만 보더라도 북한은 분배의 투정이, 불평등에 의해서 오는 상대적인 박탈감 같은 것을 예방하는데 초점을 두었음을 알 수 있습니다.

세계화와 국제화, 그 속에서 이러한 의식 구조와 정치문화를 유지한다는 것은 '도전'이라고 할 수 있죠. 아무튼 북에는 성장이 필요합니다. 세계에서 성장은 국제시장을 저버리고서는 불가능합니다. 그러니까 한국 혹은 홍콩과 같은 데서 아시아 경제를 배우기도 해야 하고 자신의 모순을 극복하는 방향을 지향해야합니다.

남북이 자신들의 문제를 극복하기 위해 해결방안을 추구하다 보면 결국 그 모습은 유사한 지향성을 보일 것입니다. 남쪽은 분배의 정의, 평등한 분배를 해야 하고, 북쪽은 시장경쟁의 경쟁성이 있기 위해 일정한 불평등, 전략적으로 불평등한 분배가 필요합니다. 그러니까 남과 북의 경제가 자기의 장점을 가지고 있으면서 자기의 단점을 개조해 나가는 방향으로 경제 정책은 펴게 되겠지요.

경제를 고민할 때, 특히 분배를 생각할 때 가장 중요한 문제는 '사람'입니다. 사람을 위해서 무엇이 필요한지는 구분해야 합니다. 생존을 위해서 꼭 필요한 것, 가령 음식, 의료, 주거 이것은 인권에 해당합니다. 이를 부정한다는 것은 인간의 사회권을 박탈하는 것입니다. 이를 당사자에게만 맡겨서는 안 됩니다. 사회공동체와 그 공동체를 대표하는 국가에서 일정한 관심을 가져야합니다. 책임을 져야합니다.

그렇기 때문에 미국과 같은 자본주의도 사회보장이 있지 않습니까? 국민이 직장을 구하지 못하면 먹을 만큼 줍니다. 공짜로 줍니다. 미국이 사회주의 국가입니까? 공산주의 국가입니까? 어느 국가이든 관계없습니다. 인간의 생명권에 직결되는 물질 환경을 조성해 주어야 합니다.

좀 거칠게 말하자면, 미국도 그러하듯 사회주의 경제의 분배방법이 자본주의에 실현되는 경우들이 많죠. 유럽은 더 많이 되어 있죠. 경제사회주의인데 말이죠. 그것은 한국도 그래야하고요. 통일된 우리나라에서 인권에 보장되는 것은 사회주의적인 오명(stigma)이라 하는데 그건 모르는 이야기입니다. 사회주의 아닌 국가도 다 그렇게 합니다. 그러니까 우리도 통일된 사회에서 분배 중에 몇 등급을 갈려 놓아야 하는지 새로 설계하여 분배해야 하고요. 생존권에 필요한 기반은 국가와 공동체가 주관해야 합니다.

그래서 남북의 학자들과 정책 결정하는 사람들이 어떻게 세금제도를 만들 것인가가 매우 중요한 문제입니다. 복잡한 분배의 정의를 어떻게 할 것인가? 물론 이론적으로 선을 긋기가 어렵지요. 어느 정도는 생존할 때 필요한 음식이고, 어느 정도는 좀 더 즐겁기 위한 것이니까요.

그래서 이런 원칙을 가지고 통일 한반도에서 경제 정책을 새로 창조해 내야한다고 생각합니다. 남북이 지금 통일을 하는 게 필요하다고 했죠? 세계는 새로운 길을 필요로 합니다. 우리가 이것을 세계에 보여줘야 합니다. 세계도 어떻게 할지 몰라서 안하는 겁니다. 미국도 마찬가지고 자본주의국가, 사회주의국가도 마찬가지인데, 이런 것이 현실적으로 가능하다는 것을 보여주어야 합니다. 말하자면 혼합된 제도(mixed system)를 만들어야 되겠다는 원칙에서 경제지침을 구상하자는 것입니다.

박재인 그렇군요. 마지막으로 통일을 염원하고, 통일을 생각하는 이들에게 하고 싶은 말씀 한 마디 부탁드립니다.

박한식 남북은 조화를 이루는 방법으로 통일해야 한다고 생각합니다. 제가 어릴 때 바이올린을 좀 했습니다. 오케스트라에 앉아서 바이올린을 하면 다른 사람은 어떻게 하느냐를 알기 위해선 지휘자의 모습을 보고 들어야 합니다. 그렇지 않으면 조화가 일어나지 않습니다. 스스로에게만 집착하면 자기가 아무리 좋은 바이올리니스트라 하더라도 조화하고는 관계없는 바이올리니스트가 됩니다. 그래서 스스로가 조화를 창조하는 이론이 되어야 하는데, 그러기 위해서는 상대방을 경청하고, 상대방을 보완시키는, 혹은 보완시키게 만드는 것이 지휘자이지요. 그 음악을 만드는 것이 작곡가들이고요. 남북의 지성인들은 작곡가가 되어야합니다. 또 정부는 지휘자가 되어줘야 합니다.

각각 사는 사람들은 서로 경청하면서 경외해야합니다.

그리고 마지막으로 빼먹은 이야기를 하지요, 그것이 뭐냐면 지금 잘못된 것을 지양하고 수정하라고 제가 말씀드렸는데, 그럼 잘못된 것은 어떻게 아느냐 하는 문제가 남지요. 무엇이 잘못되었느냐, 제대로 되었는가를 어떻게 아느냐, 그 기준이 어디에 있느냐 하고 묻습니다.

저는 그 기준이 굉장히 간단하다고 봅니다. 그 기준이 무엇인가? 상식입니다. 상식이 없는 것 같지요. 어느 사회든 상식이 있습니다. 궤변이 지배하는 것 같지요? 그러나 어느 사회든 상식을 저버리는 궤변은 생명력을 잃습니다.

상식이란 보통사람이 느껴서 옳다고 하는 것입니다. 상식은 남한사람이 생각하는 상식이나 북한사람이 생각 하는 상식이나 별 차이가 없습니다. 아이들을 사랑하고, 키우고, 또 아이들을 공부시켜 학교에서 좋은 성적을 받아오면 집안에서 기뻐하고. 북한사람들은 안 그런 줄 압니까? 한국사람보다 더 합니다.

북한사람들은 학원도 없기 때문에, 학원을 안 보내고 과외수업을 시킵니다. 대단합니다. 그 나름대로 과외수업이 있습니다. 일인일기(一人一技) 배우고, 어디 가서 또 배우고 해서 종합적으로 평가를 다 하지요. 경쟁도 대단합니다. 그래서 북한사회가 잘된 것이지요.

잘못된 것만 자꾸 찾아내려 하지 말아야 합니다. 사람과 사람관계가 그렇지 않아요? 잘못된 것만 찾으면 원수가 되요. 또 누구나 허점은 늘 있습니다. 그것만 보면 사람도 보기 싫고 적이 되어 갑니다. 잘못된 걸 보려 하지 말고 만 가지가 잘못되도 혹시 잘된 게 무엇인지 생각해보아야 합니다. 그래서 한국에서 북을 볼 때, 북에서 남을 볼 때, 잘된 것이 무엇인지, 서로 잘된 것 찾아보기와 같은 캠페인을 해야 합니다.

한번은 어떤 모임에서 저를 초청해주셨습니다. 이북을 잘 안다고 하니까 사람들이 모인 것이고, 또 그 중에는 통일부 장관도 있었습니다. 거기에서 이런 이야기를 했거든. 북의 잘못된 점 말고 잘된 것도 보라고 했습니다. 그러니 영감 한 분이 손을 딱 들더니 말씀하셨습니다. "아니 교수님은 북한에 잘된 것이 있다고 봅니까? 구체적으로 잘된 것 하나만 말씀해주십시오."이렇게 물어보셨습니다.

제가 답변을 드렸습니다. "북한의 잘된 것 하나만 말해 달라고요? 한 10개쯤 말씀해 드릴까요? 하나만 말하면 (그 때 한강이 오염도 많이 되고 그랬어요.) 한강물고기는 못 먹지만 대동강 물고기는 잡아서 횟감으로 먹습니다. 그게 북한에 잘된 점입니다."그러니까 아무 말도 안합니다.

작은 것이더라도 우리가 잘못된 것이라면 고쳐야 한다고 생각합니다. 말도 그래요. 우리는 영어를 좀 해서 우리말 버리고 영어를 쓰려고 합니다. 신뢰프로세스도 그렇습니다. 프로세스(process)는 '과정'이지 왜 영어를 써야 합니까? 영어를 쓸 거라면 영어를 제대로 쓰고, 영어를 우리말로 번역이 안 되는 것은 말을 창조해야 합니다. 말을 만들어 내는 것이 얼마나 중요합니까? 우리나라 말에 영어로 안 되는 것이 있어요. 그러면 제가 만들어 냅니다. 영어로 만들어내요, 소통을 하기 위해서.

우리가 세계적인 자부심을 가지고 나가야합니다. 요새 한류라고 해서 한식도 유행하고 있죠. 이제 우리 문화를, 그리고 인식론적으로 봐서 우리가 독특하게 세상에 내놓을 수 있는 창조된 것을 세계에 보여줘야 합니다. 대한민국 학자들의 역할이 큽니다. 엄청난 역사와 민족적인 경험을 가졌기 때문에 엄청난 지혜를 가져야 합니다. 사람들의 지혜는 경험에서 나오지 공부, 연구에서 나오지 않습니다. 그러니까 지혜로운 사람은 항상 경험이 많은 사람들이고 대한민국, 북한에 있는 사람처럼 많은 경험을 한 민족은 이 세상에 없습니다.

우리 민족은 자산이 풍부하고, 깊고 아픈 경험이 있습니다. 그래서 그 경험을 우리가 설명할 수 있는 지혜를 가져야하고 그러한 맥락에서 그토록 어려운 통일의 길을 모색해야 합니다. 그것이 "변증법적인 통일론"입니다. 상대방을 인정하고 상대방을 받아들이면서 서로 보완하면서 조화로운 관계를 이뤄야 된다는 자세를 가지고 남북관계, 북남관계를 개선해야 된다고 생각합니다.

석학들의 통일철학, 통일의 인문적 비전

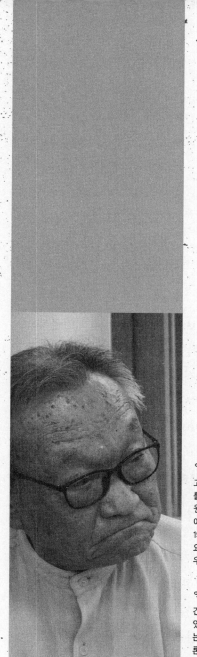

인터뷰이 강만길

고려대학교 사학과를 졸업하고 고려대학교 대학원에서 문학석사와 박사 학위
를 받았다. 1967년 고려대 사학과 교수로 임용되었으나 1980년 당시 군사정
원에 의해 강제퇴직당한 후 1983년 복직하였다. 1999년 2월 정년퇴직하여 명
예교수가 되었다. 대학 정년 퇴직 이후에서 연구와 저술활동을 계속하였으며
1999년 민화협 상임의장, 2000년 남북정상회담 남측대표단을 역임하였다. 주
요저서는 『분단시대의 역사인식』, 『한국근대사』, 『한국민족운동사론』, 『20세기
우리 역사』, 『역사는 이상의 현실화 과정이다』, 『역사가의 시간』 등이 있다.

인터뷰어 박민철

건국대 통일인문학연구단 HK교수 및 대학원 통일인문학과 교수로 재직하고
있다. 20세기 한국현대철학, 한반도 사상사 등을 연구하고 있다. 지은 책으로
는 『코리언의 민족정체성』(공저), 『유동하는 코리언의 가치지향』(공저), 『통일담
론의 지성사』(공저), 『생명ㆍ평화ㆍ치유의 DMZ 디지털스토리텔링』(공저) 등이
있다.

한반도 통일을 위한 역사학의 임무

일시 : 2016년 6월 22일
장소 : 강원도 양양군 선생님 자택 근처 식당

분단극복사학의 시작, "북은 적이 아니고 동족이다. 우리는 언젠가는 통일을 해야 된다."

박민철 선생님의 학문적 문제의식의 시작은 이데올로기적으로 변형된 식민극복사관이 당대의 분단현실을 외면하고 있다는, 이른바 '역사학의 현재성 망각'에 대한 지적이셨습니다. 특히 선생님께서는 내재적 발전론으로서 식민극복사관이 오히려 추상적이고 대립적인 구호로서 '하나의 민족'임을 앞세웠던 박정희 정권의 '주체적 민족사관'으로 흡수되어버렸다고 비판하셨습니다. 요컨대, 유신체제에 포섭되어버린 민족사관을 비판하시고, 한국 역사학의 진정한 의미는 당대의 현실을 '분단시대'로 파악하는 '분단극복사학'으로 변모되어야 함을 역설하였습니다. 그렇다면 질문인데요, 5–60년대 유신체제에 포섭되어버린 식민극복사관이 어떠한 한계로 인해 그렇게 될 수밖에 없었다고 생각하셨는지가 첫 번째 질문이고요, 두 번째로 또 그러한 민족사관의 어떠한 것을 계승하고 또 어떠한 것을 극복하려고 하셨는지를 여쭙겠습니다.

강만길 해방 이후 한국의 역사학이 해야 할 두 가지 임무가 있다고 생각했어요. 첫째는 독립운동사를 제대로 편찬하고 가르쳐서 민족적인 자존심을 되살려야 되는 것, 둘째는 소위 '식민사관'의 극복 문제였지요. 잘 알다시피 식민주의자들은 피지배 민족의 사회를 대단히 낙후된 사회로 묘사함으로써 식민지배의 정당성을 확보하려고 했어요. 예를 들어 우리 역사를 아주 낙후된 역사로 이야기해왔죠. 그런데 박정희 정권이 들어서면서 식민극복사관, 특히 역사학계의 일부에서는 자본주의 맹아론을 마치 박정희 정권의 경제발전을 뒷받침하는 이론처럼 이야기하는 경우들이 생겨났어요. 하지만 이건 분명 아니죠. 우리가 하고 있는 것은 식민사관의 극복이었지, 박정희 정권 당시 경제건설을 뒷받침하는 이론이 결코 아니었단 말이에요. 중요한 것은 박정희 정권은 북을 늘 '적'으로 간주한다는 점이었어요. '북은 적이 아니고 동족이다. 우리는 언젠가는 통일을 해야 된다. 이를 위해선 북에 대한 적대의식을 해소시켜야 한다'라고 생각했죠. 그래서 분단극복사학, 통일사관이 등장하게 된 거에요.

정진아 예, 맞습니다. 박정희 정권이 자본주의 맹아론을 경제개발론의 한 뿌리로써 흡수하고자 하는 그런 의식 속에서 그렇게 활용했었던 것인데, 선생님께서는 그 부분을 부정하셨고요. 나아가 오히려 이 경제개발의 목표가 남북한의 대결구도를 강화시키데 있었음을 지적하고 이것을 분단극복사학으로 발전시키고자 하신 선생님의 문제의식은 저희 후학들이 봤을 때 한 단계 도약이라고 보입니다.

강만길 어떤 사람들은 박정희 정권의 경제개발 뿌리가 일제강점기에 있다고 생각했어요. 특히 일부 역사학계에서는 이렇게까지 얘기했어요. '자본주의 맹아론이 일제강점기의 식민지 근대화론이 되었고, 또 식민지 근대화론이 박정희 정권의 경제개발론이 되었다'는 식으로 말이에요. 하지만 그건 분명히 곤란한 이야기입니다. 왜냐하면 주체적인 역사발전 과정으로서의 자본주의 맹아가 있었다는 이른바 자본주의 맹아론은 주체사관이고, 일제강점기의 경제발전론은 식민사관이기 때문입니다. 질적인 차이가 있어요. 가장 분명하게 말해, 자본주의 맹아론은 주체사관을 세우기 위해서 이루어졌습니다. 따라서 분명히 다르죠.

정진아 네.

박민철 선생님, 박정희 정권 시대 이야기가 나왔으니까 더 말씀을 여쭤보겠습니다. 박정희 정권은 여러 학문영역에서 어떤 이데올로기들을 적극적으로 활용해 왔습니다. 이에 영향을 받아 당시 철학계에서는 '조선적인 것'들을 강조하면서 또 그것을 교묘하게 국가주의로 연결시키는 작업들, 또는 해외에서 어떤 철학 사조들을 수용하면서 이것을 한반도 시대에 적용함과 동시에 또 국가의 강화에 대한 이론들로 연결시키는 방식으로 가거든요. 이런 의미에서 박정희 정권 시기에 '조선의 얼', '조선의 국혼', 이런 것들을 강조되었죠. 이런 부분에서 어떻게 생각하시는지요?

강만길 박정희 정권은 친일 콤플렉스를 가지고 있었습니다. 자기 자신들이 만주 군관학교 출신이었으니까 자기들이 가지고 있었던 역사적인 약점, 그것을 호도하기 위해서 많은 애를 썼어요. 그중 아주 두드러진 게 하나가 그때부터 시작된 독립유공자 표창이었죠. 결국 자기의 과거를 호도(糊塗)하기 위한 것이었습니다. 그리고 박정희는 해방 후에 좌익운동까지 한 사람이기에, 그것에 대한 콤플렉스가 또 있는 인물이었어요. 이래서 뭐라 그럴까, '극우주의자'가 된 거에요.

정진아 그렇다면 박정희의 입장에서는 친일 콤플렉스를 극복하기 위해서 독립의 문제 내지는 어떤 식민의 문제, 이런 것들을 활용한 측면이 있다면 당시의 또 내로라했던 지식인 이데올로그들(ideologues) 역시 그러한 방식에서 철저히 복무했던 것 같습니다.

강만길 그 사람들도 거의 대다수 일제시대에 다 협력했던 사람들이죠. 그렇잖아요? 쉽게 생각해서 독립운동했던 사람이 그리 할까요? 1950~60년대 대표적인 지식인들은 대다수 일제강점기에서 경성제국대학을 나왔죠. 그런데 강점기 당시 경성제국대학을 졸업했다? 보통 사람은 분명 아니었고, 그러니까 결국 비슷비슷한 사람들이라고 볼 수 있겠죠.

전쟁의 참상 속에서 역사학의 의미를 깨치다

박민철 그래서 이제 선생님 비슷한 질문일 수 있는데요. 제 전공분야가 한국현대철학이어서요. 한국현대철학의 지형도를 살펴보면 50년대 말부터 시작되어 특히 60, 70년대에 국가주의 흔적을 너무 많이 볼 수 있습니다. 예를 들어,

해외로부터 '생명'개념을 수입하면서 '국가에 생명성이 있다'고 주장하고, 결국 국가에 충성을 요구하는 방식으로 논의가 전개가 되거든요. 물론 다 그렇다고 하는 것은 폄하일 수 있겠지만요. 하지만 사학 쪽에서 그러한 경향과는 구별되는 고유한 발걸음을 떼신 분이 대표적으로 선생님을 이제 꼽을 수 있을 것 같은데요. 그래서 질문을 드리고 싶습니다. 선생님의 분단극복사관은 1978년 『분단시대의 역사인식』에서 처음 제기되었고 1985년 『한국민족운동사론』과 1990년 『통일운동시대의 역사인식』를 거쳐 2002년 『역사는 이상의 현실화 과정이다』에 이르기까지 지속적으로 구체화되고 있다고 생각합니다. 이건 평생을 걸쳐 선생님의 학문적 문제의식이 계속 이어져 오고 있다는 말이거든요. 주류의 인식이 아니라 좀 다른 발걸음, 그 고난의 발걸음을 떼시면서 계속 이렇게 오셨는데, 혹시 그런 선생님의 학문적 문제의식을 촉발시킨 역사적 경험 내지 사건들이 있으셨는지를 알고 싶습니다.

강만길 아마도 6·25전쟁이었을 겁니다. 6·25전쟁이 발발했을 때에 제 나이가 19살이었어요. 전쟁이 터지고 나서 사실 처음에는 북에 의해서 통일이 되는 줄 알았어요. 제 고향이 마산인데, 마산에는 밤에 인민군 선발대 일부가 들어왔고 이미 최전방이었죠. 그런데 곧이어 엄청나게 많은 미국군 중심의 UN군이 상륙해가지고 이걸 밀고 올라갔죠.

정진아 미군이 먼저 들어왔죠.

강만길 6월 25일 전쟁이 일어났는데, 6월 29일에 미군이 참전하겠다고 했어요. 미군이 참전하자 이번에는 또 38선을 넘어 압록강까지 진군했죠. 그때에는 또 남에 의해서 통일 되는 줄 알았어요. 그런데 아니나 다를까, 곧이어 중국군이 밀고 내려왔죠. 거기에서 아주 많은 것을 느끼게 되었습니다. 특히 내가 역사를 공부하는 사람이기 때문에 그런지 모르겠는데, '분단이라는 게 예사로운 분단이 아니다. 우리 한반도의 지정학적 위치 문제가 결국 분단의 대단히 중요한 요인이다.'라는 생각을 했어요. 또 한편 이런 생각을 했죠. '민족 내전이 일어났는데, 왜 미국은 참전했을까?'라고요. 그때는 소련도 참전을 안 하고 중국도 참전을 안 했을 때인데, 왜 미국만 참전했느냐는 거죠.

그 때 미국은 일본을 점령하고 있었어요. 그런데 미국 입장에서 봤을 때, 만약 북이 승리해서 한반도 전체가 다 대륙공산권에 들어가면, 일본까지 넘어갈 우려가 있다고 봤겠죠. 미국은 언제나 태평양이 'American lake'가 되어야 한다고 생각했어요. 하지만 일본이 무너진다고 생각해보세요. 아이젠하워가 한 말인데 그럴 경우 태평양은 'red lake'가 된다고 했어요. 따라서 미국 측에서는 일본을 지키기 위해선 아쉽지만 한반도 절반만이라도 미국의 세력균형에 있어야 된다고 본거죠. 이게 바로 38선'입니다. 하루 아침에 생긴 게 바로 미국이 제안한 38선입니다. 소련 역시 자신들의 세력균형의 목적 아래 미국이 제안한 38선을 받아들이죠. 그러니까 내가 늘 강조하는 말인데, 38선은 제2차 세계대전이 끝난 무렵 동아시아에서 그어진, 양대 전선국인 미국과 소련 사이의 세력 경계선이자 세력 균형선'이라는 겁니다. 만약 한반도 전체가 소련군에 점령 하에 들어가면 일본이 대단히 위험했을 거고, 반대로 한반도 전체가 미국의 점령 하에 들어갔으면 중국에서 모택동과 장개석의 세력 교체가 그렇게 빨리 안 되었을거라고 생각해요. 모택동이 중국을 점령하게 되는 과정에서 북이 사회주의권에 있었다는 것은 분명한 도움이 되었어요.

박민철 선생님, 그 6·25전쟁을 중학생 때 겪으셨죠?

강만길 그렇죠. 중학교 5학년. 요즘으로 치면 고등학교 2학년이었어요. 졸업 후 대학은 1952년도에 입학했죠. 당시 전쟁이 한창 때라 고려대학교는 대구에 피난을 내려왔었고, 그래서 대구에서 입학했습니다.

박민철 그때 역사학과로 진학하신 선택의 계기가 6·25전쟁이었다는 거죠?

강만길 그렇다고 할 수 있죠. 물론 그 전에도 역사를 좋아하긴 했어요. 일제강점기에 학교 다닐 때 우리 역사는 전혀 몰랐고, 일본 역사만 배웠지요. 해방 이후 중학교에서 처음으로 우리 역사를 배우기 시작했는데, 그때 역사 공부가 정말 재밌고 좋았어요. 원래 가지고 있던 역사학에 대한 애정과 흥미, 그리고 6·25전쟁이라는 개인적인 체험이 역사학으로 나를 이끌었나 봐요. 그렇게 대학 진학 때에도 역사학과를 선택하게 되었죠. 그런데 대학교에 진학해서 역사 공부를 하더라도 고대사를 할 수도 있잖아요? 그런데 나는 근현대사를 전공했죠. 돌이켜보면 근현대사를 하게 된 계기는 아마 6·25전쟁에 대한 나의 경험 때문이었다고 봐요.

박민철 선생님, 좀 다른 질문, 소프트(soft)한 질문인데요. 그러면 고려대 역사학과 52학번이신가요?

강만길 하하하, 그 땐 학번이란 것이 없었지만 요즘으로 치면 52학번이 맞습니다. 내가 대학에 입학할 때만 해도 경제학과, 정치학과가 인기가 있었어요. 그래서 문과사람들은 1지망이 경제학과와 정치학과고, 2지망이 사학과인 경우가 많았어요. 그런데 나는 1지망이 사학과였습니다. 여기에는 에피소드가 있어요. 당시 신석호 선생님이 시험관이셨는데, '왜 1지망이 사학과냐?'라고 물어요. 그때 내가 '역사공부를 할 생각입니다'라고 답했죠. 그 후 시간이 좀 지나고, 인민군들이 서울에서 후퇴를 할 때에 국사편찬위원회가 보관 중인 서적을 가져가려고 짐을 싸 놨어요. 근데 인천상륙작전이 전개되어 급박하게 후퇴하면서 미처 가져가지 못했죠. 당시 국사편찬위원회 사무국장이셨던 신석호 선생님께서 나한테 그 짐을 풀어 다시 정리하는 아르바이트를 맡기셨어요. 그때가 아마도 대학교 3학년이었을 땐데, 그때 역사책을 정말 많이 알게 됐습니다. 학교에서 볼 수도, 들을 수도 없었던 역사학 고전들을 많이 알게 되었어요. 그런 게 득이 되었던 것 같아요.

박민철 선생님, 그러면 근현대사 전공에 대한 믿음이나 그런 것이 한 번도 흔들리신 적은 없으셨는지요? 워낙 고초를 겪으셨으니까요.

강만길 내 글 중에 최초로 활자화 된 것이 대학 3학년 때 쓴 리포트입니다. 그게 고대사 관련이었어요. 그런데 고대사를 할 생각은 없었죠. 신석호 선생님이 조선사(朝鮮史) 전공이셨는데, 조선사를 해야겠다고 생각을 했어요. 그래서 내 석사논문이 '조선 전기사' 관련입니다. 이후 박사논문은 '조선 후기사'죠. 그런데 모교의 전임교수가 되어서 보니 내가 조선시대부터 대한제국, 일제강점기까지 다 가르쳐야 되는 상황이었습니다. 그런데 사실 논문 한 편 안 써본 분야를 가르친다는 게 쉽진 않아요. 그래서 부임 이후 개항기하고 일제강점기를 중점적으로 연구했어요. 이렇게 점점 근대로 내려오게 된 거고, 그러면서 한반도의 분단문제에 집중하게 되었죠.

평생의 공부, '민족통일전선' : "독립운동하는 사람들은 좌익이건 우익이건 해방 이후에 두 개의 국가가 생길 거라고는 꿈에도 생각하지 않았다"

정진아   선생님의 학문적 발자취를 살펴보면 보이는 게 있습니다. 조선 후기의 수공업과 상품경제 관련 문제에 천착을 하셨다가, 그 다음에는 방금 선생님께서 말씀하셨듯이 분단과 통일문제 내지 민족통일 전선 문제에 점점 관심을 가지고 연구를 하시게 되는, 그러한 문제의식의 흐름이라고 하는 게 분명하게 느껴지거든요.

강만길   그 당시 독립운동사에 대해선 거의 다 우익 독립운동사만 가르쳤습니다. 그런데 내가 관련 연구를 진행해보니까, 실제로 한반도의 독립운동사는 좌우합작운동의 역사인거에요. 독립운동을 하던 사람들은 좌익이건 우익이건 해방 이후에 두 개의 국가가 생길 거라고는 꿈에도 생각하지 않았어요. 우리는 일반적으로 좌우합작운동이 신간회부터 시작되었다고 생각하는데, 그 전에 이미 민족유일당 운동이 있었고 민족통일전선이 지속적으로 있었어요. 실제로 마지막에 가면 대한민국임시정부가 좌우합작정부가 되죠. 나는 우리가 잘 몰랐던 이러한 흐름을 온전히 밝혀야한다고 생각했습니다. 이것을 밝혀 '우리의 독립운동은 좌익만의 운동도 아니고, 우익만의 운동도 아니고 좌우합작운동이었다'를 알리고 싶었어요. 또 하나는 일제강점기 시기의 좌익운동은 독립운동의 일환으로 봐야 한다고 생각했어요. 공산주의 운동으로 따로 떼어져 있는 것이 아니고, 독립 운동 속에 포함시켜야 한다는 거죠. 아마 우리나라의 역사 개설책 중에서 독립운동 관련 부분에 조선공산당의 독립운동을 내가 최초로 넣었을겁니다.

정진아   네. 선생님이 독립운동사에 있어서 좌익과 우익의 균형 잡힌 서술을 처음으로 시도하신 선구적인 역할을 하신거죠. 그런데 좌우익 운동을 균형 잡히게 서술하신 데에서부터 한 걸음 더 나아가 민족통일전선 문제를 해방 후 문제로까지 계속 천착하시게 된 좀 남다른 이유가 있을 것 같아요. 독립운동사를 복원해야 되겠다라는 문제의식도 있으셨겠지만, 현재 분단체제를 좀 극복해야 되겠다라고 하는 문제의식이 굉장히 강하게 투영되어 있다는 생각이 들거든요.

강만길 그런 연구가 『분단시대의 역사인식』 이후에 본격화됩니다. 『분단시대의 역사인식』에서는 '분단시대'라는 규정으로부터 역사학의 의미 등을 이야기하려고 했고, 그 이후엔 이를 위해선 독립운동의 역사와 좌우합작운동의 온전한 흐름을 밝혀야 한다고 생각했어요. 그래야만 통일의 의지가 더욱 확고해질 수 있다고 생각했죠. 좌익운동이 단순히 좌익운동으로서가 아니고 민족해방운동의 일환으로서 평가받길 원했습니다. 그러기 위해선 당연히 조선공산당사를 비롯한 좌익운동을 일제강점기라는 시대사 속에서 활발히 전개되었던 민족해방운동의 한 흐름으로 넣어야 한다고 생각했습니다. 물론 이렇게 해 놓고 나니 걱정이 없다곤 할 수 없었겠죠. 하지만 일단 엄밀하게 학문적으로 그러한 규정을 하는 이상, 만약 거기에 따르는 희생이 있더라도 겁낼 필요는 없다고 생각했어요. 그 바람에 고초도 많이 겪었지만 그거야 내가 어떻게 할 수 없는 부분이었죠. 나는 학자적 양심에 맞추어 그렇게 한 거였고, 그것에 대한 책임이 있다면 회피하고 싶진 않았습니다.

정진아 고초를 겪으셨던 얘기도 같이 해주시면 좋을 것 같습니다. 왜냐하면 그 시대가 유신 이후의 굉장히 엄혹한 시기라서요. 선생님께서 그러한 시기에 분단극복 사학을 제기하시고 통일문제를 제기하시고, 나아가 민족해방운동사의 또 하나의 본류로서 사회주의 운동을 복원한다고 하는 문제는 그렇게 만만한 문제가 아니었잖아요.

강만길 그러한 내용을 가지고 강의도 하고, 강연도 하고 그렇게 지냈습니다. 특히 학생운동 쪽에서 강연요청이 많이 들어왔어요. 그런데 그렇게 되니 이제 당국으로서는 그냥 둘 수 없겠죠. 결국 해직도 되고요. 여러 고초들에 대해선 굳이 다시 얘기하기 보다는, 나는 이렇게 생각합니다. 학자가 자신의 학자적 양심에 따라 그리고 자신의 소신에 따라 그러한 선택한 이상, 만약 그 책임이 물어진다면 별 수 없이 감당해야겠죠. 남이 시키는 것도 아니고 자기가 좋아서 했는데, 자기가 책임져야지 어떡하겠어요? 다만 그 어려운 상황에서도 많은 분들이 저를 도와줬어요. 모 출판사도 그랬고, 사회에서도 많은 도움을 주셨죠. 생각해보면 우리 사회는 또 그렇게 되어 있는 것 같아요.

분단의 원인, 통일의 해법 : "6·25전쟁은 우리에게 무엇을 가르쳐줬나요? 한반도는 전쟁으로 통일이 안 된다는 것을 가르쳐줬습니다."

박민철 선생님, 그러면 다른 질문으로 넘어가겠습니다. 선생님의 저작을 살펴보면, 분단의 원인에 대해 '식민지 시대 민족해방운동의 방법론적·사상적 대립이 미소 양군의 분할점령과 결합해서 극심한 좌우대립으로 연결되었다'는 내부적 요인, '한반도의 지정학적 위치 및 미소 냉전의 직접적인 영향력에 따른 결과'라는 외부적 요인으로 구분하고 계신 거 같습니다. 여기서 내

외부적 요인들 모두 미소 냉전이 핵심기제로 작동하고 있기 때문에 선생님의 분단론을 '한반도의 지정학적 위치론'으로 이해하는 사람들도 많이 있습니다. 또한 선생님께서는 지정학적 위치에 따른 국제정치적 관계 속에서 한반도가 취할 수 있는 유일한 통일방법론은 어느 한쪽의 편에 편입되는 방식일 수 없으며, 남과 북의 신뢰있는 공조체제를 만들고 유지하는 것일 뿐이라고 말씀하신 바도 있습니다. 그런데 이러한 한반도의 지정학적 위치론을 강조하는 선생님의 견해에 대해 어떤 이들은 분단발생과 지속의 원인 그리고 통일의 방향성 모두를 한반도의 지정학적 위치로만 귀속시켜버리는 일종의 '숙명론'이라고 비판하기도 합니다. 이에 대한 선생님의 의견을 여쭙고 싶습니다.

강만길 나는 이렇게 생각합니다. 우리는 '분단의 원인'을 많이 알아야 된다고 생각해요. 많이 알수록 좋지요. 그래야 해결의 기회도 커지니까요. 근데 지금까지 분단의 원인을 지정학적 위치로 설명하고 있는 사람들이 별로 없었습니다. 미소대립, 이데올로기의 대립을 위주로서만 얘기해왔죠. 하지만 사실 엄밀하게 봤을 때 한반도 분단의 위협은 2차 대전이 끝날 때가 아니에요. 청일전쟁 때 이미 분단의 위협이 있었어요. 청일전쟁을 막기 위해서는 함경도, 평안도, 황해도는 청나라가 다스리게 하고. 경상도와 전라도 그리고 충청도와 강원도는 일본이 다스리게 하고, 조선왕은 경기도만 다스리게 하자는 안이 제시되었어요. 그때 이미 분단될 위험이 있었죠. 러일전쟁도 마찬가지죠. 한반도가 일본의 세력권에 들어가게 되는 것을 반대하기 위해 러시아가 한반도에 진출하기 시작하죠. 심지어는 왕을 러시아 공사관에 데려다 놓기도 하고요. 러시아는 마산에 군항을 건설하려고 했어요. 일본의 입장에서 봤을 때 그렇게 되면 러시아의 칼이 일본의 심장부를 겨누는 형세가 된다고 생각했어요. 하지만 일본이 러시아를 혼자 이길 수는 없었죠. 그러니 미국와 영국이 전쟁 비용을 빌려줘서 일본이 이기게끔 하죠. 이렇듯 한반도는 대륙세력과 해양세력의 끊임없는 각축장이었어요.

그러니까 우리는 자꾸 분단하면 2차 대전이 끝날 때부터 생각하는데, 결코 아닙니다. 이미 말했듯이 역사적으로 보면 이미 청일전쟁 때부터 한반도 분단론이 등장한다는 거죠. 이러한 사실을 깊이 염두에 두지 않고서는 우리 한반도 문제를 결코 해결할 수가 없어요. 물론 한반도 문제를 해결하는 데는 사상적인 문제와 같은 것도 분명 상존하고 있지만, 지정학적인 위치 문제도 분명히 알아야 합니다. 결국 통일론과도 연계가 되겠지만 한반도의 지정학적 위치는 주위 강대국의 이익관계 안에서 놓여있다는 사실을 분명하게 인지해야 합니다. 실제로 남북의 화해와 협력을 강조한 김대중 대통령의 6.15공동선언에는 강대국의 틈바구니에서 살고 있는 우리 한반도의 지정학적 위치에 대한 냉철한 인식이 전제되어 있었어요.

박민철 선생님, 저희도 통일 얘기를 많이 하다보면 가장 많이 듣는 얘기가, '한반도 통일은 안 돼. 중국도 싫어하고 반대할거고 미국도 싫어하는데 한반도 통일 되겠어'라는 말이거든요. 이제 저희가 나아갈 수 있는 방법은, 선생님 말씀처럼 남북 상호간의 강한 결속체제와 협력 체제의 구축일텐데요, 이때 어떠한 단계들 내지 과정들을 거쳐야 할까요?

강만길 우리가 분단이 될 때, '3단계 분단'이 되었습니다. 1차적으로 '국토 분단'이라고 할 수 있죠. 38선 생긴 것 말이에요. 그 다음 2차적으로 '국가 분단'입니다. 남북이 두 개의 국가가 생겼어요. 하지만 그때까지만 해도 남북 사이에는 분명 동족의식이 흐르고 있었습니다. 그런데 6·25전쟁으로 인해 남북이 완전히 서로 적이 되어 버렸죠. 바로 이게 '민족 분단'입니다. 이처럼 순서상 '국토 분단', '국가 분단', '민족 분단'이 발생하였죠. 하지만 통일과정은 이렇게 생각해보면 어떨까 싶어요. 6.15공동선언에서 뭐라 그랬어요? 남북의 상호 화해와 협력의 중요성을 강조했죠. '과거에는 적이었지만 이 선언 이후부터는 우리 다시 동족으로 되돌아가자', 즉 민족 통일이 시작되는 과정이라고 할 수 있어요. 물론 하루아침에 되는 것이 아닐 테고 지난(至難)한 과정들이 수반되겠죠. 실상 하루아침에 되는 것은 전쟁 통일이 제일 빠르잖아요.

박민철 그렇죠.

강만길 그런데 6 · 25전쟁은 우리에게 무엇을 가르쳐줬을까요? '한반도는 전쟁으로 통일이 안 된다'는 그 분명한 사실을 가르쳐줬습니다. 또 그러니 독일 통일 이후에는 많은 사람들이 독일 식 흡수통일을 주장하고 있어요. 하지만 천만에요. 흡수통일하고 전쟁통일하고 방법은 다르지만 결과는 마찬가지입니다. 전쟁이 이긴 쪽이 실질적으로 지배하고, 흡수한 쪽이 흡수당한 쪽을 지배하게 된다는 점에서 결과는 마찬가지에요. 이제 분명한 것은 전쟁통일도 안 되고, 흡수통일도 안 된다는 자명한 사실이죠. 그러면 통일을 어떻게 해야 할까요? 차츰 차츰 해나가야 한다고 생각해요. 이러한 과정이 얼마나 걸릴 진 모르겠지만 아까 말한 것처럼 민족이 통일되기 시작했어요, 그 다음에 어떻게 될까요? 지금은 중단되었지만 개성공단이 생기고 철도가 연결되고, 그러니까 국토가 통일되기 시작하는 거죠.

박민철 그렇죠. 네.

강만길 민족 통일이 이뤄지고 또 그렇게 국토 통일이 차츰 진행되면, 결국 한반도에 평화가 정착이 되요. 만약 그러면 내가 보기엔 국가 통일은 좀 늦어도 괜찮다고 생각합니다. 민족 통일이 제대로 되고 국토 통일이 제대로 되면, 국가 통일이 남게 되는데, 국가 통일도 이미 6.15공동선언에서 이미 얘기가 되었어요. 국가 통일에 그 국가는 '군사권'과 '외교권'을 가지는 국가에요. 내치권은 남북이 다 상당기간 가지고요. 그러니까 외교권과 군사권을 당장 하나로 할 수 없다 하더라도, 서로 협력하고 서로 대립하지 않는다는 것을 합의했죠. 이렇게 하면 결국 국가 통일도 저절로 진행이 될 겁니다. 물론 시간은 꽤 걸리겠죠. 그동안 남북 사이의 감정이 악화되었고, 거기다 전쟁까지 겪었으니까요. 그래도 아까 말한 것처럼 민족 통일과 국토 통일을 점점 더 진행시켜야 합니다. 그러면은 어느 시기에 가서는 국가 통일에 도달할거라고 생각합니다. 그리고 아마 21세기에 들어가게 되면 국가 권력의 중요성 내지 강도랄까, 그런 것이 점점 줄어들 거에요.

박민철 지금 한국은 안 그렇잖아요?[1]

강만길 허허허. 아니에요. 앞으로 두고 보세요. 예를 들어, 지금 'EU'에 문제가 생기긴 했지만, 과거 세계대전이 발발한 유럽에서 'EU'같은 게 생기리라고는 꿈에도 생각 못했어요. 그런데 전쟁의 시기였던 20세기가 다 가기 전에 제국주의의 심장부이기도 한 유럽에서 'EU'라는 게 생겼죠. 그 뿐 아니죠. 'ASEAN'이 잘 하고 있어요. 거기다가 '아프리카연합'이 자라고 있어요. 또 조금 성격은 다르지만 북미의 'NAFTA'도 그 나름대로 경제공동체가 되어가고 있고, 남미 역시도 남미연합체 이야기하고 있습니다. 이런 식으로 국경의 벽을 높혔던 시대가 지나가고 있어요. 세계사는 그런 쪽으로 진행되어가고 있습니다. 그러면 우리는 어떻게 해야 할까요? 베트남이 어찌되었던 사회주의 쪽에서 통일을 했지만, 그래도 'ASEAN'에 가입되어 잘 하고 있어요. 경제적으로는 자본주의라고 할지라도 아직도 정치적으로는 사회주의 체제인 중국도 'ASEAN+3국'에 들어가 있죠. 그렇다면 '아세안+3국'이 아니고, 북을 넣어 '아세안+4국'이 되어야 한다고 생각해요. 이렇듯 한반도는 이제 동아시아에 있어서 해양과 대륙을 잇는 하나의 평화 가교(架橋)가 되어야 합니다. 그러니까 이제 해양세력과 대륙세력을 아우르는 하나의 평화가교가 되면서 긴 안목으로 통일문제를 해결해야 된다고 생각해요.

평화 우선이냐? 통일 우선이냐? "분단이 되어 있는 한 우리는 언제나 대립할 수밖에 없다."

정진아 어떤 사람들은 전 세계적으로 탈냉전 분위기고 뭔가 장벽이 허물어지는 느낌이 있지만, 동아시아에서는 그게 아직도 여전히 냉랭한 분위기고 남북은 오히려 굉장히 경색된 국면으로 가니, 차라리 통일보다는 상호 공존 내지는 통일을 이야기하지 말고 평화를 먼저 이야기 하는 것이 오히려 나은 게 아

---

1 이 대담은 2016년 6월 22일에 이루어졌다.

니냐라고 얘기하기도 합니다.

강만길 평화공존이 곧 통일로 가는 거예요. 통일로 가기 위해서 일단 평화 공존이 되어야 하죠. 그런데 우리가 지정학적으로 나누어져 있는 이상 그것이 참 힘들어요. 이게 한반도는 언제나 대륙 세력과 해양 세력의 절충점이 되거나, 대립점이 되거나 그래왔죠. 더군다나 분단이 되어 버렸으니 언제나 하나는 대륙 쪽이고 하나는 해양 쪽입니다. 이해관계가 상충되기 마련이죠. 냉전이 끝났는데도 남북관계는 예나 마찬가지입니다. 그리고 언제나 배후에는 중국이 있고 러시아가 있고, 일본이 있고 미국이 있고, 마찬가지죠.

정진아 그러니까 예전에는 평화공존은 곧 통일로 가는 과정 속에 있는 문제라고 생각했고, 평화와 통일은 하나라고 생각했다면, 요즘 논의 속에서는 평화와 통일을 분리시켜서 사고하는 그런 생각들이 오히려 조금 더 상승하고 있거든요.

강만길 사실 평화공존의 유지가 힘들죠. 왜? 같은 민족이기 때문에 그렇다는 거죠. 다른 민족이었다고 한다면 큰 문제는 아니었을거예요. 그런데 같은 말을 쓰는 같은 민족, 같은 역사를 가진 민족이 둘로 나뉘어져 있는데 언제나 대립할 수밖에 없겠죠. 물론 한 민족이 두, 세 개의 나라를 만들어 있는 곳도 있긴 있지만 그건 지정학적 위치 문제하고는 또 달라요. 예를 들면 오스트리아나 독일 같은 경우 같은 민족이 두 국가를 이루고 살지만, 그건 지정학적으로 전혀 문제가 없는 곳이죠. 하지만 분단이 되어 있는 한 우리는 언제나 대립할 수밖에 없어요. 언제나 배후세력이 있기 때문에 대립하기 마련이에요. 이것을 극복해야 해요. 하지만 어려운 문제일지언정 해결될 수 있다고 생각해합니다.

박민철 방금 정진아 선생님의 말씀은, 그 요즘에 학계에 논의들을 보면 평화와 통일을 분리해서 평화가 목적이고 통일은 되던 말던 괄호쳐버리는 거거든요. 선생님 말씀은, 그 평화라고 하는 것이 통일을 전제하지 않고는 이루어질 수 없다라는 말씀과 가깝게 들리는데요.

강만길 응. 안되죠.

정진아 통일을 전제하지 않는 한반도의 평화라고 하는 것은 그러니까 우리의 머리 속에는 있을 수 있지만, 허상이다. 이렇게 봐도 될까요?

강만길 현실화되기 어렵다는 거죠.

정진아 예.

'대등적', '호혜적', '주체적', '점진적', '체제상승적', '중화적', '평화적', '협상적'통일론의 의미

박민철 선생님, 선생님께선 통일방안을 여러 책에서 말씀하셨습니다. 그런데 '대등적', '호혜적', '주체적', '점진적', '체제상승적', '중화적', '평화적', '협상적'통일론 등으로 다양하게 표현되지만, 명시적으로는 '대등통일론'으로 집약될 수 있다고 생각합니다. 그러한 대등통일론의 구체적 실천방향에 대해 선생님께선 '정치·경제·사회·문화면의 남북 이질화를 객관적으로 인지하고 이를 극복하기 위해 민족동질성을 회복하려는 노력'이라고 말씀하셨습니다. 그런데 요즘 들어서 민족의 전통적 동질성 회복을 주장하는 것들에 대한 비판들이 있거든요. 동질성의 강조가 불러올 수 있는 위험성들, 또는 과연 동질하다고 할 수 있는지 등과 같은 비판들도 있고요, 이러한 비판들에 대해 어떻게 생각하시는지요?

강만길 그러면 통일할 이유가 없지 않을까요? 따로따로 살아야지, 뭐 때문에 통일을 얘기할까요? 중요한 것은 우리 한반도가 통일이 되지 않으면 늘 대립하게 된다는 사실이죠. 그러면 이 대립을 해소해야만 할 텐데, 그러기 위해선 뭘 가지고 이야기해야 할까요? 민족적인 것 밖에 이야기할게 없잖아요. '수천 년 같이 살아 왔는데, 지금 왜 남남이 되어 살아야 하느냐. 남이 되면 그게 의좋은 남도 아니고, 외세의 부추김 속에서 언제나 대립하는 남남이 돼버리는데'라는 거죠. 그러면 결국에는 민족적인 동질성을 회복할 돌파구 밖에 없지 않을까라고 생각해요.

박민철 그런 얘긴 것 같아요, 선생님. 어찌됐건 분단 이후에 한 약 70여 년 동안,

남북이 너무나 달라졌잖아요?

정진아 질문을 보충하면, '독일통일의 사례를 보니 생각보다 동독 사람들하고 서독 사람들 사이에 문화 충돌도 많고 서로가 하나 되는 과정에서 갈등이 굉장히 많다고 하더라. 우리도 그렇게 되는 거 아니냐'라는 거죠.

강만길 물론 오랫동안 떨어져 있으니까 처음에는 그런 걱정 또는 거리감은 당연히 있겠죠. 처음에야 충돌 내지는 충격이 있기 마련일겁니다. 그러나 서로 말이 통하고, 같은 생활습관과 역사를 가지고 있는데, 그러한 거리감은 곧 해결될거라고 생각해요. 사람과 사람 사이에 접촉이 있으면 분명히 어느 지점에서라도 달라질거라 생각해요. 그런데 우리는 딱 끊어놓고 막아놨으니까 이게 뭐 어떻게 할 도리가 없잖아요. 하지만 향후 남북의 상호접촉이 활성화되면 남북의 경제, 정치, 사회, 문화의 여러 격차와 차이점들은 분명 메꿔질꺼라고 생각해요. 개인적인 경험을 얘기해볼께요.

처음에 우리가 북에 옷가지 같은 거 보낼 때, 북에서는 옷에 붙어진 라벨(label)을 다 떼고 보내라 했어요. 그런데 내가 가장 마지막에 개성에 갔을 때 보니까, 남쪽에서 보낸 '대한민국'이라고 딱 써 붙여진 쌀 포대가 그대로 쌓여있어요. 첨엔 라벨이 붙은 옷도 안 받겠다 한 사람들이, 어느샌가 '대한민국'이 써 붙여진 쌀 포대를 거부감없이 받고 있더라는 거죠. 또 금강산에 갔을 때 이야기에요. 금강산에 가니 바위에 빨갛게 조각해 놓은 글자들이 있었어요. 그런데 내가 마지막에 갔을 때쯤 되니까, 빨갛게 새겨진 글자들이 아주 희미해졌어요. 그래서 당시 현대아산 직원들한테 '저거 어쩐 일이냐?'라고 물으니까, '남쪽 사람들이 와서 자꾸 지적하니까 자기들이 지우더라'고 얘기해요. 여태까지는 그거 선전문구라고 잔뜩 붉게 써 놨는데 남쪽 사람들이 와서 지적을 하니깐 지우더라 거죠. 나는 서로 그런 과정이 필요하다고 봐요. 수십 년이 넘게 떨어져 있었는데 하루아침에 만나 잘 될 수는 없고, 반드시 서로가 만나 차이를 소통하고 화합하는 과정이 필요하다는 거죠.

정진아 그럼 시간을 두고, 그 균형성, 대등성, 호혜성이 어느 정도 확보될 때 까지,

이렇게 쭉 균형을 맞춰가는 노력을 하고, 그 균형이 맞춰졌을 때 동등하고 호혜적이고 대등하게 통일을 하는 방식을…….

강만길 그 자체가 바로 통일과정이라고 생각합니다. 6.15공동선언, 그것도 바로 하나의 통일과정이었죠. 전쟁도 아니고 흡수도 아니고, 사람이 왔다 갔다 하는 그 자체가 하나의 통일 과정으로 봐야할 필요가 있어요.

박민철 젊은 세대들에서 많이 제기되는 게 '통일회의론'이거든요. '통일? 아! 싫어, 관심 없어'라는 통일회의론 말이에요. 그런데 통일 회의론을 지탱하는 하나의 이론적 프레임이 있다면 바로 '통일비용론'이거든요. '통일 너무 돈 많이 든다. 우리가 너무 많이 내야 한다'이런 얘기들이 있거든요. 그에 대해서는 어떻게 생각하세요, 선생님?

강만길 단적인 예로, 그러면 언제까지 대학생들이 군대를 한 학기 마치고 갈까, 아니면 두 학기 마치고 갈까와 같은 고민을 해야 될까요? 지금 내 손자도 고민하고 있어요. 일본, 독일 같은 선진국도 상비군이 한 30만 밖에 안 돼요. 우리는 남북 합치면 100만이 훨씬 넘죠. 분단 때문에 소비되는 군사비용은 또 어떻구요. 또 한반도의 미래 그리고 한반도에 대한 국제적 인식 등도 고려해야죠. 앞으로 남쪽 사람들도, 북쪽 사람들도 국제무대에 나가서 활동을 많이 할 텐데, 밤낮 '극동의 화약고'와 같은 소리를 들으면 안 되잖아요. 자기들 민족문제 하나 해결 못하면서 극동의 전쟁 위협이 가장 높은 곳에 살고 있는 우리들 처지에 대한 비난과 심지어 멸시가 있을꺼에요.

박민철 저는 이제 강의를 나가면, 그런 논리에 대비해서 '분단 비용론'을 이야기하거든요. 그러니까 통일비용보다 오히려 우리가 알게 모르게 지금 감당하고 있는, 소비하고 있는, 내고 있는 분단에 대한 비용이 더 크다는 거죠.

강만길 당연히 훨씬 더 많이 들죠.

정진아 이것과 연관해서 질문드리고 싶습니다. 저는 선생님께서 '민족 통일, 국토 통일, 그리고 국가 통일'과 같은 이런 것을 이룸으로써 민족적 자부심을 가지고 21세기에 세계로 나아갈 수 있어야 한다'라고 말씀하신 것으로 이해하고 있습니다. 그렇다면 젊은 세대가 그러한 과정들을 펼쳐가기 위해서 지금 가장 고민해야 될 문제는 어떤 것일까요?

강만길 역사적으로 살펴보면 자기의 문제와 민족 문제를 함께 결부시켜 고민한 젊은 세대들이 있었죠. 또한 반대로 그것과 상관없이 자기 앞 길만 생각하는 사람들도 있었고요. 일제강점기만 하더라도 그 어려운 조건 속에서도 독립운동을 한 사람들도 있었고, 반대로 일제와 타협해서 자기만 잘 살려고 한 사람들도 있었습니다. 그런데 어느 게 옳은 생활이었느냐? 그저 하루하루 먹고 살고, 자기의 안위만 생각하는 생활이 옳으냐? 반대로 민족문제, 세계문제, 평화문제, 인류문제와 같은 것까지도 고민한 게 옳은 거냐? 이렇게 묻는다면 답하기엔 참 어려워요. 사람마다 차이가 있을 수 있잖아요. 온 세상 사람이 다 민족문제, 세계문제를 고민할 순 없겠죠. 분명 농도가 있기 마련일거구요.

　그러나 그런 큰 문제, 그러니까 우리가 직면한 역사적인 문제를 외면하지 않고 자기 일처럼 생각하는 사람들이 많은 민족일수록 그 사회가 제대로 되어가는 사회라고 생각합니다. 엄혹한 일제강점기 시대에서도 목숨을 바쳐가면서 그걸 타개하자고 한 사람들이 있었잖아요? 분단시대도 마찬가지였죠. '나의 희생이 있더라도 이 문제를 해결을 해야 된다. 더구나 내 아이들을 위해서라도, 내 손자들을 위해서라도 해결을 해야 된다'고 생각한 사람들이 있었어요. 물론 모든 시대에는 매일 매일 그냥 살아가는 사람들도 있었어요. 사람이 다 같은 수는 없지요. 그런데 나는 그런 문제들을 깊이 고민하고 생각하는 사람이 더 많을수록 우리 사회가 더 옳은 사회가 된다고 생각해요.

우리의 현실과 분단민족, 그리고 통일민족주의의 의의

박민철 선생님, 그러면 또 다른 질문을 드리겠습니다. 선생님께서는 분단극복사관의 구체적인 형태를 통일 민족주의라는 말로 표현을 하셨습니다. 그런데 선생님의 저작들을 살펴보면 민족주의가 가질 수 있는 한계 역시 분명하게 쓰

셨던 것 같습니다. 민족주의가 잘못하면 복고주의, 국수주의, 영웅주의, 국가주의 이런 식으로 흐를 가능성이 매우 큰 것도 사실이라고 지적하셨죠. 그럼에도 불구하고 여전히 한반도에서는 이 통일민족주의가 필요하다는 입장을 강하게 갖고 계시는데요. 물론 강한 민족적 의식이 오랫동안 유지될 수밖에 없었던 한반도에서 민족주의가 갖는 현실적 규정력과 실천적 힘을 결코 소홀히 할 수 없다는 점 역시 저희도 전적으로 공감하고 있습니다. 하지만 이제 21세기로 접어들면서 한국 학계 내에서 탈민족주의 담론이 부각하게 되고, 선생님의 통일민족주의에 대한 비판이 막 보이기 시작하고 있습니다. 이런 점에서 선생님께서 생각하시는 통일민족주의가 과연 무엇이고 어떠한 의의를 갖는 규정인지를 다시 한번 설명해주시면 경청하겠습니다.

강만길 하나 물어볼게요. 한반도 통일의 당위성을 무엇을 가지고 이야기 해야 할까요? 왜 통일해야 할까요? 인간주의? 혹은 아시아주의? 나는 우리 한반도가 분단 민족사회라는 사실을 직시하면서, 이러한 분단 민족사회가 갖는 특수성이 있다는 것을 알아야 한다고 생각합니다. 만약 한반도가 아닌 다른 지역 같으면, 세계사의 조류에 따라 민족주의가 좀 희석되어도 좋을 것 같아요. 그런데 우리는 딱 분단 민족이라는 말이죠. 우리가 직면하고 있는 가장

시급하고 중요한 민족문제가 뭘까요? 당연히 통일이죠. 그렇다면 통일의 당위성과 관련해서 우리가 제시할 수 있는 원리는 민족주의 외에 어떤 것이 있을까요? 내가 하고 싶은 말은, '같은 민족이고, 같은 말을 쓰고, 같은 역사를 가지고 있고, 같은 문화를 가지고 있다는 자명한 사실 외에 그럼 무엇을 가지고 한반도의 통일을 이야기 할 수 있겠느냐'라는 겁니다. 내가 구세대일순 있겠지만, 나는 그것만큼 한반도 통일에 커다란 규정력을 가지고 있는 다른 것이 있는지는 잘 모르겠어요.

박민철 그럼 선생님, 이렇게 해석이 되겠네요? 선생님께서 규정하신 통일민족주의는 통일을 위한 민족주의지 민족주의를 위한, 그러니까 민족주의 자체를 위한 통일은 아니다라는 거죠.

강만길 아, 그거야 물론이죠. 지금 얘기하고 있는 것은 통일의 한 이데올로기로서의 전향적, 미래지향적 민족주의죠. 현 시대는 분명 민족주의라는 게 부정되어가는 세상이자 세계사적으로 민족주의를 극복하자는 세상인데, 더구나 역사 공부하는 사람이 그렇게 말할 순 없잖아요. 다만 통일에 어떤 이데올로기가 있어야 되지 않느냐, 그게 무엇이냐라는 것이 요긴한 문제겠죠.

정진아 그러니까 젊은 세대에게는 민족주의에 대한 비판론이 생기면서 '아, 민족? 크게 의미 없는 것 아니냐. 통일도 의미 없는 것 아니냐.' 그러니까 민족주의에 대한 부정론이 곧 통일회의론으로까지 연결되고 있는 것이거든요.

강만길 통일이 안 되기 때문에 지금 엄청난 어려움을 안고 있는데, 그러한 사실이 많은 사람들에게 체감되지 못하는 현실이 조금 안타까워요. 통일의 문제 역시 분명 내 삶의 한 부분이죠. 그러니까, 우리가 지금 엄청난 국방비를 아까 말한 것처럼 충당하고 있고, 꽃다운 젊은 나이에 군대에 가야 하고, 그러한 것들을 한반도 분단문제와 결부시켜 종합적으로 사고했으면 좋겠어요.

박민철 선생님, 선생님께서 2010년에 저술한 『역사가의 시간』, 그리고 2013년에 저술한 『분단고통과 통일전망의 역사』를 보면, 진보적 · 낙관론적 · 목적론적 역사관이 보다 강조되고 있다는 평가가 있습니다. 실제로 그러한 역사관과 통일론이 결합되어 '반공주의 인식의 사회적 기반이 축소되고 있으며,

그래서 반공주의의 벽이 무너지고 있다' 또한 '21세기 젊은 세대들은 기성세대의 분단민족주의, 남북 적대주의를 극복하고 통일문제에 대한 생각과 의욕이 더 높고 적극적일 것이다'란 구절을 발견할 수 있습니다. 그런데 사실 지금 방금 얘기했듯이 지금 한국의 현실을 보면 오히려 반대의 모습들이 나타나고 있는 것처럼 보이거든요. 그래서 그런 부분들에 대해 어떻게 생각하시는지 여쭙겠습니다.

강만길 우선 나는 이렇게 생각합니다. 역사가의 입장에서 우리에게 필요한 하나의 희망사항을 말할 수도 있지 않을까요? 물론 현실문제도 현실문제지만, 학자는 '이게 옳은 길이다. 이게 바른 길이다.'그런 의견을 말할 수 있다고 생각해요. 또한 우리 사회에서 그런 말을 하는 사람이 많을수록 좋다고 생각하고요. 물론 그게 '젊은 사람들의 생각과 얼마나 부합하느냐, 동떨어져 있진 않느냐'라고 생각할 수도 있겠죠. 그런데 젊은 사람들에게 부합하는 말만 하는 늙은이가 필요할까요? 늙은 사람은 경험이 더 많고, 더 많이 살아봤고, 그럼으로써 자기가 경험한 것이, 자기가 생각하는 것이 젊은 사람들에게 다 받아들여지지는 않는다고 해도 어느 정도 도움이 될 수 있으면 해야 한다고 생각합니다. 다만 늙은 사람이 이야기한 걸 젊은 사람이 안받아주면 어떻게 하느냐라고 반문할 수 있겠죠. 하지만 안 받아주면 그것을 억지로 어떻게 할 수는 없겠죠. 그러나 게 중에도 한 두 사람 정도 받아주는 사람이 있다면 다행이겠죠.

사회는 마침내 변화하고 역사는 끝내 진보한다, "그러한 사람들의 존재감이 결국은 세상을 바꾸는 하나의 싹이 돼요."

박민철 선생님, 그런데 요즘 젊은 세대들은 기성세대 못지않게 반공적이고요, 심지어 북에 대해 어떤 강한 적대의식을 가지고 있습니다. 이런 상황을 어떤 방식으로 헤쳐 나가야 할까요? 예를 들어 최근 '종북'프레임이라고 하는 거에 갇혀서, 조금 진보적인 이야기만 하면 '너 종북이야? 너 북한하고 똑같아?'

이렇게 얘기를 듣잖아요. 실제로 예전에는 군사정권에 대한 반발과 민주화에 대한 욕구로 인해 북에 대한 얘기하기도 하고 '우리는 같은 민족이다'라는 얘기도 할 수 있는 분위기가 분명히 있었다면, 오히려 지금은 더 어두워지는 것 같은 느낌이 들 때가 있어요. 그런데 모든 게 그런 프레임에 갇혀있는 느낌이 들 때, '낙관성을 가지자'이런 거 이상의 어떤 것이 필요하다는 생각이 들거든요.

강만길 그런데, 이 사회가 나아간다는 게 그렇게 일률적으로 가는 게 아니라고 생각합니다. 예를 들면, 70-80년대와 같은 어떤 역사적 반동이 왔던가 아님 분명 앞으로도 올 거라고 생각해요. 하지만 그러한 반동이 오면 곧 그 반동을 뚫고나가는 기회가 생겨나죠. 그래서 역사라는 것은 언제나 앞으로 나아가기 마련인데, 다만 문제는 그 반동적인 게 우리들에게 다가왔을 때 거기에 함몰되어서는 안 될뿐더러 함몰되는 사람이 많아서도 안 된다는 점입니다. 그 속에서도 '새로운', '진보적인'생각을 하는 사람이 하나라도 많아야한다는 거죠. 과거에도 그렇게 해 왔어요. 그러한 사람들이 오히려 역사를 이끌고 가는 주인들이 되어 왔다는 거죠. 만약 열 사람이 있는데 그 중 여덟 사람이 아까 말한 반공적 내지 반동적이라고 하더라도, 이럴 때 한 두 사람이라도 남아 있다는 게 정말 다행 아닐까요? 그런데 거기에 대한 자부심이 있어야 된다고 봐요. 그리고 그것이 아주 중요한 거죠. '일반인들이 생각하지 못하는 것을 나는 생각하고 있다'는 사실, 이게 그들의 존재감을 살리는 거에요. 그리고 그렇게 생각하는 사람들의 존재감이 결국 세상을 바꾸는 또 하나의 싹이 돼요. 늘 그래왔어요. 역사적으로 모든 사람이 앞 선 사람들처럼 생각해왔다면 인류의 역사가 지금 여기에 있었을까요? 얼마나 더 나아 갔을지 짐작하기 어렵죠.

그런데 엄밀하게 살펴보면 언제나 역사의 진행을 저해하는 쪽이 훨씬 더 많았어요. 하지만 그러면서도 거기에 남아 있는 일부가 점점 더 커지면서 역사를 전진시켜 나갔죠. 지금 생각해보면 70-80년대 젊은 사람들이 다 민주주의자, 다 진보주의자였을까요? 아니에요. 교실에 남아서 공부하자고 고함지르는 사람들이 얼마나 많았는데요. 물론 어떤 시대가 직면하고 있는 억압을 돌파해야 한다고 생각하는 수가 많으면 많을수록 좋겠죠. 하지만 분명 그렇게 생각하는 사람들은 소수였고, 그 소수의 힘이 응축되어 일시적으로 터져왔죠. 그게 역사를 움직여왔던 원동력이었다고 생각합니다. 그러면서 역사가 또 진전을 하는 거고, 그러다 보면 또 반동이 또 생겨나겠죠. 그럴 때 자기의 생각과 몸을 어디에다 둘 것이냐가 중요합니다. 자기 생(生)이 끝나갈 무렵, 나이 많아서 이제 세상에 얼마 안 남았을 때 후회 하지 않는 생, 그러한 삶이 될 수 있어야 되요. 그게 아주 중요하다고 생각합니다. 세상은 언제나 전진해 와요. 내가 그 전진에 얼마나 기여했느냐 하는 것을 고민해볼 필요가 있어요. 세월이 지나고 나서도 '아! 옳은 길이 무엇이었다'는 것을 알아야 한다고 생각해요. 그런데 젊을 때부터 그거 알면, 영웅이 되겠죠.

정진아 네.

강만길 그런데 내가 내 얘기를 해서 좀 그렇긴 하지만, 나이 많은 사람들이 자기가 살아온 이야기를 좀 남길 필요가 있다는 생각이 들곤해요. 그래서 나도 하나 쓰기는 썼는데, 그 세대를 어떻게 살아왔는가를 이야기 하고 싶었어요.

박민철 선생님 말씀하신 게 창비에서 출간된 『역사가의 시간』인 거죠?

강만길 아, 읽어봤습니까?

박민철 예. 선생님의 다른 책은 좀 치열함이 느껴진다고 한다면 이 책은 따뜻함이 느껴졌습니다. 특히 『분단시대의 역사인식』은 워낙 기념비적 저서라 조금 경건하게 봤다면, 이 책은 어떤 설명하기 어려운 따뜻한 느낌이 들었습니다. 마치 할아버지가 얘기 해주시는 거처럼 편안하게 읽었습니다.

강만길 사실 그 책은 내가 역사 선생이기 때문에 쓴 거예요. 역사 선생이니까 하나 써 놔야 된다고 주위에서 하도 성화여서요. 어찌됐건 실제로 그렇게 쓰려고 했습니다. 왜냐하면, 거기에 이론적인 것은 필요없다고 생각했고, 어떻게 살아왔느냐를 쓰고 싶었어요. 그래서 아주 편안하고, 평온하게 써야 되고, 절대로 거짓말을 하지 말아야 한다고 생각했어요. 사람들이 읽으면 분명 알잖아요, 이게 진실인지 거짓인지.

박민철 맞아요. 선생님의 말씀처럼 꾸밈없이 되게 수수했고요, 평온함도 느껴졌습니다. 선생님의 살아온 모습과 흔적들을 볼 수 있어서 감동이 크게 다가왔습니다.

강만길 다행스럽게도 그 동안 칼럼을 많이 써가지고, 글을 쉽게 쓸 수 있는 버릇이 생겼어요. 그 덕을 조금 본 것 같아요. 많은 분들이 그 책을 봤다고 얘기해주셔서 참 감사한 마음이 들었습니다.

박민철 정진아 선생님의 연구실 서재에도 딱 중간에 보기 좋게 꼽혀 있더라고요.

정진아 하하, 저도 나오자마자 바로 샀습니다. 궁금한 것들도 있어서요.

박민철 아까 선생님께서 말씀하셨듯이, 통일문제는 동아시아의 평화, 또는 동아시아공동체와 연결될 수밖에 없는 문제인 것 같습니다. 더 나아가서 국제 관계의 문제들과도 연관될 수밖에 없고요. 저희가 속한 연구단에서도 한반도의 분단극복을 동아시아적 맥락 속에서 위치시키는 선생님의 견해에 충분히 공감하고 있습니다. 이런 점에서 코리언 디아스포라에 대한 선생님의 의견을 여쭙고 싶은데요. 이를테면 남과 북을 넘어 동아시아 곳곳에 흩어져 살고 있는 코리언 디아스포라와의 연대와 협력은 국제정치관계 속 교류와 협력에 도움을 줄 수 있으며, 향후 통일한반도의 미래상을 보다 풍부하게 만들 수 있는 계기가 될 수 있어 보이기 때문입니다.

강만길 일본을 보면 잘 알 수 있습니다. 모국이 분단이 되니까 동포사회도 분단이 되어 버렸죠. 동포사회는 그거를 극복해야 하는데 말이에요. 언젠가 LA에 가서 강연을 했는데 거기의 동포사회도 또 분단이 되어 있더군요. 그래서 내가 '이러면 안 되지 않느냐. 한반도 내에서 분단이 되어 있다 하더라도. 밖에 나와 있는 동포들은 분단이 되면 안 되지 않느냐'라고 말했던 기억이 나요. 그러니까 결국은 이 모국이 분단되었기 때문에 해외 동포들도 분단된다는 사실은 우리가 극복해야 할 또 다른 문제일 거에요. 일본의 강상중 교수가 두 개의 조국에 대해 쓴 게 있어서 내가 읽어 봤는데, 그의 생각이 옳다고 생각했어요. 핵심은 '이래선 안 되지 않느냐. 오히려 바깥에서 오히려 융합을 하고, 극복해야 하지 않느냐'는 거죠. 하지만 그건 분명 그게 쉽지 않은 일입니다. 언젠가 중앙아시아의 고려인들도 만나보고 그랬는데 여기서도 남과 북으로 갈라져 있었어요. 그래서 거기서도 똑같은 얘길 했었죠. 분단현실이 700만이 넘는 해외동포에도 작용을 한다는 사실을 우리는 알아야만 해요.

역사가가 말하는 통일 이후의 전망들, 남북 역사학의 공통 과제

박민철 선생님, 그럼 또 질문을 드리겠습니다. 선생님 통일 이후의 전망들을 여쭤보고 싶습니다. 남북한이 공존할 수 있는 통일운동의 실증적 모델에 대한 탐구가 선생님의 한국근현대사 연구의 주요한 줄기였다고 생각됩니다. 하지만 여전히 남과 북은 역사를 보는 관점이 전혀 상반되는 상황으로 전개되고 있는 것도 사실이고, 통일된 이후 이러한 상이한 관점이 큰 문제가 될 수 있기도 해보입니다. 그렇다면 선생님께서 생각하시는 통일 '이후' 남북의 역사학이 할 수 있는 공통된 과제와 역할은 무엇이 있을까요? 또한 이를테면 통합한국사를 쓴다고 한다면, 적어도 남북이 공유할 수 있는 지점들이 어떠한 것들이 있을까?

강만길 내가 예전에 '남북역사학자협의회'를 하고 있었습니다. 거기에서 남북 공통의 국사 개설을 위한 원고를 썼었어요. 일부를 쓰다 지금 중단이 되어 버렸는데, 충분히 가능해요. 왜냐하면 역사가라는 것이 사실 그대로 쓰면 되는 거예요. 거기에 무슨 뭐 과장도 있을 수가 없고, 있는 사실 그대로를 쓰면 됩니다. 독일이 통일되기 전에 서독에서 썼던 교과서를, 물론 서독중심으로 통일을 했기 때문에 그렇기도 하지만은, 통일한 후에 동독에서 써도 아무 문제가 없었어요. 그만큼 객관적으로 썼단 얘기겠죠. 역사는 사실 그대로 쓰면 되는 거니, 우리도 남북 공통의 국사 개설과 관련된 원고를 좀 만들다가 중단되었죠. 그때 당시 어디서부터 써야하냐 해서 합의한 게, '3.1운동' 무렵부터 좀 한 번 써보자였어요. 또 남과 북이 각기 써서 서로 대조를 해보고, 문제가 없으면 계속 진행하자는 것에 서로 합의를 했습니다. 결국 중단되어 버렸죠. 하지만 나는 개인적으로 통일이 되면 그러한 문제는 쉽게 해결될 수 있다고 생각합니다.

정진아 하지만 강조하는 지점이 다를 수 있지 않을까요? 그러니까 고대사, 중세사는 어떻게 보면 좀 쉬울 수 있다고 생각이 드는데요. 근현대사가 좀 어렵다고 생각할 것 같습니다. 이를테면 선생님의 역할이 굉장히 크셨는데, 민족해방운동사 속에서 좌우, 이제 민족연합전선까지 이렇게 남쪽에서도 서술될 수 있었습니다. 하지만 문제는 북은 일제강점기의 민족해방운동사 하면 김일성의 항일빨치산 운동사로 하기 때문에 과연 그것이 수용될지, 그 문제가 하나 있을 것 같습니다. 또 해방 후에는 두 개의 분단 국가 수립사와 관련되어서 정통성을 확인하고 강조하는 그런 식의 역사 서술이 어떻게 융합될 수 있을까요?

강만길 하나의 원칙만 생각하면 될 것이라고 생각합니다. 근현대사도 있는 그대로 써야합니다. 사실 그대로 쓰면 국사책에서 정통성을 이야기할 이유는 없어질거라고 봐요. 해방 이후 남에서 있었던 사실 그대로 쓰고 북에서도 있었던 사실 그대로 쓰면 되는 거예요. 나는 그것이 그렇게 어렵다고 생각하지 않습니다. 그것은 독립운동 때도 마찬가지아닐까요? 독립운동 때도 만주

게릴라 부대와 관련해서 다 쓰고 있잖아요, 또 임시정부도 쓰고, 그 다음에 국내 자립운동도 다 쓰고 있잖아요. 그러니까 어려운 문제가 아니라고 생각해요. 왜냐하면 역사가는 사실 그대로 쓰면 되니까요.

박민철 실제 통일이 된 다음에 같이 만나서, 서로 대화하고 합의할 수 있게 된다면, 역사학 내 통합한반도사 서술 이런 것은 크게 문제가 안 될 것이라는 말씀이시죠?

정진아 덧붙여서 그러면 선생님, 통합한반도사에 대한 논의들이 한창 무르익어서 선생님도 일부 쓰고 계셨다, 북한 학자들하고도 이렇게 합의가 되었었다는 말씀이신데, 이때 나름의 『겨레말큰사전』처럼 뭔가 목차구성을 하신 부분도 있었나요?

강만길 우선 나는 남북 통합 국사 서술은 큰 문제없이 가능하다고 생각합니다. 또 물어보신 목차 구성은 그간 진행해오다가 결국 중단되어 버렸어요. 북에 가지 못하고 북 학자들과도 만날 수가 없게 되어버렸으니까요. 그런데 나는 그렇게 어렵지 않다고 생각합니다. 같이 하자고 했고, 실제로도 목차까지 짜 봤습니다. 크게 문제가 안 돼요. 아마 평화롭게 쌍방이 화합하고 협력이 되면 국사교과서 문제는 어려운 문제가 아닐거에요.

박민철 선생님, 그러면 관련된 질문인데요. 어쨌든 한반도가 통일이 안 되는 이유는 여러 가지 있겠지만 가장 핵심을 보면 6・25전쟁이 아닐까 싶은데요. 통일은 단지 갈라진 국가를 합치는 데만 있지 않고, 두 국가에 사는 사람들의 몸과 마음에 새겨진 배타성과 적대성을 치유할 때에야 비로소 가능해질 수 있다고 생각합니다. 그리고 남북의 적대성 극복은 통일 이후에도 지속적으로 요구되는 문제의식일 것 같고요. 그런데 일반적으로 역사는 과거의 기억이라고 많은 사람들이 생각하고 있습니다. 저희가 봤을 때 문제는 여기서 발생하는 것 같습니다. 과거의 기억이 남과 북은 절대적으로 작동하고 있다는 것, 이를테면 6・25전쟁의 경우 그 사건에 대해 상대방에 대한 적대심과 배타성을 환기시키는 방식으로 기억하고 있습니다. 그렇다면 선생님께서 보셨을 때 이러한 방식이 아닌, 과거의 역사적 경험을 서로의 아픈 과거로 이해할 수 있도록 돕는, 역사학의 역할은 어떠한 것들이 있을까요?

강만길 내가 해 왔던 것이, 그리고 가능하다면 앞으로도 하고 싶은 것이 남북역사 협의회와 관련된 것입니다. 구체적인 사례를 들면, 앞으로의 북과 일본의 수교에 대비해서 일본이 가져간 북의 문화재를 조사해서 관련 정보를 제공 했는데, 더 나아가 앞으로 정치적인 조건이 가능해지면 아까 말한 것처럼 쌍방의 대학생들이 서로 고적답사를 한다든지는 하는 것, 아니면 또 남북 역사학협의회를 재개하면서 서로의 연구성과를 교환하는 것 등을 추진해보 고 싶어요. 정치적인인 조건만 가능하다면 얼마든지 가능할 거라고 생각합 니다.

정진아 선생님이 구상하셨던 것들 중에서 어떤 일들이 더 있을까요? 만약에 그렇 게 막히지만 않았다면, 아니면 지금 생각해보니 이런, 이런 일들을 좀 더 했 었으면 좋겠다 싶은 게요.

강만길 아까 말한 것처럼 학생들의 고적답사를 해보고 싶고요. 그 다음에 북한에 있는 문화유적들의 발굴과 손질에 도움을 주고 싶습니다. 거기는 아무래도 전기가 많이 부족해 제습기도 잘 안 되어있는 상황이죠. 예를 들어, 북에 있 는 유명한 그 '사신도(四神圖)'에 가 봤어요. 그런데 전기도 잘 안 되어 있어 서 이런 거 남이 지원해서 같이 보존해보자라고 약속이 됐었는데 다 끊어져 버렸죠. 만약 안 그랬으면 지금쯤은 아마 남북 역사학자의 상호 교류가 정 말 활발히 진행되었을 겁니다. 왔다 갔다 할 수 있었어요.

박민철 선생님, 공식적으로는 마지막 질문인데요. 선생님의 학문적 삶은 통일한반 도를 위한 실천 여정이셨던 것 같고요. 앞으로 선생님의 삶에 있어서 남겨 두신 계획들에는 뭐가 있는지 마지막으로 여쭙고 싶습니다.

강만길 가장 하고 싶은 일은 남북 학계를 서로 교류하고 협력시키는 문제입니다. 그것이 내가 제일 할 만하고 또 하고 싶은 문제인데, 결국 정치적 조건이 여 의치 않아서 못 하고 있습니다. 만약 가능하게 되면 또 가보고 싶어요. 가서 그간 못 봤던 북의 학자 들도 만나고, 내가 보내준 책도 가서 보고 싶고 할 일은 많지요. 특히 역사학자로서 할 일은 많아요.

정진아 제가 듣기로는 북측에서 선생님에 대한 어떤 신뢰라고 하는 게 굉장히 대단하다고 들었는데요. 선생님도 아까 '남북 통합이나 통일로 가는 중간단계에 있어서 결국 제일 중요한 게 신뢰구축이다.'이렇게 얘기를 하셨는데, 북측 학자와 북한 당국에서 선생님께 이렇게 신뢰를 보내게 된 이유는 어디에 있다고 스스로 생각하세요?

강만길 글쎄, 북에서 나를 얼마나 신뢰를 하는지는 잘 모르겠습니다만, 나는 사심이 없잖아요? 물론 남북역사학자협의회를 만들 때보니, 북에서도 내 책과 칼럼을 더러 읽었던가봐요. 그래서 그간 사심없이 남북의 화해와 협력을 추진해왔던 사람이다라는 것을 알고 있었던 것 같고요. 더군다나 남북역사학자협의회를 통해 북에 자주 다녀왔고 많은 학자들과 만나 이야기하고 소통하고 그랬던 것이 작용했다고 생각합니다. 에피소드가 있는데, 분명 남에서 북을 갔다 온 사람은 조금씩 달라져요. 한 번은 이런 일이 있었습니다. 정부 산하 기관의 장인데, 직원이 한 600명되는 연구소 소장이에요. 독일에서 박사를 한 사람인데, 남북역사학자협의회에서 북을 방문할 때 본인도 같이 참석하고 싶다고 해서 같이 다녀왔어요. 그런데 이 사람이 북측의 어떤 학자를 만나고 하는 말이 '아, 북한에 그렇게 고급 독일어를 쓰는 사람이 있는지 몰랐다'고 하더군요. 깜짝 놀라는 거예요. 이렇듯 성과가 있어요. 북을 이해하는 것에는 바로 이와 같은 과정들이 필요하다고 생각합니다. 자주 오고 자주가고, 서로 접촉하고 대화하고 협의하는 것이 남북 통일에 있어서 제일 중요한 출발점이 될 수 있다고 생각해요.

인터뷰이 : 백낙청

미국 브라운대에 입학해 영문학과 독문학을 전공하였다. 1959년에는 하버드 대학교 대학원에서 영문학 전공으로 석사과정을 마치고 1963년 박사과정을 수료하였다. 1966년 계간 『창작과비평』을 창간한 이래 편집인 · 발행인 등을 역임하였다. 서울대 명예교수, 시민방송 RTV 명예이사장, 6.15공동선언실천남측위원회 상임대표, 계간 『창작과비평』 편집인으로 있다. 저서로는 저서로 『민족문학과 세계문학』, 『민족문학의 새 단계』, 『분단체제 변혁의 공부길』, 『한반도식 통일, 현재진행형』 등이 있다.

인터뷰어 : 김성민

현재 건국대 철학과 및 대학원 통일인문학과 교수로 재직 중이며, 건국대 통일인문학연구단장과 (사) 한국철학사상연구회 회장을 역임하고 있다. 2009년부터 인문한국(HK)지원사업에 선정된 통일인문학연구단을 이끌면서 한반도의 통일문제를 '소통, 치유, 통합'이라는 이눈학적 관점에서 연구하고 있다.

민족문학론, 분단체제론, 변혁적 중도론[1]

일시 : 2016년 11월 23일
장소 : 서울 마포구 창비서교빌딩 명예편집인실

분단체제론의 시작, "분단체제론은 한반도를 중심으로 작동하는 양상을 분석하는 하나의 개념적 도구"이다.

김성민 반갑습니다. 건국대 통일인문학연구단의 단장을 맡고 있는 건국대 철학과의 김성민입니다. 이렇게 대담을 허락해주신 선생님께 다시 한번 감사의 말씀을 올립니다. 저를 포함한 한국 사회의 여러 사람들에게 선생님의 책들은 꼭 필요하고 귀중한 화두를 전해주었습니다. 그런데 요즘 들어 활자화된 책을 넘어 직접적으로 선생님의 말씀을 듣는 것이 중요하다는 생각이 강하게 들었습니다. 격동기의 한국 현대사를 살아오신 산증인이자 더불어 학문 영역에서 계속해서 말씀을 던져오신 어른이기도 하니까요.

백낙청 아, 아닙니다. 너무 과한 말씀이시지만, 고맙게 받겠습니다.

김성민 그럼 몇 가지를 여쭙겠습니다. 저희가 한창 한국 사회에 대한 고민을 하고 있을 때 민족문학론하고 분단체제론에 대한 공부를 열심히 했던 경험이 생각납니다. 그런데 선생님의 분단체제론은 지금은 다양하고 폭넓은 이론적 차원을 지니지만 원래 민족문학론의 일환으로 제기된 걸로 알고 있습니다. 그렇다면 민족문학론과 분단체제론 사이에 어떤 사상적 연관이 있는지요? 이를테면 민족문학론과 분단체제론 사이의 차이점과 공통점이라고 할까요? 이에 대해 말씀해주셨으면 고맙겠습니다.

---

1 이 대담은 『백낙청회화록』 제7권(창비, 2017), 494–533쪽에 게재되었다.

백낙청 예, 먼저 개인적 차원에서의 발생과정을 말씀드리면 민족문학론이 먼저고 분단체제론이 나중이라고 할 수 있습니다. 그런데 사상적으로 보면 딱 분리되는 것이 아니라서, 사실 저 개인사에서도 언제부터 언제까지가 민족문학론 시기고 그다음에 분단체제론으로 간다, 이런 건 딱히 없습니다. 물론 뒤로 갈수록 민족문학이라는 용어는 덜 쓰게 되고 분단체제라는 개념을 발전시키는 데 더 힘을 쏟았다고 할 수 있죠. 그런데 현장에서의 실천노선이라고 할까 그런 차원에서는 분단체제 연구에서 변혁적 중도주의라는 것이 나옵니다. 이 변혁적 중도론에서 말하는 우리 사회 내의 여러 개혁적 또는 변혁적 노선의 통합 같은 것은 사실은 제가 분단체제론을 전개하기 전에 민족문학론의 일부로 제시했던 것이기도 합니다. 구체적으로 말씀드리면 1989년에 「통일운동과 문학」이란 글을 썼는데, 그때가 6월 항쟁이 끝나고 조금 지난 후였습니다. 그 글에서 여러 가지 문학 얘기를 하고 작품평도 하고 그러다가 결론 대목에 가면 '6월 이후를 보는 세 개의 시각'이란 토막이 있습니다. 그때 말한 '세 개의 시각'이란 것은 우선 흔히 말하는 급진운동권의 두 개의 대립되는 노선이 있지 않습니까? 소위 NL과 PD죠. 그 둘 외에 급진운동권에서는 개량주의라고 해서 배척하던 온건한 개혁주의라고 할까요, 자유주의 개혁, 이것까지 세 개의 시각을 논하면서 그 어느 하나만으로도 안되고 어느 두 개를 갖다붙여도 안되고 세 개가 다 종합되어야 한다고 했어요. 그것이 말하자면 변혁적 중도를 위한 '3결합'이란 구상의 단초입니다. 흔히 뭐 NL과 PD가 다시 합쳐야 된다고 하잖아요. 저는 NL과 PD만 다시 합치려고 하면 합쳐지지도 않고 그것 가지고는 분단이든 국내 문제든 해결될 수 없다, 그래서 3결합을 얘기했죠. 그게 사실은 본격적인 분단체제론을 전개하기 전에 있었던 일입니다. 그 연관성 내지 차이점 그런 걸 자세하게 하자면 끝이 없지만 처음부터 그런 얘기를 길게 하면 재미없을 테니까 그 정도로 하고 혹시 김교수께서 더 말씀하시고 싶은 게 있으면 듣도록 하겠습니다.

김성민 분단체제론, 민족문학론은 그렇게 출발하신 거고, 말씀하신 것처럼 80년대 초중반에 치열하게 한국 사회, 특히 운동권 진영에서 논의되었던 NL, PD 론은 역사적 실천을 앞두고도 너무나 이론에 경도된 나머지 실천에 있어서는 실패를 경험했는데, 선생님이 말씀하신 '3자의 결합'이란 것은 단지 NL 과 PD가 결합한 것이라기보다 제3의 노선이라고 할까요? 그렇게 표현해도 될는지요?

백낙청 기존의 NL 노선도 아니고 PD 노선도 아닌 다른 제3의 노선이라고 할 수 있는데, 실상 어떻게 보면 제4의 노선이라고도 할 수 있죠. 세 가지 시각이 있는데 그 어느 것도 아닌 다른 것이라고 말한다면 '제4의 시각'이 되는 거고요. 그러나 그렇게 표현하는 것보다 오히려 기존의 중요한 3대 노선이라고 할까 그런 걸 현실에 맞게 조합하고자 하는 논의다, 이렇게 표현하면 어떨까 싶어요. 80년대 초중반의 치열한 논의를 말씀하셨는데, 그때 급진운동권에서는 NL, PD의 대립이 있긴 했지만 대체로 얘기하는 것은 사회구성체 논의에서 기본모순은 계급모순이지만 주요모순 즉 우선적으로 해결해야 할 과제는 민족문제라는 거였어요. 그때까지만 해도 NL과 PD가 완전히 분리되기 전이죠. 소위 NLPD라는 거였지요.

그런데 이때 말하는 민족모순이라는 것은 우리 민족과 외세 간의 모순을 뜻하는데, 그 논의들이 난삽하고 관념적이라서 저는 사회과학도도 아니고 문학 하는 사람으로서, 문학작품을 논의하고 문학담론을 개발하고자 하는 사람으로서 영 실감이 안 났고 설득도 안 되더라고요. 민족문학론에서는 우리가 처음부터 분단문제를 중시했는데, 분단문제는 어찌된거냐, 이렇게 물음을 던지면 어떤 분들은 분단문제는 민족모순에 다 들어가 있다, 또 어떤 분들은 기본모순은 계급모순이고 주요모순은 민족모순이고 여기에 특수한 우리의 조건으로서 분단문제가 있고 분단모순이 있다고 얘기를 해요.

그런데 저는 그렇게 말하는 것보다는 분단된 한국의 구체적인 현실을 놓고 여기에 밀착된 개념을 개발해야 하는 게 아닌가 해서 처음엔 저도 분단모순이란 말을 썼어요. 그런데 쓰다보니까 늪에 빠지는 거예요. '기본 모순', '무슨 모순'하면서 제가 보기에 다분히 소모적인 논쟁에 끝없이 휘말려

들어가서 헤어나올 길이 없어지는 거예요. 또 하나는, 분단모순이란 용어를 사회학자 중에 더러 쓰는 분이 있었습니다. 그중 한 사람이 지금 서울시교육감을 하고 있는 조희연 교수인데, 그는 세 개의 모순을 병렬적으로 얘기했어요. 그래서 아, 분단모순이란 말을 쓰는 것보다는 한반도에 뭔가 분단체제라고 불러도 좋은 그런 현실이 있고 이걸 체계적으로, 총체적으로 인식하는 것이 중요한 게 아니냐, 그래서 점차 분단체제 담론으로 넘어가게 된 거죠.

김성민 뒤에서 다시 여쭙겠습니다만 이매뉴얼 월러스틴(Immanuel Wallerstein)이 말한 '세계체제', 한반도에 존재하는 '남북 국가체제' 그 사이의 '분단체제'라는 독자적 개념을 말씀해주셨는데, 그러니까 세계체제와 한반도의 남북체제, 분단체제는 '하이어라키(hierarchy)'가 다른 4개항이라고 할까요? 선생님이 말씀하신 구체적으로 돌아가는 사회현실, 역사인식에서 볼때, 모든 모순이 착종되어 있는데 이를 하나의 계급 내지 민족 같은 기본개념만으로는 다 해결할 수 없음에도 불구하고 제가 생각하기에도 80년대 초중반 개념 위주로 경도된 것이 없지 않습니다만, 그런 차원에서 볼 때 선생님께서 제시하신 '분단이 이제 모순이 아니라 하나의 체제'라는 규정이 적절하게 현재까지의 사회·역사인식을 잘 설명해주었다고 생각하는데요. 선생님께서 '분단모순의 체제'라고 명명하신 것에 대해 저희가 지금처럼 해석하는 것이 합당할까요?

백낙청 그런데 세계체제론하고 하이어라키가 다르다는 말씀 하셨잖아요?

김성민 그렇습니다.

백낙청 저는 그게 중요한 포인트라고 봅니다. 이게 같은 층위나 위계의 개념으로 세계체제가 있고 분단체제가 있다고 보면 그중 하나를 선택해야 하게 되어버리죠. 그리고 많은 분들이, 특히 사회과학 하는 분들이 오해하기를 분단체제론은 세계자본주의 차원의 문제를 제쳐놓고 오로지 분단문제만을 가지고 얘기한다, 이렇게들 말씀하세요. 그런데 그게 아니고, 분단체제라는 것이 있지만 이건 자기완결적인 체제가 아니고 세계체제라는 더 높은 하이어라키, 더 높은 차원의 체제가 있는데 그것이 한반도를 중심으로 작동하는 양상을 분석하는 하나의 개념적 도구로서 말할 수 있다는 의미입니다. 그리고 분단체제라는 것은 세계체제가 한반도를 중심으로 작동하는 현실이지 한반도 남북의 두 체제를 기계적으로 합한 것을 의미하는 것은 아닙니다. 그렇긴 하지만 한반도 중심으로 작동하다보니까 그 가장 중요한 구성요소로서 남한의 체제가 있고 또 북한의 체제가 있다는 거죠. 그런데 이럴 때 '체제'의 하이어라키가 다르고 체제의 개념도 각기 다 다르죠. 우리가 '시스템'이란 말보다는 조금 자기완결성이 덜한 '레짐'이란 말도 쓰잖아요. 분단체제는 어떻게 보면 시스템이기보다 레짐이라고 할 수 있는데, 영어로 'division regime'이라고 하면 분단정권이란 뜻으로 읽히지 않습니까? 그래서 'division system'이라고 번역을 해서 썼고, 어차피 하이어라키와 자기완결성이 다른 이런저런 체제들이 있다고 생각하면 크게 문제될 바 없죠.

김성민 지금 선생님께서 개념적으로 레짐, 시스템으로 잘 정리해주셨는데, 시스템이라고 개념화할 때 그래도 시스템이 작동하기 위한 일종의 내적 메커니즘을 충족해야 그 개념을 적용할 수 있을 것 같은데요. 선생님께서 여러 글과 강연 등을 통해 지속적으로 말씀해주셨습니다만 선생님 글을 보면 분단되어 있기 때문에, 또 분단체제이기 때문에 북은 북대로 온전한 사회주의가 실현이 안 되고 남은 남대로 온전한 자유민주주의가 실현이 안 되다고 하셨거든요. 그런 차원에서는 체제라는 것을 모순이라는 개념하고 바꿔 말해도 되는지 모르겠습니다.

백낙청 실제로 체제에는 모순이 있기 마련이죠. 여러 가지 모순이 있을 테고, 그중의 어느 게 더 중요하기 마련이니까 분단모순이란 말도 엄밀히 규정해서 조심해서 쓰면 못 쓸 건 아닌 거 같아요. 그런데 아까도 말씀드렸듯이 그런 용어를 쓰는 순간 이건 벌집을 쑤셔놓은 꼴이 되고 또 비유를 바꾸면 늪에 빠지는 꼴이기 때문에 안 쓰는 것뿐이죠.

김성민 선생님께서는 분단체제론 입론하시기 전부터 민족문학론을 말씀하시기도 했지만 사실 분단체제론은 80년대 중반 사회구성체 논쟁에서 분단모순론으로 처음 모습을 드러낸 이래 한국 현대사의 역사적 굴곡과 더불어 그 내용을 심화시켜왔다고 할 수 있습니다. 선생님의 분단체제론과 한국 현대사의 전개과정 사이에는 깊은 영향관계가 성립하지 않나 생각합니다. 1980년대 이후 분단체제론 형성에 영향을 준 사건들이 있다면 어떤 것이며 그 영향은 무엇인지요?

백낙청 직접적인 역사적 사건을 계기로 하는 것은 아니지만 우선 아까 말씀드렸듯이 6월항쟁 이후에 기존의 세 가지 시각을 검토하면서 이걸 종합해야 한다고 말했다고 했잖아요? 그리고 그 글이 이듬해인가 『민족문학의 새 단계』라는 책에 실렸습니다. 그러니까 6월항쟁을 거치면서 우리 사회도 그렇고 우리 문학도 새로운 단계로 진입했고 그에 상응하는 자기쇄신과 발전을 일으켜야 한다, 그런 생각을 하게 됐는데, 이후에 사회과학계에서 사회구성체 논쟁을 하고 그러는 것이 전혀 저의 그런 실감에 안 맞았던 것이죠. 더군다나 90년대 초에 가면 독일도 통일이 되고 사회주의권이 거의 무너지지 않습니까? 뭐 그런 사실을 보더라도 정통 맑스—레닌주의에 입각한 설명이라든가 분석 등이 안 맞겠다는 생각을 많은 사람들이 하게 됐죠.

그런데 기존 사회주의권에 지나친 기대를 했던 사람들은 낙담도 하고 전향을 하기도 하는데, 저는 70년대 내내 민족문학을 주장하고 민중문학을 추구하면서도 소련을 모델로 삼을 생각도 없고 북한을 모델로 생각한 적도 없거든요. 어디까지나 남한 민중의 현실에 입각하되, 여기서 출발을 하되, 한반도의 전(全) 민중을 포괄하고 나아가서 제3세계 민중을 포함하고 동참하게 함으로써 세계문학의 대열에 참여하는 그런 프로젝트를 저 나름 생각했죠. 그렇기 때문에 그러한 역사적인 큰 사건에 충격을 덜 받은 동시에 어떤 의미에서는 내가 나아가고자 하는 방향이 옳다, 그걸 더 발전시켜야 되겠다 하는 쪽으로 작용했다고 말할 수 있죠.

김성민 저희 연구단은 선생님의 그런 시각에 전적으로 공감하고 동의합니다. 다만 좀더 엄밀하게 여쭙는다면, 앞서도 밝히셨지만 선생님께서는 분단체제를 통상적인 의미의 냉전체제의 일부가 아니라 제국주의 패권이 더욱 일방적으로 작용하고 있고 자본주의 세계체제의 모순들을 훨씬 깊고 다양하게 체현하고 있다는 점에서 세계자본주의체제의 하위체제라고 말씀하셨습니다. 그리고 이러한 입장은 초기부터 많은 논자들의 비판을 받아왔는데요.

백낙청 첫째는 뭘 가지고 비판을 하냐면, 그게 무슨 체제냐라는 거죠. 그런데 체제라는 것은 태양계도 '쏠라(solar) 시스템'이라고 하듯 태양계도 있고 세계체제도 있고 온갖 체제가 다 있고, 그때그때 그 의미가 변용되거나 추가될 수 있는 것들이 많잖아요. 이런 점에서 분단체제를 설정하고 그게 이러저러한 체제적 성격을 띠고 있다, 이렇게 말해도 안될 건 없거든요. 그런데 저 문학이나 하던 친구가 체제가 뭔지도 모르고 떠들어댄다, 이런 식으로 비판을 하는 글들이 더러 나왔죠. 제가 반론도 썼고요.

여기에 추가해 흔히 말하는 것이, 분단환원론이라고도 하죠? 만악의 근원이 분단이다, 이렇게 저를 단순소박한 통일지상주의로 몰아치는 분들도 계셨는데요. 저는 물론 자본주의의 공통적인 문제점이 한반도에서 구현되고 있다 하더라도 그것이 한반도에서 나타날 때는 분단이라는 특수한 현실 그리고 분단체제라는 특이한 체제의 매개작용을 거친다고 할까, 그런 게 가미되어 다른 나라와는 단순비교가 어려운 양상을 보인다는 점에 주목하자는 것이지, 분단이 모든 문제의 근원이라고 생각한 적이 없습니다. 그래서 분단환원론이 아니라고 거듭거듭 말하지만, 그런 이야기가 앞으로도 계속 나올 거예요.

한반도 통일과 동아시아지역질서의 결합문제, "강력한 중앙집권형 단일국민국가는 동아시아공동체 형성에 바람직하지 않다."

김성민 저희들이 좀 더 연구해서 선생님 이론을 보충해서 반박하도록 하겠습니다. 지금 선생님 말씀처럼 우리가 분단체제라고 얘기할 때 선생님이 그렇게 명명하실 수밖에 없는 상황이 이해됩니다. 좀 다른 질문을 여쭙겠습니다. 선생님께서는 분단체제가 동아시아 지역을 매개로 세계체제의 하위체제로 편입되어 있기에 동아시아라는 중간항에 대한 체계적 인식이 필요하다고 강조하셨습니다. 그리고 지난 20년 동안 동아시아론에 대한 여러 논의들이 이어져왔습니다. 분단체제와 세계체제 사이에서 동아시아 지역이 행하는 매개적 역할이 무엇인지요? 혹 분단체제가 세계자본주의체제보다 동아시아 지역질서와 맺는 연관을 일차적으로 중시해야 하는 것은 아닌지요?

백낙청 제가 하나 여쭤볼게요. 세계체제와는 다른 차원의 체제지만 한반도에는 분단체제가 있다고 말씀드렸는데, 동아시아체제라는 것도 있다고 보십니까?

김성민 저는 동아시아체제는 유동적인 개념이 아닐지, 확고해진 지정학적 개념이라기보다 동아시아라는 것이 현실사회주의권의 몰락 이후 새롭게 우리 시각에 등장한 것이라고 볼 때 동아시아체제가 과연 시스템으로 구체화될지 그건 잘 모르겠습니다.

백낙청 아까 말씀드렸듯이 시스템이란 말은 자기 나름대로 정의해가지고 일관되게 정확하게 사용하면 그걸 쓰는 건 자유라고 봐요. 그렇지만 동아시아에 대해서 저는 체제라고 할 만한 지역질서가 아직까지는 없다고 봐요. 한반도는 복잡하지만 지리적으로도 이렇게 한정된 단위가 있고, 그 안에 두개의 국가가 있고, 그리고 주변 정세가 있고, 나아가 세계체제의 기본적인 작용이 있는 것처럼 무엇인가 잡히는 것이 있죠. 그런데 동아시아라고 하면 우선 어디서 어디까지가 동아시아인지도 분명치 않고요. 우리는 중국을 당연히 동아시아의 일원으로 보지만 중국 사람들은 아시아라는 말은 많이 써도 동아시아라는 말은 별로 안 써요. 동아시아 그러면 뭐 동북3성 정도로 국한시켜 생각하는 지식인들도 많고요. 사실 신장—위구르 지역 같은 곳은 그게 동아시아입니까? 문화적으로도 그렇고 지리적인 위치도 그렇고. 중국은 또 남아시아와도 접경을 하고 있잖아요. 그렇더라도 중국을 동아시아로 취급할 상당한 이유는 있다고 봐요.

  그렇지만 체제라는 말은 적합지 않은 것 같아요. 그럼 분단체제 논의에 동아시아가 얼마나 들어와 있는가? 아까 말씀드렸듯이 분단체제라는 것이 자기완결적인 체제가 아니고 또 단순히 남한과 북한 두 사회를 합친 그런 단위만이 아닌, 세계체제가 한반도를 중심으로 작동하는 현실인데, 인문학도들은 이럴 때 '텍스트(text)'라는 말을 쓰기도 하죠. 하나의 고정된 덩어리라기보다 일종의 텍스트인데, 그렇다면 주변의 강대국이나 관련국들이 자연스럽게 참여하게 되어 있죠. 동아시아의 어느 지역이 얼마나 여기에 관여하고 얼마나 영향을 미치고 있는가는 사안별로, 또 시기별로 판단해야 하겠죠.

김성민 그렇다면 선생님께서는 물론 동아시아의 매개적 성격이 있음에도 불구하고 세계체제와의 사이에서 어쨌든 우리가 동아시아체제라고 명명할 수 있는 부분은 없다는 것인지요?

백낙청 동아시아 나름의 지역사정 또는 지역질서라는 건 분명히 있지요. 어떨 때는 '지역 무질서'라고 할 수도 있지만. 그 지역사정, 지역질서, 이런 것을 감안하지 않고는 분단체제를 논할 수 없음이 분명하지요. 분단체제 극복의 길을 찾을 수도 없고요. 그래서 동아시아를 생각하고 연구하고 또 동아시아 내에서 교류하고 연대하고, 그런 것은 당연한 일이라고 생각합니다.

김성민 말씀이 나왔으니 여쭙겠습니다만, 선생님께서 '현재진행형으로서의 통일'이라고 할 때 향후 우리가 추구해야 할 과정과 목표라고나 할까요, 선생님의 표현을 빌리자면 '복합국가'로 가야할 때에, 동아시아의 역할은 어떻게 될 것이라고 보시는지요?

백낙청 단일형 국가가 아닌 복합국가로 나아가는 게 불가피하다고 보는 것은 일차적으로 한반도의 통일에 관련됩니다. 남과 북이 1945년까지는 비록 식민지지만 하나의 통일된 민족으로 살고 있었잖아요. 또 식민지가 되기 전 오랫동안 근대적인 민족국가는 아니지만 단일 정치체제를 이루고 살아왔기 때문에 45년 당시에는 대부분의 한반도 사람들이 해방이 됐으니까 통일된 단일민족국가를 건설하고자 했지만 그게 좌절되지 않았습니까? 그러고서 벌써 70년이 넘었기 때문에 이제는 남북이 당시 꿈꿨던 단일한 국가로 합친다는 것은 현실적으로 불가능하고, 또 그것이 과연 바람직하냐는 문제도 있습니다. 물론 '단계적으로 우선은 불가능하고 바람직하지 않지만 궁극으로는 그게 목표가 된다' 이렇게 주장할 수는 있죠. 그런데 저는 그 점도, 세계적으로 보면 지금 단일형 민족국가, 근대 특유의 주권을 가진 독립된 근대국가라는 게 사람들이 추구하는 가장 이상적인 정치적 형태는 아니라고 봐요.

　그러니까 그 점으로 보더라도 나중에 그런 걸 할 수 있는 기회가 생기고 또 하는 것이 좋겠다고 한반도 주민들이 결정을 하면 할 수는 있겠지만, 지금은 통일된 민족국가라는 형태를 굳이 고집하기보다는 그 문제에 대해 열어놓는 게 좋을 것 같아요. 어차피 거기까지 가기 전에 국가연합이 되든 연방국가가 되든 복합국가 형태를 먼저 추구하는 것이 옳습니다. 우리 한반도의 사정이 그렇고 동아시아 주변 국가 입장에서 보더라도 한반도가 단일형 국민국가로 통일되는 것을 별로 원하지 않을 것 같아요. 통일 자체를 꺼리는 세력도 있습니다만, 대개 느슨한 결합체로 통일되는 것까지는 참아줄 수 있지만 그 이상으로 똘똘 뭉치는 것은 일본의 경우 대단히 경계할 것이고, 중국 역시 조선족 문제도 있고 하니까 바로 자기네 동북지역 맞은편에 그런 통일국가가 생기는 것은 바라지 않을 거예요. 미국은 거리상으로 멀리 있고 자기네 국력이 강하니까 크게 개의치 않고 오히려 친미적인 단일형 국민국가가 돼서 중국을 압박해주면 좋아할지 모르지만 그러면 그럴수록 중국하고 러시아는 더 싫어하겠죠. 그래서 주변 정세를 생각해서라도 우리는 매우 느슨한 국가연합으로부터 출발해가지고 점점 결합의 도를 높여가야 한다고 봅니다.

김성민　선생님 말씀은 복합국가는 우리 한반도 내에 일단 지향해야 하는 거라고 하신 거고…….

백낙청　네.

김성민　동아시아공동체하고는 또 좀 다른…….

백낙청　동아시아공동체를 원만하게 형성해나가기 위해서도 한반도가 너무 중앙집권적인 단일형 국가가 되는 것이 바람직하지 않죠. 그리고 일본과 중국도 마찬가지입니다. 동아시아공동체라는 입장에서 보면 일본도, 우리가 일본

더러 연방국가가 되라 그러는 것은 아니지만 가령 오끼나와에 대해 그 지역의 특색을 인정하고 상당한 자치권을 줄 수 있는 그러한 나라가 돼야지 일본 자체도 좋고 동아시아공동체 형성에도 도움이 되는 거지요. 중국도 가령 티베트나 일부 지역은 대단히 민감한 대목도 있고. 중국이 어렵사리 통일을 이룩했는데 워낙 크고 다양한 나라이기 때문에 통일을 유지하는 것 자체가 보통 힘든 일이 아닌데다 또 중국의 통일이 와해되기를 바라는 세력이 외국에도 많잖아요.

그러니까 중국의 민감성을 이해 못할 바는 아니지만 그러나 동아시아에 원만한 공동체가 형성되기 위해서는 중국 정부도 완전한 단일형 국민국가를 계속 강화하려고 하면 곤란하다고 봅니다. 중국은 그래도 색다른 시도를 했던 게, 홍콩이 있잖습니까? 그것도 지금 갈등이 있지만 중국은 대만의 경우도 홍콩 모델을 적용해서 통합되길 바라는데, 그건 대만 사람들이 원하지 않죠. 아예 대만 독립을 주장하는 사람도 있지만 중국과 어떤 정치적인 타결을 하더라도 홍콩보다는 훨씬 더 큰 자주권, 주체성을 갖고자 하는데, 장차 어느 때는 중국이 그런 포용력을 보여서 어떤 정치적 타결을 하는 것이 적어도 동아시아공동체 형성을 위해서는 좋을 것 같고요. 또 신장이나 티베

트 문제만 하더라도 뭔가 지금보다는 더 자치권을 부여하고 문화적인 독자성을 존중하는 그런 장치가 마련돼야 한다고 봅니다. 그래서 강력한 중앙집권형 단일국민국가가 동아시아공동체 형성에 바람직하지 않다는 얘기는 한반도에만 해당하는 것이 아니고 동아시아의 다른 여러 나라에도 해당한다고 봅니다.

6.15공동선언 그리고 코리언 네크워크의 건설, "한민족 출신이라는 인연을 갖는 사람들이 그 인연을 잘 관리하면서 다양하게 활동하는 게 인류문화의 풍요로움에도 기여하는 길이다."

김성민 자연스럽게 우리 한반도 정세나 세계정세 속에서 한반도 분단극복과 통일의 과정 내지 방법을 살며시 말씀해주신 것 같습니다. 그렇다면 선생님의 그간 실천경험을 듣고자 하는데요. 선생님 말씀처럼 복합국가로 가는 과도기로서 6.15공동선언의 국내 대표로도 참여하셨던 경험을 좀 말씀해주시죠.

백낙청 6.15공동선언실천 민족공동위원회라는 것이 있고요, 거기에는 남측위원회, 북측위원회, 해외측위원회가 있습니다. 제가 남측위원회 초대 상임대표였죠. 그 일을 길게 말씀드릴 건 아닌 것 같고, 6.15공동선언은 연합제와 연방제 사이에 공통점이 있음을 확인함으로써 이를테면 통일을 위한 첫 단계로서 복합국가에 대한 지향을 남북 정상간에 합의했다는 데에 의의가 있죠. 이것은 독일 통일에서도 없었던 중요한 특징입니다. 그건 남북 정상간의 양자합의인데, 6.15공동위원회라는 것은 3자 결합, 3자 연합 형태입니다. 저는 거기에 대해 대표로 있는 동안에는 정면으로 문제제기를 하기가 어려웠지만 그것은 6.15공동선언의 양자합의에 조금은 어긋나는 면이라고 봅니다. 그렇게 된 것은, 해외 측 통일운동이 원래 북측과 가까웠잖아요? 그래서 6.15공동위원회를 만들면서 북측의 계산은 해외 측을 대등한 자격으로 참여시키면 항상 2:1로 자기네가 다수가 되리라는 것이었지요. 2005

년 초 결성과정에서는 우리 남측에서 강력하게 주장해서 해외 측에 공동대표를 두게 되었고, 또 하나는 아무리 그쪽에서 2:1로 한다고 해도 우리 남측이 인구도 많고 국력도 크고 한데 우리가 우겨서 안 들으면 해외 측하고 합동해서 공격해도 소용없는 거예요.

그래서 저는 이게 원활하게, 정말 6.15공동선언 정신에 맞는 공동위원회가 되려면 남과 북이 대등하게 결합을 하고, 해외측은 남과 북이 동의하는 사람들을 초빙해서 참여시켜야 된다는 거였죠. 사실은 일본의 조총련계 인사한테 그런 말을 한 적이 있어요. 그랬더니 그분은 "통일의 주인은 우리 민족 전부다. 그러나 이 통일작업의 주체는 남과 북이 되어야 한다"라면서 해외가 동등하게 참여하는 것이 낮은 단계의 연방제 건설에 어긋난다는 점을 인정하는 거예요. 물론 그건 사견이었고, 공식적으로는 지금도 해외측은 그런 개념을 인정하고 있지 않습니다. 게다가 또 다른 국내 정세의 변화로 6.15남측위원회 또는 전체 공동위원회가 지금은 큰 역할을 못하고 있죠.

김성민 선생님이 말씀하신 복합국가의 정신은 6.15공동선언이 그래도 반영하고 있다고 볼 수 있을 것 같습니다.

백낙청 그렇죠. 복합국가론 논의가 국내에서 70년대부터 있었습니다만 그걸 양측의 정상이 합의해가지고 일종의 남북 공동의 장전으로 제시한 것이 6.15공동선언 아닌가요?

김성민 맞습니다!

백낙청 저는 이것이 대단히 현명하고 중요한 결정이라고 생각합니다. 그다음에 해외관계에 있어서는, 제가 한민족공동체라는 얘기를 했는데 이건 복합국가하고는 좀 다른, 아니 전혀 다른 개념이죠. 복합국가라는 것은 아까 말씀드렸듯이 한반도의 정치형태를 얘기하는 것이고 한민족공동체라는 것은, 이미 전세계에 우리 민족이 여러 나라의 국적을 지닌 채로 살고 있지 않습니까? 그 사람들보고 통일되면 다 국적을 버리고 한반도 복합국가의 시민이 돼라 이런 것이 아니고, 지금과 같은 다국적 공동체를 더욱 발전시키는 방식을 고민해야겠죠.

그러나 문화적으로, 또 단군의 혈손인지 아닌지는 과학적으로 증명할 수 없지만 어쨌든 혈연관계도 중요하게 작용하고 있지 않습니까? 그렇다면 그러한 것들로 연결된 느슨한 네트워크죠. 네트워크로 있으면서 자기가 사는 나라의 시민으로서 충분히 기여하면서 동시에 이 네트워크의 일원으로서 한반도에 도움 주고 자기 사는 곳도 풍요롭게 하고 그런 게 좋겠다는 생각입니다. 그러니까 민족이란 것은 완전히 낡은 생각이고 지금 남아 있더라도 빨리 타파하고 완전한 세계시민이 되어야 한다, 이렇게 주장하는 사람들 입장에서 보면 왜 새삼스럽게 민족공동체를 얘기하느냐 할지 모르지만, 저는 세계가 하나의 세계가 돼서 평화롭게 산다고 할 때 획일화돼야 한다고 생각하지 않거든요. 민족적 다양성, 언어적 다양성, 문화적 다양성, 이게 다 보존이 되어야 하는 것처럼, 한민족 출신이라는 인연을 갖는 사람들이 그 인연을 잘 관리하면서 다양하게 활동하는 게 인류문화의 풍요로움에도 기여하는 길이 아니겠는가, 그런 생각을 해봅니다.

김성민 저희가 최근에 연구하는 주제가 선생님이 말씀해주신 '코리언 네트워크'인데요, 한민족공동체와 등치해서 말해도 되겠죠.

백낙청 그렇죠.

김성민 복합국가 개념은 한반도 지역에 한정되는 것이고, 거기에 더해 범세계의 민족공동체, 저희 쪽 표현대로 하자면 '코리언 네트워크'를 말씀해주셨습니다. 최근 외교부 통계에 보면 약 720만의 코리언 디아스포라가 있습니다. 그래서 앞으로 한반도의 통일과정과 이후에도 코리언 디아스포라들의 역할이 있을 것으로 생각하고요, 나아가 앞으로 통일패러다임을 만들 때도 그들의 시각이 바깥에서 한반도를 본다는 점에서 통일된 국가 건설의 이념 설정에도 큰 도움을 줄 것이라고 생각합니다.

백낙청 그렇죠. 한반도에 도움이 되는 일이죠. 한반도에 민족주의 색채가 강한 단일국가가 생기면 디아스포라의 코리언들이 거주국에서 활동하기 더 어려워질 수도 있어요. 강력한 단일국가의 배경이 있으니까 거기서 도움을 받는 건 괜찮지만, 저쪽 국가에서 보면 경계의 대상이 될 수도 있습니다. 저는 코리언 디아스포라라는 것이 세계적으로도 굉장히 중요한 현상 내지 요인이라고 봅니다. 수적으로는 중국의 화교들에 비교가 안되지만, 한민족이 주로 가 있는 나라들이 강대국들이에요. 중국, 일본, 러시아, 미국이죠. 동시에 한국이든 북한이든 강대국이 아니기 때문에 저쪽에서 보면 그렇게 부담이 되는 존재가 아닙니다. 가령 화교가 많아지면, 특히 동남아시아 같은 데서는 중국이 강해지면 강해질수록 화교를 더 경계하게 되고, 또 화교가 많다는 사실 자체가 문화의 다양성을 제한할 뿐 아니라 자기들을 지배하는 존재로, 실제로 그렇게 된 경험도 있고요.

그런데 한민족이 어디 가서 그런 일을 할 우려는 없단 말이에요. 한국이 중국 같은 강대한 나라가 될 염려도 없고. 그러니까 거주지역의 국가나 사회에 부담감을 안 주면서도 세계의 특히 전략적인 국가들 속에서 중요한 역할을 할 수 있죠. 그분들이 자기 사는 나라의 시민 또는 주민으로서 충실한 역할을 하는 일과 느슨한 코리언 네트워크의 일원으로서 자기개발을 하고 상호 교류하고 그리고 실리적 이익을 챙길 가능성이 확대된다면 앞으로 코리언 디아스포라들은 곳곳에서 굉장히 중요한 역할을 할 수 있을 것 같아요.

김성민 선생님 말씀하시는 얘기에 꼬리를 이어가자면, 코리언 디아스포라들의 정체성은 이중적 정체성인 것 같습니다. 원래 살던 고국을 떠나서 사는 노마드적 삶의 유동적 정체성, 그래서 탈민족, 탈경제, 탈국가 성격도 있지만 또 한편 기본 토대로서의 언어를 같이 쓰고 동일한 혈통이라고 생각하는 것 때문에 거주국에서도 이중정체성을 가질 수밖에 없다는 생각이 듭니다.

백낙청 그렇죠. 사람들은 누구나 다중의 정체성을 갖고 살지 않습니까? 그걸 자기 나름으로 정직하게 인식하면서 적절하게 배합, 활용하는 게 중요하기 때문에 디아스포라처럼 아예 이중정체성이 명백한 분들이 공부하기 유리한 면이 있어요. 그런데 다른 한편으론 경계할 면도 있는데, 미국에 있는 디아스포라 지식인들이 특히 그런데 디아스포라 위주로 모든 걸 보고 한반도에 사는 사람들을 가르치려는 경향도 있습니다.

김성민 자기네들만의 시각으로요?

백낙청 네. 마치 자기들의 선진적인 관점이 저절로 따라오는 것처럼 생각하는데, 꼭 그런 건 아니거든요. 한곳에서 붙박이로 사는 사람은 붙박이로 사는 나름의 통찰도 있고 능력도 있고 그러니까 서로 잘 조화시켜나가는 게 중요한데, 미국의 지식계에 이 디아스포라란 말이 유행하는 데는 미국 학계에 유달리 많은 디아스포라 지식인이 자리 잡고 자기 위주의 논리를 펴는 면도 작용했다고 봐요.

김성민 적절한지는 모르겠습니다만 '디아스포라식 오리엔탈리즘'이라고…….

백낙청 글쎄, 그런지도 모르겠어요(.웃음)

김성민 실제로 코리언 디아스포라들의 이주 원인은 경제적인 것도 있겠는데, 역설적이게도 이제 한국 사회에서 코리언 디아스포라들, 재중조선족, 재러고려인, 재일조선인, 재미동포들을 볼 때 제일 위엔 경제적으로 가장 윤택한 재미동포, 그리고 맨밑에 탈북자가 있는 것 같습니다. 어쩌면 한국 사회에 뿌리박힌 무의식일 것 같기도 한데, 이러한 코리언 디아스포라들에 대한 한국인의 시각을 어떻게 보시는지요?

백낙청 결국은 지적하신 대로 그런 계층화 문제가 있고 우리가 고쳐나가야 할 문제인데, 사실 그런 순위는 한국 사람들이 독자적으로 개발한 랭킹이라기보다는 세계체제가 만들어놓은 순위를 우리가 맹목적으로 답습한 면이 있다고 봅니다.

김성민 예, 맞습니다. 저 역시도 우리가 만든 순위가 사실 세계체제와 맞물린 인식 토양 속에서 만들어진 것이 아닌가라는 생각이 들었습니다 .

백낙청 그러니까 우리가 시작하려고 할 때 우리 자신이 반성하면서 동시에 문제의 일부 뿌리는 세계체제 자체에 있다는 인식에서 세계체제에 대한 비판의식과 우리 자신에 대한 자기비판이 동시에 갖춰져야 뭔가 해결책이 나오지 않을까 싶어요.

분단체제의 극복과 통일운동의 실마리, "마음공부를 제대로 하고 제대로 된 지혜를 갖추고 중도의 길을 걷는다는 것"이 중요하다.

366

김성민 선생님의 분단체제론에 대한 물음을 좀 이어가려고 하는데요. 선생님 이론에 이의를 제기하는 입장에는 분단환원론도 있지만 아주 구체적으로 지역주의나 성차별주의 등 우리 사회의 모든 해악을 분단체제로 귀속시킨 것이 아닌가라는 비판도 있어왔습니다. 이에 대해서는 어떻게 생각하시는지요?

백낙청 글쎄요. 지역주의라든가 성차별주의 같은 것은 그 원인이 다양하지 않아요? 우리가 그걸 추적하려고 하면 우선 전통 안에서 그런 요소를 찾아야겠지만, 그렇다고 성차별주의를 무조건 유교적 가부장주의의 책임으로 돌리는 것은 찬성하지 않습니다. 유교적 가부장주의라는 것이 폐단은 많았지마는 요즘의 성차별주의처럼 그렇게 위선적이진 않았어요. 그래서 우리 역사 내부에서 연원을 찾으면서 거기에 대한 극복 비전을 제시해야죠. 비판적으로 검토해서 자리매김을 해줘야 하는 거고. 그다음에 한국만 아니고 세계에 온통 성차별주의가 만연하고 있잖아요. 물론 그 정도가 각기 다르지만. 그렇기 때문에 자본주의 세계체제의 본질적인 성격하고 관련이 있는 게 아닌가라는 생각이 들어요. 자본주의 근대가 시작하면서 만인의 평등, 법 앞의 평등주의, 남녀평등주의, 이런저런 것들이 실현되기도 했는데,

　가령 여성의 투표권만 해도 실현되는 데 굉장히 오래 걸렸지만 지금은 근대국가 거의 어디서나 여성의 참정권이 법률상 인정되고 남녀평등 이념을 표방하고 있습니다. 그런데 그 이념이 앞으로는 실현되는 데 점점 더 시간이 걸리는 것 아니냐는 의심도 들어요. 그런 이념이라고 할까 이데올로기하고 자본주의의 본질적인 속성이랄까 성격 사이에 모순이 내재해서 자본주의로써는 해결이 안 되는 문제인 것 같기도 하거든요. 어쨌든 우리가 해봐야 되고, 세계체제 속에서 그런 문제가 해결되지 않고 있는 이상은 우리 사회에도 영향을 미칠 수밖에 없죠. 우리 전통에 무엇이 있는가 하는 문제를 떠나서요.

그런데 여기서도 제가 강조하고 싶은 것이, 이런 세계체제의 문제와 우리의 전통문화가 접합하는 과정에 분단체제라는 현실이 다시 매개 작용을 해서 어떤 면이 변형이 되고 왜곡이 되고 심지어 악화가 되느냐, 그런 것을 정밀하게 파악해서 대응해야 한다는 겁니다. 그런 얘기는 여기저기서 간간이 해왔고 가령 유교적 가부장주의 그러면 그걸 우리 현실의 성차별 문제의 원조라고 무조건 재단만 해선 안된다는 말도 했는데, 이게 자칫하면 남자가 가부장제를 옹호하려 그런다는 비판도 받을 수 있어서 말하기도 조심스럽지만 그것보다 저도 본격적인 연구가 없고 제 실력이 부족하니까요. 그래서 본격적인 논의는 못해봤습니다.

김성민 보편개념으로서 세계평화론으로 나아가야 한다고 주장하면서 분단체제론을 그 중심에 놓고 거기서부터 출발하는 것은 자국중심주의 또 한민족중심주의 아니냐, 이런 교과서적인 얘기를 하는 입장도 있는데, 어떻게 생각하세요?

백낙청 아니 그러니까 분단체제를 말한다고 해서 그런 세계 보편적인 문제를 배제한다는 주장에는 동의 안하시지요?

김성민 아, 그럼요.

백낙청 그런데 가령 분단체제 속의 성차별 문제가 구체적으로 어떻게 나타나는가를 알려면 한국 사회의 구체적인 상황과 해당 시대에 밀착해서 검토를 해야 할 거예요. 그런 작업을 같이 하면서 동료적 입장에서 당신은 분단문제에 집착해서 여성문제 내지 인권문제에 관심이 덜한 것 같다 하고 비판하면 과연 그런지 아닌지 대화를 통해 점검할 수 있지요. "맞습니다"하고 시인할 수도 있고 "아니요. 제 입장은 이러저러한데 잘못 보신 겁니다" 이렇게 답하면서 대화가 될 수 있는데, 분단문제를 얘기하는 당신은 보편적인 인권문제를 소홀히 하는 거다 하는 식으로 몰아세우면, 저는 "아닌데요" 해놓고 더 바쁜 일을 하는 게 낫죠.

김성민 예, 맞습니다. 그러면 다음 질문으로 이어가도록 하겠습니다. 선생님께서는 분단체제가 단순히 정치적·군사적 차원에서만 작동하는 것이 아니라 우리의 몸과 마음을 병들게 만들고 있으며, 중도적 지혜의 함양이 필요하다고 말씀하셨습니다. 그런데 그러한 분단체제가 남북 주민들의 몸과 마음에 각인시킨 분단의 상처와 사회심리, 비합리적인 증오심을 선생님께서 말씀하신 중도적 지혜에 의거한 마음공부로 극복할 수 있을는지요?

백낙청 중도적 지혜라는 말을 제가 썼는지 모르겠습니다. 저는 중도란 말을 많이 했고 지혜란 말도 따로 또 했는데, 중도란 말은 불교의 개념이고 유교에서 말한 중용과도 이어지는데, 이게 이것저것 사이의 중간 길을 간다는 건 아니잖아요? 진리나 도를 추구하는 데 있어서 어느 한쪽에 치우침이 없다는 의미겠지요. 그런데 실제로 중도가 뭔지를 아는 일은 간단치 않습니다. 불교에서도 용수(龍樹)가 중도를 설파하는 방식이 중도가 이러저러한 것이다 라고 일러주는 게 아니라 중도가 아닌 것들을 하나씩 깨나가는 거잖아요. 우리도 단순히 중도가 뭐냐, 그러지 말고 어떤 것이 중도에 어긋나는지를 찾아가다보면 결국 마지막에 남는 거, 그렇게 마지막에 남는 것을 찾아가면서 실천하는 것이 중요하다고 생각해요.

또 지혜란 말도 여러 가지 뜻으로 쓰이는데, 우선적으로 '실용적인 슬기'랄까, 나쁘게 말하면 '꾀'같은 걸 지혜라고 할 때도 있어요. 그런데 원래 불교적인 의미로 말하는 지혜는 도를 제대로 깨쳤을 때 혹은 진리를 체득했을 때 저절로 나오는 '밝음'이죠. 그러니까 그렇게 말하면 '중도적 지혜'보다는 중도하고 지혜가 다른 말이 아니라는 것이 더 정확한 표현이겠지요. 마음공부도, 실제로 마음공부를 말하는 종교인들이 개인의 수양 위주로만 이해하는 면이 있습니다. 그런데 불교만 하더라도 참선하는 스님들이 몸을 닦고 다스리는 게 기본 아니에요?

그래서 항상 심신의 수련을 의미할 텐데요. 제가 원불교에 많은 관심을 갖고 있습니다만, 원불교에서는 마음공부라고 할 때 그 기본은 물론 불교에서 말하는 '정(定)'이고 그 '정'에 이르는 정신수양이 있지만 동시에 사리연구(事理研究)가 있고 작업취사(作業取捨)라는 게 있어요. 사리연구는 성리(性理)를 깨치는 일뿐 아니라 선불교에서는 대체로 배척하는 지식공부, 알음알

이 공부를 병행하는 것이고, 그다음에 이 모든 것이 열매로 맺는 것이 작업취사, 곧 정의와 불의 사이에서 선택해서 실행하는 것을 의미하죠. 이 세 가지 힘을 '3대력'이라고 하고, 그렇게 3대력이 갖춰진 공부를 마음공부라고 합니다. 그렇기 때문에 그런 차원에서 마음공부를 제대로 하면 아까 김 교수가 말씀하신 여러 문제, 또 우리 현실의 문제가 해결이 되지 않을까 생각해요. 그렇지 않고 정신수양 한가지로만 설정된 마음공부를 한다면 혼자 앉아서 열심히 참선한다고 해서 통일이 되냐 빈부차이가 해소되냐, 이런 식의 비판을 당연히 받을 수 있지요. 그러나 앞서 말씀드린 대로 마음공부를 제대로 하고 제대로 된 지혜를 갖추고 중도의 길을 걷는다는 것은 바로 현실의 그런 문제들을 해결해가는…….

김성민 실천의 과정!

백낙청 네, 실천의 과정을 뜻하죠. 그러면 실천은 어떻게 하자는 거냐하는 의문이 시작되겠지만, 그런 의문을 간직하고 공부하며 살아가는 것 자체가 마음공부인 거지요.

김성민 '중도적 지혜'라는 것은 저희가 선생님 글을 읽고 '변혁적 중도'와 '중도는 곧 지혜다'라고 말씀하신 것을 합해서 드린 말씀인데, 그 마음공부가 이제 심신을 병행하는 실천이라고 이해가 됩니다. 그런 차원에서 마음공부가 정말 지난한 과정에 따라서…….

백낙청 그리고 몸 관리가 있잖아요. 우리가 체육관 가서 운동해서 튼튼한 몸을 만드는 그런 것 이전에 음식이나 공기, 물, 이게 건강한 몸을 만드는 기본 아닙니까? 그런데 그 문제만 하더라도 나 혼자서 어디 공기 좋은 데 가 앉아서 좋은 물 마시고 유기농식품 같은 거 먹어서 해결되는 게 아니거든요. 우선 나부터 되도록 그렇게 해서 내 몸을 제대로 보전하면서 다른 사람도 그렇게 할 수 있는 세상을 만들어가야 해결이 되는 거지. 유기농업이라는 것도 그렇잖아요. 자기 논밭에서 아무리 농약을 안써도 옆에서 쓰면 유기농 인증을 안해주거든요. 마찬가지예요. 우리 몸을 제대로 보전하더라도 혼자만 다르게 해서 되는 게 아니고 사회적인 실생활하고 연결이 되어야 한다는 거죠.

김성민 그렇다면 우리의 마음공부를 더 할 수 있는 사회적 토양, 공동체 분위기를 더 만든다는 차원에서, 다시 말해 마음공부를 할 수 있는 토양을 만들기 위한 노력이 분단체제의 극복과정이기도 하다는 의미로 저희가 이해해도 무방하겠습니까?

백낙청 그런데요, 분단체제란 말을 쓰면 첫째는 뭐 그렇게 어렵게 말하냐 하는 비판이 나오고, 또 하나는 분단이란 단어가 들어가기 때문에 자꾸 사람들이 통일만 되면 다 해결된다는 통일운동으로 생각해요. 분단체제 극복운동을 그냥 통일운동으로 단순화해서 이해하는 경향이 있습니다. 그래서 분단체제라는 용어를 함부로 쓸 필요는 없다고 봐요. 전략적으로 때와 장소를 선택해서 써야 될 것 같아요. 아무튼 제가 늘 말하듯이 단순한 분단극복운동 곧 통일운동이 아니라 분단체제를 극복하는 운동이자 과정이 중요하고, 그건 지금 말씀하신 환경문제하고도 직결되어 있습니다. 분단에서 기인하거나 분단이 매개해서 생긴 문제들이 환경 분야에도 많고, 성평등이라는 측면에서도 문제가 많고, 민주주의 차원에서도 문제가 많고, 이런 것들을 분단체제의 일부로 하나하나 타파해나가는 것이 중요해요. 그리고 그것들을 타파하기 위해 갖춰야 할 조건들도 정확히 인식해야죠.

　　남북이 당장은 통일을 안 하더라도 다시 통합해가는 점진적이고 단계적인 과정에 있고 이 과정과 국내의 여러 현안들이 밀접하게 맞물려 있다는 인식을 가지게 되면 환경문제로 남북이 협력해나가는 일뿐 아니라 국내 환경문제의 해결에도 도움이 될 거예요. 실상 남북이 적대적으로 대결하고 있는 상태에서, 환경 얘기를 하든 민주주의를 얘기하든 무슨 얘기를 하든 "넌 종북 아니냐", 이런 반박이 먹히는 사회에서는 개선이 불가능하거든요. 그래서 이 문제들이 다 맞물려 있다는 인식을 가지고 남한에서 할 수 있는 것은 남한에서 하고 남북 간에 풀 수 있는 것은 남북 간에 풀고 동아시아 지역 협력을 통해서 풀 일은 그렇게 풀고 또 세계체제 차원에서 해야 할 일은 하고, 이런 복합적인 노력을 하자는 것이 분단체제 극복인데, 아직도 분단체제 극복 그러면 통일하자는 거구나, 이렇게 치부해버려요. 제가 그런 부작용을 겪어본 선배로서 조심해서 사용하시라고 사용법을 설명했습니다.

남남갈등의 해결, 그 시작점, '갈등의 폭을 줄여가는 과정와 남북의 교류 및 화해협력의 병행이 중요하다.'

김성민   감사합니다. 방금 남남갈등을 말씀하셨으니 여쭤봅니다. 복합국가로 가는 과정에서 일단 첫번째로 등장하는 난제가 결국 남남갈등인데, 남남갈등도 여러가지 요소가 있겠습니다만 우선 정치적 입장 대립이 있겠고요. 그다음은 남북갈등이 있겠고, 또 하나 동아시아 정세와 맞물려서 최근 급부상하고 있는 동아시아의 갈등 문제가 있을 것 같습니다. 복합국가로 가는 데 있어서의 이 난제들 중 어떤 것을 당면한 핵심 문제로 인식하고 우선순위를 부여해야 할지, 아니면 말 그대로 복합적으로 해결해가는 노력을 해야 하는지를 여쭙습니다.

백낙청   남남갈등을 먼저 풀고 나서 그다음에 뭐 한다, 저는 그렇게 순서를 정할 수 있는 문제는 아니라고 봅니다. 남남갈등을 완전히 해소는 못하더라도 갈등의 폭을 줄여가는 단계, 아니면 갈등이라도 생산적인 갈등으로 바꿔나가는 과정, 이것하고 남북의 교류와 화해협력의 확대 내지 복원이 병행되어야 한다고 보거든요. 그리고 남남갈등이 표면화된 것이 사실은 남북대결이 완화되면서 그렇게 된 면이 있어요. 남북대결이 강고할 때는 남쪽의 기득권세력이랄까 몇몇 세력은 국민들이 적당히 겁을 먹고 사는 것을 좋다고 생각했었는데, 민주화 그리고 6.15공동선언 이후에 지역문제라든가 남남갈등이, 즉 잠재해 있던 것이 폭발적으로 표면화되어 훨씬 더 현저해진 것도 사실입니다. 그것은 그만큼 분단체제에 안주하던 수구기득권세력이 위협을 느꼈기 때문에 그런 면이 있어요. 그래서 앞으로 만약에 남북관계가 다시 개선의 길로 들어선다면 어떤 면에서는 더 격렬한 반대가 있을 거예요.

어찌 보면 이게 박근혜 대통령의 역설적 운명이지요. 원래는 수구기득권세력을 철저하게 대변하면서 대통령이 된 건데, 대통령이 되고 나서는 그 수구세력 전체를 대변하지 않고 최순실이라든가 몇몇 개인의 이익을 대변하다보니까 그 수구세력이 종북 좌파몰이를 한다든가 보수─진보의 갈등구도 이런 게 거의 무의미해져버렸어요. 수구세력도 체면을 구긴 거예요 그래서 제가 흔히 그런 말을 합니다만, 박근혜 대통령이 후보 당시 또는 취임 당시에 훌륭한 공약을 많이 냈는데 거의 다 배반했잖아요. 거의 다 파기했는데 단 하나 통합, 대한민국의 국민통합, 국론통일을 이룩하겠다는 것은 적어도 90%는 달성했다, 박근혜 대통령에게 부정적인 여론이 90% 이상이라고 하니까요. 불행히도 그건 그분의 잘못으로 된 통합이지만, 그래도 그나마도 통합을 한 게 어디예요? 그거 아무나 할 수 있는 거 아닙니다.

김성민 거의 유일한 거죠.

백낙청 네, 거의 유일한 건데 또 있긴 있어요. 야당에서 정권교체를 주장하는데 박근혜 후보는 여당이니 정권교체를 얘기할 수 없잖아요. 그러니까 뭐라고 했냐면 자기는 정권교체를 넘어서 '시대교체'를 하겠다고 했어요. 그런데 나는 지금 우리 사회가 시대교체의 문턱까지 왔다고 봅니다. 이 문턱을 넘어서 시대교체를 하는 것은 결국 우리의 숙제지만, 여기까지 끌어온 박근혜 대통령의 공로는 무시할 수 없죠.

김성민 역대 대통령 중에 유일하죠.

백낙청 그래서 앞으로 우리가 할 일이 시대교체를 완수하는 일인데, 저는 국민이 대단한 저력과 생명력을 갖고 있다고 믿어서 너무 걱정하지는 않습니다.

김성민 선생님께서 종종 해 오신 시민참여의 양과 질에 따라 맡겨두는 게 좋겠다는 말씀과 연결되는 것 같습니다. 통일국가의 체제, 이념도 미리 정하지 말고 통일과정에서 시민참여의 양과 질에 맡겨두는 것이 좋겠다는 말씀은 시민 주도의, 이를테면 최대주의적 접근방식, 그런 것하고 관련이 될까요?

백낙청 최대주의적 접근방식이란 게 정확히 어떤 건가요?

김성민 아, 한반도 분단체제 변혁을 위해서는 변혁적 중도주의 그리고 폭넓은 중도세력이 결합해야 하고, 더 정확히는 시민의 자발적인 의지와 참여욕구의 최대한의 확대, 시민참여를 계속적으로 확장시키는 것을 최대주의적 접근이라 표현해봤습니다.

백낙청 이 경우에 최소주의라든가 최대주의라는 용어가 별로 도움이 안 되지 싶어요. 우선 저부터가 혼란스럽거든요. 이를테면 시민들의 의사에 따라 단계적으로 진행하면서 그때그때 결정하는 것이 민주주의다라고 할 때 그것이 최대입니까 최소입니까? 어떤 면에서 최소주의 아니에요? 미리 원대하고 중요한 최대강령을 정해놓고 가는 게 아니고, 우선 진행하면서 시민들의 뜻에 따라서 결정하자 하는 것만 정해놓고 가는 것이 최소일 수도 있죠. 아니면 그렇게 하겠다는 것 자체가 너무 원대하고 이상적인 얘기니까 최대주의라고 보시는지 모르겠지만. 가령 민주주의 원칙 같은 것은 중요하죠. 남과 북이 다 따라야 하는데 첫째는 주민, 시민들의 의사에 맡기는 게 민주주의예요. 저는 제일 중요한 원리라고 보는데 그게 벌써 전제됐다는 거고요.

또 하나는 방법상의 문제인데, 민주주의라고 하면 남과 북 사이에 개념이 너무 다르지 않습니까? 북도 자기 나름대로 인민민주주의를, 남쪽보다 더 진전된 민주주의를 구현한다고 말하고 있고, 남쪽 내에서도 민주주의에 대한 개념규정이 사실 통일되지 않았죠. 인권도 마찬가지고요. 이렇듯 논란이 분분한 문제들이니까 그런 걸 미리 일치시켜서 민주주의, 인권에 대한 원리 원칙을 미리 세우는 것이 방법상으로 현명한 일이 아니라는 거죠. 물론 남북의 통일에 있어서 원칙을 정한 것은 있습니다. 평화통일을 해야 한다는 것, 전쟁하지 말자는 것은 남북간에 합의했고 남한 시민들 중에서도 극소수 '전쟁불사론자'빼고는 동의하는 바고요.

그 다음에 우리 민족끼리 자주적으로 한다는 것도 남북간의 합의사항인데, 이건 해석 차이가 커요. 북쪽은 '남의 미제국주의자와 친미사대주의자들만 빠지면 우리 민족끼리 통일하는 거는 금방이다'라고 주장하죠. '우리 민족끼리 자주적으로'라는 표현은 6.15공동선언 제1항에 나오는데 김대중 대통령이 합의한 그 원칙은, 옛날에는 강대국들에 의해 8·15이후에 분단 되었잖아요? 그때 우리가 전혀 의사결정에 참여하지 못하지 않았습니까? 그런 식으로 강대국끼리 하지 말고 우리가 주인이 돼서 하자라는 원칙이지, 이건 구체적인 통일방안은 아닙니다. 구체적인 방안은 제2항에 나오는 거죠. 중간단계를 거쳐서 점진적으로 진행하기로 한 거니까 몇가지 원칙만 천명하고 그다음에는 한반도에 사는 주민들의 의사를 존중한다, 미리 다 정하지 말고 해나가면서 그때그때 정해가자 하는 원칙, 이게 최대주의적 원칙인지 최소주의적 원칙인지는 모르겠습니다만 어쨌든 거기까지가 중요한 것 같아요.

그걸 시민참여형통일이라고 부르는데, 정부를 배제하자는 뜻이 아니고요. 사실 독일 통일 관련해서는 특히 동독 민중의 저항운동이라든지가 크게 작용했지만 정작 베를린장벽이 무너지고 독일이 통일되기까지의 급속한 과정에서 시민들이 뭐 크게 반대할 처지가 많지 않았잖아요? 그런데 우리는 불행이기도 합니다만 시간이 오래 걸리고 있는데, 또 하나는 우리가 자랑할 만한 것으로 두 정상 간에 단계적으로 통일한다 하는 것을 이미 합의해놓았기 때문에 동서독과는 질적으로 다른 시민참여의 공간이 확보되어 있다는 거죠. 물론 아직 충분히 열리지 않았고 또 열어가면서 얼마나 잘 활용할지 그건 두고 볼 문제지만요.

시민참여형 통일, '시민이란 주권자로서의 시민으로서 나라의 주인
행세를 제대로 하는 주민 또는 국민이다.'

김성민 이제 결국 한국 사회의 변혁에 대해 말씀하셨는데, 변혁의 한 주체를 시민
으로 봐도 괜찮을지요?

백낙청 시민 아닌 사람이 누가 있어요? 시민이 여러가지 뜻이 있는데, 한국에서는
아직까지 주로 국적을 가진 사람들을 시민이라고 하죠. 그런데 저는 시민
이란 말을 쓸 때 주권자로서의 시민으로서 나라의 주인 행세를 제대로 하는
주민 또는 국민을 생각하죠. 그래서 한반도 주민이란 말도 대신 씁니다. 그
런데 한반도 주민 중에서는 국적이 다른 사람도 많이 있거든요. 하지만 그
들도 인권을 가진 사람으로서 거주하고 있는 나라에서 그 나라의 국민이든
아니든 사람대접을 받을 권리가 있는 것이고, 그래서 지금 그 사람들을 통
일 논의에 깊이 참여시킨다고 하면 그건 환상적인 이야기가 되기 쉽지만,
그게 아니고 장차 이 사회, 한반도 전체가 좀 더 나은 사회로 가는 과정에서
그들도 참여해서 결정에 이바지할 수 있다는 의미에서는 시민이란 말보다
주민이란 말이 적합하기도 합니다.

　그다음에 변혁적 중도에 대해 덧붙인다면, 원래 변혁이란 말하고 중도라
는 말하고는 상식적으로 안 맞는 말 아니에요? 그런데 아까 '하이어라키'란
말을 쓰셨지만 개념의 하이어라키에 따라 그 적용되는 차원이 달라요. 변혁
은 한반도에 해당하는 이야기고, 중도는 우리 남한 사회를 이야기하는 겁니
다. 종교적인 의미의 중도가 아니고 정치적 노선으로 중도라고 할 때는 남
한 사회 위주의 개념입니다. 한반도 차원에서 더 나은 체제로 변혁을 해야
하고 그 과정에서 각종 극단주의를 배제한 남한 사회 다수에 의한 대대적인
개혁이 한반도체제의 변혁과 동시에 진행되어야 한다는 그런 개념이죠.

김성민 선생님, 제가 그랬습니다. 한반도식 통일이고 시민참여 통일이고 변혁적 중
도주의인데 그때 변혁적이라 함은 한반도 분단체제를 변혁하는 거고 그때
중도주의라 함은 폭넓은 중도세력의 참여와 확장이라고요.

백낙청 네, 일차적으로 남한 내에서요.

김성민 네, 그렇게 정리하겠습니다. 그런데 분단체제가 무의식적으로 남한 사회 시민 대다수에게 각인되어서 통일의 주체가 시민이라고 하면서도 때로 그 동일한 시민·민중이 통일을 불필요하다고도 생각하거든요.

백낙청 그게 한편으로는 분단체제에 길들여진 탓에 분단을 당연한 현실로 받아들이는 면이 있고요. 또 하나는 이 분단현실이 도저히 용인할 수 없는 현실이고 바꿔야겠다는 생각을 하면서도 남북통일을 해서 바꾸겠다는 말이 전혀 실감이 안 나는 거예요. 왜냐하면 단순 통일론자들이 주장하는 통일이라는 것은 환상적인 일이고 황당한 얘기거든요. 가능하지도 않고요. 그래서 다수 대중으로부터 호응을 못 받는 양면이 있는 것 같아요. 그러니 통일운동 쪽에서도 반성을 하고 통일의 개념을 좀 바꿔야 할 것 같고, 그다음에 분단현실에 길들여져 우리가 분단국가라는 걸 잊어버리고 사는 행태는 일반 민중에 한정된 것이 아니고 어떤 면에서 학자들은 더합니다. 그래서 제가 '후천성분단인식결핍증후군'이란 표현을 썼는데, 저는 그런 증상이 굉장히 심한 것 같아요, 우리 학계에…….

김성민 학자들에게 그런 요소가 많이 있습니다.

백낙청 네, 학자들이 오히려 더 많은 것 같아요.

김성민 선생님. 저희가 통일을 염두에 두지만 '포스트 통일', 즉 통일 이후가 이제야말로 화두라고 생각합니다. 그래서 시기적으로 통일 이후에 대한 고민과 사유를 어떤 차원에서 가져와야 할까를 고민하고 있는데, 이에 대한 조언을 부탁드립니다.

백낙청 지금 엄연한 분단시대인데도 제가 통일시대라는 표현을 쓴 적이 있거든요. 단순히 통일이 중요하다는 레토릭이 아니고, 지금 말씀하신 대로 분단시대 안에 통일시대를 예고하고 성취하는 그런 현실이 자라나고 있다는 뜻이 하나 있고요. 또 하나는 통일과 포스트 통일을 얘기하셨는데, 통일의 개념을 좀 바꾸면 통일과 포스트 통일을 구분하기도 쉽지 않습니다. 같은 의미로 통일 전과 통일 후, 통일과 포스트 통일의 구분이 쉽지 않듯이 통일과

'프리(pre) 통일'구분도 어려울 것 같아요. 6.15공동선언에 이어서 2007년에 10·4선언이 나왔는데 저는 그 선언의 후속되는 실천이 이루어졌더라면 1단계 통일은 그리 먼 현실이 아니었다고 봅니다. 북에서는 낮은 단계의 연방제를 얘기합니다만, 저는 국가연합이 먼저이고, 연합 중에도 높은 단계의 연합이 있고 낮은 단계의 연합이 있는데 낮은 단계의 연합만 해도 통일 프로세스가 거의 불가역적인 길에 들어선다고 보는데, 아직 거기까지 우리가 못 갔죠. 거기까지 들어가면 그걸 통일이라고 할 수 있고 그다음은 포스트 통일이라 부를 수 있어요.

그러나 통일의 1단계만으로는 긴긴 통일과정의 시작에 불과하다고 본다면 결합의 수준이 더 높아지는 2단계 통일도 포스트 통일이 아니고 역시 통일과정의 일부이며 심지어 아직 '프리 통일'이라는 관점도 가능합니다. 아무튼 점진적이고 단계적인 통일을 상정한다면 그 긴 과정 이후에 일어나는 '포스트'에 대해서는 미리부터 너무 걱정할 필요는 없지요. 오히려 시야를 세계체제로 넓혀가지고 우리 한반도의 분단을 초래하고 유지해온 세계체제라는 것이 영원히 갈 것은 아닌데, 이것이 다음 단계로 이행하면서 어떻게 될 것이며 그 과정에서 어떤 선택을 할 것인가, 그런 차원의 고민을 하는 게 낫지 않을까 싶습니다.

김성민 마지막으로, 제가 있는 통일인문학연구단은 인문학의 차원에서 한반도의 분단극복과 통일을 사유하고 있습니다. 인문학적 차원에서 통일을 본다는 것이 많이 생소했었는데 지금은 많은 분들이 공감하고 인정도 하시는 것 같습니다. 인문학적 차원에서 통일 사유가 갖는 의의 내지 보완해야 할 점 등에 대해 말씀해주셨으면 합니다.

백낙청 제가 글로 쓴 것도 있습니다만 저는 통합적이고 실천적인 사회과학이나 본래 의미의 인문학이나 같은 것이라고 보거든요. 그러니까 인문학도가 하는 일과 사회과학도가 하는 일을 딱 갈라놓는 것 자체가 인문학의 정신에 어긋난다고 봅니다. 그래서 특히 사람들이 섞이는 것도 중요하지만 인문학자 자신이 자기 하는 일이 사회과학을 포괄한다는 인식을 갖고 거기에 걸맞은 연

마를 해야 한다고 봅니다. 이렇게 말하면 "아니, 내 전공과목 하기도 바쁜 378
데 사회과학까지 다 하라느냐", 이렇게 또 우는 소리를 하는 사람도 있는데
저는 이 과목 저 과목 다 해서 박식해지라는 뜻이 아니거든요. 접근하는 자
세에서 융합적이고 통합학문적인 접근과 그에 따른 연구가 수행되기를 바
라는 겁니다.

김성민 조언을 깊이 새기겠습니다. 선생님, 귀한 시간 내주셔서 거듭 깊은 감사의
말씀드립니다. 고맙습니다.

인터뷰이 : 송두율

1972년 프랑크푸르트대학에서 철학박사학위, 1982년 뮌스터대학에서 사회학분야 교수자격(habilitation)을 취득했으며 뮌스터대학, 베를린자유대학, 하이델베르크대학, 베를린훔볼트대학 등에서 학생들을 가르치다가 2009년 10월 정년퇴임했다. 독일어 저서로는 SOWJETUNION UND CHINA(1984), SCHATTIERUNGEN DER MODERNE(2002) 등이 있으며, 우리말 저서로 『전환기의 세계와 민족지성』(1991), 『통일의 논리를 찾아서』(1995), 『21세기와의 대화』(1998), 『경계인의 사색』(2002), 『미완의 귀향과 그 이후』(2007) 등이 있다.

인터뷰어 : 박영균

건국대학교 통일인문학연구단 HK교수 및 대학원 통일인문학과 교수로서, 『코리언의 역사적 트라우마』(2012), 『민족과 탈민족의 경계를 넘는 코리언』(2014), 『통일인문학 : 인문학으로 분단의 장벽을 넘다』(2015), 『생명·평화·치유의 DMZ 디지털스토리텔링 : 인문학적 통일패러다임』 등의 공저가 있다.

경계인의 통일철학

일시 : 2015년 8월 18일
장소 : 독일 베를린 스테그리츠 카페(Cafe in der Schwartzschen Villa)

망명 생활 50년, "이제 나이도 들어 자서전을 쓰고 있습니다."

박영균 선생님, 저희 소개부터 해야 할 것 같습니다. 저희 건국대학교 통일인문학
연구단은 '사람의 통일'이라는 모토 하에 '소통 · 치유 · 통합의 통일인문학'
이라는 패러다임을 내걸고 지난 7~8년 동안 연구를 진행해 왔습니다. 선생
님의 통일철학은 저희가 통일인문학이라는 새로운 연구 패러다임을 만들
때, 많은 영감과 지적 영향을 주셨습니다. 오래 전부터 뵙고 싶었는데, 이렇
게 늦어지게 된 것은 아마도 복잡한 정치 현실, 특히 분단이라는 현실 때문
인 것 같습니다. 오늘이라도 이렇게 선생님을 뵐 수 있게 되어 기쁘기 그지
없습니다.

송두율 그러내요. 분단이 가져온, 하지만 우리가 우리 자신들의 힘만으로 어찌할
수 없는 상황들이 이렇게 많은 한을 남기는 것 같습니다. 집사람이 '페이스
북(face book)'을 하는데, 나는 타자를 못해서 집사람이 하는 페이스 북을 보
고 구경합니다. 최근에 한국소식을 보면 절로 탄식이 나옵니다. 과거 일제
치하에 민족을 팔아먹은 자손들은 대대손손 부와 권력을 누리면서 엄청 잘
사는데 민족 운동가의 자손들은 근근이 어렵게 산다는데 정말 개탄할 일이
지요. 이래 가지고는 이전부터 항간에 떠도는 이야기들, 민족운동을 하면
자자손손 어렵게 살고 친일한 자손들은 떵떵거리고 산다는 말이 진짜로 맞
는 이야기처럼 느껴져요. 1967년에 독일에 왔으니까 내후년이 되며 이제
50년, … 집사람은 나보다 먼저 왔으니까 금년이 50년이 되네요.

박영균 1967년에 독일로 유학을 오셨고 그 해 7월 8일, 동백림 사건(동베를린 간첩 사건)이 터졌죠. 그리고 그 이후 선생님은 2003년까지 한국에 들어오시지 못했지요?

송두율 그랬지요, 동백림 사건이 발표나기 이전에 이에 대한 사전 정보를 들어서 알고 있었어요. 그래서 동백림 사건이 터지자마자, 거의 일주일 후에 출국 했지요. 그런데 프랑크푸르트공항에 도착해 보니까 벌써 공항출입국관리들 이 어떻게나 내 짐을 뒤지던지, 하나하나 뒤지더라고요. 한국정보부가 저지 른 납치사건들 때문에 그들은 한국 사람들을 거의 범죄자로 보고 의심하는 경향이 있었지요. 안호상이라고 있지요. 이승만 정부 때 '학도호국단'을 만 든 사람이고 독일에서 유학했고 서울대에서 철학을 가르치다가 문교부장관 을 한 사람이지요. 그런데 이 사람이 이제 사죄한다고 했지만 독일학생들이 그를 받아드릴 수 있겠어요? 항의시위 때문에 그대로 돌아 갈 수밖에 없었 어요.

박영균 2003년 9월 22일, 선생님께서는 고향을 떠난 지 37년 만에 겨우 고국 땅을 밟으실 수 있었습니다. 하지만 그 결과는 매우 참혹했지요. 선생님께서는 공항에서 체포되어 9개월 동안 영어의 몸이 되었고 풀려난 직후, 2004년 8 월 5일 다시 독일로 돌아오는 비행기에 몸을 실어야 했습니다. 그 때의 기억 이 아직도 생생하실 것 같은데요. 요즈음에는 어떻게 지내시고 계십니까?

송두율 이제 나이도 들어 자서전을 쓰고 있습니다. 자서전을 독일어와 한국어로 쓰 는데 우리 말로 쓰는 게 더 어렵습니다. 한글 자판에 익숙하지 않다보니 그 런 것 같습니다. 그래서 어떻게 하면 좋을까 싶어요. 한 자 잘못 찍으면 한 글은 고치기도 번거롭고 ……. 그러다 보니까 100매 쓰고 나면 지쳐서 더 이상 계속 못하겠어요. 그래서 아내는 자필로 쓰고 그것을 타자하는 사람에 게 보내는 방식이 어떻겠냐고 말하지만…….

　자서전을 두 번 쓰는 것도 아닌데……. 신중할 수밖에 없는 일인 것 같습 니다. 어떤 때는 잘 나가기도 하는데 하루 종일 문장 하나도 제대로 못 쓸 때가 있어요. 제일 힘든 문제는 내가 받은 마음의 상처를 어떻게 소화 하는가 라는 문제지요. 자서전 형식이야 대부분 시간의 흐름에 따라 정리하는 것이지만, 나의 삶을 우리 시대의 지성사적인 흐름 속에서 어떤 문제에 대해서 어떤 고민을 했던가하는 문제들을 떠올리면서 구성해 내기가 참 힘들어요. 아내는 리영희 선생님의 『대화』처럼 대화를 주고받는 상대가 있으면 제일 쉽지 않겠느냐고 말하더라고요. 잘 아는 사람들이 서로 주고받는 대화를 녹취해서 정리하는 식으로……

박영균 네, 선생님처럼 엄혹한 유신 시대에 본국에서 추방되어 독일에 살면서 한국의 민주화를 위해 실천하고 남북의 적대적 대립이 강고했던 시절에 남이냐 북이냐의 이분법적 선택을 거부하고 남과 북의 경계에 서는 통일 사유를 진행했을 뿐만 아니라 남쪽 태생으로 북쪽을 방문하고 그로 인해 다시 남쪽으로부터 정치적 탄압에 시달리는 고통을 감내해야 했던 '경계인'의 삶을 실천하신 분이 그 당시의 삶을 철학적으로 정리한다는 것이 쉽지는 않을 것 같습니다.

송두율 조금 힘이 들어도 우리 시대를 정리하는 것이 후학들에게도 도움이 되겠지 싶어서 어렵지만 계속해 볼 생각입니다. 자서전 집필 작업과 별도로, 최근 일본 칸트(Immanuel Kant) 연구회가 발간하는 책에 내 논문이 하나 실렸지요. 칸트의 『세계평화론』과 관련하여 쓴 글이죠. 일반적으로 세계시민이라고 하면 보통은 유럽 사람들이 주로 이야기 하고, 일본 사람들도 이를 어떻게 하면 유럽지성들이 하는 이야기에 가까운 해석을 하느냐 그것이 그 사람들의 관심사지요. 하지만 여기에 대해서 나는 조금 다른 입장에서 동아시아 문제까지 포함해서 세계평화에 대해 논의를 해보고 싶었습니다. 원래 일본에서는 철학자들이 현실에 참여하는 법이 별로 없습니다. 그래도 편집자인 이시카와 수도대학교 철학교수는 여기서 유학을 했으니까, 독일 사정에도 밝고 나의 특수한 입장도 잘 살릴 수 있을 것 같아서 썼지요.

　　일본에서 칸트철학하면 완전히 백면서생들이 앉아서 칸트철학을 이렇게 해석하는 게 옳다거나 아니다거나, 하지만 내 원고내용은 좀 달랐지요. 그래서 일본에서의 강연도 몇 군데 순차적으로 조직되었지요. 그런데 비행기표를 사고 아내와 함께 출발하려는 며칠 전에 후쿠시마원전사고가 나서 모든 스케줄을 취소했지요. 그런 상황에 칸트고 뭐고 이야기할 수 있는 상황이 아니라서······.

철학함, "어떤 철학을, 어떤 삶을 선택하느냐에 따라 철학자의 길은 그렇게 달라지지요"

박영균 선생님, 저희가 보내드린 인터뷰 질문지를 보셨지요. 여기에 있는 질문지는 주로 선생님의 철학, 특히 통일철학과 직접적으로 관련되어 있는 내용들을 중심으로 구성되어 있습니다. 앞으로, 저희 연구단은 오늘 선생님과 하는 인터뷰를 포함하여 분단 극복 및 통일 사유를 발전시켜 오신 몇몇 분들과의 인터뷰를 담아 이를 한 권의 책으로 출판할 생각입니다. 물론 선생님의 책이 한국에서 많이 출판되었습니다. 하지만 독일 망명 생활 37년 만인 2003년 한국에 귀국하셨다가 고초를 겪고 2004년 독일로 돌아오신 정황도 있고, 그 이후 선생님께서 발전시킨 생각이나 이야기들도 있을 것 같은 데 ··· 이에 대한 이야기를 듣고 싶었습니다.

송두율 원래 내가 2003년 가을 한국에 갔을 때 전남대학교 강연에서 내가 생각하는 것들에 대한 전체적인 이야기를 하려고 했었지요. 하지만 공항에서 내리자마자 국정원과 검찰에서 연일 혹독한 조사를 받게 되었지요. 애초에 예정되었던 전남대학교 강연도 논란의 대상이 되었지요. 한쪽에서는 '그래도 선생님, 광주에 내려가셔야 된다'고 하고, 또 다른 한쪽에서는 '내가 광주까지 내려가서 강연을 하면, 또 한 번 검찰과 보수언론에 자극을 주는 거라고 안 된다'고 하기도 하고······, 그 이후에도 서강대학교에서 열린 2013 한국철학자대회에서도 발표할 기회가 있었지만 그 때도 검찰조사 중이라서 그럴 분위기가 아니었지요. 그래서 나의 통일 담론이랄까, 뭐 그런 것을 전반적으로 발표하지는 못했지요. 통일 담론 자체가 완결적인 것은 아니지만 나름대로 하나의 체계를 가지고 있는 것인데······, 그걸 한번 공개적으로 다룬다면 자신에게도 자신을 되돌아보는 거울이 될 수도 있을 텐데 하고 아쉬웠지요.

박영균 저도 한국에서 서양철학을 전공하고 있지만 한국에서 철학하는 분들이 놓치고 있는 문제가 있는 것 같습니다. 그것은 바로 분단, 통일 문제입니다. 저는 어떤 철학을 전공하든 간에 철학함의 핵심은 그가 살고 있는 시대와의 실천적 호흡이라고 생각합니다. 하지만 철학을 하는 사람들 중 많은 사람들이 강단에서 직업에서 철학을 가르치다 보니 철학적 사유의 본바탕을 잊어버리고 이미 제시된 철학적 논리가 가지고 있는 추상성이나 보편성, 다시 말해 관념성에 빠져드는 경향이 있는 것 같습니다.

바로 이런 점에서 선생님의 철학함은 오늘날 한국에서 철학하는 많은 사람들에게 마땅히 귀감이 되어야 할 것 같습니다. 한국의 현대사에서 가장 중요하게 제기된 시대적 과제 중 하나는 분단, 통일 문제입니다. 하지만 한국에 존재하는 그 많은 철학 전공자들에도 불구하고 정작 이 문제를 한국에서 철학함의 바탕으로 삼고 있는 철학자는 거의 없습니다. 물론 분단, 통일 문제를 이야기한 사람은 많습니다. 하지만 저희가 보았을 때, 분단, 통일의 문제를 철학적 사유의 대상으로 주제화하여 이를 하나의 철학으로 승화시켜 통일철학을 만들어내고 있는 분은 선생님 밖에 없는 것 같습니다.

송두율 과거에는 있었어요. 그러니까 서울대학이 설립 이전, '국대안(국립 서울대학교 설립안)'반대 때는 있었지요. 예를 들어 민족해방을 위해 총을 들었다가 전사한, 박치우 선생과 같은 철학자도 있었지요. 그러나 그 이후에는 서울대 철학과 박종홍선생이 박정희 유신 정권 때, 정신문화원 초대 원장으로 가고, 뭐 그런 식으로 되어버렸지요. 그럼에도 불구하고 분단의 고통을 철학적 사유로 승화하려는 노력을 한 철학자들도 있었고, 지금도 치열하게 살고 있는 사람들이 있다고 생각합니다. 그런 철학자 가운데 한 사람은 지금은 평양에 있고 ……, 그럼 대체로 누군지 알겠죠? 부산대학교 철학과 교수였던 윤노빈 선생이죠. … 어떤 철학을, 어떤 삶을 선택하느냐에 따라 철학자의 길은 그렇게 달라지지요.

서울대학교 철학과 교수들 중에는 칸트, 헤겔(Georg Wilhelm Friedrich

Hegel) 철학을 전공하신 최재희선생님이 있었지요. 60년대의 학생들은 거의 다 생활이 어려웠지요. 교복을 사서 입을 정도의 형편도 안 되니까 군대를 제대할 때 입고 나온 군복을 까맣게 물들여서 입고 다니고, 구두가 없으니까 군화나 고무신을 신고 다니고 했지요. 경성제국대학교 철학과를 다닐 때 최교수는 기생 만나러 평양까지 갔다 오고 했는데 지금 학생들을 보면 불쌍하다는 이야기를 한 적이 있었어요. 끼니도 못 챙겨먹을 수 없는 주제에 '무슨 철학이냐'고 말할 정도로, 어려운 시절이었지요. 하지만 잘 산다고 해서 철학이 나오느냐? 그것도 아니지요. 지금은 잘 산다는 한국에서 그러면 어떤 철학이 있을지…….

나중에 이야기 하겠지만 남북 철학자 대회(1991년 한민족 철학자 대회)를 할 때, 나도 서울로부터 연락을 받았고 남과 북 철학계에서도 참가 여부를 두고 이야기가 진행되었지만 결국 무산되었지요, 당시 나는 서울 가도 걱정이라는 생각이 들었지요. 문제는 뭘 가지고 철학자들이 얘기를 하겠는가 하는 거지요. 칸트철학을 가지고 남북 철학자들이 만나서 이야기하겠어요? 아니면 어떤 다른 철학자를 가지고 이야기하겠어요. 이게 참 고민이 되더라고요. 남과 북은 그 사이 정말 언어가 다른 세계가 되었지요. 물론 언어라는 게 서로 다를 수밖에 없지만 그래도 서로 소통할 수 있는 언어를 가지고 이야기를 하는 것인데 ……. 그런 의미에서 지금 여러분들이 통일 담론 자체를 철학적 주제로 이야기하고 있는 것은 상당히 중요하다는 생각이 듭니다.

내가 1972년에 〈계몽과 해방〉이라는 박사학위논문을 쓴 이유는 아무리 사람이 계몽이 되어도 해방에 대한 열정이 없으면 많이 알아도 이를 실천으로 옮기지도 못하고 냉소적인 평가나 내리기 때문에 해방이라는 말을 썼지요. 이는 오늘날 제3세계의 일반적인 문제이기도 하지요. 지배층들이 외국에서 공부했다 하지만 그렇다고 해서 해방되는 건 아니지요. 오히려 식민지 사회구조의 재생산에 앞장 서는, 거간꾼에 불과하지요.

박영균 저희가 통일인문학이라는 패러다임을 새롭게 만들었지만 이걸 만드는데 많은 부분에서 선생님의 연구에 빚을 지고 있습니다. 한국의 근현대사나 분단문학, 통일문학 등의 특수한 몇몇 분야를 제외하면 선생님처럼 한국의 인문학자들 중, 통일 그 자체를 화두로 삼고 있는 학자들은 그리 많지 않습니다. 특히, 제가 과문한 탓이지는 모르지만 선생님처럼 통일 그 자체를 자신의 철학적 사유의 주제로 삼고 평생을 연구하신 경우를 저는 보지 못했습니다. 아마도 그런 점에서 저처럼 철학을 전공한 사람에게 선생님은 통일철학의 길을 열어주신 선구자라고 할 수 있을 것 같습니다.

6·3항쟁과 더불어 시작된 역사에 휘말림, "우리는 또 다른 역사를 우회적으로 배웠어요."

박영균 선생님은 1967년 독일로 유학을 오셔서 독일에서 독일 철학을 전공하셨고 그 이후로도 독일에서 철학을 가르치고 계십니다. 하지만 선생님의 철학은 언제나 한반도의 엄혹한 현실을 타개하고자 하는 실천적 모색에 뿌리를 두고 있는 것 같습니다. 심지어 선생님이 전공하신 독일철학도, 독일에서의 삶도 이런 실천적 사유를 위한 도구처럼 보입니다. 선생님은 1974년 박정희 유신독재체제에 저항하는 '민주사회건설협의회'를 조직하고 조국의 민주화를 위해 투쟁했을 뿐만 아니라 분단을 몸소 극복하기 위해 북을 방문하는 등의 활동을 펼쳤습니다. 하지만 그렇기 때문에 선생님은 작고하신 윤이상 선생님과 더불어 한국의 대표적인 반체제인사로 낙인이 찍혔으며 그 낙인으로 인해 고국과 평생을 불화 속에 사셔야 했습니다. 심지어 선생님의 경우에는 안전한 귀국 보장에도 불구하고 2003년 공항에서 체포되어 옥고를 치러야 했습니다. 현재 시점에서 선생님께서 살아오신 삶의 족적을 뒤돌아봤을 때, 이와 같은 삶과 실존에 영향을 준 특별한 사건이나 계기가 있다면 무엇이 있는지 말씀 좀 해주세요.

송두율 우리 세대를 가리켜 〈6·3세대〉라고 하잖아요. 인생행로로 본다면 나는 고등학교 때 '4·19'를 경험했고, 대학 때 '6·3'을 맞이한 셈이죠. 4·19세대하고 우리 사이에는 차이가 있어요. 4·19세대들은 한국전쟁이 끝난 지

7-8년이 지난 다음이고, 이승만의 부패정권 하에서 굉장히 큰 혼란을 겪는 상황 속에서 혁명을 이끌어낸 세대라고 할 수 있습니다. 반면 우리 세대는 박정희가 쿠데타를 통해 집권하고 힘을 굳히기 위해 65년 한일회담을 진행했던 상황에서 이에 반대했던 세대라고 할 수 있습니다. 한일회담이 추진하기 이전까지만 해도 우리는 대부분 '일본이 다시 돌아와서 무슨 짓을 할 수 있겠느냐? 패망한 지도 얼마 안 됐는데'라고 생각했어요. 그런데 한일회담이 추진되고 '6ㆍ3항쟁'을 진행하면서 우리는 그게 아니라는 것을 알게 되었죠. 지금도 '코리아나 호텔'이라고 있는지 모르겠어요. 그 호텔은 일본 자본이 한국에 지은 최초의 건물로, 매우 상징적인 의미를 가지고 있었습니다. 그런데 그 당시 그걸 짓는다는 거예요. 그래서 우리는 그걸 부수겠다고 올라가고 뒤엎기도 하고 했는데, ……. 결국 한일회담은 추진되었죠.

이승만은 미국으로 돌아갔고, 한국은 일본과 다시 결합해서 '한미일 삼각동맹'이 구축된 것이죠. 우리는 그 당시 베트남 파병과 같은 이야기들을 했는데, 그 당시 추진된 한일회담에는 국제정치적인 배경이 있었습니다. 이것은, 크게 보면 베트남전쟁과 같이 제3세계의 민족해방투쟁이 번져나가는 것을 막고 전 세계에서 미국을 중심의 패권을 확립하기 위한 것이었다고 할 수 있습니다. 특히, 미국은 베트남전쟁에 용병을 고용할 생각을 가지고 있었는데, 일본 사람들이 용병을 할 것 같지는 않고, 그래서 한국에서 용병을 데려다 쓰겠다는 구상 속에서 한일회담을 추진했던 것입니다. 물론 박정희는 쿠데타로 집권한 뒤, 명분이 없으니까 경제발전을 내세우면서 한일회담을 추진한 것이죠.

사실, 이제 갓 스무 살 넘긴 대학교 2, 3학년학생들이 이런 국제정치상황을 간파한다는 것은 지금 생각해보면 대견스러워 보입니다. 어떻든 그 때 우리는 그걸 간파했어요. 이건 그 당시 학생들이 개인적으로 똑똑했기 때문이 아닙니다. 오히려 그것이 가능했던 것은 집단적이었기 때문이지 않을까 싶습니다. 우리들에게는 '선생'이라는 것이 없었어요. 친구가 우리들에게 선생이었어요. 게다가 그 당시에 우리는 마르크스(Karl Heinrich Marx)가 쓴 책을 마음대로 읽을 수도 없었지요. 물론 서울대학교 도서관에는 마르크스-레닌(Vladimir Il'ich Lenin)이 쓴 원서들이 있었죠. 마르크스의『자본론』이나 레닌의『국가와 혁명』같은 책들이 있었지요. 하지만 이런 책들은 붉은 도장이 딱 찍혀 빌려 볼 수가 없었던 거지요. 그래서 우리가 생각한 방편이 일본 말을 배워서 책을 읽는 것이었지요.

그 당시 운동하던 친구들이 가장 먼저 배운 외국어는 대개 일본어였어요. 당시 청계천 고서점에는 일제 강점기 때 발간된 서적들이 많이 있었기 때문이지요. 내가 그 당시 고서점을 돌아다니며 구한 책들 중에는 레닌의『국가와 혁명』과 같은, 이와나미문고(岩波文庫)라고 해서 소책자로 나온 것들이 있었어요. 이북에 관한 책도 있었는데, 북으로 간 화학자, 이승기 박사가 쓴『어느 조선인 과학자의 이야기』라는 책이 대표적이었지요. 이건 한국에서 금서 중에 금서였지만 일본어로 된 이런 책들을 통해서 우리는 또 다른 역사를 우회적으로 배웠어요. 김일성 전집도 일본말로 된 것들만 읽을 수 있었고 모택동도 마찬가지였습니다. 그 땐 분위기가 그러했으니까요.

뭐라 이야기를 해 줄 수 있는 선생님도 없었고, 기껏해야 그 당시 비교적 진보적인 담론으로는 미국의 존스홉킨스대학에서 유학하고 돌아온 김태길 선생이 소개한 듀이의 프래그마티즘(pragmatism)이나 1962년 독일에서 학위를 마친 조가경 선생이 귀국해서 실존철학을 소개했지요. 그는 처음에는 미학과 교수로 부임했어요. 그게 그 당시 서울대 철학과의 분위기였다고 할 수 있었지요. 재야에 학자들이 있었는지도 우린 알 수 없었고, 그러니 친구가 선생이니, 우리끼리 만나 배우는 수밖에 없었습니다. 그 당시에 한 몫을 한 게 김지하 시인이었지요. 김지하 선배는 어디서 그런 정보를 들었는지 정말 정보량이 많았습니다. 러시아의 영화나 음악 등 ……, 그 당시에는 처음 듣는 영화감독과 작곡가들 이름이었지요. 사실주의 예술에 대해서도 밤을 새워가며 이야기했습니다.

박영균 김지하 시인과도 많이 친하셨나 봅니다.

송두율 계속 친하게 지냈죠. 김지하 시인은 나보다 4년 위지요. 결핵으로 요양원에

치료받고 있어서 서독으로 유학 오기 직전에 마지막으로 홍제동에 있는 요양소에 있는 그를 찾아갔었지요.

박영균 그런데 선생님 대학 다니실 때, 레닌의 『국가와 혁명』을 읽으시고, 그 때 학교의 분위기가 그랬던 것입니까?

송두율 전체가 다 그런 것은 아니고, 매우 제한적인 사람들만 그랬던 것이죠.

박영균 그러면 당시 레드 콤플렉스를 벗어나기가 쉽지 않았을 텐데. 선생님께서는 어떻게 안 그러실 수 있으셨나요?

송두율 내가 자란 가정적인 분위기가 한 몫을 한 것 같아요. 부친이 물리학자이었지만 나름대로 민족문제에 대한 관심도 많으셨고 자연과학자로서의 사명감도 가지고 계셨습니다. 게다가 일본에서 태어나고 자랐고 우리말 발음도 일본식으로 하셨죠. 이승만 정부처럼 부패무능한 정부아래서 살 수 있는 분이 아니셨어요. 일본에 사셨던 작은 아버지는 수학자로 나중에 사업을 하셨는데, '자기는 한국에 와서 살 수 있지만 형님은 한국에서 살 수 없는 분인데, 한국에 갔기 때문에 맨날 화병에 시달린 것'이라고 말씀하신 적이 있어요. 내가 1973년에 결혼하고 나서 다음 해 우리를 만나시겠다고 아버님이 독일에 오신 적이 있었지요. 그 때 마침 내가 '민주사회건설협의회'회장을 맡았을 때였는데, 아버님은 '그래도 우리를 응원한다'고 하시면서 '걱정하지 말라'고 격려까지 해주셨죠. 아버님이 물리학을 전공했기 때문에 생명을 부지하신 건지도 모르죠. 만일 자연과학자로 여러 가지 사회적 공헌이 없었다면 이미 희생되셨을 수도 있어요. 3·1문화상'이라고 당시에는 그 상 빼면 큰 상은 없었는데, 그 상을 비롯하여 발명상, 훈장 등을 많이 받으셨죠.

박영균 네, 선생님이 비판적 지식인으로 살게 된 데에는 아버님을 비롯한 가정환경도 많은 역할을 한 것이네요. 어쨌든 선생님께서는 유학을 오시기 전에도 사상적으로 폭이 넓고 사회 비판적이셨는데, 유학을 오시고 나서 보다 사상적으로 개방적이고 철학적으로 깊이 있는 세계를 접하시게 되었고 이런 세계를 통해서 한국의 문제를 보다 비판적이면서도 보다 깊이 있게 실천적으로 사유하게 되셨겠네요?

송두율 그렇죠. 사실, 내가 유학을 온 해인 67년에 동백림 사건이 터졌어요. 그 이후, 독일에서 한국의 이미지는 매우 안 좋게 각인되었지요. 언론매체들은 한국 병사들이 베트남에서 한 잔인한 행동들을 보도했고 사람들은 한국하면 그 흉측한 행동을 떠올리게 되었던 것입니다. 나는 하이델베르크로 갔는데, 거기에는 칼 뢰비트(Karl Lowith)교수가 있었어요. 칼 뢰비트는 『헤겔에서 니체까지』라는 유명한 책을 썼는데, 그 책을 쓴 곳이 바로 일본 센다이에 있는 도호쿠대학(東北大學)이었어요. 뢰비트는 후설(Edmund Husserl)의 제자지만, 유대인이었으니까 나치즘의 박해를 피해 이태리를 거쳐 일본으로 갔던 것이지요. 그러다가 독일, 이태리, 일본의 〈3국동맹〉이 서자 미국으로 건너갔지요. 나치가 무너진 다음 동료인 가다머(Hans Georg Gadamer) 교수가 노력해서 하이델베르크 대학교에 자리를 잡았어요.

박영균 아, 네. 그 사람이라면 한국에서도 꽤 유명합니다. 선생님이 말씀하신 책도 이미 한국어로 번역되어 나와 있습니다. 그런데 그 책을 쓴 게 일본이었군요.

송두율 그래요. 그런데 내가 그걸 한국에 있을 때, 우연히 입수했어요. 물론 일본말로 된 것이었지만. 그 당시 내가 그걸 읽고 '아, 서양의 사상을 이렇게 정리한 학자도 있구나!' 생각했어요. 그런데 당시에는 지금처럼 인터넷 검색을 할 수 있는 통신 시설이 없었어요. 그러니 지금 어디에 있는지, 혹시 정년퇴임을 했는지를 알 수도 없었어요. 주위 사람들한테 물어보면 대충 나이로 보아 은퇴 전후인 것 같다고 말하더라고요. 그래도 일단 가보자 해서 원래는 프랑스로 가려던 계획을 바꿔 하이델베르크로 갔어요.

　　그런데 그 분이 은퇴해서 스위스에 있다는 거야요. 참 난감하더라고요. 그래서 하루는 하이델베르크대학의 철학과 강사한테 여기 교수들은 은퇴하고 나서도 한 2년 정도는 박사과정을 지도하니까 혹시나 해서 물어봤더니 그것까지 포함해서 이미 다 끝난 상태라는 거예요. 그러면서 그는 혹시 하버마스(Jurgen Habermas)교수라는 이름을 들어봤냐고 물어보더라고요. 한번도 들어본 적이 없다고 하니까, 하버마스교수는 이런 책을 썼는데 한 번

관심을 가지고 읽어보라고 했지요. 『이론과 실천』이라고 하는 책이었지요. 물론 나중에 하버마스교수는 교수자격논문으로 『공론장의 구조변동』을 썼지요. 그걸 읽고 '야, 이렇게 철학하는 방법이 있구나!'생각했죠. 그래서 프랑크푸르트로 가게 되었지요.

박영균 그러니까 칼 뢰비트와의 어긋남이 오히려 하버마스와 프랑크푸르트라는 새로운 마주침, 우연적 역사를 만들어낸 것이네요.

68혁명의 본산, "프랑크푸르트로 간다는 것은
유럽의 비판적 정신이 살아 있는 근원지에 간다는 것을 의미했지요."

송두율 그렇죠. 그러나 프랑크푸르트는 나에게는 또 다른 의미에서 중요합니다. 프랑크푸르트대학은 '68혁명'의 본산 아니겠어요? 내가 프랑크푸르트로 간다는 것은 유럽의 비판적 정신이 살아 있는 근원지에 간다는 것을 의미했지요. 여러 가지 일들이 복합적으로 일어났어요. 제3세계에서 제1세계인 독일로 왔는데, 그의 비판적 정신의 핵심이라고 할 수 있는 프랑크푸르트로 온 것이지요. 그 당시 서독은 더 이상 보수 정권이 단독으로 집권할 수 없는 상황이었어요. 그런 상황에서 이제 신좌익들은 보수의 아성을 깨는 작업을 하고 있었지요. 물론 학생들이 최전면에 나섰지만 사르트르처럼, 서구의 지성들도 더 이상 세계를 해석이나 하는 철학자들이 아니라 새로운 시대에 맞춰 자기 철학을 정립하고 있었지요.

그 중에는 제3세계의 문제도 있었고, 여성 문제 및 인종문제에 대한 논의도 있었던 것 같습니다. 그 당시 캘리포니아 버클리대에 있었던 엔젤라 데이비스(Angela Yvonne Davis)라는 흑인여성 학자가 와서 강연도 했지요. 또, 국가독점자본을 어떻게 보고 대처해야 할 것인가에 대한 이론적 연구나 제3세계에서 인민해방운동에 대한 연대방식과 같은 것들이 철학적인 주제가 되는 분위기였기 때문에 단순히 철학만 했던 사람들한테는 충격적이었지. 내가 하이델베르크에 있을 때만 하더라도 상상할 수 없었어요.

박영균 그러면 선생님의 의도와 달리 일이 어긋나면서 '68혁명'의 본산으로, 제1세계에서도 선두에 서 있었던 프랑크푸르트로 오시게 되었고 거기에서 선생님은 5 · 16쿠데타, 6 · 3항쟁과 같이 한국에서 살면서 경험할 수밖에 없었던 문제들과 다시 마주치게 되신 거네요.

송두율 그렇지요, 하지만 한국에 있을 때는 그걸 몰랐지요. 물론 그 당시 한국에서는 〈제3세계〉라는 개념도 없었어요. 그런 상황에서 내가 겪은 지적 충격은 대단했습니다. 하지만 그런 지적 충격이 진정으로 나 자신을 되돌아보게 하는 계기가 되기도 했습니다. 그 당시 한국에서 유학을 온 사람들이 자연과학 전공까지를 포함하면 서독에 약 300명 정도 되었지요. 또 독일에 와서 학위를 마친 사람이 많지 않았고 희소가치도 있었지요. 그러니까 지금과 달리 '어서 오세요'하는 데도 많았어요. 당시에는 한국에서 석사학위만 있어도 교수가 되었거든요. 그러니까 대부분은 빨리 학위를 받고 고국으로 들어가려고 했지요. 나는 상대적으로 빨리 학위를 끝냈지요. 스물여덟에 학위를 받았으니까. 당시 나에게 여러 제안들이 왔어요. 특히, 서울과 캐나다에서 이야기들이 있었어요. 하지만 그건 학문연구에 큰 도움이 되지 않을 것 같기도 하고, 3년에서 5년까지 여기에 있으면서 독일 대학 내부의 생활을 체험해보자는 생각이 들었죠. 무엇보다도 대학에서 가르치는 일을 해보고 싶었지요. 그래서 뮌스터대학 사회학과의 제의를 받아 그 곳으로 갔지요.

그 당시 상황을 보면 한국뿐만 아니라 세계적으로도 보수적인 냉전질서에 대한 도전이 일어나고 있는 중이었죠. 남미는 남미대로, 베트남에서는 미국에 대항한 해방전쟁이 진행 중이었으며, 중국은 중국대로 〈문화대혁명〉이 있었고, 비동맹운동도 진행되고 있었지요. 이런 상황에서 내가 느낀 것은 '북'에 대해 너무 모르고 있다는 것이었지요. 한국에 있을 때부터 나는 중국의 '문화대혁명'에 대해 관심을 가지고 있었어요. 그 당시 내가 프랑스에 가려고 한 것도, 서방에서는 처음으로 프랑스가 중국과 국교를 맺었기 때문이었죠.

그런데 프랑스로 유학을 갈까했더니 아버님 친구였던 불문학자 양원달교수가 있었는데, '프랑스에 가면 고생이 너무 심하다'고 이야기하시는 거예요. 그래서 좀 더 안정된 서독에 가서 공부하는 것이 좋겠다 싶었지요. 그런데 독일에 왔더니 '68혁명'과 함께 진행된 새로운 인식들이 눈에 들어오기 시작했고 그 중에도 제3세계문제, 특히 중국의 '문화대혁명'과 베트남의 민족해방전쟁, 그리고 이북 문제가 눈에 들어오기 시작했죠. 내가 서독행 비행기를 타고 가는 중에 한 2주 동안 도쿄에 들렸는데, 그 때 나는 남쪽에서는 한 번도 보지 못한 서적들을 입수해서 읽은 적도 있었어요. 그 중에는 중국어로 된 모택동 선집도 있었지요. 중국어로 말은 못 해도 읽는 수준은 되었으니까요. 그런 것들을 모두 구입해서 배에 실어가지고 여기로 가져 왔지요.

당시에 이곳 학생운동의 주동체는 독일사회주의학생동맹(Sozialistischer Deutscher Studentenbund)이었지요. 그 책임자 중 한 사람이 칼 디트리히 볼프(Karl Dietrich Wolf)가 북을 방문하고 쓴 기행문을 잡지에 연재했어요. 그게 저한테는 굉장히 신선한 충격이었지요. 게다가 서구 학계에서는 당시 한국에서는 상상조차 할 수 없는 북에 대한 연구 논문들이 발표되어 있는데, 대표적으로 "노벨상을 받지 못한 가장 위대한 경제학자"라는 별칭이 붙어 있는 여성경제학자 조엔 로빈슨(Joan Violet Robinson)은 북의 경제에 대해 매우 긍정적으로 평가하고 있어요. 물론 당시 서구 사회주의 운동 전체 지형을 보면 친소파(親蘇派)와 친중파(親中派)가 있었고 사회주의 모델로는 소련이 주류였지만 이와 달리 독자적인 노선을 걸었던 중국 외에도 이북, 쿠바, 알바니아 등이 있었죠.

이런 상황에서 독일 친구는 북한에 갔다 와서 글을 쓰는데, 우리는 뭘 하는 건가 싶어서 한심하게 느껴졌고 상당히 심한 심리적인 갈등을 겪었죠. 한국에는 잘 알려져 있지 않지만 브라이덴슈타인(Gerhard Breidenstein) 목사(한국 이름으로는 '부광석'이라는)가 있었는데, 북에 많은 관심을 가졌고 논문도 발표했지요. 남쪽에 있을 때 노동문제에 특별한 관심을 갖고 활동했고 특히 도시산업선교에 큰 영향을 주었던 사람이었지요. 물론 외국인은 북을 다녀와도 문제가 없지만 남쪽 출신이 방북한다는 것은 엄청난 위험이 따른다는 사실 앞에 주저하지 않을 사람이 어디 있겠어요. 내 개인적인 신상은 제쳐놓고 보더라도 당장 걱정이 되는 것이 서울에 있는 가족들이었죠. 어쨌든 앞으로 닥칠 어려움을 감수하면서 방북이라는 결정을 나는 내린 것이죠. 그 결정이 결코 간단한 것은 아니었지만 그래도 피할 수는 없다고 나는 생각했지요. 그 때 그런 결단을 내리지 않았다면…. 글쎄, 누가 말한 것처럼 한국 가서 한 자리라도 했었을 지도 모르죠. 하지만 그때 그런 선택을 했다면 나는 무척 후회했을 것 같아요.

내가 북에 가서 받은 첫 인상은 사회가 매우 안정되어 있었고 동시에 혁명적인 열기에 휩싸여 있다는 느낌도 들었지요. 김일성 주석의 말 한 마디에 전체 인민들이 움직인다는 인상을 받았지요. 함흥에 가서 이승기 박사가 일하는 비날론 공장도 둘러보았어요. 이승기 박사는 제 아버님과도 잘 아는 사이예요. 이 분은 교토제국대학을 나와서 교수가 되었는데, 해방 이후 경성대학(서울대 전신)에서 가르쳤지요. 그 때 같은 연구실에 부친도 있었지요. 어떻든 당시의 시대적 상황이 방북의 길을 열어 준 셈이지요.

경계인, "이전의 경계를 말소하는 것이 아니라 경계
그 자체를 고집하면서 안고 가는, 긴장의 태도가 필요합니다."

박영균 아무리 시대적인 흐름이 그렇다고 하더라도 그 당시, 한국인으로서 이북을
간다는 것은 목숨을 건 행동으로, 그 결정 자체가 무시무시한 공포였을 텐
데요. 5·16군사 쿠데타에서 내세운 것도 반공이었고, 그 당시 북에 갔다
왔다고 하면 무조건 잡아다가 사형을 선고하는 분위기였는데, 실존적으로
매우 어려운 결정인데, 어떻게 그런 결단을 내리고 실행할 수 있었습니까?

송두율 그 때는 '나'라도 북을 제대로 봐야 한다는 의무감 같은 걸 느꼈던 것 같
습니다. 스테판 헴린(Stephan Hermlin)이라는 독일 작가가 쓴 『저녁노을
(Abendrot)』이라는 책이 있어요. 이 사람은 옛날에 동독에서 작가동맹의 위
원장도 했고 국제 팬클럽 부회장도 했는데, 그는 원래 베를린의 부잣집 아
들이었지요. 그런데 그가 나치와 투쟁하기로 결심을 하고 14살 때부터 자
신과 한 약속을 지키기 위해서 공산당에 가입해서 지하투쟁을 벌렸고, 전후
서독 출신임에도 불구하고 동독으로 이주해서 살았습니다. 사람들은 그를
가리켜 '얼음의 성자'라고 불렀어요. 얼음같이 차가운 성자라는 뜻이죠. 양
식이 있는 사람들이 어두운 현실 앞에 낙담만 하고 있을 수는 없겠죠. 이럴
때일수록 깨어 있는 사람들이 진실을 직시하려는 자세가 필요하죠. 의무감
과 지적 호기심이 그 같은 결정을 추동했지요.

박영균 실존적 선택이라는 게 역사 앞에서는 매우 엄중한 것이긴 한 것 같습니다.
그것이 나약한 한 개인이 짊어지기에는 너무 버거운 것도 사실이지만 선생
님처럼 어떤 사람들은 무서운 데도 그것을 피하지 않고 정면으로 맞서는 같
습니다. 선생님 말씀을 듣다보니 어쩌면 그것이 선생님의 철학을 '경계인의
철학'으로 만든 것인지도 모른다는 생각이 듭니다. 선생님의 사유에서 철학
적으로 가장 흥미로운 개념은 경계인이라는 개념 같습니다.

　선생님께서는 자신의 철학을 "경계인(Grenzgager)"의 철학으로 명명하시
면서 '경계인'은 '남쪽 출신이면서 북쪽과 왕래하는 자, 동양인이면서도 서

구에서 서양철학을 전공하는 자, 가난한 제3세계 출신이면서도 독일이라는 제1세계에 거주하는 자'라는 삼중의 의미를 가지고 있다고 말씀하신 바 있습니다. 제가 보기에 이것은 선생님의 사유가 시대와 결합된 실존적 사유라는 것을 보여줍니다. 선생님의 사유에서 경계인이 지닌 실존적이면서도 시대적인 의미를 듣고 싶습니다.

송두율 한 개인의 실존적 삶이라는 것이 그렇죠. 어떤 사람들은 '경계인'이라는 말을 아주 쉽게 쓰기도 하는데, 이 개념은 쉽게 쓸 수 있는 말이 아닙니다. 우리를 향해 작동하는 통제(control)는 항상 어떤 경계를 만드는 과정을 통해서 작동해요. 사람들로 하여금 '여기까지가 너희들에게 허용된 선'이라고 이야기하면서 그 안에 계속 있으라고 요구하죠. 그래서 사람들은 주어진 경계 안에서 있을 때 종종 안정감을 갖습니다. 하지만 경계를 넘어서 자기가 모르는 곳을 찾아다닐 경우, 우리는 긴장을 하지 않을 수 없어요. 자기 스스로 지도를 보고 찾아다니면서 가야 할 곳과 숙소 등도 결정해야하기 때문에 힘도 들죠.

오늘날 사람들은 종종 글로벌 플레이어(global player)에 대해서 말합니다. 비행기를 타고 전(全)세계 곳곳을 누비고 다닐 수 있기에 경계의 의미가 사라져, 스스로를 코스모폴리스탄(cosmopolitan)이라고도 여깁니다. 하지만 경계라는 것이 단순히 두 세계를 가르는 일차원적인 선만을 가리키는 것이 아닙니다. 경계는 이를 우리가 넘어설 때, 여전히 우리에게 어떤 긴장감을 불러일으킵니다. 따라서 '경계 넘기'는 현대의 서구철학에서 이야기하는 '탈경계'(deterrioralisation)와 다릅니다. 오늘날 많은 사람들이 '탈경계'를 이야기하면서 생각하는, 그저 경계를 벗어나기만 하면 모든 것이 해결되는 것처럼 이해 할 수 없지요.

경계를 넘어선다고 경계가 제공하는 통제를 벗어날 수 있는 것은 아닙니다. 제3세계 출신의 철학자가 제1세계로 왔다고 합시다. 그러면 그 중 많은 사람들이 서구 사람들의 가치나 사고체계에 맞추려고 노력합니다. 그러면서 그는 자신이 세계의 보편적인 사고를 하는 반열에 올랐다고도 생각하죠.

하지만 이 경우, 그는 세계의 보편성은 고사하고 오히려 자신이 건너온 경계 너머 저편에 있는 자신의 뿌리조차 잃어버리고 있는 것입니다.

나도 원래는 하이델베르크에 왔을 때, 헤겔과 후설의 역사성의 개념 차이를 연구하려고 했습니다. 하지만 여기 와서 여러 경험들을 하면서 그게 나한테 무슨 의미가 있는가 하는 생각이 들었어요. 게다가 프랑스에서 베트남 출신 철학자가 마르크스주의와 현상학에 대한 책을 발표했는데, 그것이 내가 연구하고 싶은 내용들을 많이 담고 있었어요. 그래서 내가 항상 생각해왔던 것, 즉 '우리가 누구인가'에 대한 본격적인 관심을 쏟기 시작했습니다.

유럽에게 아시아는 '타자'입니다. 저는 그 타자성이 도대체 뭘 의미하는지를 규명하고 싶었습니다. 그렇게 해야만 식민주의(colonialism)의 엄청난 차별적 사고 체제들을 규명할 수 있기 때문입니다. 물론 이런 작업에서 내게 가장 큰 영향을 준 것은 마르크스였어요. 하지만 이것은 당시 소련을 중심으로 한 혁명 모델을 따르자는 것이 아니라 오히려 제3세계도 자기 나름의 방식으로 새로운 삶을 모색해야 한다는 점에서 오히려 다원적인 것이었습니다. 소련, 중국뿐만 아니라 다른 사회주의 모델에 주목했던 것도 그 때문입니다. 게다가 저는 제1세계와 제3세계의 만남뿐만 아니라 동양과 서양의 사상적 조우에도 관심을 쏟았습니다. 하지만 그것은 매우 거대한 주제로, 현실적으로 당면한 문제들을 다루다보면 상대적으로 뒤로 밀려나는 경향이 있어요. 그래도 저는 이 문제에 지속적으로 관심을 두었지요. 가령 화이트헤드의 과정철학과 불교사상을 비교해 보는 등……, 〈화엄경〉을 보면 화이트헤드도, '어, 〈화엄경〉과 같은 이야기를 하고 있네'라는 생각이 듭니다.

푸코가 말했듯이 원래 동양을 서양화 하는 것이 쉽지, 서양을 동양화 하는 것은 힘듭니다. 그것은 동양과 서양의 사고체제가 서로 다르기 때문입니다. 서양은 상대를 타자함으로써 그것을 정복하고자 합니다. 그들은 아프리카에 가서 아프리카 언어를 배워서 그 세계를 공략하려고 합니다. 글쎄요. 요즈음에는 서양에서도 요가나 기공, 명상 같은 것들을 가지고 '치유(healing)'장사를 하고 있어요. 어쨌든 제1세계와 제3세계, 동양과 서양, 남과 북은 경계를 넘어가면서 완전히 이전의 경계를 말소하는 것이 아니라 경계 그 자체를 고집하면서 안고 가는, 긴장의 태도가 필요합니다. '같으면서도 다르고, 다르면서도 같은' 긴장을 잊어서는 안 된다는 '화쟁(和諍)'의 세계지요.

박영균 선생님께서 말씀하시는 경계인의 철학은 기본적으로 'A=A'라는 동일률을 따르는 논리가 아니라 'A'와 'non-A'가 '세계'와 '한반도'라는 전체성 안에 서로 묶여 있다는 점에서 출발하고 있습니다. 따라서 선생님께서 말씀하시는 경계인의 철학은 'A'와 'non-A'을 가르는 경계 그 자체를 고수하며 그것을 전체성 안에서 사유합니다. 이런 점에서 그것은 'A'와 'non-A'라는 경계를 벗어나려는, 오늘날 유행하는 '탈경계'와 유사한 듯이 보입니다. 하지만 '탈경계'는 전체성을 해체하려고 하는 반면 선생님께서는 전체성을 통해서 양자 간의 긴장과 갈등을 그대로 유지하고자 합니다.

1980년대 한국에서도 마르크스주의를 이념적 좌표로 받아들이면서 급진지식인들의 현실 변혁 운동이 진행되었습니다. 하지만 1990년대 소비에트연방을 비롯한 현실 사회주의권이 해체되면서 한국사회에서도 리오타르(Jean François Lyotard)의 '거대서사의 종언'및 푸코(Michel Paul Foucault)의 지식-권력론과 미시권력론이 들어오면서 담론 분석을 중심으로 한 '포스트'논의가 본격화되었습니다. 하지만 선생님께서 말씀하신 것처럼 '경계'를 고집하는 입장은 경계가 주는 긴장을 그대로 견디는 것이기 때문에 삶의 무게를 지탱하면서 사유를 해가는 엄격함이 있기는 하지만 무거운 반면 끊임없이 경계를 해체하면서 차이를 생산하는 것은 이에 반해 경쾌하기는 하지만 자칫 가벼울 수 있다는 점에서 서로 다른 것 같습니다.

송두율 그렇죠. 유희만 남을 수 있는 거죠. 그러니까 이런 생각이 극단화되면 '해방'을 넘어서 '해방의 해방'을 이야기하면서 '해방으로부터 해방하자'는 식의 이야기까지 나오는 것이죠. '해방'이라는 개념 자체도 우리를 억압하니까 그것으로부터도 해방되어야 진정한 해방이라는 것이죠.

내재적 비판, "남을 이해한다는 것, 타자성에 대해 이해한다는 것은
동일률에 대한 반성적 성찰을 통해서만 가능할 수 있는 것입니다."

박영균 그런데 선생님은 경계의 지점을 고수하시잖아요. 경계 그 자체가 생산하는
긴장이나 압박이 엄청날 수 있는데, 선생님께서는 오히려 그와 같은 긴장이
나 압박을 자신의 내적 성찰을 수행하는 동력으로 삼고 계십니다. 선생님께
서는 이런 사유가 가지고 있는 힘이 무엇이며 그와 같은 긴장과 압박을 어
떤 방식으로 이겨내시나요?

송두율 그것을 저는 '경계체험'이라고 규정합니다. 경계체험은 아주 심각한 실존적
인 체험을 의미합니다. 그러나 이러한 체험은 일반적인 상황에서는 쉽지 않
지요. 일상 생활하는데 뭐 그렇게 심각한 상황이 자주 오는 것도 아닙니다.
그러니 일상에서는 그냥 관성적으로 행동하고 자기에게 주어진 문제를 깊
이 있게 들여다보지 않습니다. 하지만 그런 일상이 깨질 때, 사람들은 긴장
하고 일상적으로 움직였던 방식을 벗어나 우선 정지하게 됩니다.

에포케(epoche)라는 말 자체가 후설의 철학에서는 '판단 정지'라는 뜻을
가지고 있지만 원래는 갈라진 길목을 의미합니다. 그래서 일단 정지하고,
어디로 가야 되는가를 다시 결정하는 것입니다. 계속 달리기만 하면 무엇이
잘못되었는지를 모르게 됩니다. 따라서 일단 정지하라는 겁니다. 그래야 잘
못된 길을 벗어나 제대로 된 길도 찾을 수 있는 것이죠. 경계체험은 그러한
계기를 제공해줍니다.

박영균 선생님께서는 이런 경계체험을 바탕으로 "선험적으로 구성된 가치체계를
절대화해서 타자에게 그것을 받아들이도록 강요"하는 것이 아니라 "타자의
본질을 타자의 내부"에서 찾아가는 '내재적·비판적(immanent-kritisch) 방
법론'을 제안하신 바 있습니다. 그런데 제가 보기에 이것은 타자를 무조건
비판하는 적대의 관점뿐만 아니라 그와 정반대로 타자를 이상화하는 경향
에 대해서도 비판하는 것이라고 생각합니다. 특히, 이런 점에서 이 문제는
나를 '타자로서의 나(alter ago)'라는 긴장 속으로 몰아넣는 '경계체험'과 깊은

관련을 가지고 있는 것처럼 보입니다. 하지만 한국 내에서도 이를 이해하지 못하고 '내재적 · 비판적 접근방식'에 대해 비판하는 경향이 있는 것 같습니다. 선생님께서는 이런 비판들에 대해 어떻게 생각하십니까?

송두율 한국에서는 '송두율'하면 "내재적"비판을 떠올리는 경향이 있는 것 같습니다. 그런데 그런 사람들이 '내재적'이라는 말을 아주 단순하게 이해하더군요. 그저 북의 입장에서 북을 변호하는, '종북적인' 태도로 보는 것 같아요. 하지만 '내재적'이라는 개념은 철학적으로 매우 중요한 개념으로, 성찰적 사유에서 반드시 필요한 개념입니다. 비판을 제대로 성찰이 되기 위해서는 '내재적'이라는 관점이 먼저 필요합니다. 동독사회에 대한 연구가로 루츠 (Peter Christian Ludz)라는 학자가 있어요. 이 사람은 뮌헨 대학의 사회학교 수였는데 동독의 엘리트들에 관한 연구도 했습니다. 그는 동독 엘리트가 그 저 소련에 종속되어 있는 엘리트가 아니라 새로운 세계관을 가지고 나름의 사회주의를 만들어간 엘리트들이라고 주장했습니다. 즉, 동독의 엘리트들 이 단순한 전체주의 체제에서의 독재의 관료집단이 아니라는 것이죠. 게다 가 더 나아가 그는 동독 사회가 그저 소련의 복사판이라는 통속화된 패러다 임을 깨려고 노력했지요.

한국에서도 내가 주장한 '내재적 비판'에 대해 비판들이 있었죠. 그 사람 들은 '내재적'이라는 말을 그냥 '안'으로만 이해합니다. 그래서 그들은 '이북 안으로 들어가서 이북을 연구해야 한다'는 식으로 이해합니다. 하지만 '내재 적'(immanent)이라는 것은 한마디로 안과 밖이라는 의미에서 '안'을 의미하 는 것이 아닙니다. '내재적'의 반대말은 '선험적'(transzendental)입니다. 그러 니까 '내재적'은 기본적으로 '경험적'(empirical)이라는 뜻입니다. 따라서 그 것은 대상의 어떤 구성 자체를 경험적으로 연구하라는 것입니다. 즉, 어떤 대상에 대한 연구를 미리 주어져 있는 선험적인 구성 체계 안에 강제로 집 어넣지 말라는 것입니다. 그래서 내가 자주 인용하는 것이 장자와 혜자 사 이의 유명한 대화 내용입니다. 장자가 혜자와 함께 산보를 하다가 '저기 물 고기가 참 즐겁게 노는 구나'하자, 혜자가 '아니, 선생님, 선생님은 저 물고기도 아닌데 어떻게 저들이 즐거운지 아닌지를 아십니까?'라고 반박을 합니다. 그러자 장자가 다시 '아니, 너는 내가 아닌데 내가 아는지 모르는지 어떻게 아느냐?'라고 되묻습니다. 이에 한참을 생각하다가 혜자가 다시 묻습니다. '아니, 선생님, 그래도 선생님이 저도 아니고 물고기도 아니지 않습니까?' 그러자 장자가 '그래, 맞다, 그래서 거기서부터 시작하자'라고 말합니다.

'나는 나다'라는 동일률로 시작해서 상대방을 '너는 이렇다'라고 쉽게 단정하고 넘어갈 수 있는 것이 아닙니다. 그것은 많은 성찰을 통해서 다시 확인되어야 하는 문제입니다. 그래야 다시 시작할 수 있습니다. 남을 이해한다는 것, 타자성에 대해 이해한다는 것은 '야 너는 이런 놈이야'하는 식으로 그렇게 간단하게 이루어질 수 있는 것이 아니라 동일률에 대한 반성적 성찰을 통해서만 가능할 수 있는 것입니다. 결국 타자를 이해하는 것은 기본적으로 타자가 나의 주관적인 규정에서 벗어나 있다는 점에서 출발해야 합니다. 북쪽 사람들의 생활세계에 대한 그들의 이야기를 먼저 진솔하게 들어보는 태도가 기본이지요.

통일이란, "남쪽과 북쪽이 각기 자신들의 경계를 넓혀서
남북이 공유하는 공통적 공간을 만들어낸 것입니다."

박영균 선생님께서는 '내재적 · 비판적 접근방식' 이외에도 '해석학적 순환'이라는 방법도 아울러 제안하신 바 있습니다. 하지만 '내재적 · 비판적 접근방식'만 주로 이야기되면서 '해석학적 순환'은 덜 주목받는 경향이 있는 것 같습니다. 또한, 많은 사람들이 이 양자의 관계를 정확하지 이해하지 못한 채, 자의적으로 이해하는 경우들이 많은 것 같습니다. 선생님께서 '내재적 · 비판적 접근방식'과 '해석학적 순환'이 서로 어떻게 다르며 어떤 식으로 관련을 맺고 있는지 설명해 주세요.

송두율 가령 우리가 하나하나의 나무만을 보면 숲을 제대로 볼 수 없다는 점입니

다. 반대로 숲만을 보면 하나하나의 나무를 볼 수 없습니다. 부분을 알아야 전체를 알 수 있는데, 전체만 보면 부분을 소홀히 합니다. 전체 숲을 보고 나서 이를 이루고 있는 나무들도 보고, 또 개별적인 나무들의 존재를 앎으로써 전체 숲의 구성도 이해할 수 있지요. 그러나 이렇게 부분과 전체의 상호 순환을 파악하는 작업은 ─ 에밀리오 베티(Emilio Betti)가 지적한 것처럼 ─ 소수 엘리트에게만 가능한 일일수도 있지요. 성서를 해석하는 신학자들이나 목사들, 법조문을 해석하고 적용하는 판사들의 전문적인 작업들처럼… 전체 맥락 속에서 부분, 부분 속에서 전체 맥락을 읽을 수 있는 '내재적─비판적'인 이해에 아주 중요한 요소지요. 오늘날 북한연구에 있어서도 마찬가지입니다. 북한의 어떤 부분을 흡사 전체 북한인 양 단순하게 규정하는 것이 자주 보이는데 북한 사회 안에도 여러 가지 다양성이 있습니다. 그래서 다양성 하나하나를 그 자체로 이해해 가는 것이 필요합니다.

우리는 어렸을 때 수학교육을 잘못 받았어요. 우리는 학교에서 1+1=2, 1+2=3 이렇게만 배우잖아요. 그런데 요즘 애들은 1+1이 매우 다양하다는 것을 배워요. 1이라는 개념 속에는 사각형의 1만이 아니라 원형의 1도 있을 수 있다는 것을 배우지요. 1+1은 2이지만 매우 많은 복합성을 띄고 있다는 것을 배웁니다. 하지만 우리는 1+1=2만 생각합니다. 그러다 보니 '통일'하면 다들 똑 같아지는 것, 하나의 정체성(identity)만 생각하고 그 속에 있는 다양성을 생각하지 못합니다. 통일도 하나의 형태만 있는 것이 아닙니다. 거기에도 매우 다양한 형태가 있습니다. 그래야 북 속에 남이 들어갈 수 있고, 남 속에 북이 들어 갈 수 있습니다.

내 학위 논문에서 동일률, 배중률, 모순율의 문제를 다루었지요. 중국의 철학자 가운데 장통순(張東蓀, 1883-1973)이라고, 청화대학교수도 지냈고 중국정부 수립이후에 정부의 중요 직책도 맡았지요. 이 사람이 1930년대에 이미 동일률과 배중률을 따른 아리스토텔레스의 논리학을 비판하면서 특히 공자와 노장사상을 빌려 동양적 사유의 특징에 대해 논의했지요. 예를 들어 사람의 인성 안에는 어진 부분도 있지만 그렇지 않은 부분도 있으며 이게 인간이라는 더 큰 범주 안에 함께 존재하는 것입니다. 따라서 이 결합에 따라 사람은 매우 다양한 형태를 가지게 됩니다. 이런 사고체제는 '다가치 논리'에 속하는 셈이죠. 그런데 사람들은 통일을 남쪽이 북쪽, 북쪽이 남쪽을 완전히 흡수하는 것으로만 생각해요. 그러니 결과는 전쟁밖에 더 있겠어. 증오가 극단화되어 오직 하나가 다른 하나를 완전히 자기 속에 흡수하지 않고서는 만족하지 못하는 것이지요.

박영균 네 그렇습니다. 선생님이 지금 말씀하신 논리가 한국에서 이제까지 '통일'이라는 개념을 생각할 때, 일반적으로 사람들이 생각하는 서구의 근대적인 사고방식인 동일성의 논리입니다. 그러다보니 그래서 저희는 '통일'을 동일성이라는 관점에서 이질성의 극복과 동질성의 회복으로 보는 관점을 비판하고 오히려 '차이와 공통성'이라는 관점이라는 규정하고 있습니다. 저희가 보기에는 선생님께서 말씀하신 '다양성의 비폭력적인 통합'이라는 관점도 바로 이런 다양한 차이들의 통합으로 보는 것이라고 할 수 있을 것 같습니다. 선생님께서 말씀하신 경계인, 경계체험 등도 사실은 이런 복잡성에 대한 것이자 차이가 주는 긴장을 유지하는 것이라고 할 수 있을 것 같습니다. 사실, 차이, 다양성이 많을수록 그 사회는 더 역동적이고 창발적이거든요. 통일은 그런 역동적인 미래를 생산하는 것이지 않을까요. 하나의 모양으로 고정되어 버린 미래의 통일 한반도라면 그것은 전혀 희망이 없는 미래이겠죠. 선생님께서 '미래의 고향으로서 한반도'가 바로 그와 같은 것이라고 저희는 생각합니다.

송두율 그렇죠. 바로 그런 의미에서는 6.15공동선언 2항에 주목할 필요가 있습니다. 남쪽에서는 국가연합을 주장하는데 반해 북쪽은 연방제를 주장해왔습니다. 그러나 이 선언에서는 이 두 가지 안에서의 공통점을 발견해냈습니다. 국가연합이라는 것이 북이 요구하는 연방제로의 발전을 배제하지 않으며 단지 과도기라는 점에서 연방제를 수용하고 북의 연방제도 연합제를 통해서 나아갈 수도 있다는 점에서 연합제를 낮은 단계의 연방제라는 개념으로 받아들인 것이죠. 이렇게 남쪽과 북쪽이 각기 자신들의 경계를 넓혀서 남북이 공유하는 공통적 공간을 만들어낸 것입니다. 이게 경계공간을 점점 확대시켜 통일로 나아가는 것입니다.

박영균 선생님께서는 경계에서 서서 이쪽과 저쪽의 경계를 넓히고 그것을 통해 결국 서로 호흡할 수 있는 공간을 넓혀가는 사람을 '경계인'이라고 규정하셨습니다. 그리고 이와 같은 경계인의 삶을 통일철학이 견지해야 할 입장으로 제시했습니다. 아울러 선생님은 이런 관점에서 남쪽 출신이면서도 북을 방문하시고 그와 같은 경계체험을 통해서 '남 또는 북'이라는 양자택일적 이분법을 벗어나 남과 북 사이에서 그 경계를 넓히고자 노력해오셨습니다. 하지만 한국에서는 그것이 오히려 '종북'이 되어버리는 것이 현실입니다. 선생님은 이에 대해 어떻게 생각하십니까?

송두율 그렇죠. 언론들이 특히 문제입니다. 사실관계를 파악하기보다는 흥미 위주로만 각색해서 이야기를 하니……, 내가 타자와 공존하려면 내 안에도 타자가 있다는 생각을 해야 합니다. 타자를 역지사지의 방식으로 이해하지 않는 이상, 타자와의 대화는 이루어질 수 없습니다. 여기서도 최근 난민 문제로 다툼이 있지만 언론들이 이와 같은 문제들을 공론의 장으로 끌고 갑니다.

주체적 세계화,
"자기 안으로 되돌아와서 다시 새로운 지평을 발견해 가는 것"

박영균   선생님께서는 현재 한반도에서 남과 북이 각각 '세계화'와 '주체화'를 주장하면서 '지구적인 것(the global)과 지역적인 것(the local)', '세계라는 보편'과 '주체라는 특수'를 대립시키고 있다고 하시면서 '세계화 대 주체화'의 대립을 넘어선 '주체적 세계화'로 나아가야 한다고 말씀하신 적이 있습니다. 또한, 이와 관련하여 선생님은 '주체적 세계화'를 "남과 북이 서로가 체제로서, 또 서로가 상대방을 환경으로 설정하여 동적 안정성을 유지한다는 사고"라고 말씀하신 바 있습니다. 선생님께서 말씀하시는 '주체적 세계화'에 대해 듣고 싶습니다.

송두율   사람들은 '세계화'라면 내가 이제 밖으로 뻗어나가는 것만 생각해요. 그러니까 주관철학적인 사고방식을 벗어나지 못하는 것이죠. 지구는 평면이 아니기에 사실 중심이 없지요. 밖으로 나가 돌다보면 자신에게 돌아오게 마련이지요. 자신에게 되돌아 올 때는 새로운 지평이 나타납니다. 이렇게 자기 안으로 되돌아와서 다시 새로운 지평을 발견해 가는 것을 저는 '주체적 세계화'라고 한 것입니다.

박영균   현재 남과 북은 '글로벌라이제이션(globalization)'을 두고 남쪽에서는 '세계화'라고 하면서 적극적으로 수용하는 반면 북쪽에서는 '일체화'라고 하면서 이를 매우 부정적으로 평가하고 있습니다. 선생님의 '주체적 세계화'는 이런 양자의 대립을 벗어나서 한반도라는 전체성 안에서 현재의 상황에 대처하고자 하는 것으로 보입니다. 이에 대해서는 어떻게 생각하십니까?

송두율   북쪽에서 '일체화'라고 하는데, 그것은 미국이 세계를 하나로 만들기 때문이에요. 또한, 북은 이 과정을 미국이 모든 것을 파괴하고 점령하는 과정으로 봅니다. 이런 의미에서 북도 상당히 주관철학적인 함정에 빠져 있습니다. 즉, 미국이 모든 것을 점령하는 과정에서 내가 나를 지키기 위해서는 '일체화'를 거부해야 한다는 것이죠. 반일체화, 반세계화, 자본에 의한, 문화에 의한 침투를 막아보자는 겁니다.

오늘 구글(google)에서 평양 시간을 눌러 보니까 아직 안 바뀌었더라고요. 평양이 '나는 나다'고 하면서 표준시를 바꾼다고 전 세계가 그것을 당장 받아들이는 것은 아니죠. 물론 여기에는 잘못된 편견도 있습니다. 지역시간대가 대부분 1시간 차이로 정해지는데, 북처럼 30분 단위는 처음 본다고 하는 사람들이 있습니다. 하지만 그렇지 않습니다. 내가 불교국인 스리랑카에 갔는데, 거기도 인도와 30분의 시간차이가 있었어요. 영국지배에서 독립할 때 힌두교인 인도와 30분의 시간대 차이를 두었다고 합니다. 네팔도 마찬가지로… 사실, 대부분의 식민지 국가들은 제국주의 모국이 가지고 있는 시간개념을 그대로 가지고 있었는데 북에서 평양 시간을 새로 정한 것은 일제 식민지 때, 그리고 미국이 일본과 한국에서의 전시작전을 일원화하기 위해 설정한 시간대를 부정하는 원칙에서 나온 시간의 인식이지요.

박영균 선생님께서 그렇게 말씀하시니까 한국에서도 일제 식민 청산의 일환으로 표준시를 서울 기준으로 바꾸어야 한다는 주장이 있습니다. 현재 한국에서 사용하는 표준시는 동경을 기준으로 한 것으로 일제에 의해 강제된 표준시이고 대한제국 때 처음 설정하는 시간은 서울을 기준으로 한 것으로, 동경의 표준시보다 30분이 늦은 것이었다고 저도 알고는 있습니다. 어쨌든 선생님께서는 나와 나의 밖의 것은 서로 연동되어 있기 때문에 양자의 관계 안에서 나를 보아야 한다는 말씀이시죠.

송두율 네. 그렇습니다. 내가 '주관철학'이라는 말을 쓴 적이 있지만 유럽철학이라는 게 기본적으로 주관철학입니다. 대표적인 것이 '나는 나다'입니다. '내가 있어야 타자는 성립될 수 있다. 나를 전제하지 않으면 모든 철학은 의미가 없다'는 식이죠. 하지만 동양철학에서 '아(我)'라는 개념은 자기를 전제하는 개념이 아니라 관계의 개념입니다. 그러니까 '비아(非我)'는 항상 같이 붙어 다니는 경향이 있습니다. 불교에서 '연기'라는 개념 또한 다양한 연계성, 네트워크 속에서 나를 정립하는 것입니다. 나를 정립할 때는 당연히 동시에 내가 있는 환경과 내가 존재하는 관계를 이미 전제하고 있는 것입니다.

그런데 유럽에서는 전통적으로 '나'에 대한 관념이 강하죠. 이런 관념을 깬 사람이의 하나가 니체였지요. 니체는 이런 주체(Subjekt)의 개념을 완전히 환상·픽션이라고 보고 있거든요. 한마디로 말해서 나는 내가 구성하는 것이지 객관적으로 존재하는 것이 아니라는 것이죠. 특히 프로이드 심리학에서는 이를 강조하는데 '나는 내 집의 주인이 아니다'라고 까지 주장하지요. 누가 방문을 두드리면 '누구야'하고 묻지요. 그러면 보통 '나야'라고 대답합니다. 그런데 '내가 누구야'를 설명하는 것이 결코 쉽지 않은 것처럼, '나'라는 개념이 기본적으로 명료하게 주어져 있는 것은 아니죠.

동양에서는 대부분 '나'라고 하는 건 가정이나 국가나 사회 안에 존재하는 개념으로, 이를 모두 묶어서 그냥 '우리'라고 말하는 것입니다. 우리는 자신의 아내를 가리켜 '우리 집 사람'이라고 말하죠. 이런 식의 사고방식은 기본적으로 나를 전제하는 것이 아니라 오히려 우리를 전제합니다. 물론 그렇고 해서 자의식조차도 없었다는 것은 아닙니다. 하지만 적어도 자의식이 전제되고 나서 그 외의 모든 대상이 규정하는 것이라기보다 '나'는 관계의 체계 하에서 '누구'라는 것을 규정하고 있다는 것은 분명합니다. 라틴어를 한 번 보죠. 주어가 없어도 술어 때문에 그 주어가 들어나지요. 주어가 이미 술어를 규정되고 있으니까요. 우리말에서는 주어가 없이도 문장이 이해될 수 있습니다. 굉장히 관계중심의 언어체계입니다.

박영균 바로 그 관계 중심이라는 사고가 매우 중요한 것 같습니다. 관계라는 것이 어느 한쪽이 일방적으로 할 수 있는 것이 아니지 않습니까? 그러면서도 관계는 그것을 맺고 있는 둘 사이에 특별한 관계, 즉 '우리'라는 것을 만들어놓는 것처럼 보입니다. 그렇다면 남북관계에서도 이와 같은 사고의 전환이 무엇보다도 필요해 보입니다.

송두율 그렇죠. 심지어 작년에 박근혜 대통령은 드레스덴에서 일방적으로 선언했죠. 곧 통일된다고. 자기가 느끼는 것을 그렇게 이야기한 것 같은데, 이것은 완전히 상대를 무시한 행동입니다. 민족 통일을 이야기할 때 '나' 또는 '우리'라는 개념을 완전히 빼고 이야기할 수 없습니다. 그러니 '나'와 '우리'가

'나' 또는 '우리'가 규정하는 '객체' 사이의 직선적인, 수직적인 위계가 아니라 '관계'에 눈을 돌려야만 합니다. 내가 규정하고 지배하는 대상과의 동일률에 근거한, 하나가 아니라 나와 너의 관계양식을 강조하는 공존의 논리지요. 그러니까, 남과 북이 서로 주체-객체라고 싸우는 한에서 이런 주관주의적인 함정을 벗어나지 못합니다.

나-너-우리, "환경으로 보면 북은 단순히 통일의 대상이 되는 것이 아니라 남이 살아가기 위한 전제가 됩니다."

박영균 그렇다면 남과 북은 서로에 대해 어떤 태도를 취해야 할까요?

송두율 남이 주체인 한에서 동시에 북을 환경으로 보아야 합니다. 또, 북이 주체인 한에서 동시에 남을 환경으로 보아야 합니다. 루만(N. Luhmann)이 '체계'와 '환경'에 대해 말한 것처럼 생물체가 살아가기 위해서는 환경에 적응하기도 하고 이를 극복하기도 해야 합니다. 사회도 마찬가지입니다. 사회도 그것이 유지되기 위해서는 주어진 환경을 전제로 작동합니다. 그런 의미에서 저는 북을 대상이 아니라 환경으로 보라는 것입니다. 환경으로 보면 북은 단순히 통일의 대상이 되는 것이 아니라 남이 살아가기 위한 전제가 됩니다.

　환경은 체계보다 훨씬 복잡합니다. 그러니까 북을 환경으로 설정하고 북이라는 사회를 보다 총체적으로 이해하고 거기에 남이 대응해가는 것이지요. 북을 전체주의 사회로, 수령의 독재나 계획경제 안에서 빈틈없이 닫혀 있는 구조를 지닌 대상으로 본다면 우리는 그 안에서 어떤 역동성도 발견할 수 없습니다. 하지만 북도 생존하기 위해서 그 안에서 여러 가지 다양한 요소들을 가지고 있습니다. 그래야 서로를 내가 마음대로 할 수 있는 대상이 아니라 상호 적응해 가는 관계로 발전시켜 갈 수 있습니다. 그리고 그럴 때에만 통일문제를 동북아지역의 평화뿐만 아니라 세계의 평화와 연결시켜 사고할 수 있습니다.

박영균 이런 점에서 다시 한 번 선생님께서는 이미 말씀하신 '위험사회'와 '분단사회'의 이중의 위험에 주목할 필요가 있을 것 같습니다. 선생님께서는 한반도에서는 '위험사회'와 '분단사회'가 서로 분리할 수 없을 정도로 복잡하게 뒤엉킨 중층적인 구조를 이루고 있다고 하시면서 한반도에서 통일의 과제는 '현대성이 낳은 위험사회를 극복하는 것'이자 동시에 '한반도의 특수성으로서 분단사회를 극복하는 것'이라는 이중의 과제로 규정하신 바가 있습니다. 그런데 지금 동북아지역에서 형성되는 신냉전 질서도 그렇고 각국 내부에서 등장하는 극단적 보수화도 그렇고 한반도의 '분단'을 매개로 하여 위험이 증폭되고 있습니다. 마치 선생님이 말씀하신 위험사회와 분단사회의 결합을 보여주기라도 하는 것처럼 말입니다. 그렇다면 이와 같은 국제적 환경 속에서 남과 북은 서로 어떤 관계를 만들어가야 할까요?

송두율 불행히도 현재 동북아는 유럽과 달리 아직도 냉전적인 상태를 벗어나지 못하고 있습니다. 중국이라는 부상하는 거대 국가가 있고 그리고 일본이라는 경제대국도 있습니다. 그렇다고 현재 분단된 한반도가 이들 사이에서 힘의 균형을 맞출 수 있는 능력을 가지고 있는 것도 아니지요. 그렇다면 한반도의 분단 극복을 남과 북이라는 '우리'의 관점에서 생각해 볼 수 있지 않을까 싶습니다.

예를 들면 유럽통합은 1952년 유럽석탄철강공동체 결성에서 시작하여 현재까지 쭉 이어진, 장기적인 노력의 결과지요. 유럽을 구성하고 있는 국가들 사이에서의 여러 격차문제와 과거 나치즘과 관련된 배상 문제 등의 현안들도 있었습니다. 한편에서는 유럽 단일통화가 유럽의 '독일화'라는 비판도 있었습니다. 하지만 강대국이 아니라 중견국가들을 중심으로 힘의 균형을 찾으면서 이견들을 조율하는 과정을 거쳐 28개 나라가 유럽 통합에 참여할 수 있었습니다. 즉 독일은 통일을 유럽통합과 함께 동시적으로 진행시켜왔습니다. 이것은 서독과 동독이 서로 상대방을 환경으로 생각하면서 서로가 서로에 적응해가면서 동시에 그걸 통해 유럽통합이라는 변화와 함께 대처했기 때문입니다.

박영균 선생님께서 말씀하신 바와 같이 미국과 중국의 패권경쟁 및 일본의 재무장화가 이루어지고 있는 현재 상황에서 남과 북이 서로를 환경을 보면서 국제 정세에 대응하는 것은 매우 중요해 보입니다. 그리고 이런 측면에서 선생님이 말씀하신 '반성적 민족주의'가 더욱더 요청되는 것처럼 보입니다. 선생님은 오늘날 민족주의란 '밖'이 아니라 '안'을 반성하는 '반성적 민족주의', '민족성'을 지켜내면서 다른 민족과도 공존할 수 있는 보편성을 획득하는 민족주의가 되어야 한다고 말씀하신 바 있습니다. 현재 상황과 관련하여 선생님께서는 이와 같은 민족주의가 무엇이라고 생각하십니까?

송두율 나를 보고 어떤 사람들은 '민족주의 좌파'라고 하던데, 내가 북에 가서 받은 인상 중에 하나가 바로 그런 것이었습니다. 김일성주석을 비롯하여 북쪽 사람들은 애국주의, 그러니까 '사회주의 애국주의'를 자주 이야기합니다. 물론 사회주의가 안고 있는 문제들을 지역적으로 해결해가기 위해서는 내 민족의 존엄을 이야기해야 합니다. 하지만 그러면서도 동시에 타민족의 존엄도 이야기해야 합니다. 김주석도 민족주의라는 것이 배타적인 것이 아니라고 강조하던데, 어쨌든 식민지 상태에서 자신을 지키기 위해서는 '나는 나다'는 강력한 의지의 표현이 중요했을지 모르지만 동시에 국제적 환경 속에서 다른 나라들과의 다양한 관계들을 만들어가는 연대가 중요해집니다. '당 대 당', '인민 대 인민'간의 국제적 연대, 그들 식으로 말하면 프롤레타리아 국제주의가 중요하죠.

박영균 하지만 선생님, '사회주의 애국주의'와 '프롤레타리아 국제주의'는 서로 상충되는 것처럼 보입니다. 그리고 실제 역사에서도 프롤레타리아 국제주의는 모두다 민족주의에 의해 오히려 와해되었던 것처럼 보입니다. 제2인터내셔널이 와해되었던 것도 결국은 제1차 세계대전에서 자기 민족, 국가의 편에 섰기 때문이고 그 당시 가장 철저하게 민족주의에 대해 비판적인 입장을 취했던 레닌에 의해 건설된 소비에트연방공화국도 결국은 일국사회주의론을 내세운 스탈린에 의해 사회주의조국으로서의 소비에트연방공화국 중심의 '프롤레타리아 국제주의'로 변질되었던 것 같습니다. 따라서 프롤레타리아 국제주의와 사회주의 애국주의의 조화를 말하는 것은 이상적이기는 하지만 현실에서는 민족주의에 의한 국제주의의 파탄, 좌절로 구결된 것처럼 보입니다.

송두율 물론 역사적으로 끊임없이 좌절당해 왔죠. 그래서 어떤 국제주의자들은 정말로 국적이 없는 국제주의를 내세우기도 합니다. 하지만 오늘날에도 민족국가를 넘어선, 국제주의라는 연대를 만들어가는 개체가 없는 상태에서 연대를 말하는 것은 희망사항일 뿐입니다. 중·소간의 이념논쟁이 일어났을 때, 북은 어느 편도 들지 않고 나는 내 의자에 앉아 있겠다는 식으로 대응을 했어요. '나는 내 의자에 앉아 있을 테니 너희들은 내가 자신들의 오른쪽 의자에 앉아다거나 왼쪽 의자에 앉아 있다고 잔소리 하지 말라'고 대응한 것이죠. 그래서 그 당시 김주석이 수카르노(Achmed Sukarno), 네루(Pandit Jawaharlal Nehru), 카스트로(Fidel Castro), 티토(Josip Broz Tito) 등과 함께 비동맹 국가들 사이의 연대를 주도했던 것입니다.

박영균 선생님 말씀처럼 제2차 세계대전 이후 본격화되었던 동서냉전체제의 형성 속에서 제3세계의 비동맹회의라는 게 의미를 가졌던 것은 사실이며 그 당시 북의 국제주의가 영향력을 행사했던 것은 사실인 것 같습니다. 하지만 지금은 동서냉전체제를 만들었던 진영 그 자체가 와해되어버렸습니다. 이런 상황에서 비동맹회의라는 것이 지금도 의미를 가질 수 있을까요? 게다가 1980년대 중반 이후, 북은 '우리식 사회주의', '조선민족제일주의'등을 내세우면서 오히려 국제주의와 정반대의 방향으로, 민족적 동일성에 근거한 민족주의를 강화하는 방향으로 나아가고 있습니다.

송두율 내가 보기에 그것은 북이 처한 현실에 의해 강제된 측면이 크다고 생각합니다. 솔직히 북은 매우 작은 나라입니다. 그런데 그런 나라가 미국, 일본과 같이 정치적으로도 경제적으로 강력한 국가들에 의해 봉쇄되어 있습니다. 그러니 북이 생존하기 위해서는 내부를 더 단결시킬 수밖에 없는 것이죠. 게다가 압도적인 군사력을 가지고 있는 미국이 북을 봉쇄하고 있고 남은 경제력에다가 주한미군을 비롯하여 여러모로 미국의 지원을 받고 있습니다. 북은 이에 맞서기 위해 더 많이 출혈해야 하고, 그러다 보니 이제 '핵'을 갖지 않으면 안 된다는 판단으로까지 나아가게 된 것이 아닌가 쉽습니다.

어쨌든 지금 중요한 것은 우리 문제를 우리가 해결해 가는 방안을 찾는 것입니다. 많은 사람들이 서방으로 유학을 갑니다. 하지만 그들이 서구의 현대철학을 배워도 서구의 학자들보다 더 많은 성과를 보여줄 수는 없지요. 철학은 현실과 현장의 문제의식으로 부터 출발해야합니다. 우리는 우리의 문제를 다루는 우리의 철학을 해야 합니다. 이런 문제의식 하에 세계철학자 대회가 아테네에서 열렸을 때, 서울과 연락을 해서 일본과 한국의 철학자들이 모여서 동북아의 평화에 관해 논의하는 워크숍을 열자고 한 적이 있었습니다. 하지만 한국에서 별 반응이 없어서 무산되었지요.

미래 세대, "통일 이후 여기서 살아갈 사람들은 미래 세대들입니다. 그들의 미래를 결정할 새로운 원칙을 만들어야 하고 그에 기초하여 통일을 모색해야 합니다."

박영균 이런 점에서 1991년 선생님은 "통일이론의 메타─이론의 범주들"라고 명명했던, 통일철학의 6개 테제를 다시 생각해 볼 필요가 있는 것 같습니다. 여기서 선생님은 6개 테제를 각각 ①"전쟁이 있어서는 안 된다"는 평화의 철학, ②"함께 변화하는 변증법적인 성격"을 가지는 대화의 철학, ③"연대성(Solidaritat) 속에서 집합적 단수로서 우리를 확인"하는 연대의 철학, ④실체가 아닌 관계를 통해 변화를 모색하는 과정의 철학, ⑤"과거의 고향으로의 단순한 회귀가 아니라 미래를 끌어당기는"희망의 철학, ⑥미래 세대에 대한 책임을 성찰하는 "책임의 철학"로 정식화하셨습니다. 이 6개 테제 중에서 선생님이 가장 중요하게 제기하고 싶은 원칙은 무엇이라고 생각하십니까?

송두율 6개의 원칙 모두가 중요합니다. 하지만 이 중에서도 제가 현 시점에서 강조하고 싶은 것은 미래 세대에 대한 책임을 성찰하는 '책임의 철학'입니다. 하버마스도 통일이 되기 이전에 다음과 같은 이야기를 했어요. 그가 보기에 당시 독일 통일에는 두 가지 방식이 있을 수 있습니다. 하나는 서독이 거의 모든 면에서 동독을 압도하고 있었으니까 동독이 서독에 청원하여 그 스스로 서독에 흡수되는 방식입니다. 하버마스는 이런 방안에 대해 단호하게 '노(no)'라고 했어요. 그런데 이 때, 그가 제시한 이유는 다른 무엇이 아니라 통일독일이 우리의 미래 세대가 살아갈 곳이라는 점이었어요. 통일 이후 독일은 다음 세대가 살아가야 하는 곳입니다. 따라서 그 사람들이 모여서 그들의 미래를 결정할 헌법을 다시 만들고 그 헌법으로 통일을 해야 한다는 것입니다.

그러나 독일 통일도 그렇게 전개되는 않았죠. 서독의 압도적인 경제력으로 동독을 흡수한 것이죠. 그런데 그렇게 하고 나니 동독 기업들이 다 망하고 동독 사람들은 이등 국민이 되었죠. 그러나 통일 이후 여기서 살아갈 사람들은 미래 세대들입니다. 그들이 과거를 살아온 세대가 아니라 미래를 살아갈 세대로서, 그들의 미래를 결정할 새로운 원칙을 만들어야 하고 그에 기초하여 통일을 모색해야 합니다.

박영균 하지만 이게 쉬운 것은 아닌 것 같습니다. 사실, 선생님께서는 독일이 통일되는 과정을 보면서 정작 중요한 것은 정치—경제적 통일이 아니라 "마음의 장벽"을 허무는 것이라고 말씀하시면서 "'마음의 장벽'을 허무는 과제는 단순하게 '경제의 논리'로만 해결할 수 없"으며 오히려 "'사회·문화적인 논리'를 개발"하는 것이 되어야 한다고 이야기하신 바 있습니다. 건국대 통일인문학연구단이 내건 모토도 '사람의 통일'입니다. 이것은 선생님 말씀처럼 정치경제적 체제통합보다 남북주민들 사이의 가치·정서·문화적 통일이 보다 중요하다고 생각했기 때문입니다.

저희는 남북주민들 사이의 통일을 위해 남북주민들 사이의 소통, 남북주민들 사이에 존재하는 원한감정에 대한 치유(healing, 역사적 트라우마에 대한 치유), 남북주민들 사이의 차이들을 나눔으로써 '제3'의 민족공통성(national commonality)을 만들어가는 통합을 모색하고 있습니다. 사실, 남북이 통일한다고 하더라도 지금의 상태에서는 서로에게 시너지효과가 창출하는 통일이 되기 어렵습니다. 남북주민들 사이의 가치·정서·문화적 갈등으로 인한 더 큰 사회적 비용이 발생할 수도 있습니다. 따라서 저희는 지금부터 '통일 이후'를 생각하면서 지금부터 통일을 만들어가야 한다고 생각합니다. 선생님께서는 '통일 이후', '사람의 통일'을 생각하신다면 저희가 지금부터 가장 중점을 두고 해야 할 일이 무엇이라고 생각하십니까?

송두율 통일을 준비하는 데, 몇 가지 원칙이 있어야 합니다. 이를 나는 박선생이 이야기한 것처럼 여섯 개의 조항으로 정리했습니다. 하지만 이런 원칙들에 근거하고 사유하면서 이를 실천하기 위해서는 무엇보다도 먼저 개방적인 교육이 중요하다고 생각합니다. 사람들은 자신의 경험보다는 교육에 의존하여 자신의 인식체계를 만들어가는 경향이 있습니다. 국가보안법만 보더라도 그것을 당연한 것으로 받아들이는 것은 그렇게 교육을 받았기 때문입니다. 하지만 국가보안법은 일본의 치안유지법을 그대로 옮긴 것으로, 반공법을 거쳐 현재의 국가보안법이 된 것입니다.

그런데 지금 한국은 경제적으로도 정치적으로도 이전과는 비교가 안 될 정도로 매우 발전했습니다. 문제는 사고의 틀입니다. 아직도 많은 경우 과거의 수준에 멈춰 서 있습니다. 이걸 벗어나야 합니다. 우리 세대는 지속적으로 국가보안법에 의한 세뇌를 받아온 세대입니다. 그런데 점차 자유로운 시민으로서의 자신을 성찰할 수 있는 단계까지 왔습니다. 독일의 대학생들을 보면서 내가 부러운 것은 이곳 학생들은 생각에 제약이 없어요. 자유롭기 때문에 다양한 것들을 상상할 수도 있고 이를 실천에 옮길 수도 있지요. 우리 세대는 그런 교육을 경험하지 못했지만 지금 자라나는 세대에게는 민주화에 발맞춰 그런 교육을 더 많이 해야 합니다.

박영균 송두율 선생님께서는 철학자로서 한국의 통일과 민주화를 위해 평생 애써 오셨습니다. 선생님께서 한국의 민주화 및 통일문제, 그리고 학문적 관심과 관련하여 앞으로 마음에 두고 있는 계획이 있다면 그것이 무엇인지 듣고 싶습니다.

송두율 글쎄, 계획이라는 게 뭘까요? 학자에게는 남는 게 책뿐이죠. 아내가 도서관 전문사서인데, '당신 죽고 나면 남는 것은 도서관에 있는 책뿐이니 책이나 열심히 쓰라'고 늘 말해요. 하지만 책 쓰는 게 어디 그렇게 쉽나요. 현재 내가 하는 작업은 내 삶의 부분들, 조각들, 파편들을, 완벽하지는 못하지만 그런 삶의 편린들을 다시 돌아보고 있는 중입니다. 여기에 있는 내 동료들은 내게 '너는 자서전을 남겨야 된다'고 종종 말해요.

비교적 젊은 나이에 독일에서 학위와 교수자격을 받았지만 민주화와 통일 운동한다고 하면서 남길만한 책을 쓸 시간이 그렇게 많지 않았습니다. 한국에 가서 감옥에 갔다 온 이후, 더욱 심해진 천식도 그렇고, 건강상태가 자꾸 일을 어렵게 만들고 있습니다. 그래도 내 삶을 돌아보는 작업만은 잘 마무리하고 싶습니다. 이미 시작한 우리말로 "자서전"[1]과 한 경계인으로서 경험한 '현대성'의 전반적인 문제와 전망을 담은 독일어 저서[2]를 집필하고 있는데 빠른 시일에 마무리하려고 서두르고 있습니다.

---

1 자서전은 2017년 3월 27일, "불타는 얼음, 경계인 송두율의 자전적 에세이"라는 제목으로 〈후마니타스〉에서 출간되었다.

2 "Bruchlinien der Moderne: Beobachtungen eines Grenzgängers"

건국대학교 통일인문학연구단
The Institute of Humanities for Unification

IHU

통일인문학연구단은 통일 문제에 대한 인문학적 성찰과 지혜를 모으고자 '소통 · 치유 · 통합의 통일인문학'을 표방하며 건국대학교 인문학연구원에서 출범한 연구기관이다. 2009년 한국연구재단의 '인문한국(HK)지원사업'에 선정되면서 연구 체계를 본격화 하였으며, 2012년 1단계 평가에서는 '전국 최우수 연구소'로 선정되었다. '통일인문학'은 사람 중심의 인문정신을 바탕으로 한반도의 통일 문제를 진단하고 그 해법을 찾고자 하는 새로운 학문 영역이다. 통일인문학연구단은 '체제의 통일'을 넘어 '사람의 통일'로, 분단과 대결의 시대에서 통일과 평화의 시대로 나아가기 위한 인문학적 성찰과 지혜를 체계화하고, 분단 극복과 코리언 통합의 비전을 제시하기 위한 학문 연구와 사회 활동을 펼쳐나가고 있다.